공인재무설계사(CFP)가 제안하는
인생의 위험설계 이렇게 하라

공인재무설계사(CFP)가 제안하는
인생의 위험설계 이렇게 하라

인적위험, 재물위험, 배상위험을 포괄하는
종합 위험설계

이근혁 지음

매일경제신문사

머리말

최근 각종 재난사고는 평온하기만 하던 삶에 공포, 두려움, 무력감과 좌절을 가져다 주곤 한다. 갑자기 닥친 태풍, 지진, 화재, 각종 불의의 사고 등으로 평온했던 가정이 한순간에 무너지는 경우가 자주 발생하고 있다. 쌓아온 재산이 하루 아침에 사라지고, 살아 볼만하다고 생각했던 인생이 끔찍스런 고통의 현장으로 바뀌는 것을 볼 때 두렵고 아찔만 하다.

의학의 발달로 인간의 수명이 길어지는 것 만큼 불의의 재난사고에 노출되는 기간 또한 더 길어지고 있다. 인간의 수명이 60세일 때와 80세일 때를 비교하면 20년 더 사고에 노출된다고 볼 수 있으며 재난을 당할 확률이 높아지고 있는 것이다. 또한 재난사고의 빈도와 종류, 손해의 크기도 갈수록 커지고 있고, 점점 계약사회로 변해감에 따라 사람 사이에 발생하는 각종 배상책임위험도 증가하고 그 금액도 급증하고 있다.

과거 농경사회에서는 이러한 재난사고가 발생한 경우 친척이나 이웃이 일정부분 그 고통을 나눌 수 있었지만, 이제는 자신을 포함한 한 가정에서 해결하지 않으면 안 되는 시대로 바뀌었다. 인구의 고령화, 복지수요의 증대 등으로 국가가 부담해야 할 분야가 늘어나면서 개인의 세세한 고통까지 해결하는데 한계를 보이고 있다.

과거에 없었던 위험의 새로운 증가, 법률적 또는 제도적 위험의 증가, 수명의 연장으로 인한 위험노출기간의 증가 등은 지금까지의 일상적이고 습관적인 위험 대응 방식으로는 대처하기가 어려운 요인들이다.

또한 빈부의 격차가 심화되어 사회계층간의 이동이 어려워지는 가운데 각종 재산사고로 지금까지 쌓아온 재산이 무너질 경우 원상회복하기까지는 갈수록 어려워 지고있다. 그러므로 체계적인 위험관리 없이 쌓아 올린 부(富)는 사상누각(沙上樓閣)과 같다. 재산을 모으는 데는 많은 시간이 걸리나 잃어 버리는 것은 한 순간이다. 개인적인 위험, 가정의 위험, 직업의 위험, 잠재적인 위험을 파악하여 체계적인 위험설계가 필요하다.

최근 일회적인 재테크보다 장기적인 재무설계의 중요성이 어느 때보다 부각되고 있다. 저금리, 고령화, 변동성 등으로 인해 단기적인 임시방편의 재테크로는 그 한계가 있기 때문이다. 수십년에 걸친 목표지향적이고 장기적인 재무설계를 해야만 약간의 행운을 필요로하는 재테크의 한계를 극복하고 제대로 인생을 설계할 수 있다. 오늘날과 같이 변화가 심한 자본시장에서는 간혹 높은 수익을 올릴 수는 있으나 계속하여 성공할 수는 없다. '예측은 틀리기 위해 존재한다' 또는 '미래는 아무도 모르며 신만이 안다' 는 말이 있듯이 행운만으로 재테크해서 부자가 되는 경우란 흔한 일이 아니다. 한 번 뿐인 인생은 그러한 행운에만 맡기기에는 너무도 짧고 소중하다. 튼튼한 주춧돌 위에 부(富)라는 집을 지어야 하고 다가올 위험에 대비해야 한다. 위험이라는 것은 모를 때 위험한 것이지 정확하게 그 실체를 알면 더 이상 두려움의 대상이 아니다. 위험을 모르면 두렵지는 않지만 항상 시한폭탄을 가슴속에 품고 있는 것과 같고, 어렴풋이 알면 어렵게 돌아가는 수고를 해야 한다. 하지만 위험을 정확히 알면 피하거나 적절하게 대처할 수가 있다.

이 책에서는 위험의 종류, 위험평가 방법, 위험관리 방법 등 위험에 대한 전반적인 내용을 살펴보고 내 몸에 맞는 위험설계 방법을 상세히 알아보고자 한다. 중소기업 팀장으로 근무하고 있는 홍길동 가족을 통해서 위험설계 방안을 찾아보고, 누구나 자신을 중심으로 가정과 직장을 둘러싸고 있는 여러 위험을 찾아서 대처할 수 있도록 했다.

일반적으로 위험설계를 실행하는데 있어 보험을 통한 위험이전 방법을 가장 많이 사용하고 있다. 저축이나 투자를 통한 위험설계는 보험가입보다는 많은 시간과 노력이 소요되기 때문이다. 먼저 사망이나 재해, 질병과 같은 위험을 보장하는 보험을 간단하게 살펴보고, 일반적으로 접하기 힘든 재물보험이나 배상책임보험을 중점적으로 설명하고자 한다. 화재보험, 도난보험, 패키지 보험 등 재물보험과 영업배상책임보험, 생산물 배상책임보험, 전문직업배상책임보험 등 배상책임보험을 용어에서부터 보상범위에 이르기까지 쉽게 이해할 수 있도록 설명하였다. 생명보험에 비해 이들 보험이 너무 어렵고 시중에 관련 서적이 별로 없으며, 설령 있더라도 보험업계 종사자를 위한 책이 대부분이므로 재물보험이나 손해배상책임보험을 제대로 이해하는 데 큰 도움이 될 것으로 생각한다.

최근 화재가 빈번하게 발생하고 있으나 화재사고가 난 뒤 제대로 보상을 받지 못한 보험가입자들이 소비자보호원이나 금융감독원에 민원을 제기하는 경우가 종종 있다. 민원의 대부분은 보험설계사 등의 상품설명이 불충분하고 의미전달이 제대로 되지 않은데 원인이 있다. 즉, 상품에 대한 정확한 설명이나 이해없이 보험을 계약하기 때문이다. 이 책이 이러한 불충분한 현실을 극복하는데 도움이 될 것이다.

보다 자세한 인생설계에 대한 정보를 얻고자 할 경우, 저자의 개인연구소인 '부자마인드 연구소'의 홈페이지(bujamind.co.kr)를 방문하면 도움이 될 것이다.

마지막으로 책이 나오는데 많은 자문과 내용을 감수해 준 이석영 과장에게 감사를 드린다. 그리고 어렵지않은 내용의 책을 출판하는데 도움을 주신 매경출판의 편집스텝진에게 진심으로 고마움을 보낸다.

또한 재무설계 전문가인 CFP로서 국민 모두에게 행복한 인생설계를 해주려고 노력하는 최태원 CFP 이하 이수회 멤버들과, 오늘의 저를 있게한 아버님, 원고를 읽어가면서 전문가가 아닌 일반인의 눈높이에서 글을 쓰도록 조언해 준 아내 최미애, 열심히 성원해 준 사랑하는 딸 승연이와 함께 이 책이 세상에 나온 기쁨을 같이 하고자 한다.

이 근 혁

차 례

머리말 _ 4

01 위험관리 개요
위험이란? _ 10 | 위험의 종류 _ 11 | 위험의 평가 _ 15

02 위험 관리 방법
위험 관리의 필요성 _ 19 | 위험 관리 방법 _ 20 | 위험 관리 원칙 _ 25

03 위험설계 프로세스
1단계: 잠재 위험 찾아 내기 _ 28
2단계: 위험 크기 평가 _ 29
3단계: 위험 처리 방법의 선택 _ 31
4단계: 위험 처리 계획의 실행 _ 32
5단계: 위험 계획 평가 및 검토 _ 34

04 내 몸에 맞는 인생 설계 방법
1단계: 나의 인생을 그려라 _ 36
2단계: 미래의 꿈을 실현하기 위해 필요한 자금을 계산하라 _ 44
3단계: 가족 재정상태를 분석하라 _ 47
4단계: 기본적인 투자지식을 갖추어라 _ 51
5단계: 자산배분을 하라 _ 55
6단계: 위험설계를 하라 _ 59

05 인적 위험과 보험
사망보험 _ 78 | 생존보험 _ 80 | 제3보험 : 상해보험, 질병보험 _ 87

06 물적(재물)위험과 보험

화재보험 _ 93

건물급수 _ 95 | 건물평가 _ 97 | 보상하는 손해 _ 105 | 보험의 목적 _ 112
보상하지 아니하는 손해 _ 115 | 보험료 및 보험요율 계산 _ 121
보험 목적물 평가 방법 _ 131 | 특별약관 _ 144

기업휴지보험 _ 154 | 동산종합보험 _ 162 | 도난보험 _ 168 | 운송보험 _ 172
적하보험 _ 177 | 기술보험 _ 184 | 기계보험 _ 185 | 전자기기 보험 _ 186 | 조립보험 _ 188
건설공사보험 _ 190 | 완성토목공사물 보험 _ 191 | 패키지보험 _ 192 | 권원보험 _ 196

07 손해배상책임의 법적 근거 및 이론적 배경

손해배상이란? _ 200 | 채무불이행에 따른 손해배상책임에 대한 법리(法理) _ 201
민법상 불법행위에 따른 손해배상책임에 대한 법리 _ 211
배상책임보험에 관한 이론적 배경 _ 234 | 배상책임보험의 분류 _ 249
배상책임보험 약관의 종류 _ 254 | 배상책임보험에서 보상하는 손해 _ 257

08 배상책임보험 상품 내용

영업배상책임보험 _ 264 | 시설소유관리자 특별약관 _ 275 | 도급업자 특별약관 _ 282
임차자 특별약관 _ 288 | 주차장 특별약관 _ 292 | 차량정비업자 특별약관 _ 295
학교경영자 특별약관 _ 298 | 창고업자 특별약관 _ 304 | 경비업자 특별약관 _ 308
건설기계업자 특별약관 _ 316 | 곤도라 특별약관 _ 319 | 적재물 배상책임보험 _ 321
가스사고 배상책임보험 _ 327 | 체육시설업자 배상책임보험 _ 334
생산물 배상책임보험 _ 338 | 선주배상책임보험, 유도선사업자 배상책임보험 _ 347
전문직업인 배상책임보험 _ 351 | 의사 및 병원 배상책임보험 _ 356
변호사 배상책임보험 _ 358 | 임원배상책임보험 _ 360 | 공인회계사 배상책임보험 _ 362
세무사 배상책임보험 _ 363 | 부동산중개업자 배상책임보험 _ 363
설계감리전문직업인 배상책임보험 _ 363 | e-biz@배상책임보험 _ 364
근로자 재해보장 책임보험 _ 365 | 국내근재보험 _ 372 | 일상배상책임보험 _ 373

부록: 위험설계를 위한 정보수집 자료 양식 작성 예 _ 379
보험용어 찾아보기 _ 385

01 위험관리 개요

위험이란?

사회가 복잡해질수록 새로운 위험이 등장하고 있다. 과거에는 존재하지 않았던 새로운 제도, 환경, 법률, 사고 패턴이 나타남에 따라 이전까지 위험으로 간주하지 않았던 것이 위험으로 인식하게 되었고 또 새로운 위험이 등장하여 사회적 이슈가 되곤 한다. 미래를 예측하여 향후 현실화될 위험에 대하여 지금부터 준비해야 한다는 주장도 제기되고 있다.

개인적으로는 의료수준의 발달로 인간의 평균 수명이 늘어 남에 따라 장기생존위험이라는 새로운 위험이 서서히 사회적 이슈로 등장하고 있다. 사회적으로는 환경파괴로 인한 환경위험이 시민 단체로부터 꾸준히 제기되고 있다. 이는 과거에는 생각하지도 못한 위험들이다.

국어사전에서 위험이란 '실패하거나 목숨을 위태롭게 할 만함. 안전하지 못함' 이라고 정의하고 있다. 일이나 생명, 재산에 있어 장래에 대한 불안이나 두려움을 위험이라고 해석할 수 있다.

투자의 관점에서는 미래 수익률의 분산(변동성), 즉 미래의 불확실성 때문에 투자로부터 발생하리라고 예상하는 이익을 벗어날 가능성을 위험이라 정의하고 있다. 통계학적으로 기대치의 분산으로 위험을 측정하고 있다. 이처럼 관점에 따라 위험에 대한 정의를 다양하게 내릴 수 있다.

앞으로 여기에서 다루고자 하는 위험은 일정한 사고가 발생할 가능성, 즉 확률로 정의하고자 한다. 화재가 날 가능성, 자동차 사고가 날 가능성, 사고로 사망할 가능성, 병으로 사망할 가능성, 아파트 베란다에서 화분이 떨어져 다른 사람의 차나 지나가던 행인이 다칠 가능성 등이 위험이다. 이들 위험을 보험용어로는 화재위험, 자동차위험, 재해사망위험, 질병사망위험, 배상책임위험으로 표현한다. 이러한 여러 가지 위험이 우리 주위에 산재하고 있으며 문명이 발달할수록 더 많은 새로운 위험에 노출이 된다. 물론 없어지거나 감소하는 위험도 있다.

나와 내 가족을 둘러싼 위험을 찾아내고 그 위험을 적절히 평가하여 나에게 미치는 영향의 치명적인 정도에 따라 그에 적합한 위험처리방법을 선택, 실행하여야 한다. 그런데 대부분의 위험은 발생하기 전에는 그러한 위험이 나에게 잠복해 있었는지 모르고 있는 경우가 많다. 다른 사람에게서 어떤 사고가 난 후에야 비로소 나도 그런 대단히 무서운 위험을 끌어 안고 있었다는 것을 알고 놀라는 경우가 종종 있다. 따라서 위험을 위험으로 인식하는 것이 필요하다. 그리고 그 위험을 해결할 수 있는 수단을 찾아서 대처하는 것도 필요하다. 여기에서는 나를 둘러싼 위험이 어떤 것이 있는지 그리고 그 위험을 어떻게 처리할 것인지에 대하여 살펴보고자 한다.

위험의 종류

위험은 관점에 따라 여러 가지로 나누고 있다. 위험을 객관적으로 수치화 할 수 있느냐에 따라 확률, 기대값, 편차 등 통계적 기법을 사용하여 숫자로 나타내는 객관적 위험과 개인의 심리적 불안의 정도로 나타내는 주관적 위험으로 분류할 수 있다. 또

금전적 손실을 가져오는 재무적(財務的)위험과 금전적 손실이 없는 비재무적 위험으로 분류할 수도 있다. 위험의 대상에 따라 인적 위험과 물적 위험, 제3자 배상책임위험으로 분류하기도 한다. 여기에서는 위험의 대상에 따라 인적 위험과 물적 위험, 배상책임위험으로 나누어 설명하고자 한다.

인적 위험(personal risk)

인적 위험이란 소득창출 능력을 상실할 위험을 말한다. 인적 위험은 조기사망 위험과 장기생존 위험, 질병 또는 상해 위험, 실업 위험 등 4가지로 나눌 수 있다.

조기사망 위험

조기사망위험이란 일찍 사망함으로써 앞으로 본인 없이 살아가야 할 배우자와 자녀의 부양, 자녀의 교육 및 결혼, 부채의 상환, 본인의 장례비 등 남아 있는 가족에 대한 재정적 의무[이를 조기사망위험가액(價額)이라 한다]를 다하지 못할 위험을 말한다. 가정의 주 소득원인 가장이 사망할 경우 남아 있는 가족은 다음과 같은 해결하기 어려운 상황에 처하게 된다.

- 가정의 주 소득원 상실
- 유가족의 생활수준 저하
- 가장의 의료비, 장례비, 상속세 등 추가비용 발생
- 유가족의 슬픔, 미래의 불안, 자녀 교육 문제 등 비경제적 비용 발생

장기생존 위험

장기생존위험이란 경제적 능력 없이 오래 살게 될 위험을 말한다. 다른 말로는 은퇴위험, 노령위험이라고도 한다. 조기에 사망하게 되면 그 사람의 은퇴 자금은 필요가 없으나 은퇴시기 이후까지 살게 된다면 조기사망을 위하여 준비한 것은 소용없게

되고 별도의 은퇴자금을 준비해야 한다. 사람은 조기사망과 장기생존의 위험이 상존하므로 두 가지 모두를 준비해야 한다. 장기생존의 위험은 첫째, 은퇴시까지 충분한 자금을 마련하지 못할 위험이고 둘째, 마련된 자금이 있다 할지라도 그 자금을 모두 소비하는 데 소요되는 기간보다 더 오래 장수할 위험이다.

질병 또는 상해 위험

질병 또는 상해 위험이란 질병 또는 상해사고로 소득창출능력이 저하되거나 상실될 위험과 질병 또는 상해를 치료하기 위한 의료비 지출 부담 위험을 말한다. 질병 또는 상해 위험은 부양 가족이 없더라도 본인이 살아 가야 할 소득을 마련하여야 하며 가족이 있는 경우 조기에 사망하는 경우보다 더 많은 소득을 마련해야 한다. 가장의 조기사망에 따른 조기사망위험가액에 본인의 생활비 및 의료비가 추가된다. 따라서 조기사망위험이나 장기생존위험보다 소득창출능력이 상실되거나 저하되는 불구(不具)위험이 사실은 더 큰 위험이다.

실업위험

실업위험이란 가정의 수입이 끊어지게 되는 위험으로 생활수준의 저하, 장래에 대한 불안, 실업의 장기화로 인한 비축자금의 고갈 등 재무적, 정신적 불안에 시달리게 된다.

물적(재산) 위험(property risk)

소유, 관리, 통제하는 재산이 사고나 재난으로 파괴되거나 도난, 분실되는 위험이다. 재산은 크게 토지 및 그 정착물(건물)로 구성된 부동산과 동산(가재도구 등)으로 구분되며 재산 위험은 직접손해와 간접손해로 구성된다. 직접 손해는 재산 그 자체의 손해이며 간접손해는 손괴된 재산을 사용하지 못함으로써 생긴 손해를 말한다. 주택이 화재로 소실될 경우 주택의 손해가 직접손해이며 집을 지을 동안 다른 곳에서 살아가야 하기 때문에 추가되는 비용(임차료 또는 여관비 등)이 간접손해에 해당된다.

배상책임위험(liability risk)

고의 또는 과실로 인한 계약상 채무불이행이나 불법행위로 타인에게 손해를 입힘으로써 그 손해를 배상해야 할 위험을 배상책임위험이라 한다. 배상책임위험은 가장 추상적이며 무의식적으로 보유할 가능성이 높은 위험이다.

그리고 위험의 크기를 사전에 파악하기 어려운 특성을 가지고 있다. 소득수준의 향상과 책임의 엄격한 적용에 따라 배상책임의 위험은 점차 증가하고 있고 또한 고액화되어 가고 있는 추세이다. 선진국으로 갈수록 피해자 보호를 위해 법을 엄격히 적용하여 높은 배상책임을 지우고 있다. 한국도 소득수준 및 인권존중의식이 높아짐에 따라 배상책임의 종류도 다양해지며 동시에 배상금액도 고액화되어 가는 추세이다. 옛날에는 사람이 사망한 경우 1억 원만 보상하면 피해자와 화해가 되던 것이 이제는 2억, 5억 또는 그 이상을 보상해야 되는 경우가 발생하고 있다.

배상책임위험은 재산 소유에 따른 배상책임위험과 사업 또는 직업에 따른 배상책임위험 및 개인의 일상활동에 따른 손해배상책임위험 등 세가지로 세분화될 수 있다. 재산소유에 따른 배상책임위험은 본인이 소유, 관리, 통제하는 재산으로 인하여 타인에게 신체 장해나 재산 손해를 입힐 위험을 말한다. 사업 또는 직업에 따른 배상책임위험이란 본인의 개인적인 활동 이외의 업무활동으로 인하여 타인에게 손해를 입힐 위험을 말한다. 본인이나 가족이 개인적인 일상활동을 하는 가운데 타인에게 손해를 입힐 위험을 일상활동에 따른 손해배상책임위험이라 한다.

위험의 평가

위험을 위험의 대상에 따라 인적 위험, 물적 위험, 손해배상책임위험 등으로 나눌 수 있지만 동일한 위험사고가 발생하더라도 그 위험으로 인하여 개인이나 기업이 받는 손해의 규모 특히 경제적 가치는 사람이나 기업마다 다르다. 물적 위험은 어느 정도 비슷하게 평가될 수 있으나 그외 위험은 위험을 당하는 개인의 주관성이 많이 개입되기 때문이다. 주택이나 공장의 경제적 가치는 원재료비, 인건비 등 건설원가로 평가함으로써 평가자의 주관성이 개입되기가 다소 어려우나 사람의 경제적 가치는 평가자 마다 서로 다른 인생관 및 경제적 수준, 그리고 국가, 발생시기에 따라 천차만별일 것이다. 따라서 동일한 위험이라도 위험 보유자의 의식 수준, 생활 수준에 따라 평가 금액도 다르고 그에 따른 위험처리방법도 다르다.

물적 위험은 제3자인 해당 전문가나 객관적 자료에 의해 측정하는 것을 원칙으로 하고 나머지 위험은 위험평가자에 의한 평가보다는 위험보유자의 개인적, 주관적 평가에 의해 측정하는 것이 타당할 것이다. 동일한 가치의 위험에 대하여 위험보유자의 경제적 능력에 따라 위험 처리 방법이 달라진다. 그러므로 위험을 평가한 다음에 위험 보유자의 경제적 능력을 평가하는 과정을 거쳐야 한다. 여기에서는 위험별로 그 평가하는 방법을 간단히 살펴보기로 한다.

조기 사망 위험 측정

가정의 주 수입원인 가장이 일찍 사망할 경우 가족은 가장의 소득 중 가족을 부양하는 데 필요한 생활비에 상당하는 수입이 끊기게 되는 위험에 직면하게 된다. 조기 사망 위험의 평가액(조기사망위험가액)을 계산하는 과정을 간단히 살펴보면 먼저 정상적인 활동을 하는 도중에 수명이 다되어 사망하는 경우에 필요한 자금에서 가장 본인 혼자의 생활비를 뺀 금액을 구한다. 그리고 가장이 사망한 현재시점에서 가계의 보유재산에서 부채를 뺀 순자산을 계산한다. 전자에서 순자산을 뺀 차액이 조기

사망위험가액이 된다. 다른 한편으로 시간의 흐름에 따라 필요한 자금을 계산하여 조기사망위험가액을 구하는 방법을 살펴보자

먼저 가장이 사망하였을 경우, 배우자가 사망할 때 까지 소요될 자금을 시간의 흐름에 따라 구체적으로 나열하여 그 필요자금을 구한다.

① 막내가 독립할 때까지의 가족 생활비
② 자녀 교육 및 결혼 비용
③ 막내가 독립한 후 배우자가 은퇴하기까지의 생활비
④ 배우자의 은퇴 이후 사망할 때까지의 생활비
⑤ 비상예비자금

그리고 여기에 가장이 현재 까지 축적해 놓은 순자산과 가장의 사후 정리 비용(장례비, 병원비 등)을 차감하면 조기사망위험가액이 계산된다. 재무설계에서는 이 방법으로 조기사망위험가액을 계산하고 있다.

장기 생존 위험 측정

장기 생존 위험은 노령화 위험, 은퇴 위험으로 불려 지기도 한다. 은퇴 이후 사망하기까지의 필요한 자금은 은퇴 후 원하는 생활수준을 누리는 데 필요한 연간 생활자금을 정하고 이 자금에서 은퇴 후 받게 될 연금등 추가적인 소득을 차감한 잔액을 은퇴시점에서의 일시금(목돈)으로 계산한 값이 장기 생존 위험의 평가액 즉 장기생존위험가액이 된다. 물론 물가 상승률과 투자이율을 감안하여 계산하여야 한다.

질병 및 상해 위험 측정

질병 또는 상해로 조기에 사망하거나 근로능력을 상실하는 위험을 말한다. 이 위험은 질병 또는 상해의 결과로 조기 사망하는 경우에는 조기 사망 위험에 사망하기

까지의 의료비를 추가하여 구하면 된다. 사망까지는 가지 않고 근로능력을 상실하는 경우에는 장기 생존 위험에 질병 또는 상해 치료비를 추가하면 된다.

실업 위험 측정

실업 위험은 자발적으로 퇴직하지 않는 경우에 한하여 고용보험으로 처리할 수 있으나 보험금액이 만족할 수준이 아니므로 개인적으로 별도의 준비가 필요하다. 실직 후 재취업까지 기간이 유동적이므로 6개월 정도(보수적으로는 12개월) 소요될 것으로 가정하고 그 기간 동안의 생활비를 비상예비자금으로 비축하는 것이 현실적이다.

재산위험 측정

재산위험의 측정은 현재가액(시가) 또는 재조달가액으로 평가한다. 현재가액은 재조달가액에서 그 재산의 사용연수(또는 경과년수)에 해당하는 가치감소액(감가상각비)를 공제한 금액을 말한다. 재조달가액은 동일한 재산을 신규로 구입할 때 필요한 금액을 말한다. 대부분 보험에서는 현재가액으로 보상을 해준다. 보험사고로 재물 손해를 입은 경우 새로이 구입하는 것이 현실적이므로 재조달가액으로 평가하는 것이 보수적인 평가방법이다.

보험에서의 감가상각년수는 기업회계기준이나 세법에서 사용하는 연수보다 길기 때문에 회계장부상의 현재의 재산가치를 기준으로 보험을 가입할 경우 충분한 보상을 받을 수 없으므로 주의하여야 한다. 구체적인 내용은 화재보험 부분에서 상술하고 있다.

제3자 배상책임위험 측정

배상책임은 법률상 책임과 도덕적 책임으로 나눌 수 있다. 법률상 책임은 피해자에 대한 법원의 재판에 의하여 확정된다. 도덕적 책임은 법률적으로 책임은 없으나 도덕적 양심에 따라 보상하는 것이므로 일정 금액으로 보상할 수도 있고 보상하지 않을 수도 있는 책임이므로 위험의 가치 평가에서는 제외된다.

  배상책임위험의 측정은 발생하지 않은 미래의 위험을 화폐금액으로 측정하는 것으로 위험 발생 시점, 장소, 피해당사자에 따라 매우 가변적이므로 현재 시점에서 측정하기 매우 어렵다. 따라서 배상책임의 손실 금액은 보통 무한한 것으로 평가한다. 그러나 무조건 무한으로 평가하면 배상책임위험을 재무적으로 준비하는 데 애로가 있다. 그러므로 배상책임위험의 대상, 범위, 예측 가능 정도와 재판 판결 추세를 비교하여 보수적으로 평가하는 것이 좋다. 재판 판결(판례)은 좀처럼 변동하지 않으므로 판례를 참고로 전문가의 의견을 반영하여 보수적인 금액으로 평가하는 것이 합리적일 것이다.

02 위험 관리 방법

위험 관리의 필요성

의학의 발달로 평균 수명이 점점 길어지고 있다. 이 사실은 살아가야 할 날이 많다는 것을 의미한다. 살아가는 것도 육체적 측면에서 볼 때 건강하게 살아가느냐, 병을 달고 다니면서 살아가느냐, 불의의 사고로 지체부자유자로서 살아가느냐에 따라 삶에 대한 애착이 달라질 것이다. 또한 경제적 측면에서 볼 때 풍족하게 사느냐, 궁핍하게 사느냐, 그럭저럭 살아가느냐에 따라 길어진 수명을 반기는 사람이 될 수도 있고 오히려 재앙으로 여길 수도 있을 것이다.

길어진 수명을 반기는 부류에 들어 가려면 긴 인생을 살아가면서 마주치는 위험을 얼마나 슬기롭게 잘 대처하느냐에 달려 있다. 상당수의 사람들이 갑작스런 위험에 인생을 저당 잡혀 고통스런 삶을 살아가는 것을 자주 보게 된다. 이는 오늘보다 나은 내일이 되지 않겠느냐면서 미래의 위험에 대하여 전혀 준비를 하지 않은 결과이다. 수명이 길어진 만큼 과거보다 더 많은 위험에 노출될 것이므로 과거보다 위험에 대하여 더 많은 준비를 해야 할 것이다.

과거엔 없던 위험이 새로 생겨 우리들을 종종 곤경에 빠뜨리곤 한다. 예컨대 과거

2자리 이상의 고금리 시절에는 10억 원 정도면 노후에 큰 문제없이 이자소득으로 풍족하게 살 수 있었던 것이 한 자리 초저금리 시대로 접어 들면서 10억 원도 빠듯하게 생활하는 수준 밖에 되지 않는 상황이 되었다. 저금리위험이 새로운 위험으로 등장하게 되어 과거 충분하던 노후자금이 이제는 원금을 까먹으면서 노후생활을 해야 되는 상황으로 바뀌게 된 것이다.

이러한 위험은 경제적으로 상당한 지식을 가지지 않으면 조기에 발견하기가 어렵다. 더욱이 예측하기란 더욱더 어렵다. 눈을 뜨고 보면서도 그것이 위험인지 모르는 경우도 생겨나고 있는 것이다. 사회 생활을 규제하는 법도 자주 바뀌어서 과거에는 용납이 되는 행위도 어느 날 갑자기 못하게 되거나 세금을 내게 되는 경우도 종종 발생하고 있다. 몰랐다는 것으로 해결될 수 있는 성질의 위험도 아닌 것이다. 이러한 현실 속에서 살아가는 우리는 나 혼자의 힘으로 살아가기는 더욱더 어렵게 되어 가고 있다. 이제는 인생을 설계해주고 이러한 위험을 조언해 줄 수 있는 전문가를 곁에 두고 살아야 하는 시대가 도래하고 있다.

위험 관리 방법

위험을 관리하는 방법은 첫째, 위험 발생 빈도를 줄이거나 심각성을 줄이는 방법(이를 위험 통제라 한다)과 둘째, 위험이 발생할 경우 초래될 손실을 보전할 자금을 준비하는 방법(이를 위험 재무라 한다)이 있다. 위험 통제(risk control)에는 위험 회피 방법과 위험 축소 방법이 있고 위험 재무(risk financing)에는 위험 이전 방법과 위험 보유 방법이 있다. 자동차를 예로 들어 설명하자면 자동차를 매각하거나 시외 운전을 억제하는 방법 또는 보험을 가입하는 방법, 사고시 사용할 목적으로 매월 10만 원 저축하는 방법 등이 있다.

위험 회피 방법(risk avoidance) : 예) 자동차 매각

위험 회피는 위험을 야기할 수 있는 어떤 활동이나 상황자체를 없앰으로써 손실이 발생할 싹을 미리 없애는 방법이다. 이 방법이 가장 확실한 방법이지만 현실적으로 실행하기가 어려운 방법이다.

자동차를 보유함으로써 발생할 수 있는 위험을 제거하는 가장 확실한 방법은 자동차를 보유하지 않는 것이다. 마찬가지로 공장 화재 위험을 제거하는 가장 확실한 방법은 공장을 보유하지 않는 것이다. 그러나 자동차를 소유하지 않고 살아가는 것은 현실적으로 어렵다. 현대인의 생활은 자동차를 타지 않고서는 매우 불편하기 때문이다. 공장을 소유하지 않고 제품을 만들기도 어렵다. 화재가 겁이 나서 공장을 세우지 않는다는 것은 있을 수 없기 때문이다. 물론 공장을 소유하지 않고 제조부분을 외부에 아웃소싱할 수 있는 경우는 예외이다. 또한 장난꾸러기 아들이 밖에서 많은 사고를 내서 동네 아이들을 치료하는 비용이 많이 든다고 하여 아들을 집에 가두어 놓고 키울 수도 없는 것이다.

위험 회피 방법은 현실적으로 적용하기 어려운 경우가 많지만 고객이 어떤 자산을 소유, 관리 또는 통제할 경우 발생할 위험에 대하여 좀 더 심사숙고할 계기를 마련해 준다는 점에서 의의가 있다.

위험 축소 방법(risk reduction) : 예) 시외 운전 억제(시내 출퇴근만 운행)

위험을 축소하는 방법은 첫째, 손실이 발생하지 않도록 하거나 손실이 발생하는 빈도를 줄이는 손실 방지활동과 둘째, 손실이 발생하기 전이나 진행 중 또는 발생 후에 손실 규모를 줄이기 위한 손실 축소활동이 있다. 이 두가지 손실 방지활동과 축소활동은 상호 유기적으로 구성되어야 한다.

화재 위험을 줄이기 위한 건물 내 금연 캠페인, 전기선 안전관리, 목욕탕에서의 미끄럼 사고로 고객이 다치는 것을 방지하기 위한 미끄럼 방지시설 설치 등은 손실 방지활동 즉 위험 축소 방법의 하나이다. 집이나 공장에 소화기를 설치하는 것은 불이 났을 때 초기에 진압하거나 더 이상 큰 불로 번지지 않도록 함으로써 손실 규모를 축소하는 손실 축소활동에 해당된다. 보통 손실 방지활동과 손실 축소활동은 같이 이루어진다. 가능한 손실을 방지하도록 하되 손실이 일어나더라도 가능한 적게 나도록 하는 것이다.

☞ 위험 통제 방법인 위험 회피와 위험 축소는 개별적으로 사용되는 것이 아니라 통합적으로 병행하여 운영되어야 한다. 어떤 특정 위험에 직면하였을 때 다음의 세 가지 질문을 할 필요가 있다.
첫째, 이 위험을 회피할 수 있는 방법은 없는가?
둘째, 회피할 수 없다면 어떻게 하면 사전에 손실을 방지할 수 있는가?
셋째, 손실이 발생할 경우 어떻게 하면 손실 규모를 줄일 수 있는가?

위험 이전 방법(risk transfer) : **예) 자동차보험 가입**
위험 이전은 위험을 일방(一方)에서 타방(他方)으로 이전시키는 것을 말한다. 위험 이전의 대표적인 형태가 보험이다. 즉 보험은 개인이나 기업의 위험을 보험계약을 통해 타방인 보험회사로 이전하는 방법이다.

보험 외에 위험을 이전할 수 있는 방법은

- 계약에 위한 위험 이전
- 가격위험에 대한 헤징(hedging)
- 주식회사 설립

등을 들 수 있다. 계약에 의한 위험 이전은 이전하고자 하는 위험을 계약을 통해 상대방에게 이전하는 방법이다.
제품을 판매하면서 일정기간 동안에는 품질에 대한 보증을 제조회사가 책임을 지고 그 기간 이후에는 유통업자가 책임지기로 하는 계약(제조회사에서 유통회사로 위험 이전)이 이에 해당된다. 임대료 상승 위험에 대하여 장기임대계약을 통해 임대인에게 책임을 이전하는 것(임대기간중의 물가상승 등 임대료 인상요인을 임차인이 아닌 임대인이 부담하는 효과 발생)도 계약에 의한 위험이전의 한 방법이다.

헤징을 통한 가격 위험의 이전은 보유하고 있는 주식이나 채권의 가격이 하락할 위험을 풋옵션(사전에 정한 가격으로 정해진 시점에 매도할 권리)을 매입하거나 콜옵션(만기일 이전에 사전에 정해진 가격으로 살 수 있는 권리)을 매도하는 방법이 이에 해당된다.

주식회사 설립도 위험 이전의 한 방법이다. 개인사업자는 사업상 발생하는 모든 채무에 대하여 무한 책임을 지게 되는데, 이러한 위험을 이전시키기 위하여 주식회사를 설립하여 투자한 지분 범위 내에서 책임을 짐으로써 어느 정도 위험을 이전할 수 있다. 주식회사 설립은 경영에 따른 위험 중 보유 주식 초과 부분을 회사로 이전시키는 효과를 발생한다. 출자한 자본이 5천만 원인 경우 회사의 채무가 1억 원이 되더라도 출자한 5천만 원을 포기함으로써 책임을 면하게 된다.

위험 보유 방법(risk retention) : 예) **자동차사고를 대비한 월 10만 원 저축**

위험 보유는 손실에 따른 자금을 스스로 준비하는 것을 말한다. 개인이 직면한 특정 위험별로 이에 대한 손실의 심각성에 맞추어 자금을 축적하고 실제 손실이 발생할 경우 그 자금으로 손실을 커버하는 것이다.

타인에게 돈을 빌려 주었을 경우 만기에 회수 되지 않을 위험에 대비하여 일정기간마다 정해진 금액을 축적하였다가 회수가 되지 않았을 때 이 축적된 자금으로 그 손실을 충당하는 방법이다. 공장기계 부품이 자주 도난을 당하여 부품 가격은 얼마 되지 않으나 보험으로 커버하고자 하였지만, 발생빈도가 높아 보험료가 도난 부품 비용과 비슷하여 보험을 가입하지 않고 매월 일정 도난 당하는 부품 금액만큼 저축을 하였다가 도난 때마다 그 돈으로 부품을 사는 방법을 취하기로 한 경우도 위험 보유 방법의 하나이다.

재산관련 보험이나 배상책임보험 등은 자기부담금이라는 가입조건이 있다. 자기부담금이란 보험사고가 나서 손해가 나더라도 자기부담금까지는 피보험자 자신이 부담하고 그 이상의 손해에 대하여 보험회사가 보험금을 지급하는 제도이다. 위험이전 방법에 위험 보유 방법을 일부 도입한 경우이다. 앞의 공장기계 부품의 도난인 경우 일정한 금액까지는 자기부담금으로 하고 그 이상의 손해가 날 경우 보험금을 받는 조건으로 보험을 가입할 경우 보험료는 훨씬 저렴해지므로 자기부담금 조건을 이용하여 보험료를 절약할 수 있다.

현실적으로 특정 위험만을 보상하기 위하여 목적자금을 적립하는 방법은 잘 사용되지 않는다. 일반적으로 손실이 발생할 경우 다른 용도로 저축해 놓은 자금이나 대출 등을 통하여 충당하고 있다.

위험 처리 방법의 통합적 활용

현실적으로 위험을 관리할 경우 위험 회피, 축소, 이전, 보유 등 4가지 방법을 병행하여 관리한다. 손실 규모와 위험 발생 빈도를 축으로 하는 도표를 그려 보면 다음과 같다.

구 분		발생 빈도	
		높 다	낮 다
손실 규모	심 각	위험 회피 위험 축소	위험 이전(보험) 위험 축소
	미 약	위험 보유 위험 축소	위험 보유

① 손실이 심각하고 발생 빈도도 높은 경우: 위험 보유는 현실적으로 불가능하며 이전도 곤란하다. 따라서 위험 회피 또는 축소 방법이 사용될 수 있다. 위험 축소도 손실 규모 및 발생 빈도를 관리 가능한 수준으로 줄일 수 있을 때 유용하

며, 그렇지 못할 경우 위험을 회피하여야 한다.
② 손실이 미약하고 발생빈도가 높은 경우: 발생 빈도가 높은 경우 위험을 이전하기에는 비용이 많이 발생할 것이므로 손실 규모가 작은 점을 감안하여 발생 빈도를 줄이면서 보유하는 것이 좋다. 손실 규모가 작으므로 자체 축적된 자금으로 충당하는 방법이다.
③ 손실이 심각하고 발생 빈도가 낮은 경우: 보험을 통한 위험 이전이 가장 타당한 방법일 것이다. 손실 규모가 심각하므로 보유는 곤란한 바 보험 외에 손실 규모를 줄일 수 있는 축소 방법도 병행하는 것이 좋다.
④ 손실이 미약하고 발생 빈도도 낮은 경우: 자주 발생도 하지 않고 손실 규모도 미약하므로 위험 보유가 적당하다.

위험 관리 원칙

부담할 수 있는 능력 이상의 위험은 피한다.

보유하고 있는 위험을 종류별로 평가하여 최대 추정 손실 금액을 산정한 다음 그 금액이 본인의 손실 부담 능력을 초과하는 경우 제3자에게 이전하거나 손실 규모를 관리 가능한 수준으로 축소하여야 한다.

위험 발생 확률이 낮을 경우 보험으로 처리하고 확률이 높은 경우 위험 축소를 한다.

보험회사는 과거 보험사고의 발생 경험치를 통해 손실 규모, 보험관련 비용 및 이익을 감안하여 보험료를 산출하므로 보험사고 발생 확률이 높으면 손실도 높아지고 이에 따라 보험료도 비싸지게 된다. 따라서 발생 확률이 높은 경우에는 보험으로 위험 처리하는 것은 비효율적이다. 위험 발생 확률이 높은 위험에 대한 가장 효과적인 위험 처리 방법은 발생 빈도를 낮추는 위험 축소이다. 위험이 거대한 경우에는 위험을 회피하여야 한다.

보험으로의 처리 여부는 잠재적 손실과 보험료를 비교하여 판단한다.

보험료를 아끼기 위하여 거대 위험을 보유하는 소탐대실의 우를 범해서는 안 된다. 잠재적 손실 규모가 보유를 통해 절약할 수 있는 보험료(비용)보다 클 경우에 위험을 보유해서는 안 된다. 보험료가 잠재적 손실보다 비쌀 경우에는 위험을 보유하는 것이 합리적이다.

03 위험설계 프로세스

    개인 또는 기업이 위험관리를 하는 목적은 위험 발생 가능성을 사전에 파악하여 위험이 발생하지 않도록 함과 동시에 보험사고가 났을 경우 손실 규모를 최소화하는 데 있다. 위험이 발생하지 않도록 하는 물리적 조치로는 위험 회피 방법이 있으나 위험 발생이 불가피한 경우 손실 규모를 최소화할 수 있도록 하여야 한다.

    물리적 방법으로는 소화기 설치, 방화벽(불이 다른 장소로 번지지 않도록 하는 차단하는 시설) 설치 등 위험 축소 방법과 보험을 가입함으로써 위험을 이전하는 위험 이전 방법을 병행하도록 한다.

    보험 가입 목적은 개인 또는 기업에 있어 위험 발생 전과 후가 같도록 하는 것이다. 생명 보험은 보험 사고 발생 시 계약 당시 정한 금액을 정액으로 지급하기 때문에 보험 사고로 인한 손실 보상으로는 부족할 수도 있고 남을 수 있으나 손해보험은 실제 발생한 손실을 보상하므로 보험 사고 전과 후가 동일하다. 그러나 그 보상금은 시가 즉 신규 조달 가액에서 감가상각비를 공제한 잔액으로 보상하므로 파괴된 재산을 신규로 구입할 경우에는 보험금으로 부족하므로 보유 자금으로 일부 충당하여야 할 것이다.

    이 장에서는 개인 또는 기업이 보유하고 있는 위험을 찾아내어 그 위험을 평가하고 적합한 처리방법을 선택하여 실행하는 일련의 위험설계 프로세스를 살펴보기로 한다.

1 단계 : 잠재 위험 찾아 내기

위험관리를 하고자 하는 대상 즉 개인이나 기업 자신은 물론 주변 환경, 미래 상황 등을 면밀히 분석하여 무의식적으로 보유하고 있는 치명적 위험을 찾아 내어 분석하는 단계이다. 위험을 정확히 분석하기 위해서는 여러 가지 방법을 활용할 수 있다. 위험은 여러 종류가 복합하여 발생할 수 있으므로 발생 가능한 여러 가지 위험을 나열한 질문표나 체크리스트를 사용하여 위험을 빠뜨리지 않도록 체크하여야 한다. 기업인 경우 재무제표도 분석하여 추가로 보유하고 있는 위험을 찾도록 하여야 한다. 마지막으로 개인이나 기업이 소재하는 현장을 방문하여 관찰하고 해당 개인 또는 실무자를 인터뷰함으로써 위험 분석을 마무리 하여야 한다. 위험보유자와의 인터뷰만으로 조사를 끝낼 경우 현장에 잠재되어 있는 위험을 빠뜨릴 가능성이 높으므로 반드시 현장을 방문하여야 한다. 보유한 위험은 다음과 같이 분류한다.

인적 위험

　　·조기 사망 위험　　·장기 생존 위험

　　·질병 및 상해 위험　·실업 위험

재산 위험

　　·화재 위험　　·도난 위험

　　·기업휴지 위험　·운송 등 기타 위험

배상책임위험
- 소유 재산 관련 위험
- 직업 또는 사업 관련 위험
- 개인일상활동 관련 위험

2 단계: 위험 크기 평가

위험이 개인이나 기업에 미치는 영향의 정도에 따라 대처 방법을 다르게 해야 한다. 예를 들면 화재가 발생할 경우 그 피해 정도가 너무 심각하여 파산으로 연결되어 재기가 불가능하게 될 수도 있고, 반대로 화재로 피해를 입은 재산이 보유하고 있는 총자산에서 차지하는 비중이 미미하여 가지고 있는 다른 재산으로 커버할 수 있을 수도 있다. 따라서 전자는 위험 축소와 보험으로 대처를 하여야 할 것이며 후자는 보험을 가입하지 않고 위험 축소 방법과 위험 보유방법으로 대처할 수도 있다. 따라서 전 단계에서 파악된 위험이 얼마나 큰 위험인지 그 크기를 적절히 평가하는 것은 매우 중요하다.

위험은 손실의 심각성에 따라 세가지 위험으로 나눌 수 있다.

- 치명적 위험 : 개인 또는 기업을 사망 또는 파산으로 이끌 수 있을 정도의 위험
- 중요한 위험 : 외부 차입, 생활비 또는 예산 감축 등 긴축 생활을 할 정도의 위험
- 경미한 위험 : 현재 소득이나 보유 자산으로 감당할 수 있는 정도의 위험

위험의 크기는 그 위험이 현실화되어 실제 발생하였을 경우를 가정하고 그 손실의 규모를 화폐가치로 평가할 수 있다. 재산 관련 손실은 화폐가치로 환산이 어느 정도 가능하나 생명 관련 손실은 화폐가치로 평가하기 어렵다.

재산의 가치는 시가로 평가하는 방법과 재조달가액으로 평가하는 방법이 있다. 시가는 그 재산의 현재가액을 말한다. 신규로 재산을 취득할 때 지불하는 금액을 재조달가액이라 한다. 재산을 처음 취득할 때는 재조달가액이 시가가 된다. 정해진 용도에 따라 재산을 사용하는 가운데 점차 시간이 지나면서 그 재산의 가치가 감소하게 된다. 일정 시점의 시가는 재조달가액에서 시간의 경과에 따라 감가된 가치 즉 감가상각비를 뺀 차액이 된다.

예를 들어 2005년 11월 5일에 BMW를 대리점에서 신규로 1억 원에 구입하였을 경우 재조달가액과 시가(현재가액)은 모두 1억 원으로 동일하다. 1년이 경과한 뒤 중고시장에 매각할 때 7천만 원인 경우 2006년11월 현재 BMW의 시가는 7천만 원이다. 이 때 BMW의 자동차 대리점에서의 신차 판매가액이 1억1천만 원인 경우 재조달가액은 1억 1천만 원이다. 따라서 재산의 시가와 재조달가액은 시점에 따라 변동된다. 위험의 크기를 평가할 때 시가보다는 재조달가액으로 평가하는 것이 좋다. 손실이 발생할 경우 대부분 신규로 동일한 재산을 구입하기 때문이다. BMW로 운전하다가 교통사고로 차량이 못 쓸 정도로 파손된 경우 사고 시점의 시가로 중고차를 구입할 수도 있지만 부족한 돈을 더하여 신차를 구입하는 경우가 더 현실적이고 일반적이다. 위험의 평가액은 가능한 보수적으로 평가하는 것이 합리적이다.

보유하고 있는 위험이 심각한 위험인지 중요한 위험인지 판단하는 데 있어 어떤 객관적인 기준이 있는 것이 아니고 개인이나 기업 등 위험보유자의 주관적 판단에 의해 주로 결정된다. 어떤 사람은 1억 원이 치명적인 위험일 수도 있고 다른 사람은 1,000만 원이 치명적일 수도 있다. 따라서 위험의 경중은 개인이나 기업의 판단을 물어보고 치명적인 위험, 중요한 위험 또는 경미한 위험으로 분류하는 것이 합리적이다.

먼저 위험의 심각성 즉 손실 규모를 평가하고 다음에 그 금액이나 위험의 성격을 감안하여 위험의 경중을 결정하고 마지막으로 그에 따른 위험 처리 방법을 선택하면 된다.

위험의 발생에 따른 손실 중 직접 손해는 한국감정원에서 발표하는 '건물 신축단가표'나 손해보험사에서 사용하는 '가재도구 보험가액 간이평가기준' 등으로 평가하거나 실제 시중 가격자료를 참고로 하여 평가할 수 있다. 재산의 가치는 평가시점, 평가 장소, 평가자에 따라 조금씩 다르므로 한 물건에 한 가격자료를 산출한다는 것은 현실적으로 불가능하다. 따라서 재물에 대한 위험의 평가액이 이해당사자간에 큰 차이가 날 때 법원의 판결에 의해서 결정되는 경우가 종종 발생하는 것이 현실이다. 간접손해는 직접손해에 비하여 더욱더 주관적이므로 위험을 평가할 때에는 위험보유자의 자의적 평가에 의존할 수 밖에 없다. 따라서 보험에서는 간접손해는 보상에서 제외하고 있다. 직접손해도 분쟁의 소지가 많은 데 자의적, 주관적 평가에 의존도가 높은 간접손해까지 보상하기는 어렵기 때문이다. 그러나 기업휴지손해, 냉장고안의 식품 변질 등 일부 항목에 대해서는 보험료를 추가로 더 받고 특별 약관을 가입함으로써 보상해주는 경우도 있다.

요컨데 위험의 크기를 평가하는 과정에서 중요한 사실은 위험의 평가액을 잘못 측정하여 치명적 위험이 과소 평가되거나 무의식적으로 위험을 보유하는 일이 없도록 하는 것이 중요하다.

3 단계 : 위험 처리 방법의 선택

위험을 평가한 다음 손실 규모가 심각하고 발생빈도가 높은 위험은 위험 회피하거나 축소를 하고 손실 규모가 경미한 경우에는 위험 보유를 하되 발생 빈도가 높은 경우에는 위험 축소 방법도 병행하도록 하여야 한다. 손실 규모가 심각하나 발생 빈도가 낮은 경우에는 보험을 통한 위험 이전 방법으로 해결하도록 한다.

손실 규모가 심각하고 발생 빈도가 낮아 보험으로 위험을 이전하는 경우 인적 위험은 보험으로 커버하고 재산 위험 및 배상책임위험은 보험을 가입하는 것 외에 위험 회피나 축소 방법을 병행하여야 한다. 예컨대 주택의 화재 위험을 보험으로 커버하는 경우 주택화재 보험을 가입하고 동시에 불에 잘 견디는 불연재료를 가능한 사용하여 건축하고 전기, 가스 등 화재의 원인이 되는 시설의 철저한 관리, 화재경보기 및 소화기 설치 등 경제적 여건이 허락하는 한 위험 축소 방법을 병행하여야 한다. 공장을 운영하는 기업체가 근로자의 재해위험을 처리하는 방법으로 산재보험 및 근재보험을 가입하는 것은 물론 작업 기계 설비에 대한 안전장치, 보호구 설치, 정기 점검, 작업 공정 재조정, 종업원의 안전 교육, 재해방지 캠페인, 작업 공정의 자동화, 작업환경 개선 등 제반 위험 축소 방법을 동시에 고려하여야 한다.

4 단계: 위험 처리 계획의 실행

보유하고 있는 개별 위험에 적합한 위험 처리 방법을 실행하는 단계이다. 보험으로 위험을 이전하는 경우에는 여러 회사의 보험 상품 및 가격에 관한 정보를 수집하여야 한다. 해당 위험의 손실 정도를 다시 한 번 더 정확히 평가한 후 위험가액을 전부 보험으로 커버할 것인지 일부분만 커버할 것인지를 정한다. 최소의 비용(보험료)으로 필요한 위험가액을 커버하도록 하여야 한다. 일단 위험가액을 전부 보험으로 커버하는 것으로(이때 가입하는 보험을 전부보험이라 한다) 가정한 뒤 보험료를 계산하고, 보험료가 상당한 부담이 될 경우에는 자신의 능력에 부합하도록 일부만 커버하는 보험(이때 가입하는 보험을 일부보험이라 한다)을 가입하도록 한다.

보험으로 위험을 이전하기로 하였으나 그 위험가액이 보험회사가 감당하기 어려울 정도로 크거나(이를 거대위험이라 한다) 발생 빈도가 높은 경우 보험회사에서 보험의 인수를 거절하거나 상품이 없는 경우가 있다. 이런 경우에는 외국보험회사를 포함한 여러 보험회사의 상품들을 조사해 보고 그래도 없으면 보험 이외의 위험 처리 방법 즉, 위험을 축소하거나 회피하도록 하여야 한다. 보다 적극적인 경우로는 여러 보험사에 특정한 위험을 담보하는 보험 상품을 만들어 달라는 요청을 할 수도 있을 것이다.

물적(재물)보험은 재물가액과 보험 가입금액이 동일하도록 하여야 한다. 즉 일부보험이 되지 않도록 하여야 한다. 재물보험은 인적보험과 달리 손해 발생 금액을 가입금액 내에서 보상해주는 것이 아니라 가입금액의 재물가액에 대한 비율만큼 보장해 준다.

주택이 화재로 5,000만 원 손실이 발생한 경우 주택가액이 1억 원이고 보험 가입금액이 1억 원인 경우 5,000만 원 전액을 보상해주지만, 가입금액이 6,000만 원인 경우 5,000만 원 전액을 보상해주는 것이 아니라 6,000만/1억의 비율 만큼 즉 3,000만 원을 보상해 준다. 따라서 보험료가 큰 부담이 되지 않는다면 보험에 가입하려는 위험의 정확한 현재가치를 평가하고 그 평가금액을 보험 가입금액으로 하는 보험을 가입하여야 손실을 전액 보상 받을 수 있다.

보험 가입 순서는 가용재원 내에서 치명적 위험, 중요한 위험 순으로 가입하고 재정 능력에 여유가 있는 경우 경미한 위험도 보험을 가입하는 것이 좋다. 또한 보험료를 줄이기 위한 방법도 강구하여야 한다. 동일한 보장금액인 경우 보험상품의 종류, 보장기간의 장단, 자기부담금(보험사고가 발생하였을 때 손실 금액 중 보험계약자 본인이 부담하는 일정 금액)의 증감, 부보비율 조건부 실손보상조항(coinsurance : 재물보험에 있어 보험에 가입하는 재물의 현재가액 중 일정 비율까지 가입하는 경우 전부보험으로 인정하는 경우; 주택화재보험인 경우 80%이상 가입할 경우 100%가입한 것으로 인정) 등을 종합적으로 고려하여 최소비용의 상품을 선정한다.

보험을 통하여 위험을 이전하기 전에 위험 회피나 축소 방법이 없는 지 먼저 검토하여야 한다. 보험료보다 적은 금액으로 보험사가 아닌 제3자에게 이전시킬 수 있는 경우에는 위험 이전 방법을 선택하도록 해야 한다.

예를 들어 터널공사 수주를 한 건설회사가 직접 공사를 할 경우 상당한 공사위험을 감수해야 하는 것으로 평가되었을 때 직접 공사하는 것보다 제3자에게 하청을 주어 그 위험을 이전할 수 있다.

공정의 재설계, 업무의 표준화 등으로 손실을 예방 또는 축소할 수 있는지도 검토하여야 한다. 손실 발생 빈도가 높고 그 발생이 예측 가능한 경우 자가보험으로 대체하는 것이 보험 가입보다 유리할 수도 있다. 손실 발생 빈도가 높을 경우 보험회사는 높은 보험료를 요구할 것이기 때문이므로 자가보험으로 처리할 경우 발생할 비용과 비교하여 판단하면 될 것이다.

5 단계: 위험 계획 평가 및 검토

보유하고 있는 위험에 대한 처리방법이 계획대로 잘 진행되고 있는 지 정기적으로 평가하고 검토하여야 한다.

보험을 잘 유지하고 있는지, 위험 축소를 위해 설치한 소화기가 잘 작동되고 있는지, 위험을 줄이기 위해 변경한 작업 공정이 제대로 정착되고 있는지, 공정 변경 후 예상치 못한 새로운 위험은 발생하지 않았는지를 정기적으로 점검하여야 한다.

위험 계획을 실행한 이후 위험이 변동될 수 있으므로 위험의 변동 추이도 정기적으로 점검할 필요가 있다. 자녀 출생, 새로운 자산 구입, 직업 변동, 새로운 사업 개시, 법률 제정 등으로 위험이 증감할 수 있으므로 이를 점검하고 재평가하여 기존의 위험 처리 계획을 수정하여야 한다.

04 내 몸에 맞는 인생 설계 방법

    이 장에서는 앞 장에서 설명한 위험설계 프로세스를 적용하여 나의 인생설계를 해보고자 한다. 대부분의 재무 설계는 제일 먼저 재무상태표와 현금흐름표 등 자료를 수집하면서 자신의 재무 목표를 정한다.

    그 다음에 재무제표의 분석 및 평가를 바탕으로 재무 목표를 달성할 수 있는 투자계획을 작성하여 실행한다. 그리고 정기적으로 그 투자계획을 피드백하면서 투자계획을 수정하는 일련의 과정을 밟는다.

    그런데 이러한 재무설계에는 하나 빠진 것이 있다. 재무설계를 하는 목적은 인생의 꿈을 실현하는 것이다. 따라서 인생을 어떻게 설계하느냐에 따라 재무설계는 언제든지 바뀔 수 있다. 그런데 대부분의 사람들은 자신의 인생에 대해 깊이 생각한 적이 별로 없다. "당신의 자화상이 무엇입니까? 당신의 꿈은 무엇입니까? 당신이 잘하는 것은 무엇입니까? 당신의 가치관은 무엇입니까?"

    이러한 질문에 대해 대부분 대답을 못하거나 얼버무린다. 이 장에서는 인생에 근거를 둔 재무설계를 하는 방법에 대하여 살펴보고자 한다.

1 단계 : 나의 인생을 그려라

 부자가 되고자 하는 목적은 나의 인생을 기름지게 하는 거름을 확보하고자 하는 것이다. 즉 돈은 인생의 수단이지 목적이 아니다. 따라서 돈을 모으기 전에 먼저 나의 인생을 설계하는 것이 필요하다. 미래에 내가 되고자 하는 모습, 꿈, 일, 가치관 등 자신의 인생의 조감도를 그린 다음 얼마만큼의 돈이 필요한지 산정하여야 할 것이다. 돈을 모으면 행복하겠지 하는 막연한 생각은 곤란하다. 행복은 주관적이며 사람마다 다르다. 행복한 인생을 보내는데 1억 원만 있으면 되는 사람도 있고 10억 원이 있어도 부족한 사람이 있다. 1억 원만 있어도 행복한 인생을 꾸려나갈 수 있는 사람이, 흔히 이야기하는 10억 원을 모으기 위해 노력한다면 얼마나 안타까운가? 1억 원을 모으는데 1년이 걸린다면 10년이라는 시간을 헛되이 보낸 것이 된다. 한 번뿐인 인생을 불필요한 돈을 모으는 일에 낭비한 꼴이 된다.
 다음의 내용을 참고로 나의 자화상, 꿈, 천직, 가치관, 원하는 은퇴생활 등 내 인생의 조감도를 그려보자.

미래의 자화상을 그려라
 자화상이란 자신의 모습 또는 자신이 되고자 하는 사람으로 내가 무덤에 묻힐 때 세상사람들로부터 듣고 싶은 이야기 즉 "홍길동은 …한 사람이었어"를 말한다. 구체적으로 살펴보면 다음과 같다.
- 자식에게 비친 나의 모습 : "가족의 행복을 위해 항상 노력하셨고 내가 원하는 것을 적극 밀어 주신 분이었어"
- 친구에게 비친 나의 모습 : "무언가 친구에게 도움을 주려고 하였으며 의리가 있는 친구였어"
- 직장 동료에게 비친 나의 모습 : "열정적이고 성실하며 끊임없이 자기자신을 개발하는 사람이었어"

- 세상 사람에게 비친 나의 모습 : "뚜렷한 신념을 가지고 언제든지 최선을 다하는 성실한 사람이었어"

꿈(인생의 목적)을 키워라

자신이 원하는 모습을 그려라. 머리와 가슴으로 이미지를 그릴 수 있도록 하라. 꿈을 달성하는 순간을 상상하라. 꿈을 한 마디로 정의하는 것보다 다음과 같이 정하는 것이 좋을 것이다.

- 경제적 자유(부자) : 돈에 구애를 받지 않고 인생을 스스로 통제할 수 있을 것
- 건강한 인생 : 100세까지 활동적이고 건강한 육체 유지
- 인간관계 : 훌륭한 부모, 사랑스런 배우자, 충실한 친구, 도움을 주는 사람
- 자기개발 및 성장 : 재무설계전문가로서 부자연구소를 통하여 인생의 행복 전도사가 되는 것

나의 천직(장점)을 찾아라

평범한 보통사람은 자기자신이 무엇을 잘하고 무엇을 좋아하는지 명쾌하게 답을 하는 사람이 드물다. 평소에 자신을 심각하게 성찰한 적이 없기 때문이다. 지금이라도 늦지 않다. 사람과 각종 소음을 떠나 조용히 명상을 할 수 있는 장소와 시간을 찾아서 매일 꾸준히 자기자신과 대화를 나누면서 자신이 잘하는 일이나 원하는 재능을 찾아라. 시간에 쫓기면 안 된다. 잘못된 판단은 많은 인생의 낭비를 초래하기 때문이다.

자신의 좋아하는 것, 천직을 찾는 방법은 많겠지만 다음과 같은 방법도 한 번 시도해 보기 바란다.

- 지나간 과거(성장과정, 학창시절, 직업, 인간관계 등)의 삶 속에서 성공과 실패의 경험을 찾아 그 속에서 자신의 장점과 단점을 찾는다. 그리고 생각나는 장단점을 사소한 것부터 모두 기록 한 후 매일 성찰하며 수정한다.
   - 보험사 지점장 시절 : 고객 상담능력과 리더십 양호, 판매능력 부족

- 학창시절 : 영어는 잘했으나 수학은 뒤떨어 졌고 그림을 잘 그려서 선생님으로부터 칭찬을 들었다.
- 남보다 잘하는 것은?
  - 남들에게 자랑하고 싶은 나만의 특기는?
  - 절대 지지 않는다고 생각하는 나만의 강점은?
  - 내가 남과 다른 이유는?
  - 절대 내가 아니면 할 수 없는 일은?
- 장점을 개발하여 전문성을 갖추라. 단, 단점은 장애가 되지 않는 수준에서 보완한다.

나의 가치관을 명확히 하라

가치관이란 자신의 삶에서 무엇이 소중하고 옳은지를 판단하는 관점을 말한다. 예를 들면 다음과 같다.

시험기간에 친구가 실종되어 그 부모가 도움을 요청할 때 우정이 더 소중하다고 생각한다면 시험을 포기할 것이고 좋은 성적이 더 중요하다고 생각된다면 계속 공부를 할 것이다. 이 판단기준을 가치관이라 한다.

내 삶에서 가치가 있다고 생각하는 것은 무엇인가? 우선순위를 매겨라.

건강, 지식습득, 행복한 가정, 일(직장생활), 배우자와의 관계, 종교, 친구와의 교제, 주거, 취미, 여가, 돈, 명예 등

미래의 은퇴생활을 그려라

생활비를 벌기 위해 일하는 경우에는 60~70세가 되더라도 은퇴시점이 도래한 것이 아니다. 돈을 벌기 위한 것이 아니라 내가 하고 싶고 재미있고 신나는 일을 할 수 있는 시점이 은퇴시점이다.

일은 내가 인류에 기여할 수 있는 매개체이다. 따라서 은퇴 후에도 나의 삶의 가치를 실현할 수 있는 일을 계속하여야 한다. 은퇴전과 달리 조건없이 재미있는 일을

즐기면서 하는 것이 다르다.

　은퇴생활을 그릴 때 고려하여야 할 내용은 다음과 같다.

- 몇 살 또는 어떤 때에 은퇴할 것인가?
  - 55세 또는 재산이 20억 원 정도일 때
- 은퇴시 생활 수준은 어느 정도로 할 것인가?
  - 현재 생활비 감안 기본 생활비 월300만 원, 1년에 해외여행·국내여행 각각 1번씩하는 비용 연 400만 원 등
- 주거지는?
  - 대도시 인근 전원주택에서 텃밭을 가꾸며 전원생활을 즐김
- 일은? 친구관계는? 건강관리는? 여가활동은?
  - 시내 사무실에 출근하여 부자마인드에 관한 연구 및 상담을 하고 오후에는 친구 등 지인과 교제, 골프, 등산

미래의 라이프싸이클(나와 가족의 모습)을 그려라

　나와 가족이 5년, 10년, 20년 후에 나이가 얼마이고 무엇을 하고 있을 것인지, 그리고 어디에서 어떤 생활을 할 것인지를 구체적으로 기술한다. 가족들 모두의 의견을 듣고 진정으로 원하는 미래의 모습을 그리도록 한다. 그리고 매일 아침 또는 저녁에 그 모습을 그린다. 그 모습이 현재인 것처럼 생생하고 구체적으로 그린다. 예컨데 10년 후 오늘 24시간의 일과를 그린다. 그리고 그 모습을 달성하기 위해 현재 무엇을 해야 하는 지를 생각한다. 5년, 10년 후에는 그 모습이 되어 있을 것이다. 간단히 예를 들면 다음과 같다.

　　5년 후 : 나이 50세, 처 48세, 딸 고1, 도심 거주, 컨설팅 직장 근무
　　10년 후 : 나이 55세, 처 53세, 딸 대학 3년, 정년퇴직, 전원주택 거주, 컨설팅 업무
　　20년 후: 나이 65세, 처 63세, 딸 결혼 및 손자손녀 출생, 전원주택 거주, 저술 및 강연활동

나의 미래 자화상

이성적인   따뜻한   도전적   열정적

자식(친구 같은)   배우자(사랑스런)   친구(의리 있는)   직장동료(리더십 강한)

꿈 (인생의 목적)

경제적 자유(부자)   자기개발, 성장   행복한 가정

 건강
 친구
 봉사활동

나의 천직(잘하는 것, 원하는 것, 재미있는 것)

 학문
 음악
 강의

 요리
 화가
 농업

가치관(자신의 삶에서 소중한 것, 옳은 것을 판단하는 관점)

  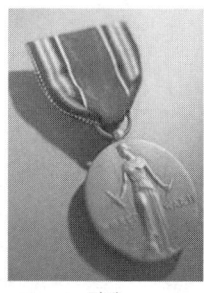 

　　일　　　　　　가정　　　　　　명예　　　　　　성공

　　돈　　　　　　우정　　　　　　건강　　　　　　여가

　　종교　　　　　　　　　　선/악

행복한 은퇴생활

배우자

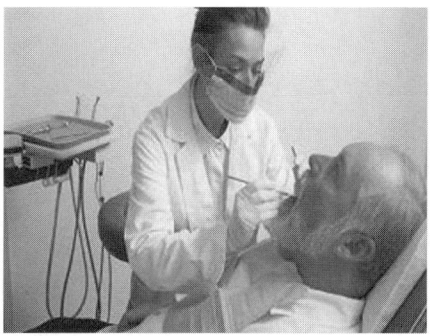
건강

친구관계

적당한 일

경제적 자유

여가

2 단계 : 미래의 꿈을 실현하기 위해 필요한 자금을 계산하라

나의 인생조감도를 완성하였다면 그 조감도대로 될 수 있도록 실천하면서 수명이 다할 때까지 행복하기 위해 필요한 돈을 계산하여야 한다. 필요한 자금을 계산하는 과정을 예를 들어 설명하면 다음과 같다.

계산하는 구체적 방법은 복잡하므로 여기에서는 중요한 부분만 간단히 언급하고자 한다. 다음에 설명한 중요 변수 예컨데 은퇴나이, 예상수명, 은퇴시 원하는 생활비 등을 가족과 결정한 다음에 해당 분야의 전문가인 CFP에게 도움을 요청하면 된다.

막연히 돈이 많이 있으면 좋다는 생각으로 돈을 모으는 것은 곤란하다. 필요한 자금의 규모를 알아야 은퇴시기를 정할 수 있고 저축 또는 소비수준을 결정할 수 있다. 막연히 자린고비가 되거나 또는 돈을 펑펑 쓰는 사람은 구체적인 꿈이 없어서 살아가는 데 얼마만큼의 돈이 필요한지 모르는 경우이다.

가족 생애필요자금

내 가족이 수명을 다할 때까지 필요한 자금을 계산하는 과정이다. 현재 가족의 현실을 감안하여 실현 가능한 숫자로 정하면 된다. 정하기 힘들면 전문가의 도움을 받아 정하는 것이 좋을 것이다. 시간이 지나면서 가정치를 수정할 필요가 반드시 생긴다. 가정치가 현실과 괴리가 생길 때에는 수정하여야 한다.

- 현재: 본인 45세, 배우자 42세, 딸 12세(3인 가족), 총자산에서 부채, 주거용주택, 소비성 재산을 차감한 가용자산 5억4천만 원(생활비, 교육자금, 은퇴자금으로 사용가능한 자산)
- 가정: 은퇴나이(본인 55세, 배우자 55세), 예상수명(본인 80세, 배우자 85세) 월수입 750만 원, 월생활비 400만 원, 자녀 대학입학 18세, 교육기간 4년, 학자금 년 1,000만 원, 자녀 결혼나이 27세, 결혼자금 5,000만 원, 자녀독립시 현

생활비의 80%, 배우자 사망시 현생활비 40% 지출 가정

물가상승율 연 4%, 투자수익률 연 4% (편의상 인플레이션율 만큼만 수익을 올린 것으로 가정)

→ 생애 필요자금 : 현재화폐가치로 약 17억 7천만 원

☞ 인플레이션보다 높은 투자수익률을 올릴수록 생애 필요자금은 줄어 든다. 생애 필요자금에서 현재 본인이 지금까지 모은 재산을 차감한 잔액이 앞으로 준비해야 할 자금이 된다.

내가 일찍 사망할 경우 남아 있는 가족에게 필요한 자금

가정의 주 소득원인 내가 사망하는 경우 남아 있는 딸이 결혼할 때까지 그리고 배우자가 수명을 다할 때까지 필요한 자금을 계산하는 과정이다.

- 가정: 내가 현재 사망하였을 경우 배우자가 생계를 위해 취직하여 받는 근로수입 월 100만 원, 배우자 55세 은퇴, 희망가족생활비 월 300만 원, 기타 조건은 생애필요자금과 동일

→ 필요자금 : 현재가치로 약 14억 4천만 원

가족이 예상수명 이후 100세까지 생존할 경우 필요한 자금(예상보다 오래 살 위험)

본인이 80세, 배우자가 85세까지 살다가 수명을 다할 것으로 재무설계를 하였는데 만약 예상수명을 넘어서 더 오래 살 경우 이 것도 큰 위험이 된다. 따라서 예상수명을 초과하여 100세까지 생존할 경우 그 초과생존기간동안에 필요한 생활비를 계산하는 과정이다.

- 가정: 예상수명 홍길동 80세, 배우자 85세, 최장 수명 각각 100세, 월생활자금 300만 원

→ 필요한 자금 : 현재가치로 약 8억 1천만 원

은퇴자금

본인이 55세에 은퇴한 이후 수명을 다할 때까지 필요한 자금을 계산하는 과정이다. 생애 필요자금에는 은퇴자금이 포함되어 있다. 은퇴자금을 별도로 계산하는 이유는 투자자산에 은퇴용이라는 꼬리표를 붙여 다른 용도로 사용되는 일이 없도록 하기 위해서이다.

- 가정: 은퇴 후 희망 월생활비 300만 원, 은퇴 후 여행, 치료비 등 목적자금 2천만 원
→ 필요한 자금 : 현재가치로 9억 2천만 원

미래의 꿈을 실현하기 위해 필요한 자금

- 가족 생애필요자금(양육, 교육, 결혼, 은퇴)

- 조기사망시 필요자금(양육, 교육, 결혼, 은퇴)

- 예상보다 오래 살 경우 필요자금(평균수명 이후 100세까지 생존)

3 단계 : 가족 재정상태를 분석하라

나의 인생조감도를 바탕으로 100세까지 필요한 가족의 필요자금을 계산한 다음 이 필요한 자금을 살아가면서 준비하여야 한다. '밑 빠진 독에 물 붓기' 라는 말이 있다. 아무리 즐겁게 좋아하는 일을 하여 돈을 벌더라도 돈이 모이지 않으면 곤란하다. 100세까지 일할 수는 없기 때문이다. 따라서 가정도 회사와 마찬가지로 돈이 모이는 시스템을 갖추어야 한다. 매달 매달 주먹구구식으로 수입과 지출을 관리하는 것은 한계가 있다. 돈이 들어오고 나가는 과정을 돈이 모이는 시스템으로 설계할 필요가 있다. 여기에서는 그 시스템을 소개하고자 한다. 각 가정에 맞게 응용하여 적용하면 될 것이다.

캐쉬플로우(cash folw) 시스템 구축하라

캐쉬플로우 시스템이란 현금의 유입과 지출을 통제함으로써 소비를 억제하고자 하는 시스템이다. 대부분 사람들은 월급, 이자, 배당 등 매달 들어오는 수입이 여러 통장 즉 월급통장, 적금통장, 보험통장, 증권회사통장으로 분산되어 관리된다. 필요할 때마다 이 통장, 저 통장에서 인출하여 지출하는 시스템을 사용하고 있다. 이러한 경우 다양한 수입이 일괄적으로 관리되지 못함으로서 지출을 제대로 통제하는 수단으로 사용을 하지 못하고 있다.

cash folw 시스템은 여러 곳에서 들어오는 수입을 사전에 설정된 모계좌에 일괄 입금하고 지출은 반드시 모계좌를 반드시 거치도록 한다. 그리고 자계좌를 개설하여 실제 지출항목에 지급할 때는 이 자계좌에서 인출되도록 한다. 자계좌는 ①매월 정기적으로 지출되는 항목에 사용되는 월정기 지출계좌 ②연간에 걸쳐 비정기적으로 지출되는 항목에 사용되는 비정기 지출계좌 ③3 ~ 6개월 생활비에 해당하는 자금을 적립하는 비상예비비 계좌 ④투자를 위한 종자돈 계좌로 나누어 관리한다. 이를 도식으로 나타내면 다음과 같다.

각종 수입 → 모계좌 → · 월정기 지출계좌(매월 정기적 지출항목에 사용)

· 비정기 지출계좌(재산세 등 2개월 이상에 걸쳐 불규칙적으로 지출되는 항목에 사용)

· 비상예비비 계좌(모계좌에서 3개월 생활비 초과액을 인출하여 적립하는 계좌)

· 종자돈 계좌(투자목표를 달성하는 데 필요한 종자돈을 적립하는 계좌)

이렇게 수입을 관리하게 되면 충동적인 지출이 어렵게 되며 월정기 지출계좌에 입금할 금액을 정하기 위해서는 연간 예산, 월간 예산을 작성하지 않을 수 없다. 따라서 예산 내에서 지출이 가능함으로 자동적인 지출통제가 이루어 진다.

가계부를 작성하라

가계부를 쓰는 가장 큰 목적은 돈이 어디로부터 들어와서 어떻게 쓰이는지를 아는 것이다. 즉 돈의 쓰임새를 파악하여 그 쓰임새를 통제하고자 하는 것이다. 돈을 통제할 수 없다면 돈을 모을 수 없다. 충동적, 사치성 항목에 대한 지출을 통제함으로써 절약을 습관화할 수 있다. 부자가 되는 데는 습관이 중요하다. 부자는 수입 내에서 지출한다. 수입내에서 지출하는 습관을 들이는 것에 가계부의 효용가치가 있다.

월 정기 지출예산, 연간 비정기 지출예산 범위 내에서 실제 지출을 하도록 하며 예산 범위 내에서 지출우선순위표 작성하여 필요우선순위에 따라 지출하는 습관을 들이면 빠른 시일 내에 돈이 모일 것이다.

재무상태 및 현금흐름 분석하라

일반 서민가정의 재산은 대부분 집과 얼마의 예금이 전부다. 간단하기 때문에 재산을 관리한다든지 투자한다든지 하는 일이 별로 없다. 재산을 축적하는 초기에는 효율적 자산관리 활동이 필요 없다. 그러나 점점 소득이 늘고 자산이 늘어감에 따라 재산관리 활동이 필요하다. 그러나 과거 보잘 것 없는 재산을 관리하던 타성에 젖어

주먹구구식으로, 단편적으로 자산을 관리하고 있다. 예컨대 어디에 투자하면 대박이 난다고 하는 지인의 말에 따라 주식이나 부동산에 투자한다. 또 금융기관에 근무하는 친인척이 권하는 상품을 제대로 파악하지도 않고 수익률만을 보고 손쉽게 가입한다. 이러한 타성을 타파하려면 처음부터 작은 재산이지만 투자목적과 투자이유, 결과를 생각하면서 관리하여야 한다. 작은 재산을 모으면서 얻게 되는 성공과 실패의 경험이 나중에 큰 돈을 관리할 때 큰 자산이 된다. 그리고 종자돈이 모일 때까지 필요한 금융지식과 부동산 지식을 쌓아 놓아야 한다. 그리고 작은 재산을 어떻게 효율적으로 관리할 것인지를 최소한 한 달에 하루 이상은 고민하여야 한다. 그러는 가운데 투자 실력이 늘어나게 된다.

저자의 재무상태를 분석하는 관점은 다음과 같다. 잘 이해가 되지 않는 경우 책이나 강의를 통해 전문가에 물어서 자신의 지식으로 만들어야 한다.

- 자산배분, 자산포트폴리오의 적정성, 부채관리, 금융자산의 포트폴리오, 적극적인 절세활동
- 위험관리의 적정성(보장금액, 리스크 커버), 자산의 목적별 관리(은퇴용, 교육자금용, 일반가계용 등)
- 근로소득, 이자소득, 연금소득, 임대소득, 사업소득 등 현금흐름의 다양화
- 경제적 자립도(생활비/투자수입)
- 필수품항목, 기호품 항목의 구별, 변동비 억제, 지출의 예측가능성

※ 가계 재정 상태표 작성

Cash flow system : 현금의 유입과 지출 통제 → 소비억제

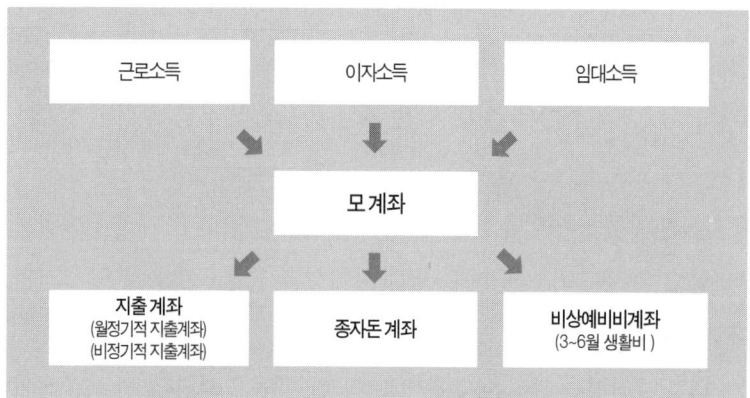

지출예산, 지출우선순위표, 가계부 : 어디에 얼마를 쓰고 있는가?
→ 지출 통제, 절약 습관화 → 생활규모 항상성 유지

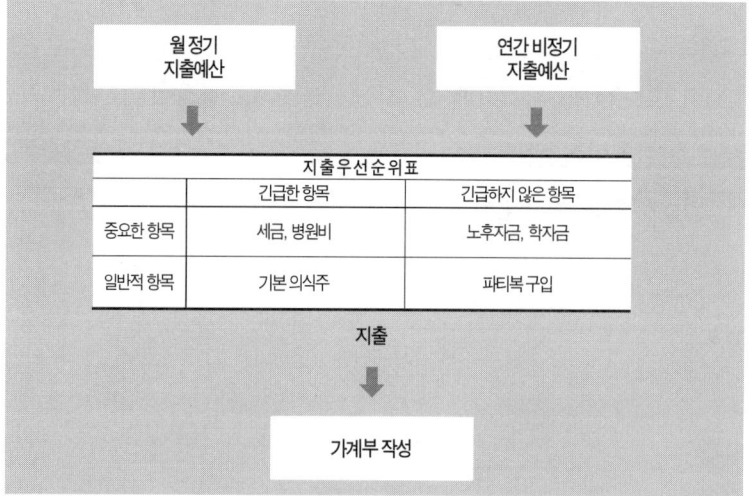

4 단계 : 기본적인 투자지식을 갖추어라

인생의 목표와 그 목표달성에 필요한 돈의 규모를 파악한 다음 해야 할 일은 종자돈으로 투자(投資)를 하는 것이다. 투자는 아는 만큼 과실을 얻는다. 이유도 모르고 투자하는 투기자가 되지 마라. 투자 대상의 위험과 수익을 제대로 파악한 후 실행하는 투자자가 되어야 한다. 그리고 기본적인 투자관련 지식을 갖추어야 한다.

여기에서는 기본적으로 갖추어야 할 투자원칙을 간단히 설명하겠다. 이를 실마리로 하여 보다 구체적이고 넓은 투자지식을 습득하기를 바란다. 세상에 공짜란 없다.

100년 인생에서 승리하려면 단기적 재테크보다 장기적 재무설계가 중요하다
재테크란 단기간 내에 높은 수익을 올리는 투자를 말한다. 반면 재무설계란 자산을 모으고 관리하되 어떤 목적을 위해 얼마의 금액을 언제까지 마련해야 하는지 구체적으로 정한 후, 저축과 투자를 통해 차근차근 실행해 가는 과정을 말한다.

높은 수익은 그에 상당하는 위험을 수반한다
수익과 위험은 정비례관계이다. 높은 수익을 원할 경우 큰 손실도 볼 수 있다는 사실을 인식할 필요가 있다. 위험이란 '기대수익률의 변동성(분산)'이라 정의할 수 있다. 예컨대 A주식의 최대수익률이 10%, 최저수익률이 -5%인 경우 A주식의 변동성은 15%이다. 즉 위험이란 투자손익의 최저치와 최대치 사이의 크기를 말한다.

투자위험은 크게 ⓐ기대수익률의 변동성(주식에서 가장 두드러지는 위험)과, ⓑ인플레이션(이자발생형 투자인 채권 등에서 가장 두드러지는 위험) 등이 있다. 주식 투자가 이자발생형 투자보다 수익률이 높은 것은 투자자가 인플레이션보다 가격 변동성을 더 두려워하기 때문이다. 즉 위험이 더 크기 때문이다.

변동성은 투자기간을 길게 잡으면 최악의 상태를 견디고 원하는 가격에 매도할 수 있으므로 변동성 위험을 회피할 수 있으나 인플레이션 위험은 피할 수 없다. 따라서 물가에 연동하여 가격이 움직이는 자산에 투자하는 것이 장기투자의 핵심이다.

투자할 수 있는 기간에 따라 투자하는 자산을 달리하여야 한다. 장기투자자금인 경우 변동성 위험이 큰 자산에 투자하되 인플레이션을 커버할 수 있는 자산, 즉 주식 등 실물자산에 투자하는 것이 높은 수익을 얻을 수 있다. 그러나 단기투자자금인 경우에는 짧은 투자기간 내에 가격이 바닥일 경우 큰 손실을 볼 수 있으므로 변동성이 낮은 자산,즉 채권과 같은 안전성이 높은 자산에 투자하여야 적정 이익을 얻을 수 있다.

장기 저축과 복리의 힘을 이용한다

아인슈타인은 복리를 인간이 만들어낸 가장 강력한 장치라고 하였다. 복리효과란 저축기간이 늘어날수록 원리금의 증가속도가 기하급수적으로 늘어나는 효과를 말한다. 20세, 30세, 40세인 사람이 각각 매일 1,000원씩 저축할 경우 65세가 되는 시점에 적립되는 금액을 계산하여 보면 다음과 같다.

〈 나이별 1일 1000원 저축시 65세 시점 적립금액 〉 (단위:백만 원)

나이\이율	3%	5%	7%	10%	15%
20	35	62	116	325	2,073
25	28	47	81	196	978
30	23	35	55	117	461
35	18	25	37	70	216
40	14	18	25	41	101
45	10	13	16	23	46
50	7	8	10	13	21

표에서처럼 적립하는 기간이 길면 길수록 금액이 급격히 증가하는 것을 볼 수 있다. 매일 천 원씩, 이자율 5%인 장기 저축상품에 20세, 30세인 사람이 각각 저축을

하는 경우 65세 은퇴시점에 수령하는 금액은 6,200만 원, 3,500만 원이다. 20세에 저축하는 사람이 65세가 되는 노후에 30세 수령액의 77%인 2,700만 원을 더 많이 수령하게 된다. 만약 이자율 7%로 저축한다고 가정할 때 20세인 사람이 30세보다 2배가 넘는 차이 발생(각각 1억1,600만 원, 5,500만 원)를 보이고 있다.

매일 저축하는 것은 비현실적이므로 매월 월급에서 100만 원씩, 년 5% 수익률로 저축하는 경우 10년 후에 1억 7,300만 원, 20년 후에는 3배인 5억 2,100만 원, 30년 후에는 7배인 12억 2,100만 원으로 점점 증가속도가 빨라진다. 이를 복리효과라 한다.

분산투자를 한다

투자 성과를 결정하는 중요한 요인은 시장을 잘 예측하거나 종목을 잘 선택하는 것이 아니라 효율적인 자산배분이다. 주식이나 부동산 한가지에만 투자하는 경우 아주 많이 벌거나 쫄딱 망할 수도 있다. 왜냐하면 주식이나 부동산의 가격변동성이 너무 크기 때문이다. IMF 때 주식과 부동산의 폭락, 그 이후 급격한 급등으로 울고 웃는 사람이 각각 발생한 것은 그 대표적인 사례이다.

누구도 장기간에 걸쳐 시장의 등락과 상승종목을 예측할 수 없다. 오로지 과거를 되돌아 볼 때만 확인될 뿐이다.

시장보다 높은 수익을 얻으려면 3/4을 맞추어야 한다. 즉 확률상 50%는 시장을 예측할 수 있을 것이고(오늘 주가가 상승할 확률과 하락할 확률은 각각 50%이므로) 주식이나 부동산의 거래비용과 투자시점을 포착하기 위한 대기기간 동안의 보유하는 현금의 기회비용을 감안할 경우 75%는 맞추어야 시장보다 높은 수익을 얻을 것이다.

100년 인생을 사는 동안 투자는 한 번만 하는 것이 아니라 10년, 20년, 또는 그 이상을 해야 하는 현실에서 시장을 장기간에 걸쳐서 계속 정확히 예측한다는 것은 불가능하다. 따라서 자산의 변동성을 최소화하면서 시장수익률을 얻을 수 있도록 자산을 분산투자하는 자산배분정책이 무엇보다 중요하다.

미국 91개 대형 연금기금의 10년 동안 실적을 조사한 결과 ("Determinants of Portfolio Performance" : Brinson, Hood, Beebower 3인 연구) 포트폴리오 성과 결정 요인은 자산배분 91.5%, 종목선택 4.6%, 시장 예측 1.8% 순으로 설명력을 갖는다는 사실을 발표한 논문에서 보는 것처럼 자산의 배분이 투자 성과를 결정하는 중요한 요인이라는 것을 알 수 있다. 가능하면 위험의 성격이 다른 여러 가지 자산에 분산 투자해야 한다. 그리고 시간적으로도 분산하여 투자함으로써 시간위험도 분산하도록 한다.

장기투자에서 가장 중요한 것은 수익보다 위험관리이다

장기간 복리로 저축하는 것이 어느 투자보다 높은 수익을 보이는 것은 투자기간 동안 한 번도 손실을 발생하지 않기 때문이다. 장기투자에서 한 번의 손실이 전체 투자손액에 미치는 영향은 매우 크다.

예를 들면 30년 동안 복리로 연평균 A%의 수익률을 올리는 주식이 있다고 가정하자. 30년 후 주식 투자 수익금을 100 이라고 할 때 30년 중 3개 년(승율 90%)만 투자를 실패하여 연평균 -A%의 적자를 낼 경우 30년 후 투자수익금은 55로 뚝 떨어진다. 만약 30년 동안 5개년(83%승율)만 실패하여 연 평균 -A%의 손실을 낸 경우 30년 후 만기수익금은 37로 급락한다.

30번 투자 중 5번만 실패하고 25번이나 성공하였는데 수익금은 100에서 35로 급락한 것을 볼 때 수익률을 높이려고 하는 것보다 한 번의 손실이라도 줄이는 것이 더 중요하다는 것을 알 수 있다.

시장의 움직임에 부화뇌동하지 않고 인내한다

거북이와 토끼 경주에서 단기간에는 토끼가 두각을 나타냈다. 그리고 거북이는 세인의 관심에서 멀어져 갔다. 그러나 장기적, 평균적으로는 토끼보다 더 빨리 달리고 있다는 사실을 알아야 한다.

단기간의 높은 수익보다 한 번의 손실관리가 더 중요하다는 사실을 기억하고 천천히 그리고 꾸준히 걸어 가면 경주에서 이긴다. 시장은 인내와 절제에 대한 보상을 꼭 해 준다.

다양한 자산으로 배분하여 투자한 경우 매년 구성 자산 중 일부는 손실을 입고 다른 일부는 이익을 낸다. 그것이 분산투자의 본성이다. 그런데 대부분의 사람들은 최근 성공한 투자자산의 실적으로 자신의 성과를 평가한다. 그런데 5년, 10년 장기로 볼 때 자산간에 성공하는 횟수는 서로 비슷하다. 그러므로 이러한 사실을 알고 부화뇌동하지 말아야 한다. 이미 이익을 낸 사람을 쫓아 가려는 유혹을 이겨내야 한다. 인내와 절제로 무장하여 장기투자를 하여야 한다. 미래를 예측하는 것은 신의 영역이다. 인간이 할 수 있는 가장 현명한 방법은 포트폴리오를 광범위하게 분산하여 시장의 성장을 나누어 먹는 것이다.

극단적인 시장상황, 예컨대 폭락장에서 꿋꿋하게 견디면서 장기전략을 계속 고수하기란 상당히 어렵다. 장기전략을 시장변동에 관계없이 일관되게 유지해야 목표달성이 가능하다는 것을 알면서도 공포와 두려움에서 벗어나기 어렵다. 따라서 자신의 투자자산에 대한 깊은 지식과 이해 그리고 현실성에 바탕을 둔 기대감을 가져야 한다. 그러한 지식과 이해가 없이는 인내하기 어렵다.

5 단계 : 자산배분을 하라

재무목표를 정한다

인생의 꿈을 실현하는데 필요한 활동과 구체적이고 장·단기적인 재무목표를 정하고 목표 달성 기한 및 소요기간, 예상 필요자금을 계산한다. 구체적인 예를 들면 다음 표와 같다.

순위	재무목표	구체적 내용	소요기간(실현시기)	예상 필요자금
1	주택자금	강남 32평 APT 구입, 시가 7억	3년 (2010)	1억 원
2	대학등록금	대학교, 연간 1000만 원	10년 (2016)	8천만 원
3	결혼자금	각 1억	15년 (2021)	2억 원
4	은퇴자금	생활비 300만, 100세 수명	20년 (2026)	10억 원

위험 허용수준을 결정한다

사람마다 위험에 대한 심리적 반응이 서로 다르다. 위험을 즐기는 사람은 주식시장이 폭락을 하더라도 언젠가는 또 오르겠지 하면서 담담하게 행동하는 위험선호형이 있고, 어느 정도 위험을 인정하나 일정수준을 넘어설 경우 불안을 느끼는 사람도 있고, 위험을 전혀 인정하지 않는 사람이 있다. 그런데 대부분의 사람들은 어느 정도의 위험을 적정위험이라고 생각하는지 알지 못하고 있다. 심지어 투자대상, 시점, 금액에 따라 위험의 허용수준이 각각 달라진다.

자신의 월급이 500만 원이고 10년 동안 안 쓰고 안 입고 모은 전재산 5억 원을 전부 안정자산인 채권과 위험 자산인 주식에 분산하여 투자한다는 가정하에 발생가능한 수익과 손실을 표로 나타내면 아래와 같다. 채권비중을 100%에서 80%, 50%로 차츰 줄이면서 동시에 주식투자 비중을 높일 경우 각각의 최저이익이 실제 본인에게 발생하였다고 상상한다. 그리고 자신에게 가장 안정감을 주는 투자안을 선택하고 그 비율대로 자산배분을 한다. 일반적으로 많이 사용하는 아래와 같은 계량적인

투자비율별 투자성과 (단위: 만원, %, 배)

	채권 비율	주식 비율	총 수익률	변동성	최대 수익률	최저 수익률	주식 투자 금액	최대 손익	최저 손익	최대손익 - 최저손익	최저손익 ÷ 월급
1	100	0	5.0	0	5.0	5.0	0	2,500	2,500	0	5.0배
2	80	20	6.4	4	10.4	2.4	10,000	5,200	1,200	4,000	2.4배
3	70	30	7.1	6	13.1	1.1	15,000	6,550	550	6,000	1.1배
4	50	50	8.5	10	18.5	-1.5	25,000	9,250	-750	10,000	-1.5배
5	30	70	9.9	14	23.9	-4.1	35,000	11,950	-2,050	14,000	-4.1배
6	20	80	10.6	16	26.6	-5.4	40,000	13,300	-2,700	16,000	-5.4배
7	0	100	12.0	20	32.0	-8.0	50,000	16,000	-4,000	20,000	-8.0배

※ ⓐ 채권 수익률 5%, 변동성 0% ⓑ 주식 수익률 12%, 변동성 ± 20%일 때로 가정

방법이 보다 피부에 와 닿을 것이다.

자신에게 고유한 제약조건을 파악한다

자신이 특별히 선호하는 자산이 있는 경우 위험과 이익의 상관관계를 파악하여 이를 우선적으로 고려한다. 그리고 본인에게 세금이나 기타 법률상 제약 요인이 있는 경우 이를 자산배분시 반드시 고려하여야 한다. 3년 이하 단기의 지출항목이 있는 경우 그 금액만큼은 단기 환금성이 높은 자산에 투자하여야 한다.

재무설계에 적합한 투자 철학을 가진다

시장예측과 유망 종목을 선택할 능력이 있으며 그렇게 해야 만족하는 경우, 시장예측은 못하나 유망 종목을 선택할 능력이 있는 경우, 시장도 종목도 선택할 능력이 없으며 사람인 이상 그런 능력을 갖춘 사람은 없다고 생각하는 경우 등 시장과 종목의 예측가능에 대하여 사람마다 생각이 다르다. 이를 표로 나타내면 다음과 같다. 재무설계에 적합한 사람은 시장 순응적인 사람이며 나머지는 단기적인 재테크를 선호하는 사람이라고 할 수 있다.

	성공적 시장예측이 가능하다	성공적 시장예측이 불가능하다
우수한 종목 선택이 가능하다	〈신과 같은 사람〉 최고의 수익을 낼 자산군에 속하는 종목에 모든 자금을 투자 - 성과가 좋을 채권시장(또는 주식시장, 부동산시장)중 회사채에 집중 투자	〈전문가〉 다양한 자산군에 분산하여 투자하되 높은 성과를 낼 종목을 선정하여 집중 투자 - 채권, 주식, 부동산시장에 분산투자 하되 국채, 삼성관련 주식, 천안 토지 등 오를 종목에 집중 투자
우수한 종목 선택은 불가능하다	〈전문가〉 최고의 수익을 낼 자산군을 선정하여 그 자산군에 속하는 여러 종목에 분산투자 (상승 자산군 중 종목 분산투자) - 주식, 부동산 보다 높은 수익을 낼 채권시장의 인덱스펀드에 분산 투자	〈시장 순응적인 사람〉 예측은 신의 영역이다(시장은 효율적이다). - 주식, 채권, 부동산시장에 각각 인덱스펀드로 분산투자

투자실적 평가의 준거(準據) 기준을 정한다.

　해당 자산군(주식시장, 채권시장, 부동산시장)의 시장전체의 수익률을 기준으로 본인의 투자자산을 평가하여야 한다. 가끔 신문에 나는 소위 대박을 터뜨린 사람의 수익률을 가지고 평가하는 우를 범해서는 안 된다. 그런경우 그건 뉴스감이 될 정도로 운이 좋은 경우이며 누구나 행운아가 될 수는 없다. 신문에 나오지 않은 실패한 사람이 더 많다는 것을 염두에 둬야 한다.

투자자산별 투자목표를 정한다

　본인이 투자한 투자안의 변동성 허용수준에 맞는 투자목표를 정해야 한다. 만약 최악의 경우에 손실을 참을 수 없는 사람이라면 채권 70%, 주식 30%의 자산배분을 하게 될 것이며 투자목표도 앞의 〈투자비율별 투자성과표〉에서처럼 7.1%로 하여야 한다.

총자산 수익률(포트폴리오 수익률)을 정한다.

　시중금리란 모든 자산의 평균수익률을 의미한다. 모든 투자자산의 수익률은 시중금리를 중심으로 이보다 높거나 낮게 움직이지만 장기적으로는 시중금리에 수렴한다. 부자들은 대부분 안정적인 금리상품에 투자를 하며, 자산을 늘리는 것보다 지키는 것을 무엇보다 중요하게 생각한다. 부자가 되려는 보통사람은 자산을 지키는 전략보다는 시중금리보다 높은 수익률을 올릴 수 있는 자산에 투자해야 한다.

　자신이 가진 재산의 총수익률은 인플레이션율과 자산운용경비 및 세금을 합한 이율에 1~2%를 추가하는 목표가 보다 합리적이다. 너무 높은 수익률은 그 만큼 높은 위험을 수반하므로 성공할 확률보다 실패할 확률이 더 높을 수 있다.

포트폴리오를 구성한다(자산배분을 한다)

　예를 들어 현재 본인의 포트폴리오가 부동산 : 채권 : 주식 비율이 60 : 35 : 5 이고 저출산, 인구감소로 향후 부동산 가격 하락이 예상되어 부동산 비중을 줄이고, 채권형과 주식형을 7 대 3 으로 하는 위험 허용수준을 가진 사람이라고 가정한다면 첫째, 부동산과 금융자산을 50 대 50으로 하고 둘째, 금융자산은 채권형과 주식형이 7 : 3 이 되도록 하여 채권형 35%, 주식형 15%로 자산을 배분하면 된다.

그리고 시장예측과 유망종목의 선택능력이 있다면, 각 투자금액의 20% 범위 내에서 탄력적 운용할 수도 있을 것이다. 즉 시장예측 결과 보다 높은 성과를 올릴 능력이 있는 경우 20% 상향 조정, 반대인 경우 20% 하향 조정할 수 있다.

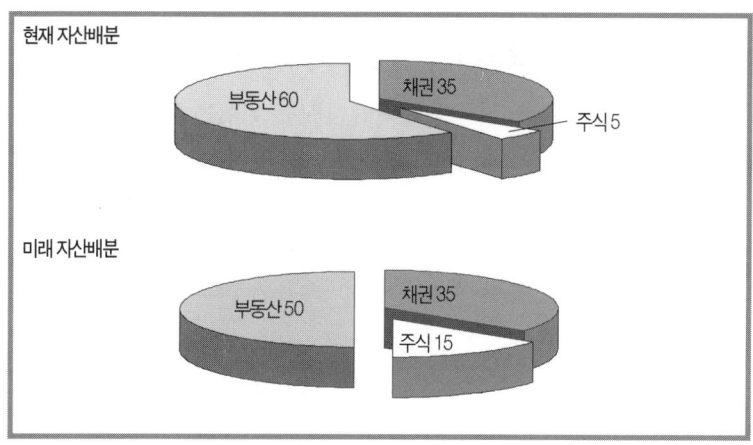

6 단계 : 위험설계를 하라

위험설계는 홍길동을 사례로 위험설계 프로세스를 적용하여 설명하고자 한다.

홍길동 팀장은 38세로 현재 중소 식품 제조업체에 근무하고 있는 마케팅팀장(임원)으로 근무하고 있다. 서울에 소재하는 시가 4억 원 상당의 2층 단독주택(대지 50평, 건평 60평)에 부인(화려한, 37세, 공인중개사), 아들(9세)과 딸(8세)과 함께 살고 있다.

재산으로는 현재 주택과 노후 생활자금으로 쓸 임대 상가 1동(지상 2층:시가 3억),

자동차 2대(본인 및 배우자용), 물려 받은 도자기 골동품(감정가 1억 원)과 귀금속 패물 (5천만 원 상당), 그리고 주식형 펀드 1억 원, 연금형 상품 3천만 원, 기타 금융상품 3천만 원을 가지고 있다.

주말에는 종종 친구들과 골프를 치며 등산을 즐긴다. 부인은 집 근처에 공인중개사 사무실(20평, 보증금 1억 원에 월 300만 원 임차, 사무보조 1명)을 운영하고 있고 취미로 개를 키우고 있다. 아들과 딸들은 열심히 공부하는 초등학생이다.

잠재 위험 찾아 내기

위험을 하나라도 빠뜨리지 않기 위해 다음과 같이 위험의 종류를 전부 나열하고 홍길동의 가족, 재산, 직업, 개인적인 활동을 분석하여 모든 위험을 체크한다.

- 인적위험: 홍길동 본인의 조기 사망위험, 장기 생존위험(퇴직위험), 가족의 질병 및 상해위험, 실업위험
- 재물위험: 주택, 임대상가의 화재, 폭발, 풍수재해 등 위험, 가재 도구의 화재, 파손, 도난 등 위험
- 배상책임위험
    - 소유 재산 : 주택, 임대상가로 인한 제3자에 대한 배상책임위험
        임대상가의 승강기로 인한 배상책임위험
        중개사무실의 파손으로 인한 임대인에 대한 배상책임위험
        자동차로 인한 배상책임위험
        임대상가 및 중개사무실의 시설관리 소홀로 인한 제3자의 배상책임위험
        종업원의 업무 중 사고에 대한 배상책임위험
        개로 인한 타인의 재산 및 신체손해에 대한 배상책임
    - 직업, 사업 : 홍길동과 부인의 업무수행으로 인한 배상책임
    - 개인적 활동 : 가족의 일상활동으로 인한 배상책임위험

골프로 인한 배상책임위험

위험의 평가

위험의 심각성 분류 기준: 홍길동 팀장의 재산수준 감안하여 금액을 기준으로 다음과 같이 분류한다.
- 5천만 원 이하 : 경미한 위험
- 3억 원 이하 : 중요한 위험
- 3억 원 초과 : 치명적 위험

(1)인적위험

조기사망위험: 홍길동 팀장이 현재 사망시 막내 독립까지의 생활비, 자녀 교육비 및 결혼비용, 막내 독립 후 배우자 은퇴 전까지 생활비, 배우자 은퇴 후 생활비, 긴급예비자금 등 제반 필요비용 총액에서 현재까지 보유하고 있는 가용재산을 공제한 잔액을 조기사망위험가액으로 평가(치명적 위험)

☞ 홍길동 팀장의 경우 조기사망위험 가액

홍길동 팀장 사망시 유가족의 희망 생활비를 월 300만 원, 배우자가 공인중개사로 월 100만 원 수입이 가능하고 배우자는 60세에 은퇴(은퇴 이후 희망 월생활비 150만 원)하여 85세에 사망하며 두 자녀의 대학 학자금 연 1,000만 원, 결혼자금 각각 5,000만 원, 긴급예비자금은 6개월 생활비, 인플레이션 4%, 투자수익률 7%로 가정하였을 때 홍길동 팀장이 현재 사망할 경우 유가족에게 필요한 자금은 현재 화폐가치로 9억 797만 원이 된다(계산 방법은 복잡하므로 CFP 등 전문 재무설계사에게 자문을 구하면 된다).
현재 재산을 모두 자식에게 유산으로 물려 준다고 가정할 경우 조기사망위험가액은 9억 797만 원이 된다. 그러나 자식에게 유산을 남겨주지 않고 '다 쓰고 죽는다'는 철학을 가지고 있다면 거주하고 있는 주택(주택은 배우자가 사망하는 때까지 거주하므로 거주용 주택은 조기사망위험가액의 평가금액에서 제외한다)을 제외한 예금, 상가, 골동품, 패물, 임대보증금 모든 재산을 합하면 7억 1천만 원이므로 이를 공제한 잔액 1억 9,797만 원이 조기사망위험 가액으로 평가 된다

현재 홍길동 팀장이 사망하는 경우 필요한 조기사망위험가액은 약 2억 원이므로 사망보험금이 2억 원인 보장성 보험을 가입하면 된다. 현재 거주 주택은 물론 골동품과 패물을 배우자가 사망할 때까지 현금화하고 싶지 않다면 이들의 평가금액인 1억 5천만 원의 보험을 추가로 가입하여야 하므로 3억 5천만 원을 사망보험금으로 지급하는 보장성보험을 가입하면 된다.

현재 홍길동 팀장이 사망하지 않을 경우 본인 및 배우자의 소득 그리고 현 보유 자산의 투자수익이 매년 발생하므로 시간이 지날수록 조기사망위험가액은 점점 감소하게 된다. 따라서 종신보험보다는 만기가 1년, 3년 또는 5년인 정기보험을 가입하는 것이 보험료를 절감하는 방법이 될 것이다. 그러나 정기보험이 만기가 되었을 때 홍길동 팀장이 고혈압이나 당뇨로 인하여 보험가입을 할 수 없는 거절체가 되는 등 갱신이 되지 않을 위험이 있으므로 본인의 가족력, 현재의 건강을 고려하여 정기보험으로 할 것인지 종신보험으로 할 것인지를 결정해야 한다.

장기생존위험 : 은퇴시점에 필요한 은퇴 일시금을 계산한 다음 은퇴자금으로 사용 가능한 현재 보유 자산의 미래가치를 차감한 잔액을 장기생존위험가액으로 평가(치명적 위험)

☞ 홍길동 팀장의 경우 장기생존위험가액

은퇴시 현재 화폐가치로 생활비 월 300만 원, 60세에 은퇴를 하고 본인의 수명을 80세, 배우자를 85세, 인플레이션 4%, 투자수익률 7%로 가정하였을 때 홍길

동 팀장의 60세 이후 장기생존위험가액은 60세 시점에 13억 2천만 원이 필요하다. 현재 화폐가치로는 5억 5,700만 원이 필요한 셈이다. 현재 홍길동 팀장의 보유재산(사용재산인 주택, 골동품, 패물을 제외한)은 5억 6천만 원이므로 현재 재산을 100% 은퇴자금으로 사용할 수 있다면 장기생존위험은 없다고 할 수 있다. 그러나 60세까지 가족 생활비, 자녀 교육 및 결혼 자금으로 15억 6천만 원(현재 월생활비 500만 원, 자녀 대학 학자금 각각 연 1,000만 원, 결혼자금 각각 5,000만 원으로 가정할 경우)이 필요하므로 별도의 은퇴자금용으로 준비하여야 한다. 장기생존위험가액 13억 2천만 원(현재 화폐가치로는 5억 5,700만 원)을 마련하기 위한 저축성 보험, 변액보험, 연금보험, 펀드, 부동산 등에 분산투자 하도록 설계할 필요가 있다.

질병 및 재해위험 : 질병 및 재해로 인한 치료비를 위험가액으로 평가하되 치료비 금액은 정확히 파악하기 어려우므로 본인의 주관적 판단에 의하여 평가

☞ 홍길동 팀장은 재해로 입은 상해나 질병을 치료하는 치료비는 3천만 원이면 충분할 것으로 추정(경미한 위험)

실업위험 : 실업 후 6개월 또는 1년 이내에 직업을 구한다는 가정하에 6개월 생활비 또는 12개월 생활비를 실업위험가액으로 평가(경미한 위험)

☞ 홍길동 팀장 가정의 1개월 생활비가 500만 원이므로 3,000만 원을 실업위험가액으로 평가(경미한 위험)

(2) 재물위험

화재, 도난 등으로 전체가 파손, 도난된 것으로 가정하여 재물의 재조달가액을 위험가액으로 평가

☞ 홍길동 팀장의 경우

주택의 건물가액: 1억 5천만 원(중요한 위험)

임대상가의 건물가액: 1억 8천만 원(중요한 위험)

골동품 도자기: 감정가 1억 원(중요한 위험)

귀금속: 2억 원(중요한 위험)

가재 도구: 3천만 원(경미한 위험)

중개사무실 임차보증금: 1억 원(중요한 위험)

(3) 배상책임위험

소유재산으로 인한 배상책임위험

배상책임위험은 우연한 사고로 타인에게 입힌 재물손해 및 신체상해에 대한 법률상 배상책임을 말하므로 배상책임위험에 대한 평가 금액은 사고 전에는 평가할 수 없으므로 가장 최악의 상황(사망)을 가정하여 무한으로 평가.

☞ 홍길동 팀장의 경우

주택, 임대상가, 중개사무실, 승강기, 주차장으로 인한 배상책임위험 가액: 각각 무한(치명적 위험)

중개사무실의 파손으로 임대인에 대한 배상책임: 20평 임차면적에 대한 건물가액 6천만 원(중요한 위험)

자동차로 인한 배상책임: 무한(치명적 위험)

개로 인한 배상책임: 무한(치명적 위험)

직업, 사업상 활동으로 인한 배상책임위험(치명적 위험)
  직업이나 업무수행으로 인한 배상책임위험을 부담함으로써 입은 손해액을 배상책임위험가액으로 평가

☞ 홍길동 팀장 본인이 회사의 임원으로서 업무수행 중에 선량한 관리자로서의 주의의무 및 회사에 대한 충실 의무를 위반함으로 인하여 발생한 주주 및 제3자에 대한 손해배상책임을 부담함으로써 입은 손해와, 배우자가 공인중개사로서 중개대상물 확인서를 준거하여 등기부등본을 확인하지 못함으로 인한 손해배상책임 또는 중개대상물에 관련된 잘못 안내된 정보로 인한 배상책임 등을 부담함으로써 입은 손해 등이 홍길동 가족이 보유하고 있는 직업상 배상책임위험가액이다. 이러한 손해는 사고가 발생 전에는 그 금액을 확정할 수 없으므로 최악의 경우를 가정하여 무한으로 평가한다 (치명적 위험).

개인적 활동으로 인한 배상책임위험(치명적 위험)
  본인이 주거용으로 사용하는 주택에서 발생한 우연한 사고 또는 피보험자의 취미생활, 출퇴근 등 일상생활에서 생기는 우연한 사고로 타인에게 입힌 손해 중 법률적 배상책임이 있는 금액을 배상책임위험 가액으로 평가

☞ 홍길동 팀장 가족 개개인의 개인 일상활동 및 본인의 골프로 타인에게 입힌 손해를 평가하여 배상책임위험 가액으로 평가해야 하지만 그 금액을 사전에 정할 수 없으므로 최악을 가정하여 무한으로 평가한다.

위험처리방법의 선택
(1)인적위험
  조기사망위험 : 재해 또는 질병으로 인한 사망보험금이 조기사망위험가액 이상이

되도록 보장성 보험을 가입

☞ 홍길동 팀장의 경우 조기사망위험가액은 현재가치로 최저 약 2억 원에서 최대 약 7억 1천만 원이다. 따라서 재해 또는 질병으로 인한 사망보험금이 조기사망위험가액에 해당되는 정기보험이나 종신보험을 가입하면 된다. 홍길동 팀장의 가족력이나 현재의 건강상태를 감안하여 만기에 건강진단시 거절체로 되어 갱신 또는 신규 가입이 어려울 것으로 예상되는 경우 은퇴나이를 고려하여 보험기간을 정하여야 한다. 10년만 일을 하고 그 이후에 은퇴를 해도 은퇴자금이 충분한 경우에는 10년 만기의 정기보험을 가입하면 될 것이다. 이 때 주의할 점은 조기사망위험가액을 7억 1천만 원, 보험기간을 10년으로 할 경우 보험가입금액은 약 10억 5천만 원으로 가입하여야 한다. 즉 7억 1천만 원을 10년 후 화폐가치(인플레이션 4%로 가정)로 계산한 금액으로 가입하여야 한다는 점이 중요하다. 10년 만기 무렵에 사망할 경우 현재 화폐가치로 월300만 원의 생활비를 지출하는 생활수준을 유지하기 위해서는 7억 1천만 원으로는 부족하기 때문이다.

또한 매년 조기사망위험가액을 평가하여 보험금액을 감액함으로써 보험료를 절감할 수 있다. 물론 보험금액을 감액할 수 있는 상품이여야 할 것이다.

장기생존위험 : 장기생존위험가액에 해당하는 목적자금을 달성할 수 있는 저축성 보험, 연금 , 적금 등 가입

☞ 홍길동 팀장의 경우 장기생존위험가액은 약 5억 6천만 원이므로 10년 안에 이 금액을 마련하고자 할 경우에는 10년 후 화폐가치로 계산한 금액 8억 2,894만 원(인플레이션 4% 가정)을 만기금액으로 하는 상품을 가입하여야 한다. 그래야만 현재의 구매력을 유지할 수 있을 것이다.

질병 및 재해 위험 : 가족병력 등 감안하여 주요 질병 및 재해를 보장하는 보장성 보험 가입

☞ 홍길동 팀장의 경우 질병 및 재해위험 가액을 3천만 원을 희망하였으므로 질병이나 재해로 병원에서 치료하는 경우 발생하는 치료비를 지급하는 보장성 보험을 가입하면 된다.

실업위험 : 고용보험으로는 충분하지 않으므로 별도의 자금을 마련

☞ 홍길동 팀장의 월생활비(500만 원)의 6개월치에 해당하는 3천만 원을 환금성이 높은 금융상품 가입

(2)재산위험

홍길동 팀장이 보유하고 있는 재산종류별 위험 축소방법과 필요한 보험상품은 다음과 같다.

- 주택: 층별로 소화기 설치, 위험물(가스, 전기) 수시점검, 화재보험, 도난보험 등 가입
- 임대상가: 스프링 쿨러 등 방화설비 설치 및 안전점검, 위험업종 임대 억제, 위험물(가스, 전기, 승강기)정기 점검, 화재보험, 도난보험 등 가입
- 골동품 도자기, 귀금속, 가재 도구: 시건장치, 금고 등 철저한 보관관리, 보안관리업체 가입, 은행 안전금고 이용, 화재보험, 도난 보험 등 가입
- 중개사무실 임차보증금: 등기부 열람 등 수시로 임대인 신용 상황 체크, 전세권 설정, 임대차계약서에 확정일자 받기(세무서: 상가임대차보호법), 전세보증보험 가입

(3)배상책임위험

홍길동 팀장이 보유하고 있는 재산종류별 위험 축소방법과 필요한 보험상품은 다음과 같다.

소유재산
- 주택: 욕실, 계단에 미끄럼 방지시설 부착, 주택관련 배상책임보험 가입
- 임대상가: 계단 미끄럼 방지시설 및 난간 추락방지시설 설치, 승강기 정기적인 안전 점검 실시, 주차장 안전관리, 일반 건물, 승강기,주차장 관련 배상책임보험 가입
- 중개사무실: 화재등으로 사무실 파손시 임대인에 대한 배상책임이 발생하는 바 임차자배상책임보험 가입
- 자동차: 안전운전, 정기점검, 자동차관련 보험 가입
- 개: 개 줄, 개 집 관리 철저, 동물관련 배상책임보험(현재 국내 관련 상품 없음)

직업,사업
- 임원: 직무수행능력 제고 및 주의 철저, 관련 법 준수, 임원배상책임보험 가입
- 공인중개사: 직무수행능력 제고 및 주의 철저, 관련 법 준수, 공인중개사배상책임보험 가입

개인적 활동
- 가족의 일상활동: 타인과의 갈등 최소화, 원만한 대인관계, 일상배상책임보험 가입
- 골프 활동: 골프 에티켓 준수, 골프보험 가입

위험처리 계획의 실행

치명적 위험에서 중요한 위험, 경미한 위험 순으로 보험을 가입한다. 그리고 위험

회피, 축소 방법도 병행한다.

(1) 치명적 위험

조기사망위험

    질병 또는 재해로 인한 사망을 담보로 하는 생손보 상품 가입하되 보험가입금액은 만기시에 현재가치로 최저 약 2억 원에서 최대 7억 1천만 원의 구매력을 유지하도록 가입하여야 한다. 5년 또는 10년 만기 상품인 경우 5년 또는 10년 후의 화폐가치로 계산한 금액을 보험가입 금액으로 하여야 한다.

장기생존위험

    연금, 적립식 펀드, 은행 적금 등 가입하되 은퇴 이후에 사용되는 자금이므로 가능한 10년, 20년 이상의 장기상품을 가입하도록 하여야 한다. 홍길동 팀장의 장기생존위험가액은 현재가로 약 5억 6천만 원이므로 은퇴시점 또는 해당 상품의 만기시점까지 인플레이션을 반영한 금액을 축적할 수 있도록 주식, 펀드 등 지분형 투자자산으로 구성된 포트폴리오를 구성하여야 한다.

☞ 투자위험은 기대수익률의 변동성으로 인한 위험과 인플레이션으로 인한 화폐가치 하락 위험으로 나눌 수 있다.

예컨대 주식은 수익률이 매일 변동한다. 오늘 5% 수익을 얻었으나 내일 마이너스 10%의 수익을 낼 수 있다. 이것을 변동성의 위험이라 한다.

1980년에 국립대학 신입생 등록금이 약 11만 원이었으나 25년 후인 2005년에는 260만 원 초과하고 있다. 이것을 인플레이션 위험이라 한다. 3년이하의 단기투자의 위험은 인플레이션위험보다 변동성위험이 더 크다. 따라서 단기투자인 경우 채권형 자산(원금 미회수 위험이 제로에 가까운 자산)에 투자하여야 한다. 그러나 장기투자의 위험은 변동성위험이 아니라 인플레이션위험이다. 대학 등록금이 1980년보다 23배 더 필요한 것을 보면 알 수 있다. 따라서 장기투자인 경우 인플레이션을 커버하는 부동산 등 실물자산이나 주식형 자산에 투자하여야 한다. 장기적으로는 수익률의 변동성위험은 크게 감소한다. 투자기간이 길어질수록 변동성이 큰 주식형 자산이 높은 수익률을 올릴 확률이 높다.

배상책임위험

- 소유재산
  - 주택: 홍길동 팀장이 거주하는 주택으로 기인한 타인의 손해를 보상하는 일상배상책임보험 가입한다.
  - 임대상가, 승강기, 주차장, 중개사무실: 영업배상책임보험(시설소유자, 주차장, 임차자) 임대상가를 출입하는 사람들이 계단을 오르다가 미끄러지거나 승강기가 고장이 나서 다치는 경우 등 공작물(시설물)의 설치나 보존의 하자로 타인에게 입힌 손해를 보상하는 시설소유관리자 배상 책임보험을 가입한다. 주차장이 있는 경우 주차 목적의 고객의 자동차에 입힌 손해나 주차 시설의 설치나 보존의 결함 및 주차장 관리활동에 기인한 사고로 인한 타인의 손해를 보상하는 주차장 배상책임보험을 가입한다. 그리고 미끄럼방지 시설, 승강기 등 위험물 정기관리 등 위험축소활동도 병행하여 보험사고의 발생빈도 및 피해규모를 줄이도록 하여야 한다.
  - 자동차: 자동차 사고로 인한 인적, 물적 손해, 타인의 배상책임을 보상하는 자동차보험, 운전자 보험(형사합의금, 벌금, 변호비용 등 형사적 책임에 따른 손해, 면허취소 위로금 등을 지급한다)을 가입한다.
  - 개: 개가 지나가던 행인을 물거나 타인의 재물을 손상시킨 경우 보상하는 동물배상책임보험을 가입하여야 하나 현재 국내에서 동물보험을 판매하지 않으므로 개의 안전관리를 통한 위험축소 방법 밖에 없다. 필요한 경우에는 개를 키우지 않는 위험회피 방법을 사용하여야 할 것이다.

• 직업, 사업

임원배상책임보험, 공인중개사배상책임보험을 가입한다.

• 개인적 활동

취미생활, 출퇴근 등 일상생활 중 발생한 타인에 대한 손해를 배상하는 일상배상책임보험을 가입한다. 그러나 현재 국내에 독립된 상품 없으므로 다른 위험을 담보하는 보험을 가입할 때 그 보험에 일상 배상책임을 담보하는 특약이 있는 경우 이 특약을 가입하는 방법밖에 없다.

(2) 중요한 위험

- 재산 위험
    - 주택: 주택의 건물가액 1억 5천만 원을 담보하는 주택화재보험을 가입한다. 그리고 동시에 위험축소 방법으로 소화기를 설치하고 위험물(가스, 전기)를 수시로 점검한다.
    - 임대상가: 임대상가의 건물가액 1억 8천만 원을 담보하는 화재위험을 가입한다. 위험축소 방법으로 스프링 쿨러 등 방화설비 설치 및 안전점검, 위험업종 임대 억제, 위험물(가스, 전기, 승강기)정기 점검 등을 실행하도록 한다.
    - 골동품 도자기, 귀금속: 고가의 골동품, 귀중품 등은 보험증권에 기재하지 않는 경우 보상이 되지 않으므로 화재위험 또는 도난위험으로부터 보상하기 위해 화재보험과 도난보험을 가입하고 반드시 증권에 그 내용을 기재한다.
    - 중개사무실 임차보증금: 전세금을 보호하기 위하여 전세권을 설정하거나 전세계약서에 확정일자를 날인(건물소재지 관할 세무서) 받도록 한다. 상가임대차보호법에서 보상하는 범위를 초과하는 임대 보증금인 경우에는 가능

한 전세권을 설정하도록 한다. 전세권 설정이 어렵고 상가임대차보험법으로도 보상이 어려운 경우 전세보증보험을 가입하도록 한다. 전세보증보험도 가입이 어려운 경우 해당 건물의 임대를 포기함으로써 위험을 회피하는 것이 좋다.
- 중개사무실의 파손으로 인한 임대인에 대한 배상책임: 화재 등 우연한 사고로 임차한 사무실에 손해를 입힌 경우 그 소유자인 임대인에게 그 손해를 배상해주어야 하므로 임차자배상책임보험을 가입한다. 보험가입금액은 임차한 사무실의 건물가액 6천만 원(임대보증금 1억을 가입하는 것은 잘못된 가입임)으로 한다.

(3) 경미한 위험

- **질병 및 재해 위험**: 홍길동 팀장이 원하는 치료비 규모는 3천만 원 이므로 치료비를 실손 보상하는 생손보상품을 가입한다. 그리고 질병을 사전에 발견 또는 조기 치료할 수 있도록 주기적으로 정기 건강진단을 받도록 하면서 꾸준한 운동을 함으로써 질병 및 재해 위험을 축소 하도록 한다.
- **실업위험**: 월생활비 500만 원의 6개월치인 3천만 원을 MMF, 양도성예금증서, 수시입출금 가능한 채권형 펀드 등에 투자하도록 한다.
- **가재도구**: 대부분의 가재도구는 화재보험에서 보장되므로 별도의 보험은 필요가 없으나 유가증권, 글, 그림, 조각물, 원고, 설계서, 소프트웨어 등은 보험증권에 별도로 기재하여야 보상이 된다.

위험계획 평가 및 검토

- 매월 검토사항: 보험료가 제대로 납입되고 있는지, 위험변경이 있는 지를 체크하고 중요한 사항은 보험회사에 통지하도록 한다. 약관상의 통지의무를 위반할 경우 보상을 받기 어려우므로 상당한 주의를 하여야 한다.

· 추가 위험 체크: 재산이 변동하였거나 새로운 직업 또는 새로운 사업을 시작한 경우, 결혼 또는 자녀 출산으로 가족 구성원이 변동한 경우, 보험 외 위험 처리방법을 실행한 경우가 발생한 때에는 본인 및 가족의 전체 위험이 변동하게 된다. 따라서 이러한 경우에는 기존의 위험처리방법을 재조정하도록 하여야 한다.

☞ 생명보험과 손해보험의 비교

생명보험상품은 조기사망위험, 장기생존위험 등 인적 위험을 보상하지만 손해보험상품은 인적 위험과 물적 위험, 배상책임위험 모두를 보상하는 상품으로 그 보상범위가 생명보험보다 훨씬 넓다.

생명보험은 인간의 신체에 관한 불확실성만을 취급하나 손해보험은 인간의 신체에 관한 손해 뿐만 아니라 보유하고 있는 재산에 대한 우연한 손해와 과실로 인한 제3자의 신체장해 및 재물손해에 대한 법률상 배상책임까지 보상한다.

또한 생명보험은 동질한 위험에 대하여 '대수의 법칙'에 입각하여 정형화된 상품이 제공된다.

☎ 대수의 법칙 : 사물을 관찰하는 데 있어서 한 번만 관찰한다면 관찰 결과를 예측하기 매우 어려우나 관찰 횟수를 늘릴수록 그 결과를 상당히 정확하게 예측할 수 있다는 법칙, 예컨대 주사위를 100번 던져서 6이 나올 확률은 1/6이라고 예측하게 되는 경우를 말한다.

이에 비해 손해보험은 동질한 위험뿐만 아니라 위험의 분산이라는 측면에서 이질적인 위험에 대해서도 보장을 한다. 예를 들면 인공위성이나 유명 연예인의 특정 신체부위에 대한 위험은 동질의 위험이 없음에도 재보험을 통해 국내 및 국제적으로 위험을 분산할 수 있기 때문에 판매가 가능하다.

☎ 재보험 : 보험회사(원수보험사라고 칭한다)가 보험계약상의 책임의 일부 또는 전부를 다른 보험사(재보험사라고 칭한다)에게 인수하게 하여 위험을 분산시키는 보험이다.

생명보험이 보상하는 위험은 계약 당시에 보험가입금액에 의해 손해가 확정되는 기평가보험이지만, 손해보험은 대부분 미평가보험으로 계약 당시가 아니라 손해가 발생한 때에 손해액이 확정된다.

생명보험에 있어 피보험자는 보험사고(사망 또는 신체상해 등) 발생의 객체인 사람(자연인)인데 반하여 손해보험의 피보험자는 보험사고가 발생함으로써 손해를 입은 자이다. 생·손보 상품 모두 계약자와 피보험자가 동일할 수도 있고 다를 수도 있다. 동일한 경우 생명보험에서는 '자기 생명의 보험'이라 하고 손해보험에서는 '자기를 위한 보험'이라고 한다. 다른 경우에 생명보험에서는 '타인 생명의 보험'이라 하고 손해보험에서는 '타인을 위한 보험'이라 한다.

손해보험에서 '보험의 목적'은 경제상의 재화인데 반하여 '보험계약의 목적'(또는 피보험이익)은 보험사고의 발생여부에 따라서 피보험자가 '보험의 목적'에서 얻는 경제상의 이해관계(손해, 권리, 책임 등)이다. 따라서 보험사고로 경제상의 손해를 입지 않는 사람은 피보험자가 될 수 없다. 또 보험의 목적이 동일하더라도 피보험이익이 다르면 별개의 보험이 된다(피보험이익에 대한 상세한 설명은 화재보험의 피보험이익 부분 참조).

☎ 보험의 목적은 동일하나 피보험이익(보험계약의 목적)이 다른 사례

주택의 소유자가 건물을 보험의 목적으로 하는 화재보험을 가입하는 경우와 임차인이 건물을 목적으로 임차자 배상책임보험(임차한 주택에 생긴 화재 등 우연한 사고로 인한 임차인의 법률상 배상책임을 보상하는 보험)을 가입하는 경우, 보험의 목적은 주택으로 동일하지만 보험계약의 목적 즉 피보험이익은 전자가 건물주의 소유권

이나, 후자는 임차자의 임차 주택에 대한 배상책임이다.

생명보험에서 보험금 수령권한은 수익자 또는 피보험자의 상속인(수익자 지정이 없는 경우)이 가지고 있으나 손해보험에서는 피보험자이다. 손해보험에서는 피보험이익의 주체로서 보험사고로 인하여 경제적인 손해를 보는 지위에 있는 사람만이 피보험자가 될 수 있기 때문이다.

05 인적 위험과 보험

　인간은 태아에서부터 죽을 때까지 수많은 위험에 노출된다. 교통사고, 질병, 태풍, 홍수, 지진 등 각종 불의의 사고와 자연재해로부터 생명위험과 상해·질병위험에 노출되어 있다. 가족 구성원 중 한 사람이라도 생명이나 신체에 큰 사고가 발생할 경우 그 가족이 안정적인 생활을 하는데 상당한 어려움을 겪게 된다. 이러한 위험으로부터 가정을 지킬 수 있는 수단으로서 인보험이 100년 이상 걸쳐 발달하여 왔다.

　인보험은 사람의 생명 또는 신체에 관하여 우연한 보험사고가 발생한 경우 그로 인하여 발생한 경제적 손실을 보전해주는 보험이다. 인보험은 다시 생명보험과 상해 및 질병보험 두 가지로 나눌 수 있다. 생명보험은 피보험자의 생명에 관한 보험사고로 인하여 발생하는 경제적 손실을 보전하기 위하여 보험회사가 약정한 보험금액을 지급하는 보험이다. 상해 및 질병보험은 급격하고도 우연한 외래의 사고나 질병으로 인하여 발생하는 사망 또는 후유 장해, 의료비용 등을 보상하는 보험이다.

　인보험은 원칙적으로 보험자 대위를 금지하고 있다. 이는 인보험계약은 인간의 생명을 담보로 하는 계약으로 생명의 가치를 금액으로 환산한다는 것은 도덕적으로 문제가 있고 또한 생명을 거래의 객체로 볼 수 없으므로 손해의 개념이 적용되는 손해보험의 실손보상계약과 성격이 다르기 때문이다. 따라서 보험회사와 계약자가 사전에 보상금액을 정하는 기평가보험의 원리를 적용하고 있다.

☎ 보험자 대위

보험사고의 발생으로 보험회사가 보험금액을 지급한 경우 보험회사는 피보험자의 보험 목적이나 보험계약자 또는 피보험자의 제3자에 대한 권리를 법률상 당연히 취득한 것으로 보는 제도로 보험 목적에 대한 보험자대위인 '잔존물대위' 와 제3자에 대한 보험자대위인 '청구권대위' 두 가지로 나눌 수 있다.

생명보험은 피보험자의 연령이 올라갈수록 보험료가 올라가는 자연보험료 형태의 정기보험으로 출발하였다. 이 보험은 나이가 들수록 보험료가 올라가게 되고 나중에 소득의 증가속도보다 보험료 증가속도가 높아짐에 따라 소득이 감소하는 시점에 대부분의 계약자들이 보험료 불입을 중단하게 된다. 그 이후로는 보상도 못 받는 상황으로 변하게 된다. 그래서 등장한 것이 가입시점부터 만기까지 보험료가 동일한 평준보험료 형태의 상품이다. 가입시점부터 계약자는 자신의 불입능력에 맞게 가입하게 됨으로써 만기까지 보험을 유지하게 되고 동시에 위험에 대하여 보상을 받는 것이 가능하게 되었다.

평준보험료 방식은 계약 초기에 해당 연령보다 많은 초과보험료를 납입하게 함으로써 계약 후반부에 증가하는 실제 비용을 초기의 초과보험료 부분으로 충당하도록 하는 방식이다.

평준보험료 방식이 도입되게 됨에 따라 보험상품은 피보험자의 연령에 관계없이 일정한 보험료로 종신까지 보장 받는 종신보험을 만들 수 있게 되었다. 종신보험은 최초의 고객지향적인 생명보험상품이라 할 수 있다. 오늘날 일반적으로 단기간 보장목적으로는 정기보험이, 장기적 보장목적으로는 종신보험을 가입하고 있다.

생명보험은 여러 가지 기준으로 분류하고 있다. 유니버셜생명보험,변액생명보험, 변액유니버셜생명보험 등은 투자형 상품으로 증권회사, 은행 등에서 파는 펀드상품과 유사한 상품으로 최소한의 보험적 성격을 투자형 상품에 가미한 투자 중심형 상품이다. 조기사망위험을 커버하기 위한 수단으로 생명보험을 가입하는 입장에서는 이들 투자형 상품은 맞지 않다. 투자형 상품은 장기생존위험을 커버하는 수단으로서 적합하다. 여기에서는 조기사망위험과 질병 또는 상해위험을 커버하기 위한 수단으로서 생명보험을 설명하고자 한다.

사망보험

사망보험이란 피보험자가 사망하는 보험사고가 발생하는 경우에만 보험회사가 사전에 정해진 보험금을 지급하는 보험으로서 피보험자의 사망으로 인한 보험수익자의 경제적 필요를 충족시켜 준다. 사망보험이 인적위험 중 조기사망위험을 커버하는 전형적인 상품이라 할 수 있다. 사망보험의 경우 피보험자의 고도 후유 장애 상태도 사망으로 간주하여 사망보험금을 지급한다. 사망보험은 보험기간에 따라 정기보험과 종신보험으로 분류된다.

정기보험(term insurance)

정기보험은 보험기간이 일정기간으로 한정되어 있는 사망보험을 말한다. 피보험자가 보험기간 중에 사망한 경우에만 보험회사가 보험금을 지급한다. 따라서 보험계약이 만기될 때까지 피보험자가 생존해 있는 경우에는 보험금이 지급되지 않고 계약은 종료된다. 보험기간은 1년, 3년, 5년으로 해마다 갱신하여 보험기간을 연장할 수 있다.

갱신(更新)할 때마다 보험료가 비싸진다. 정기보험의 보험료는 1년간 개인의 사망

확률 추정치로 계산된다. 개인의 보험료는 연령이 높아질수록 매년 사망률이 상승하기 때문에 일반적으로 갱신할수록 보험료는 올라가게 된다.

현재 보험시장에서 판매되는 정기보험은 일정기간(보험기간)동안 보험료가 매월 동일한 평준보험료로 설계되어 있다. 물론 보험기간이 길어질수록 보험료는 높아진다.

정기보험은 보험기간 동안 동일한 사망보험금을 지급하는 평준정기보험과 사망보험금이 감소하는 체감정기보험, 보험금이 매년 증가하는 체증정기보험으로 구분된다. 보험기간이 종료되기 전에 새로운 정기보험으로 가입이 보장되는 갱신정기보험과 종신보험으로 전환이 보장되는 전환정기보험이 있다.

종신보험(whole life insurance)

종신보험은 피보험자에게 종신에 걸쳐 언제 사망하더라도 보험금을 지급하는 사망보험이다. 종신보험의 특징은 단 한번의 가입으로 평생 동안 보장이 되므로 다른 보험상품과 달리 보험금 지급이 언젠가는 반드시 지급된다.

또한 모든 위험에 대한 보장이 된다. 따라서 일반사망은 물론 의료비, 암, 재해, 성인병 등 모든 위험으로부터 보장을 받을 수 있다.

종신보험은 남자들의 최장 수명을 103세(여자 109세)로 추정한 것을 기초로 보험료를 결정한다. 남자 103세, 여자 109세 시점의 보험계약준비금(보험계약상 약속한 것을 모두 지급하기 위하여 적립하는 준비금)과 사망보험금이 동일해지도록 투자수입을 고려하여 보험료를 산출한다. 대부분 계약일로부터 8년째 되는 해의 초반에 해약환급금(보험계약을 해약할 경우 계약자에게 반환해야 할 금액)과 보험계약준비금이 같아지게 된다. 따라서 종신보험을 가입한 경우 최소한 8년 이상 유지하여야 불입한 보험료의 원금을 받을 수 있다. 보험료를 8년 이상 장기간 납입할 능력이 있는 경우 이 상품을 가입하도록 해야 할 것이다.

생존보험

생존보험은 피보험자가 보험기간이 종료될 때까지 생존하고 있을 경우에만 보험금이 지급되는 상품이다. 사망보험은 '보험기간 내의 사망'이 보험사고인데 비해 생존보험의 보험사고는 '생존'이라는 점에서 차이가 있다. 보험기간이 만료한 시점에 생존하여야 보험금이 지급된다. 현실적으로 생존보험은 판매되지 않고 있는 이론적인 보험이다. 사망보험과 생존보험을 혼합한 양로보험에서 생존보험의 성격을 찾아 볼 수 있을 뿐이다.

양로보험, 생사혼합보험(endowment insurance)
양로보험은 보험기간 내에 피보험자가 사망한 경우에는 사망보험금을 지급하고 보험기간 만료시까지 피보험자가 생존하고 있는 경우에는 생존보험금이 지급되는 보험이다. 생존보험과 사망보험의 기능을 혼합한 보험이다.

양로보험은 만기에 해약환급금과 사망보험금이 같아지도록 설계되어 있다. 미국에서는 한 때 학자금, 결혼자금, 퇴직자금 등을 준비하기 위한 저축수단으로 인기가 있었으나 세법 변경으로 시장에서 사라지게 되었다. 저축에 대한 세제가 불리하지 않고 저축에 대한 요구가 높은 경우 저축수단으로 시장에서 판매될 가능성이 높지만 종신보험과 정기보험의 판매호조로 위축되어 있는 실정이다. 유럽에서는 보험가입금액을 모기지의 원금과 같게 하여 보험기간 만기 전에 대출고객이 사망하는 경우에는 사망보험금으로 대출원금을 상환할 수 있고 만기까지 생존해 있는 경우 만기보험금으로 대출원금을 상환할 수 있도록 설계된 상품이 판매되고 있다.

☞ 정기보험을 가입할 것인가? 종신보험을 가입할 것인가?
생명보험을 가입하는 주된 이유는 조기사망위험을 커버하여 남아 있는 가족들에게 경제적 충격을 최대한 줄이기 위한 것이다. 현재 배우자와 2명의 자녀가 있고 전 재산이 각각 1억 원, 3억 원 또는 10억 원이라고 가정할 경우 보험가입 금액과 보험종목 선택 기준은 달라야 한다. 가족 구성원과 생활수준이 동일하다는 것을 기본 전제로 생각해보기로 한다.

본인이 사망하더라도 자식을 대학 졸업시키고 결혼과 동시에 독립하게 한 후 60세에 은퇴하여 배우자가 사망할 때까지 총 필요한 자금이 현재 화폐가치로 10억 원으로 계산된 경우, 현재 내가 보유하고 있는 재산이 10억일 때에는 조기사망위험을 커버하기 위하여 생명보험을 가입할 필요는 없다. 그러나 내 재산이 3억 원일 경우 조기사망 위험을 커버하기 위해서는 7억 원이 부족하다. 따라서 이 경우에는 7억 원을 보험가입금액으로 하는 보험을 가입하면 된다. 내 재산이 1억 원인 경우에는 사망보험금이 9억 원인 보험을 가입하여야 한다. 그런데 시간이 지남에 따라 열심히 저축하고 투자함으로써 현재보다 더 빠른 속도로 재산이 늘어 날 것이다. 물론 재산이 감소하는 경우도 있겠지만 일반적인 현상은 아닐 것이므로 여기에서는 논외로 한다. 이러한 상황하에서 종신보험을 가입할 것이냐, 정기보험을 가입할 것이냐를 선택하라면 당연히 정기보험을 가입하여야 할 것이다. 그러나 경제적 지식이 부족하고 투자에 자신이 없는 경우에는 종신보험을 가입하여야 한다. 그렇지만 매년 재산을 증식시킬 자신이 있다면 정기보험을 가입하는 것이 유리할 것이다.

현재의 재산, 수입, 지출, 가족의 성장에 따른 자금지출 규모를 고려하여 매년 또는 3년, 5년 단위로 자신의 자산이 얼마나 될 것인가를 추세표로 그릴 수 있을 것이다. 추세표란 미래의 개인 재무상태를 연도별로 간단하게 표로 나타내는 것을 말한다. 자신이 없는 경우 CFP와 같은 전문 재무설계사에게 의뢰할 수도 있을 것이다. 너무 낙관적으로 계산하지 말고 보수적으로 계산하도록 한다.

조기사망시 필요자금이 10억 원이고 현재 3억 원의 재산을 보유하고 있으며 3억 원의 재산이 5년 후 5억 원, 10년 후 8억 원, 15년 후 10억 원으로 증식된다고 가정하자. 현재시점에서는 5년 만기, 보험금 7억 원인 정기보험을 가입 하였다가 만기가 된 5년 후에는 보험금이 5억 원인 정기보험을 가입하고, 10년 후에는 보험금이 2억 원인 보험을 가입하면 된다. 그리고 15년부터는 생명보험을 가입할 필요가 없게 된다.

현재 보험가입금액이 7억 원인 정기보험을 가입하지 않고 종신보험을 가입한다면 필요 없는 보험료를 지출하게 된다. 물론 5년 또는 10년 후에 사망하여 남아 있는 가족에게 더 많은 재산을 남겨줄 수 있어 좋겠지만 장기 생존 시에는 보험회사에게 좋은 일을 시켜주는 경우가 될 것이다.

정기보험을 가입할 때 만기시에 갱신이 되는 갱신정기보험을 가입하도록 하여야 한다. 만기시에 신규로 보험을 가입할 경우 건강진단을 받아야 하기 때문이다. 물론 건강에 자신이 있거나 스스로를 지킬 만큼 충분한 돈을 모을 자신이 있다면 갱신정기보험을 고집할 이유는 없을 것이다. 체감정기보험상품이 있는 경우 갱신을 걱정할 필요가 없으므로 내 재산의 증가속도와 보험금 체감속도를 감안하여 합리적인 선택을 하면 될 것이다.

보장성 보험과 저축성 보험

보장성 보험이란 사망, 질병, 재해 등 각종 위험에 대하여 큰 보장을 하는 보험으로 보험기간 만료 후에 생존하는 경우 만기보험금이 전혀 없는 순수 보장성 보험과 기납입 보험료 전액을 돌려주는 만기환급형 보험 두 가지가 있다. 저축성 보험은 연금보험, 교육보험 등 보험 본래의 위험보장 기능보다 보험기간 만기시 생존할 경우 보험금이 지급되는 저축기능을 보다 중시한 상품이다. 이들 저축성 보험은 대부분 정기예금금리와 같은 특정 금리와 연동하여 납입보험료를 부리(附利; 이자가 붙음)하여 주는 금리 연동형 상품이다.

일반적으로 생존시 지급되는 급부금의 합계액이 기납입 보험료를 초과하지 않는 보험을 보장성 보험으로, 기납입 보험료를 초과하는 보험은 저축성 보험으로 상품을 분류하고 있다. 세법에서도 이 기준으로 분류하여 과세하고 있다.

☞ 어떤 보험을 얼마나 가입하여야 하는가?

인적위험을 커버하기 위해 생명보험을 가입하는 경우 저축성 보험은 일단 선택에서 제외하여야 한다. 생명보험을 가입하는 이유는 투자나 저축을 하기 위해서가 아니라 조기사망위험이나 상해 및 질병위험을 커버하기 위해 가입하는 것이기 때문이다. 갑자기 내가 사망하거나 재해나 질병으로 돈을 벌 수 있는 능력을 일시적으로나 영구적으로 상실할 경우를 대비하기 위해 가입하는 것이다. 투자나 저축을 하기 위해서는 투자성 상품을 가입하여야 한다. 꼭 보험으로 가입하고 싶다면 변액보험 등 투자성 보험을 가입하면 될 것이다.

보험을 얼마만큼 가입하여야 합리적인가? 현재 시점에서 내가 사망할 경우 배우자 및 자녀들이 앞으로 살아가는 데 필요한 금액만큼 가입하면 된다. 내가 현재 사망할 경우 자식들의 교육비, 결혼자금, 배우자 및 자식들의 생활비, 자식들이 성혼하여 자립한 이후 배우자가 수명을 다할 때까지 혼자 살아갈 수 있는 생활비, 장례비 등을 현재 가치로 계산하여 필요한 금액을 산출한다. 산출된 금액에서 가용자산(보유 자산 중 집, 자가용, 가재 도구 등 사용자산을 공제한 자산)을 차감한 잔액이 보험으로 충당해야 할 가입금액이 된다.

이렇게 산출한 금액이 상당한 규모이기 때문에 대부분 놀라게 된다. 그러면 이 금액이 큰 부담이 될 경우 최소한으로 가입할 수 있는 금액은 얼마일까? 최소한으로 가입하기 위해서는 두 가지의 가치관이 필요하다. '다 쓰고 죽는다'는 가치관과 '인간은 새로운 환경에 쉽게 적응한다'는 가치관이 필요하다. '다 쓰고 죽는다'는 입장은 자식에게 유산을 남겨주지 않고 배우자와 함께 수명을 다 할 때까지 필요한 돈만을 모은다는 사고이다. '인간은 환경에 쉽게 적응한다'는 입장은 내가 죽더라도 충분한 시간이 지나면 가족들은 슬픔을 극복하고 새로운 경제환경에 적응한다는 사고이다. 이러한 가치관을 실천할 각오가 섰다면 조기사망위험에 따른 필요한 금액(조기사망위험 가액)은 훨씬 작아진다. 자식을 위해 돈을 더 벌기 위해 소비해야 하는 시간을 내 자신에게 투자함으로써 보다 행복한 인생을 꾸려나갈

수 있을 것이다.

가장인 내가 죽기 이전의 생활수준은 오늘로서 끝이 나고 남은 가족들은 이제 새로운 생활환경에 적응해야 한다. 물론 슬픔이 오래 지속될 수도 있을 것이고 당장 경제적인 궁핍을 느끼기 시작할 수도 있을 것이다. 그렇지만 세월이 지나면 슬픔도 잊어버리고 낮아진 생활수준에도 익숙해져서 과거에도 이렇게 살았던 것처럼 생활하게 된다. 배우자는 직장을 가질 수도 있을 것이고 자식들은 용돈을 줄이거나 아르바이트를 하면서 새로운 경제환경에 적응하게 될 것이다.

내가 죽은 후 가족들이 예전 그대로 살 수 있도록 해주려는 것은 불가능하다. 그들의 삶은 내가 죽은 후 보험금으로 얼마나 많은 돈을 받았던지 관계없이 변화된다. 내가 죽기 이전의 생활은 이제 끝났다. 남은 가족들은 이제 새로운 인생을 살아야 하는 운명을 받아 들여야 한다.

따라서 가족이 내가 죽은 후 슬픔을 잊고 새로운 경제환경에 적응하기에 충분한 시간을 고려하여 그 기간 동안 현재 생활수준과 비슷한 생활을 꾸려 나갈 수 있는 만큼의 돈만 준비해주면 충분하다. 적응기간은 가족의 성격, 학력, 생활력 등을 감안하여 결정하여야 한다. 대부분 3년 정도면 충분히 새로운 환경에 적응할 수 있을 것이다. 그러므로 현재 생활비를 계산하여 3년 동안에 필요한 금액을 보험금으로 지급받을 수 있도록 하면 될 것이다. 좀 더 여유가 있다면 3년 동안의 교육자금도 고려하면 될 것이다. 단, 내가 죽는 시점에 대출이 있어서는 안 된다. 대출은 반드시 상환이 되도록 조치를 취해야만 한다.

'다 쓰고 죽는다' 는 가치관은 수용을 할 수 있어도 가족이 새로운 환경에 적응하는 기간 동안 필요한 돈만을 준비해 준다는 것을 수용할 수 없는 사람도 있을 것이다. 이런 사람은 다 쓰고 죽는다는 가치관에 입각하여 필요한 돈을 산출하여 보험 가입을 하면 될 것이다. 합리적으로 계산한 금액에서 가용자산만을 차감하는 것이 아니라 모든 자산을 차감한 금액과 동일한 보험금을 지급하는 보험을 가입하면 될 것이다. 현재 살고 있는 집, 자동차 등 모든 재산을 다 쓰고 죽는다고 생각하고 계산한다.

이렇게 계산 된 조기사망위험 가액 만큼만 보험을 가입한다. 예컨대 조기사망위험 가액이 2억 원인 경우 각종 재해나 질병으로 인한 사망을 보장하는 사망보험을 가입한다. 암만을 보장하거나 교통사고만을 보장하는 등 한 두 가지 위험만을 보장하는 상품보다 가능한 모든 위험을 보장하는 종합보험을 가입하도록 한다. 각각의 위험을 전문적으로 가입하는 단종상품을 여러 개 가입하는 경우 중복으로 보상되거나 빠뜨리게 되는 경우가 발생할 수 있기 때문이다.

질병이나 재해로 사망하지 않고 영구적으로 장애자가 되어 소득 창출 능력이 상실되거나 떨어지는 확률이 사망하는 확률보다 더 높을 수 있다. 그러므로 사망을 보장함과 동시에 장애자가 되었을 때 부족한 소득을 보전해주는 상품을 가입하도록 하여야 한다. 장애의 정도를 판단하는 기준이 주관적이지 않고 객관적으로 명확하고, 보험료 납입 면제를 해주고, 동일한 등급의 장애에 대하여 보다 많은 보험금을 지급하는 상품을 선택하여 가입하여야 한다. 보험약관이 추상적이고 애매한 경우 반드시 해당 판매보험사에 유권해석을 받고 보험계약서에 명시하는 것도 필요하다. 사고가 난 후에 후회하면 이미 늦다. 사전에 철저히 조사하여 가입하는 것이 현명하다.

☞ 현재의 화폐가치로 10억 원을 마련하는 데 얼마만큼의 시간이 필요할까?

인플레가 연평균 3%인 상황에서 월수입 300만 원인 평균도시근로자가 매월 100만 원을 펀드나 금리상품에 투자한다고 가정할 때 해당 투자자산의 수익률에 따라 10억 원을 모으는 소요기간이 달라진다. 수익률(세후 수익률로 가정한다)이 5%인 경우 약 73년, 수익률이 10%인 경우 31년, 수익률이 15%인 경우 22년이 걸린다. 수익률이 5%, 10%, 15%인 경우 35세인 근로자가 10억 원을 마련하면 나이가 최저 57세에서 최대 108세가 된다.

☞ 인플레가 연평균 3%씩 상승하는 상황에서 현재의 화폐가치로 10억 원을 모으기 위해 세후 수익률이 연 5% 상품에 투자할 경우 필요한 월저축금액은 얼마일까? 매월 100만 원씩 투자할 경우 73년, 매월 200만 원씩 투자할 경우 43년, 매월 300만 원씩 투자할 경우 30년, 매월 400만 원씩 투자할 경우 23년, 매월 500만 원씩 투자할 경우 18년이 걸린다.

☞ 위 계산 결과를 볼 때 10억 원을 모으기에는 너무나 많은 시간이 걸리고 또 시간을 줄이기 위해 월투자금액을 늘리려고 하나 능력이 부족하다. 보통사람은 은퇴시점에 10억 원을 모아서 풍족한 노후를 즐기는 것은 불가능한 목표인가? 아니면 방법이 있는가?

은퇴시에 10억 원이 필요하다는 주장에 좌절감을 느끼는 사람은 다음과 같은 3가지 사실을 감안할 경우 마음의 안정을 다소 찾을 수 있다.

첫째, 은퇴시 10억 원을 금고에 넣고 곶감 빼먹듯이 쓰지는 않는다는 사실이다. 매월 300만 원의 생활비가 필요하다면 년간 3,600만 원을 뺀 나머지 9억 6,400만 원을 1년 예금자산(연5%)에 투자하더라도 연간 생활비를 초과하는 4,820만 원의 이자수입이 발생한다. 따라서 10억 원이 불필요하다. 년간 생활비 3,600만 원도 인플레를 감안할 경우 다음 해에는 3,708만 원이 필요하다. 즉 해마다 생활비도 증가한다. 동시에 원금인 10억 원도 인플레만큼 가치가 감소한다. 그렇지만 인플레를 감안하더라도 10억 원을 모두 모을 필요는 없다.

둘째, 은퇴시점에 모은 재산을 모두 '다 쓰고 죽는다'는 철학을 실천하는 경우 10억 원 보다 적은 돈으로도 충분하다는 사실이다. 월생활비 300만 원, 인플레 연평균 3%, 세후 수익률 5%일 때 60세에 은퇴하여 30년간에 걸쳐 모두 쓰고 죽는다면(90세에 사망) 8억 1천만 원만 있으면 되며, 80세에 사망한다면 5억 9천만 원만 있으면 된다.

셋째, 국민연금, 공무원연금 등 공적연금이 적지만 부족한 노후자금을 일부 보충

한다는 사실이다. 대부분 공적연금은 인플레만큼 연금 수령액이 상승하므로 60세 이후에 월 국민연금 수령액이 50만 원만 되어도 10억보다 훨씬 적은 금액을 모아도 될 것이다.

이상의 3가지 사실을 감안할 때 10억 원보다 훨씬 적은 돈을 모아도 월 300만 원의 생활비 수준을 유지할 수 있을 것이다. 미래에 10억 원이 필요하다는 것에 대하여 지나친 압박감을 느낄 필요는 없다. 그러나 최선의 준비는 필요하다. 노후기간을 20년으로 계산할 경우 4~5억 원 정도는 모을 필요가 있다.

제3보험 : 상해보험, 질병보험

제3보험이란 상해 또는 질병으로 인하여 발생할 수 있는 치료비와 소득상실에 대하여 보상하는 보험을 말한다.

제3보험은 생명보험회사와 손해보험회사 모두가 취급할 수 있는 분야로 생명보험은 질병보험을 중심으로, 손해보험은 상해보험을 중심으로 개발하여 판매하여 왔다. 이에 비해 손해보험은 정액보상과 실손보상을 혼용하여 개발, 판매할 수 있었다. 그러나 보험업법 개정으로 2005년 8월부터 생명보험도 실손보상을 하는 상해보험과 질병보험을 개발하여 판매할 수 있게 되었다.

상해보험

상해보험이란 간단하게 설명하면 우연한 사고로 다친 경우 그 치료비나 치료 중 사망 또는 신체장애 발생시 일정 보험금을 지급하는 보험이다. 약관에 의거 상술하면 상해보험이란 피보험자가 급격하고도 우연한 외래의 사고에 의하여 약관에 정하는 상해를 입음으로써 발생하는 직접적인 결과로서 신체적 기능이 멸실하거나 감소되어 의사의 치료를 필요로 하는 때 또는 이로 인하여 사망이나 후유 장해가 생긴 때 일정한 보험금을 지급하는 보험이다.

상해보험은 인보험의 특성과 손해보험의 특성을 함께 가지고 있다. 상법은 상해보험을 인보험으로 분류하고 있어 손해보험 분야인 재물보험과 대립된다. 또한 상해보험은 생명보험과 같이 사망보험금을 정액으로 지급하고 장해급여금과 입원급여금은 그 상해의 정도에 따라 정액으로 지급되므로 인보험의 특성을 가지고 있다.

손해보험의 약관상 피보험자가 보험기간 중에 급격하고도 우연한 외래의 사고로 신체에 상해를 입었을 때에는 그 상해로 인하여 생긴 '손해'를 보상하도록 하고 있어 상해사고로 인한 손해를 보상하는 손해보험 계약성을 가지고 있다. 이와 같이 상해보험은 인보험과 손해보험의 요소를 함께 가지고 있어 어느 쪽도 완전하게 충족하지 못하기 때문에 제3분야 보험계약이라고 한다.

질병보험

질병보험은 '질병의 발생으로 인한 재무적 손실'과 '질병으로 인하여 소득을 상실한 경우 이에 대한 생활자금'을 보상한다. 재무적 손실은 진단비, 입원비, 수술비, 간병비, 요양비 등 제반 치료비용을 말한다.

질병보험은 보험의 목적이 사람의 신체인 점에서 상해보험과 같다. 그러나 보험사고가 급격하고도 우연한 외래의 사고가 아니라 내적인 질병의 발생이 보험사고가 된다는 점에서 상해보험과 다르다.

상해보험은 손해보험사를 중심으로, 질병보험은 생보사를 중심으로 발전하여 왔다. 과거 생보사는 실손보상을 하는 상품을 판매 못하는 대신 손보사는 질병 담보를 주계약으로 하는 상품을 개발하는 것이 금지되었다.

현재는 이 영역구분이 폐지되어 기존의 경험을 강점으로 고객의 입맛에 맞는 상품이 개발 될 것으로 보인다.

상해 또는 질병보험은 생보사와 손보사에 따라 약관상 약간의 차이가 있다. 생보사의 책임개시일은 별도의 사정이 없는 한 보험료를 받은 때로부터 개시되지만 손보사의 책임개시일은 증권에 별도로 기재되지 않는 한 보험 기간의 첫날 오후 4시에 시작하여 마지막 날 오후 4시에 끝난다.

  손보사 상품은 보험금이 지급되지 않는 면책사항이 생보사 상품보다 훨씬 더 많다. 즉 보장범위가 생보사 상품보다 더 좁다. 그런 점에서 생보사 상품이 위험설계 측면에서 좋은 상품이라 할 수 있다.

  생보사 상품에서는 피보험자가 고의로 자신을 해친 경우, 수익자 또는 계약자가 피보험자를 해친 경우에 한정하여 보상을 하지 않는다. 전쟁, 기타 소요, 폭동에도 보험금을 감액하여 지급한다. 이에 비하여 손보사는 피보험자, 수익자, 계약자의 고의는 물론 지진, 태풍 등 자연재해, 핵 관련 사고, 방사선 조사 또는 방사능 오염, 피보험자의 자해, 자살, 자살미수, 형법상의 범죄행위 또는 폭력행위, 피보험자의 질병 또는 심신상실, 정신질환으로 인한 상해, 보험자의 임신, 출산, 유산, 외과적 수술, 그 밖의 의료처리, 전쟁, 외국의 무력행사, 혁명, 내란, 폭동, 소요, 기타 유사사태 등으로 발생한 사고는 보상을 하지 않고 있다.

06 물적(재물)위험과 보험

사람들은 점점 소유하는 재산이 늘어남에 따라 보유하는 재산의 투자 및 관리를 중요한 문제로 생각하게 되었다. 부를 쌓기는 어려워도 잃어 버리는 것은 한 순간이다. 갑작스럽고 우연한 사고로 보유하고 있는 재산을 한 순간에 날려 버리는 경우를 자주 보게 된다. 주택, 공장, 기계장치, 귀금속 등 물적 재산의 대표적인 위험 사고는 화재이다. 그리고 태풍, 홍수, 도난 등도 중요한 위험이다. 이러한 위험으로부터 재산을 보호하기 위하여 사람들은 여러가지 방법을 동원하고 있다. 새로운 건축 공법을 도입하여 건축물의 안전성을 높이거나 최첨단 도난 방지 장치를 설치하는 등의 물리적 방법은 물론 보험이라는 경제적 제도를 만들어 보유하고 있는 위험을 축소하거나 타인에게 이전하고 있다.

인보험은 사람의 생명과 관련된 위험을 보장하기 위한 보험인 반면 물보험(또는 재물보험)은 화재나 도난 등의 위험으로부터 발생하는 재산 손해를 보상하기 위한 보험이다. 재물보험은 우연한 사고로 보험의 목적인 재산이 입게 되는 직접적인 손해를 보상하는 보험이다.

재산은 크게 부동산(토지를 제외한 건축물)과 동산으로 나눌 수 있다. 땅은 화재나 도난의 위험이 없기 때문에 보험의 목적이 되지 않는다. 물론 지진이나 해일 등으로

땅이 함몰되거나 침수되어 손해를 볼 수 있다. 그러나 자연의 재해는 거대한 위험으로 영리기업인 보험회사가 그 피해를 보상하기에는 역부족이기 때문에 이를 보상하는 민간보험은 판매되지 않고 있다. 자연재난에 대해서는 현실적으로 국가에서 재난구제를 위한 별도의 예산이나 성금에 의해서 보상이 이루어 지고 있다. 건축물로는 주택, 창고, 점포, 공장 등이 있으며 동산으로는 기계, 시설, 집기비품, 가재도구, 반제품, 원재료 등이 있다.

재물보험에서 보상의 대상이 되는 손해(담보손해)를 명시하는 방법에 따라 열거주의 담보형 보험(named perils policy)과 포괄주의 담보형 보험(all risks policy)과 이 두 가지 보험을 절충한 절충주의 담보형 보험으로 나눌 수 있다.

보상되는 위험을 약관에 명시적으로 나열하여 언급한 위험만 담보(보상)하는 보험을 열거주의 담보 방식이라하고 약관에서 보상하지 않는 손해로 언급된 위험 이외에는 원칙적으로 모두 보상하는 보험을 포괄주의 담보 방식이라 한다. 절충주의 담보방식은 보상되는 위험을 몇 가지 나열하면서, 열거한 위험의 마지막에 명기되지 아니한 모든 위험을 보상한다는 규정이 있는 보험을 말한다. 그러나 열거한 위험은 담보되는 위험을 예시한 것에 불과하다고 볼 수 있으므로 결국 포괄주의 담보방식이라고 할 수 있다.

열거주의 담보방식에 해당하는 보험으로는 일반화재보험, 주택보험을 들 수 있으며 포괄주의 담보방식으로는 동산종합보험이나 재산종합보험(패키지보험)이 이에 해당된다. 절충주의 담보방식으로는 기계보험을 예로 들 수 있다.

일반적으로 재물보험에서 다루는 보험 사고의 유형으로는 대표적이고 고전적인 화재사고를 비롯하여 벼락, 파열, 폭발, 도난, 분실, 소요 또는 노동쟁의 등으로 인한 폭행사고, 항공기나 차량의 충돌 또는 접촉, 붕괴, 침하, 비, 눈, 태풍, 홍수, 지진, 전기적 사고, 기계적 사고 등 다양한 종류가 있다.

재물보험은 보험으로 보상되는 지역(담보지역)에 따라 특정물건과 불특정물건으로 분류할 수 있다.

특정물건은 특정 소재지에 수용되어 있는 재산을 말하며 대부분의 물적보험은 특정물건을 담보한다. 불특정 물건은 확정되지 않은 다수 소재지에 소재하는 이동 중인 재산을 말한다. 불특정물건을 담보하는 대표적인 보험으로는 중장비를 담보하는 동산종합보험이 있다.

재물보험의 기본원칙은 실손보상의 원칙이다. 즉 손해가 발생하기 직전의 상태로 복구하는 것을 원칙으로 한다.

재물보험의 손해액 및 보험가액(보험목적물의 평가금액)은 손해가 발생한 '때와 장소'에서의 시가(actual cash value)를 기준으로 금액을 산정하는 것을 원칙으로 한다. 시가는 재조달가액(replacement cost value)에서 감가상각액을 공제한 금액이다. 필요에 따라 감가상각액을 공제하지 않고 재조달가액으로 보상하는 경우도 있다. 이런 경우에는 추가 보험료를 주고 특별 약관을 가입하여야 한다.

재물보험은 기본적으로 보험계약체결 당시에는 보험가액이 확정되지 않은 미평가보험이다. 즉 주택화재보험을 가입할 때 보험증권에 그 주택의 가액을 명기하지 않고 보험가입금액만 결정하여 기재한다. 화재사고가 발생하여야 비로소 화재 발생 시점을 기준으로 주택가액을 평가하여 가입한 보험가입금액을 한도로 화재보험금을 지급한다. 그러나 사고 발생시 객관적인 보험가액의 평가가 어려운 품목에 대하여는 기평가보험으로 운영할 수도 있다.

골동품을 화재보험에 가입할 경우 장래에 화재가 발생하면 원형을 파악하기 어렵다. 따라서 훼손 상태에서 골동품의 가액을 정확하게 평가한다는 것은 현실적으로 매우 어려울 것이므로 분쟁의 소지가 많게 된다. 그래서 보험 가입 시점에 골동품의 가액을 보험회사와 피보험자간에 서로 협정하여 증권상의 협정가액으로 보험가입금액을 책정한다.

재물보험 약관은 확정계약방식과 통지계약방식으로 구분할 수 있다. 일반적으로 보험계약 체결시 확정된 보험 가입금액에 대하여 확정보험료가 부과되는 것을 확정계약방식이라 한다. 예컨대 오늘 보험가입금액이 1억 원인 화재보험을 가입할 경우

납입해야 할 보험료가 2만 원으로 계약 즉시 확정되는 경우이다. 또한 사전에 위험의 크기나 발생빈도를 정확히 확정할 수 없는 경우에는 확정보험료를 내는 대신, 계약 체결시 예치보험료를 납입하고 보험기간 중 정기적으로 보험자에게 실제가액을 통지함으로써 이를 보험료 산출기초로 하여 보험기간 종료 후 확정보험료를 산정하고 정산하는 통지계약방식이 있다. 예컨데 입반출이 심한 재고자산을 보험으로 가입할 경우 재고 자산의 가액이 수시로 변동하므로 계약체결시 보험가입금액을 1억 원으로 한 10만 원의 보험료를 납입하고 3개월마다 또는 보험기간 말에 통지된 평균 재고자산의 가액을 계산한 다음 이에 해당하는 보험료가 12만 원일 경우 2만 원을 추가로 납입하는 방식이다.

재물보험의 발전 추세

재물보험은 화재보험, 동산종합보험, 유리보험 등과 같은 순수하게 우연한 사고로 재산이 손상되어 입게 되는 손실만을 대상으로 하는 순수한 재물보험이 주종을 이루었으나 1970년대에 들어서면서 재물손해에 상해나 배상책임보험 등 다양한 위험을 단일 증권으로 하여 포괄적인 보상 혜택을 받을 수 있도록 한 종합보험(Package 보험)으로 발전하고 있다. 여러 가지 위험을 패키지화한 종합보험으로 발전함에 따라 순수한 화재만을 담보로 하는 경우는 점차 감소하고 있다.

화재보험

화재보험은 해상보험과 함께 손해보험상품으로서 가장 오래된 역사를 가지고 있는 상품이다. 화재보험이 손해보험의 주력 상품이었으나 자동차 산업의 발달 및 대중화 추세로 자동차보험이 주력 상품이 되었다. 그렇지만 아직도 화재로부터 가정과 기업의 보호기능을 수행하고 있다. 화재위험을 방지하기 위한 건축자재, 건축공법, 방재시설의 발달 그리고 방화활동의 강화로 화재사고의 발생이 감소추세를 보여 최근에는 작은 비용으로 화재 위험을 커버할 수 있게 되었다. 그러나 이러한 환경하에서도 예측하지 못한 우연한 사고로 인한 화재사고는 여전히 발생하고 있으며 또한 인명 손실을 내고 있다.

전통적인 화재보험은 화재위험만을 커버하였으나 오늘날에는 사회의 다양한 수요에 부응하여 화재 이외에 여러 가지 위험을 동시에 보상하는 종합보험으로 발전하고 있다. 또한 전통적인 화재보험도 약관에 여러 가지 위험을 커버하는 특별 약관을 추가하여 위험을 확장해 나가고 있다. 전기 위험, 풍수재 위험, 지진 위험, 붕괴 위험, 도난 위험 등 부동산과 동산의 안정적인 관리를 저해하는 위험을 선택하여 보험으로 커버할 수 있도록 하고 있다.

위험 상담사인 RC(Risk Consultunt)와 리스크 보유자 RH(Risk Holder)인 홍길동 팀장간의 대화를 통하여 화재보험을 알아 보자.

RH: 제가 살고 있는 단독주택에 대한 화재위험을 보상하는 보험을 가입하고자 합니다. 어떻게 해야 하지요?

RC: 단독주택이므로 주택화재보험을 가입하여야 합니다. 주택화재는 주거 형태, 즉 단독주택, 연립(다세대)주택, 아파트 중 어느 것이냐, 그리고 건물이 화재에 견디는 정도에 따라 1급에서 4급까지 나눈 건물구조급수 중 어느 것에 해당되느냐에 따라 보험료가 달라집니다. 그러므로 1차적으로 주택의 종류와 건물구조에 관한 정보를 저에게 주시고 화재로 인하여 건물이 전부 불에 탈 경우(전손) 손해액을 계산하기 위하여 건물 가액이 얼마인지 평가하여야 하므로 건물 면적과 건축단가에 관한 정보도 필요합니다.

RH: 저는 건축에 대하여 문외한이라 그 집에 살고 있어도 어떤 구조인지 모르겠습니다. 혹시 등기부등본으로 알 수 있습니까?

RC: 예, 원칙적으로는 건축물관리대장으로 확인하는 것이 확실한 데 건축물관리대장에 기재된 내용과 등기부 등본에 기재된 내용이 같은 경우가 대부분이므로 등기부등본으로도 가능합니다. 건물가액을 평가하기 위해서는 건물 면적, 신축 년도를 알아야 하는 데 간혹 실제 건축연도와 등기상 연도가 틀린 경우가 있습니다. 제대로 기재 되어 있겠지요? 그리고 증축 또는 개축, 부속건물 신축 등으로 실제와 건축물관리대장이나 등기부등본에 기재된 내용이 틀릴 경우도 있습니다. 실제와 공부가 일치하겠지요? 틀리면 실제 사항으로 평가하셔야 합니다.

RH: 현재 있는 그대로 등기부에 기재되어 있을 것입니다. 건물 완공 후 준공검사를 받고 그 이후에 증·개축을 한 적이 없습니다. 건축물관리대장도 인터넷으로 발급이 가능하니 지금 출력해 드리겠습니다. 그런데 건축단가는 저도 모르겠습니다. 어떻게 하지요?

RC: 건물급수와 건물 평가방법은 다음과 같습니다.

건물급수

건물급수는 기둥, 보, 바닥, 지붕, 외벽을 기준으로 판단한다. 건물 층수는 건물급수 결정 요소는 아니다. 단지 고층 건물인 경우 낮은 건물보다 위험 노출이 더 크므로 보험료가 올라가는 할증요인이 된다(조:기둥, 즙: 지붕).

급별 \ 주요부	기둥/보/바닥	지붕	외벽
1급	내화구조	내화구조	내화구조
2급	내화구조	불연재료	내화구조
3급	불연재료	불연재료	불연재료
4급	상기 이외의것		

· 보 : 기둥과 기둥 또는 보와 보를 이어주는 구조물(지붕이나 바닥을 받쳐주는 역할)

- 기둥 : 땅을 기반으로 수직압력을 지지하는 구조물

- 내화구조란? : 불에 강하고 불이 나더라도 변형이 없고 무너지지 않는 구조
  예] 철근콘크리트, 콘크리트벽돌, 조적조(벽돌, 석조, 콘트리트블록조), 연화조(붉은 벽돌)

- 불연재료란? : 불에 강하지만 불이 난 후 일정 온도에 이르면 모양이 변형되거나 무너지는 구조
  예] 블록, 판넬, 기와, 철골, 유리

- 스라브즙, 슬라브즙, 평옥개, 육옥근, 육즙 : 같은 뜻으로 평평한 모양의 지붕(옥상)을 칭함(슬라브 : 평평한 구조)

- 와즙 : 기와지붕 RC조(Reinforced Concrete) : 철근콘크리트조

모두 내화 구조로 건축되어 있는 건물이 1급이고 지붕만 불연재료이고 나머지는 내화 구조로 된 건물은 2급이다. 지붕을 제외한 나머지 기둥, 보, 외벽은 역학적으로 서로 지탱을 해주어 하나라도 무너질 경우 집 전체가 붕괴 될 가능성이 높으나 지붕은 화재로 변형되어 무너지더라도 보, 기둥, 외벽이 지탱해 주고 있어 집 전체가 무너지지는 않는다. 따라서 2급 건물이 불이 날 경우 불연 재료인 지붕이 변형되어 무너지더라도 기둥, 보, 외벽이 내화 구조이므로 지붕만 교체하면 된다(1급 건물보다 조금 더 위험). 전부 불연 재료를 사용한 건물은 화재시 변형되어 붕괴될 위험이 높으므로 3급으로 분류하고 기둥, 보, 바닥, 외벽, 지붕 중 어느 하나라도 내화 구조 및 불연 구조가 아닌 (불에 잘 타는)재료를 쓴 경우 4급으로 분류한다.

복합구조의 건물급수

두 가지 이상의 다른 구조가 하나의 건물(외벽, 기둥, 보, 지붕의 어느 한 부분도 다른 건물과 이어지지 않고 모두 독립된 건물을 하나의 건물로 본다)로 된 복합구조가 주택, 일

반 물건(주택 및 공장을 제외한 나머지 물건)인 경우 낮은 급수를 적용하고. 즉, 1급 및 2급으로 구성된 주택인 경우 2급 물건으로 분류. 공장물건인 경우 낮은 급수의 면적이 전체 건물면적의 30% 미만인 물건에 한하여 높은 급수를 적용하고 30% 이상인 경우 낮은 급수를 적용한다.

- 신축/철거 중인 건물 : 공사완성 후 건물 급수가 1급, 2급인 경우 - 2급 적용
  공사완성 후 건물 급수가 3급 또는 4급인 경우 - 각각 해당 급수 즉 3급 또는 4급을 적용
- 지하 저장 탱크 : 탱크 내 내용물의 위험 정도에 따라 위험 등급 적용(시설이 아닌 건물로 간주)
- 옥외설비장치 : 구성재료를 기준으로 1급, 2급, 3급 적용(시설이 아닌 건물로 간주)

건물의 평가

평가대상물건(홍길동의 단독주택)과 동일한 구조, 용도, 질, 규모의 건물을 재건축하는 데 필요한 재건축가액을 구하고 거기에 경과년수 및 사용에 따른 가치의 감소액, 즉 감가를 공제한 잔액인 현재가액 또는 시가를 산출하여 이를 보험가액(보험회사가 부담하는 최고한도액으로 보험 목적물의 시가액)으로 한다.

현재가액 = 신축가액 - 감가공제액
감가공제액 = 신축가격 × 총감가율
총감가율 = 경과년수감가율 × 경과년수
경과년수감가율(경년감가율) = [신축가액 - 잔존가액(신축가액의 20%)] / 내용연수

건물의 추정 내용연수는 보험업계 실무상 세법상 추정내용연수(건축비용을 조기에 보다 많이 손비 처리할 수 있도록 하는 조세정책에 의하여, 실제 내용연수보다 짧은 기간을

1급 건물

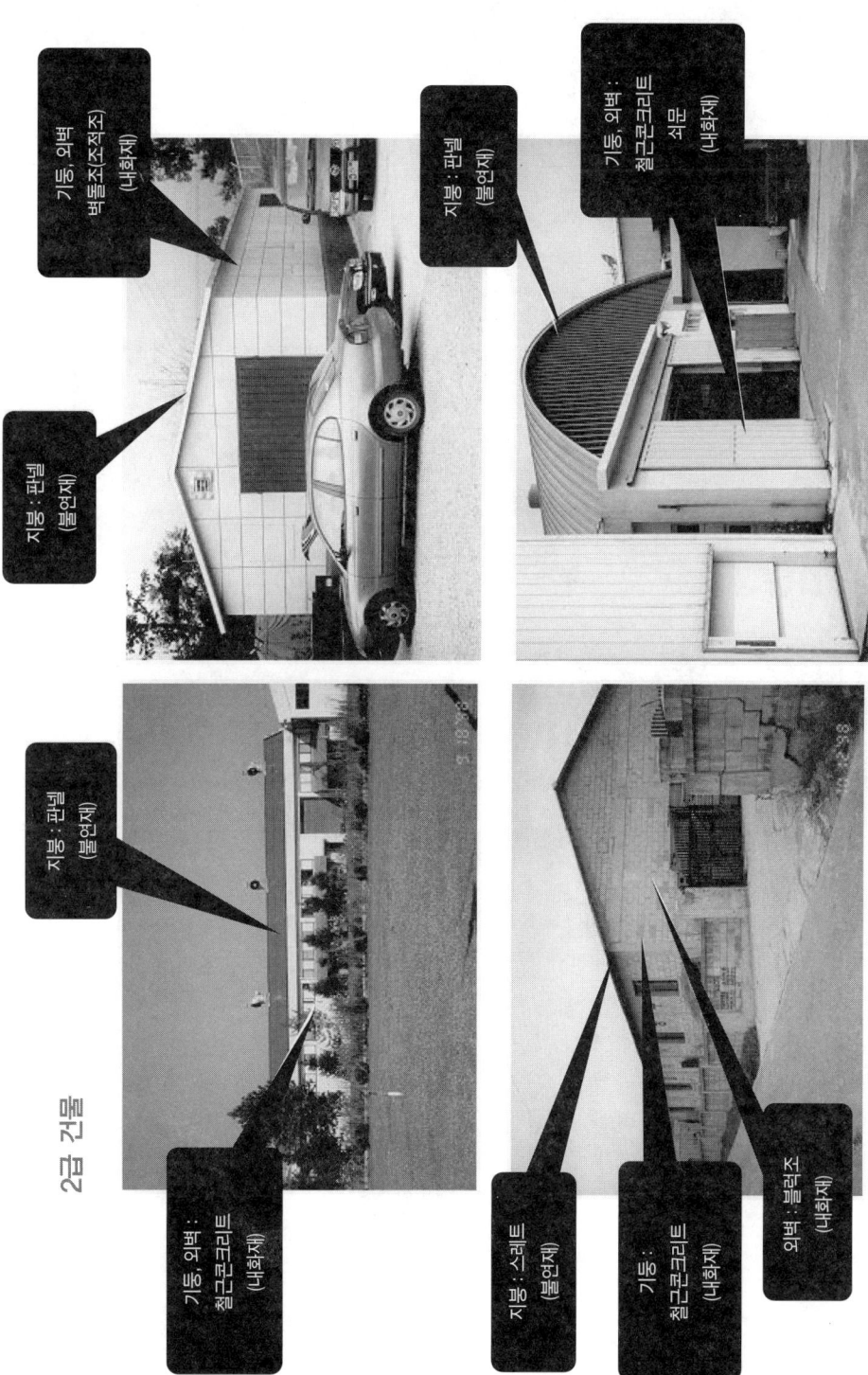

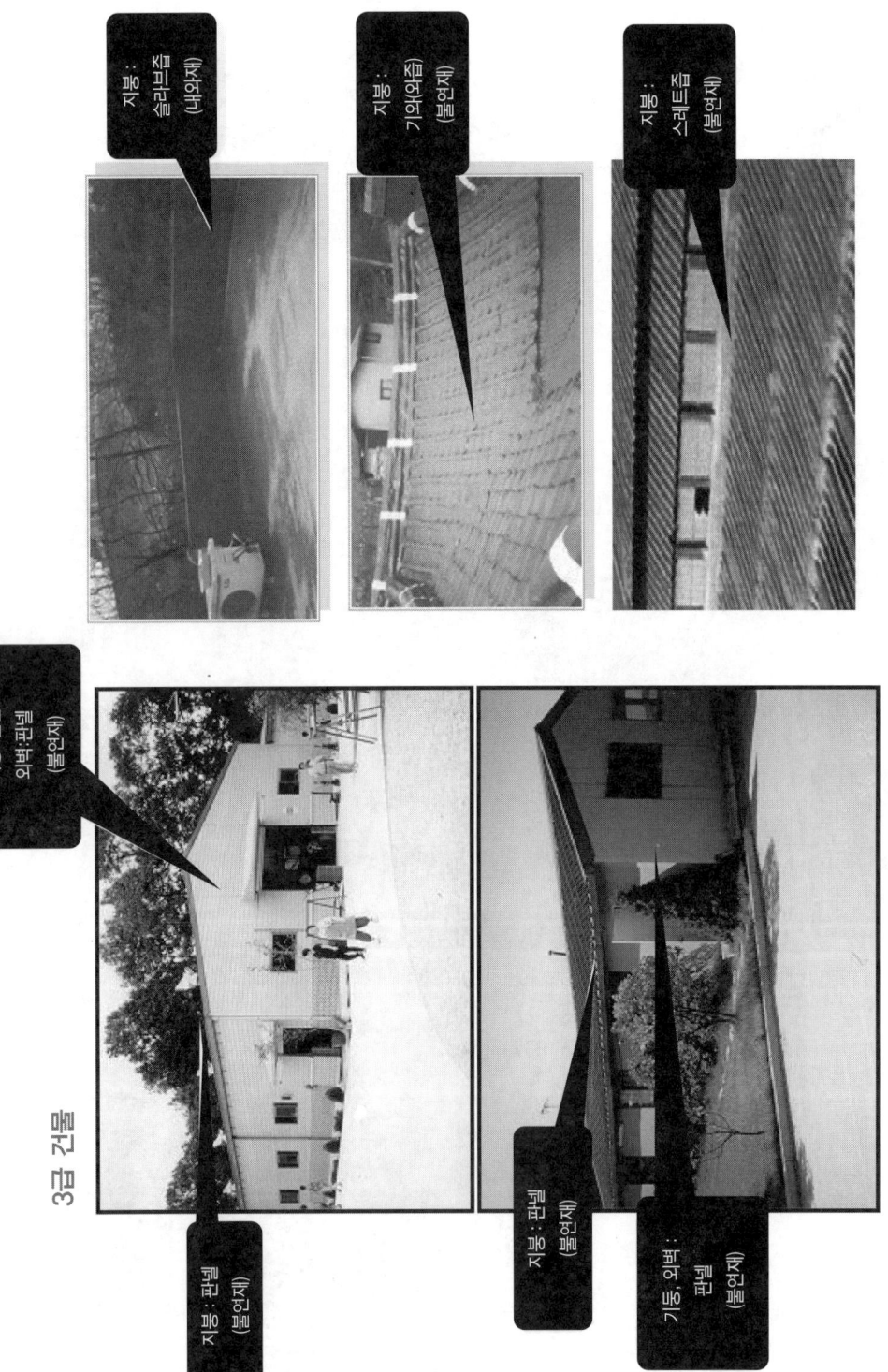

4급 건물

- 지붕: 천막
  기둥: 목재
  외벽: 천막
  (가연재)

- 통나무집
  (가연재)

- 지붕, 외벽:
  천막(가연재)

- 기둥:
  철골

- 지붕: 판넬
  (불연재)

- 지붕: 판넬
  (불연재)

복합구조

추정내용연수로 하고 있음)의 1.5배를 적용하고 있다. 기업체에서 화재보험을 가입할 때 회계장부상의 건물 또는 기계설비 가액을 현재가액으로 하여 보험을 가입할 경우 일부 보험일 가능성이 높다. 일부보험일 경우 화재 발생시 그 손해액의 일부만을 보상한다. 그러므로 보험사에서 평가하는 방법으로 계산하여 보험을 가입하도록 해야 한다. 보험료을 절감하기 위해 건물 장부가로 가입하는 것은 소탐대실의 우를 범하는 것이 된다.

홍길동씨의 보험가액의 산출 예를 살펴 보면 다음과 같다.
홍길동씨 소유의 단독주택의 건축물관리대장에 의하면

신축년도 1996년 9월 20일 , 벽돌조 슬라브즙 2층 건물, 1층 120㎡, 2층 80 ㎡

신축비: 750,000원/㎡, 경과 년수(경년) 감가율 1.07%

보험가액의 계산(2005년 9월 현재)

총 신축가액 = 200 ㎡ x 750,000 원= 150,000,000원

총 감가율 = 매년 1.07% x 9년 = 9.63%

감가공제액 = 150,000,000원 x 9.63% = 14,445,000원

시가 = 135,555,000원

RC: 홍길동님께서는 위 계산식에서 산출된 135,555,000원을 보험가액으로 하는 보험을 가입하시면 됩니다.

RH: 저희 집값은 4억 원 정도 하는 데 1억 3천5백 만 원으로 가입하면 된다니 이해가 되지 않습니다.

RC: 시장에서 거래되는 부동산은 보통 땅과 건물을 합한 가격으로 거래됩니다. 그런데 땅은 화재나 도난의 위험이 전혀 없기 때문에 건물만 화재보험에 가입하게 됩니다. 그리고 화재보험은 손해가 발생하기 직전의 상태로 복구해 주는 손해보상의 원칙이 적용됩니다. 손해가 발생하는 때와 장소에서의 시가를 보

상해 준다는 뜻이지요.

그러므로 홍길동님의 주택이 오늘 화재가 났다고 가정하고 건물의 시가(주택을 신규로 신축했을 경우의 가격)에서 건물 신축 후 현재까지의 가치감소액을 차감한 잔액을 계산하여 이 금액만큼을 보상하는 것입니다. 시가로 보상하기 때문에 오늘 보험을 가입하시고 화재가 나서 전소되어 수령한 화재보험금으로는 현재 규모의 주택을 그대로 지을 수는 없겠지요. 수령한 보험금(1억 3,555만 원)에 신축 후 감가된 금액(1,444만 원)만큼을 추가 부담하셔야 현재와 같은 집을 신축하실 수 있을 것입니다. 물론 오늘 보험을 가입하였는데 1년 정도 지나서 화재가 나고 그 때 건자재나 인건비가 상승하여 건축단가가 올랐다고 가정합시다. 이 때는 오른 가격으로 새로이 신축단가를 계산하여야 하고 동시에 건물 경과연수에 해당하는 감가를 차감하여 계산하여야 합니다.

RH: 그럼 주택 매매가에서 땅값을 공제한 잔액을 보험가입금액으로 해서는 안되겠네요?

RC: 당연하지요 매매가에는 양도차익이 포함되어 있어 더욱더 안되죠. 화재사고로 보험 계약자가 이익을 보게 된다면 이를 노리고 보험을 가입하는 도덕적 위험이 사회에 팽배해질 가능성이 있지요. 그래서 손해보험은 실제 손해만을 보상하는 실손보상이 기본원리로 되어 있습니다. 즉 사고 발생 전과 후의 상태가 동일하도록 해주는 것 입니다.

RH: 임대상가도 화재보험을 가입할 때 단독주택처럼 계산합니까? 그리고 제가 다니는 식품회사 공장도 마찬가지입니까? 차이가 있다면 무엇입니까?

RC: 건물면적에 해당 건축단가를 곱하여 보험가액을 정하는 방법은 같습니다. 보상하는 내용에서 약간의 차이가 있습니다. 공장이나 빌딩, 상가 등은 주택과 비교하여 많은 사람들이 드나들며, 가스나 전기 등 위험에 대한 노출이 많으므로 폭발 및 파열에 대하여는 담보(보상)를 하지 않습니다. 그러나 주택은 폭발 및 파열 위험에 대하여 보상을 해주고 있습니다.

화재보험약관도 주택부분만 독립하여 주택화재보험약관을 별도로 두고 있습니다. 즉 화재보험약관은 주택화재 보험약관과 (일반)화재보험약관(주택화재보험을 포함하는 광의의 화재보험과 구별하기 위해 실무상 일반화재보험이라고 칭함), 두 가지가 있습니다. 주택 중에서 아파트가 전채 주택의 50% 이상을 초과할 정도로 시장이 커짐에 따라 아파트 특유의 위험을 담보하는 상품을 만들어 아파트화재보험약관으로 분리하는 경우도 있습니다.

주택화재에서 가재도구는 별도의 약정을 하여야 보상이 됩니다. (일반)화재보험약관이 적용되는 주택을 제외한 물건도 집기비품, 시설, 공기구 등에 대하여 별도로 약정하여야 보상이 됩니다. 주택이 아니지만 가재가 있는 경우에도 주택보험과 같이 별도 약정을 해야 보상이 됩니다. 즉 주택이든 공장, 빌딩이든 가재는 별도의 약정이 있어야 보상이 됩니다.

벼락은 옛날부터 화재와 더불어 건물의 주된 화재 원인이었으므로 화재보험이 만들어질 초창기부터 보상을 해주는 위험으로, 주택이나 일반 물건이나 위험 노출이 동일하므로 별도의 약정이 없더라도 모두 보상을 해주고 있습니다.

RH: 주택물건은 화재, 벼락, 폭발, 파열을 담보하는 주택화재약관이 적용되고 주택을 제외한 공장물건과 일반 물건은 화재, 벼락만 담보하는 화재보험약관을 적용한다는 말씀이지요.

보상하는 손해

RH: 화재가 난 경우 보상하는 손해에 대하여 설명해 주십시오.
RC: 보험에 가입한 물건 즉 보험의 목적이 화재 및 벼락 (주택인 경우 폭발, 파열 포함)으로 입은 손해, 그을림에 의한 손해(초손, 焦損), 연기로 인한 손해를 보상합니다. 그리고 보상하는 위험으로 인하여 발생한 손해액의 10%한도 내에서 보험 목적(주택, 공장, 일반물건)의 잔존물을 제거하는 비용을 보상합니다. 예컨데 화재로 인한 손실이 5천만 원일 경우, 화재로 못 쓰게 된 건축폐자재나 쓰레기 등 잔존물을 제거하는데 든 운송비용, 인건비 등 제반 비용은 최대 500만 원까지 실질 비용을 보상합니다. 만약 잔존물제거비용이 600만 원 든 경우 500만 원을, 400만 원이 든 경우 400만 원을 보상합니다.

그리고 화재에 따른 손해는 화재로 인한 직접적인 손해를 보상합니다. 화재와 손해 사이에 상당한 인과관계가 있는 경우에도 보상을 합니다. 그러나 간접손해는 보상을 하지 않습니다.

상당한 인과관계의 경우를 예를 들어 설명하면 화재가 건물을 휩쓸고 간 후 담벽이 그대로 남아 있다가 며칠 후 바람에 의하여 그 벽이 무너진 경우, 화재 직후 비로 말미암아 밖에 내 놓은 이불, 전자제품이 비에 젖어 못쓰게 된 경우가 이에 해당됩니다.

간접손해의 경우를 예로 든다면 화재사고로 휴업을 하거나 공장을 가동하지 못한 경우, 전기가 단절되어 냉장고에 보관된 식품이 변질된 경우 등이 이에 해당됩니다. 이러한 간접손해는 별도의 약정, 즉 특별약관을 가입하면 보상을 받을 수 있습니다. 물론 이에 대한 비용으로 보험료를 일정금액 추가 납입하여야 합니다. 추가로 보상되는 위험에 대한 값(보험료)을 지불할 경우 간접손해도 보상 받을 수 있습니다.

직접손해 이외에 보상되는 손해는 화재를 진압하기 위해 필연적으로 발생하는 소방손해와 피난으로 인한 피난 손해를 보상합니다. 소방손해로는 불을 끄기 위해 사용한 물로 인한 침수손해 즉 전자제품, 책, 이불 등 가재도구 등이 물에 젖거나 침수되어 못쓰는 손해, 불이 확산되는 것을 막기 위해 일부 파괴한 건물 손해 등이 있다. 피난을 위해 비품을 꺼내다 잘못 떨어뜨려 파괴되거나 피난 도중에 파손, 손상된 손해 등이 피난손해이다.

보험 목적물을 다른 곳으로 옮긴 경우에는 보험회사에 그 사실을 고지할 의무가 있습니다. 그런데 화재로 인하여 긴급히 옮긴 경우 이는 임기응변에 따른 조치가 되므로 그 사실을 통지할 시간적 여유가 없습니다. 그런데 피난한 후 이 곳에서 또 화재가 날 경우 보상을 어떻게 할 것이냐는 문제가 발생합니다. 그래서 이러한 경우에는 예외적으로 고지를 하지 않았더라도 피난한 곳에서 최초로 옮긴 날로부터 통산 5일 동안에 발생한 직접손해와 소방손해, 피난손해도 보상하도록 약관에서 규정하고 있습니다. 5일이라는 보상기간은 보험기간 이내로서 보험이 유효한 상태이여야 합니다. 5일 이내이더라도 그 사이에 보험기간이 끝난 다음 화재가 날 경우에는 보상이 되지 않습니다. 그리고 보험회사에 주소 변경 사항을 고지할 수 있는 시간으로 5일이면 충분하다고 본 것입니다. 그러므로 피난지로 옮긴 뒤 5일 이내에 보험회사에 보험 목적물의 소재지 변경사항을 고지하여야 합니다.

　화재가 났을 때 도난 또는 분실로 생긴 손해는 보상하지 않습니다. 그 이유는 도난이나 분실은 화재로 인한 직접손해가 아니며, 이를 보상할 경우 도덕적 위험이나 보험사기의 우려가 있기 때문입니다. 또한 실무상 진짜 도난 되었는지 여부, 피난 도중에 도난 되었는지, 다른 때에 도난 되었는지에 대한 분쟁이 생길 뿐만 아니라 손해액을 사정(查定)하기 어렵기 때문에 보상하지 않습니다.

RH: 화재보험에서 보상하는 손해는 화재(벼락)에 따른 직접손해, 소방손해, 피난손해, 그리고 잔존물 제거비용을 보상해준다는 말씀이지요. 그리고 주택은 폭발, 파열에 따른 손해도 보상해주는 데 공장이나 일반물건은 이를 보상해주는 특별약관을 추가로 가입해야 보상된다고 알고 있으면 되겠네요. 그리고 도난, 태풍, 홍수, 소요 등의 위험을 보상받으려면 별도의 특별약관을 가입해야 보상이 되구요.

RM: 예, 잘 이해하고 계시군요. 그렇지만 그게 전부가 아닙니다. 화재로 인하여 보상하는 손해는 크게 화재손해, 소방손해, 피난손해로 분류되는 재산손해와 잔존물 제거비용 등 여러 가지 비용손해로 나눌 수 있습니다. 잔존물 제거비용은 앞에서 설명하였지만 비용손해에 포함시켜 설명하면 다음과 같습니다.

비용손해

- 잔존물 제거비용: 사고현장에서 잔존물의 해체비용, 청소비용, 차에 싣는 상차(上車)비용을 말하며 청소비용에는 거대위험인 오염물질 제거비용은 보상하지 않는다. 약관에서 보상하지 않는 위험으로부터 생긴 보험 목적물의 잔존물 제거비용은 보상되지 않습니다. 예컨데 태풍, 홍수 등 풍수재 위험을 추가로 보상하는 특별약관을 가입하지 않았을 경우 태풍을 인하여 건물이 파손된 경우 그 잔존물 제거비용은 보상되지 않는다.
- 손해방지비용: 손해의 방지 또는 경감을 위한 일체의 방법을 강구하기 위하여 지출한 필요비용 또는 유익한 비용, 예컨대 불 끄기 위해 사용한 소화약제를 새로 사는 비용, 불 끄는 데 사용하는 바람에 손상된 물건 값, 불 끄기 위해 동원된 사람의 인건비 또는 장비 사용 비용 등을 말한다.
- 대위권 보전비용: 보험사고의 원인이 제3자에게 있는 경우 보험사가 보험금을 계약자(또는 피보험자)에게 지급하면 계약자가 제3자에 대하여 가지는 손해배상청구권을 보험사가 대신 취득한다.

    따라서 보험계약자는 나중에 보험사가 그 손해배상청구권을 대신 행사할 수 있도록 그 권리를 보전하고 행사할 수 있도록 필요한 조치를 하여야 하는 데, 이에 소요된 비용이 있는 경우가 있다. 이 비용을 대위권 보전비용이라 하며 보험회사가 부담한다.
- 잔존물 보전비용: 잔존물을 보전하기 위하여 지출한 필요비용 또는 유익한 비용으로 보험회사가 잔존물을 취득하는 경우에만 보상합니다. 잔존물의 보전 가치가 높은 경우에 발생한다.
- 기타 협력비용: 보험사의 화재사고 관련 요구가 있는 경우 이에 따르기 위해 지

출한 필요 또는 유익한 비용을 말한다.

RH: 이제 화재보험에서 보상하는 손해에 대하여서는 모두 이해가 됩니다. 보상하는 손해가 났을 경우 보험금은 어떻게 계산하여 지급하는지를 알고 싶습니다.

RC: 화재보험사고로 인한 손해액은 손해가 발생한 때와 장소에서의 보험 목적물의 값, 즉 보험가액을 기준으로 계산합니다. 보험가액은 정확하게 객관적으로 평가하기 어렵기 때문에 20%의 오차를 인정하여 주고 있습니다.

보험가입금액이 보험가액과 같아야 100% 보상을 해주는 것이 원칙입니다. 그런데 이러한 평가의 어려움 때문에 'coinsurance' (부보비율 조건부 실손보상)라는 제도를 도입하여 이를 보완하고 있습니다. 즉 보험가입금액이 보험 가액에 미달하더라도 보험가액의 80%이상인 경우 보험가액 전부를 가입한 전부보험으로 간주하여 손해액 전부를 보상해주는 제도입니다. 단, 보험가입금액을 한도로 손해액 전부를 보상해줍니다. 보험가액의 80% 를 가입한 사람과 90 ~ 100% 가입한 사람에게 똑 같이 손해액 전부를 보상해 줄 경우 전자는 보험료를 적게 부담하고 후자와 똑같은 보험금을 타는 불합리한 경우가 발생하기 때문입니다.

'coinsurance' 는 모든 보험 목적물에 적용하는 것이 아니라 공장물건과 재고자산에는 적용하지 않습니다.

계산 과정을 설명하면 다음과 같습니다.

재산 손해

주택 및 일반물건

- 보험가입금액이 보험가액의 80% 이상인 경우

지급보험금 = 손해액 (단, 보험가입금액을 한도로 지급)

> 예) 가정: 보험가액 1억, 보험가입금액 8,000만, 손해액 9,000만 원
>
> 지급보험금 = 9,000만 원×8,000만 원/(1억×80%) = 9,000만 원
>
> ▶손해액은 9,000만 원이나 보험가입금액이 8,000만 원이므로 8,000만 원을 지급한다.

- 보험가입금액이 보험가액의 80% 미만인 경우

  지급보험금 = 손해액×가입금액/(보험가액×80%)

  (단, 보험가입금액을 한도로 지급)

  > 예) 가정: 보험가액 1억 원, 보험가입금액 6,000만 원, 손해액 9,000만 원
  >
  > 지급보험금 = 9,000만 원×6,000만 원/(1억×80%) = 6,750만 원
  >
  > ▶손해액은 9,000만 원이나 보험가입금액이 6,000만 원이므로 6,000만 원을 지급한다.

공장물건 및 재고자산(동산)

- 초과보험의 경우(보험가입금액 〉 보험가액)

  보험가액을 한도로 손해액 전액 지급

  > 예) 가정: 보험가입금액 1억 2,000만 원, 보험가액 1억, 손해액 1억 원
  >
  > 지급보험금 = 손해액 (단, 보험가액을 한도로 지급)
  >
  > ▶ 지급보험금이 보험가액 이내이므로 손해액 1억 원 전액 지급

- 전부보험인 경우 (보험가입금액 = 보험가액)

  지급보험금 = 손해액(단, 보험가입금액을 한도로 지급)

  > 예) 가정: 보험가입금액 1억 원, 보험가액 1억 원, 손해액 8천만 원
  >
  > 지급보험금 = 8,000만 원 x 1억 원 / 1억 원 = 8,000만 원
  >
  > ▶ 지급보험금이 보험가입금액 이내이므로 손해액 8,000만 원 전액 지급

- 일부보험인 경우(보험가입금액 < 보험가액) (비례보상)

  지급보험금 = 손해액 × 보험가입금액 / 보험가액

  > 예) 가정: 보험가입금액 8,000만 원, 보험가액 1억 원, 손해액 8,000만 원
  >
  > 지급보험금 = 8,000만 원 × 8,000만 원 / 1억 원 = 6,400만 원
  >
  > ▶ 손해액이 8,000만 원이나 보험가액보다 작게 가입하였으므로 6,400만 원을 지급

비용손해

- 잔존물 제거비용: 재산손해에 대한 보험금 계산방법에 따라 지급하되 재산손해액의 10%를 초과할 수 없다.

  단, 재산손해와 잔존물 제거비용을 합한 금액이 보험가입금액을 초과할 수 없다.

- 손해방지비용, 대위권 보전비용, 잔존물 보전비용: 재산손해에 대한 보험금 계산방법에 따라 지급하되 재산 손해와 합한 금액이 보험가입금액을 초과하더라도 지급한다.

- 기타 협력비용: 전액 실비로 지급하며 재산손해와 합한 금액이 보험가입금액을 초과하더라도 전액 지급한다.

예] 보험가입금액 4,000만 원, 보험가액 1억 원, 손해액 7,500만 원

잔존물 제거비용 800만 원, 대위권 보전비용 300만 원, 보험사 협력비용 200만 원인 경우

· 재산손해에 대한 지급보험금

7,500만 원 × 4,000만 원 / (1억 원 × 80%) = 3,750만 원

· 잔존물 제거비용에 대한 지급보험금

800만 원 × 4,000만 원 / (1억 원 × 80%) = 400만 원

▶ 손해액 7,500만 원의 10%인 750만 원 이내이므로 400만 원이 지급되나 잔존물 제거비용과 재산손해액을 합한 금액(4,150만 원)이 보험가입금액을 초과하므로 4,000만 원만 지급되므로 실제 잔존물 제거비용은 250만 원(400만 - 150만) 지급

· 대위권 보전비용에 대한 지급보험금

300만 원 × 4,000만 원 / (1억 원 × 80%) = 150만 원

보험가입금액에 관계없이 150만 원 전액 지급

보험사 협력비용 200만 원 전액 실비 지급

▶ 총지급 보험금 = 3,750만 원 + 250만 원 + 150만원 + 200만 원 = 4,350만 원

보험의 목적

RH: 굉장히 복잡하네요. 이제 화재보험에 대해서 조금 알게 되었습니다. 구체적인 질문을 하나 하겠습니다. 주택을 화재보험에 가입하고자 할 때 건축물관리대장에 표시가 되어 있지 않은 물건들은 보상이 됩니까? 대문이나 보일러, 위성 안테나, 가스설비 등은 별도로 가입하여야 보상되는지 아니면 건물 가입시 자동으로 보상되는지 궁금합니다. 그리고 가재도구도 보상된다고 하셨는데 금고에 보관하고 있는 보석이나 주식, 채권 등 유가증권 실물, 벽에 걸려 있는 그림, 제가 쓰고 있는 소설원고 등도 가재도구에 포함되어 보상됩니까?

RC: 앞에서 화재보험은 주택화재보험 약관과 (일반)화재보험 약관으로 구분된다고 했습니다. 각 약관은 보험 목적물의 보상범위나 보상방법 등 일반적이고 보편적인 정형화된 내용이 기재된 보통약관과 이 보통약관의 내용을 변경하거나 보상되는 위험을 추가 또는 제외하는 내용을 규정한 특별약관으로 되어 있습니다.

주택화재보험 보통약관에서 보험의 목적은 주택으로만 쓰이는 건물(단독주택, 연립주택, 다세대주택, 다가구주택, 아파트) 및 그 수용가재를 말하며 일반화재보험 보통약관에서 보험의 목적은 주택화재보험에서 보상하는 보험의 목적 이

외의 물건, 예컨데 일반 사무실 빌딩, 상가, 창고, 공장물건 등을 말합니다. 아래 층은 상가이고 나머지 층은 아파트로 구성되어 있는 주상복합아파트인 경우 상가 부분은 일반화재보험 보통약관의 적용을 받는 일반 물건으로 분류되고 아파트는 주택화재보험 보통약관의 적용을 받는 주택물건으로 분류됩니다. 같은 건물이라도 용도에 따라 적용 받는 약관이 달라집니다.

화재보험에서 보험의 목적 중 건물을 제외한 물건은 보험증권에 명기(明記)하여야 담보가 되는 명기물건과 명기하지 않더라도 자동적으로 보험의 목적에 포함되는 당연(當然)물건으로 나누어 집니다. 당연물건은 반드시 건물 소유자인 피보험자가 시설한 것만 자동 포함되며 임차인 등 제3자가 설치한 것은 임차인을 피보험자로 하여 보험을 별도로 가입하여야 보상이 됩니다. 명기물건과 당연물건은 다음과 같습니다.

명기(明記)물건

- 통화, 유가증권(주식, 채권 등), 인지, 우표 및 이와 유사한 것
- 귀금속, 귀중품(무게나 부피가 휴대할 수 있으며 점당 100만 원 이상), 보옥, 보석, 글, 그림, 골동품, 조각물 및 와 비슷한 것
- 원고, 설계서, 도안, 물건의 원본(原本), 모형, 증서, 장부, 목형, 소프트웨어 및 이와 유사한 것
- 야적(野積: 옥외에 쌓여 있는)의 동산

당연물건(자동가입물건)

건물의 경우

- 건물의 부속물: 피보험자 소유인 간막이, 대문, 담, 곳간 및 이와 비슷한 것
- 건물의 부착물: 피보험자 소유의 간판, 네온싸인, 안테나, 선전탑 및 이와 비슷한 것

- 건물의 부속설비: 피보험자 소유의 전기, 가스, 난방, 냉방설비 및 이와 비슷한 것

동산의 경우

피보험자와 같은 세대에 속하는 사람의 소유물

RC: 보험의 목적물은 건물, 기계, 시설, 집기비품, 가재도구, 재고자산, 공기구 등으로 나누어 가입해야 합니다.

위에서 설명한 당연물건 즉 건물의 부속물, 부착물, 부속설비는 건물에 포함되므로 별도로 구분하여 가입하지 않습니다. 시설은 부속설비와 혼동하기 쉬운데 전기설비, 가스설비 등은 부속설비로 건물에 포함되므로 시설로 혼동하지 않도록 주의하여야 합니다. 시설은 그 건물의 용도 및 각종 영업행위(즉 식당, 노래방, 서점 등)를 할 수 있도록 벽이나 천정, 바닥에 설치하는 실내외 장식, 조명시설 및 부대시설을 말합니다. 이 시설은 건물 구조에 영향을 미치지 않고 원상 복귀나 재설치가 가능해야 합니다.

집기비품은 작업상 필요하여 사용하는 사무실, 점포, 작업장에서 책상, PC, 프린트, 회의탁자, 복사기, 캐비넷 등을 말하며 가재도구는 일상 가정생활용구로서 가구, 의류, 장신구, 침구류, 연료, 쌀 등을 말합니다. 재고자산은 원부재료, 재공품, 반제품, 제품, 부산물, 상품, 저장품 등을 말합니다. 기계는 속도, 힘, 전류 등 물리량을 전달하는 연소장치, 냉동장치 등을 말합니다.

주택화재인 경우 주요 보험 목적은 건물과 가재로, 일반화재에서 일반물건은 건물, 시설, 집기비품, 재고자산 등으로, 공장물건은 건물, 시설, 기계, 집기비품, 재고자산 등으로 나누어 가입되어야 합니다.

만일 레스토랑을 운영하는 사람이 건물만 가입하고 화재가 발생하면 그 안에 있는 집기비품은 보상되지 않습니다. 또한 보험 목적별로 누구를 피보험자로 하여야 할 것인지를 확실히 하여야 합니다. 건물을 임차하여 레스토랑을 운영하는 경우 화재보험을 가입 하려면 건물은 건물 소유자를 피보험자로 해야 합

니다. 즉 시설은 본인을 피보험자로 해야하고, 임대의 경우 건물은 임대인을, 시설은 임차인을 피보험자로 해야 합니다.

손해보험은 피보험이익이 없는 경우 보상되지 않으므로 건물이 손괴된 경우 손해를 입는 사람은 임차인이 아니라 건물주이기 때문에 피보험자는 건물주로 하는 것입니다. 레스토랑 영업을 위해 설치한 실내장식품이나 각종 시설이 손괴되는 경우 손해를 입는 사람은 임차인이므로 시설 담보는 임차인을 피보험자로 합니다. 피보험이익에 대하여 설명하면 다음과 같습니다.

피보험이익

보험사고의 발생에 의하여 손해를 입을 우려가 있는 이익으로 보험계약의 목적이라고도 한다. 손해보험 계약은 손해의 전보(塡補)를 목적으로 하기 때문에 그 전제로 피보험이익의 존재가 당연히 필요하다. 피보험이익이 없으면 손해보험은 있을 수 없다. 다만, 금전으로 환가할 수 없는 정신적 손해등은 피보험이익에 해당되지 않으며 피보험이익을 금전으로 평가한 가액을 보험가액이라 한다. 생명보험은 사람의 생사를 담보하는 보험이므로 피보험 이익이라는 개념이 없다.

보상하지 아니하는 손해(주요 면책손해)

RH: 보험은 사고가 나도 보상이 되지 않는 경우가 많아서 약관을 잘 보고 가입하여야 한다는 이야기를 많이 들었습니다. 고객입장에서 알아 두어야 할 '보상하지 않는 손해'를 설명해 주십시오.

RC: 보험을 가입한 물건에 화재가 발생한 경우 그 화재사고가 보상이 되려면 먼저 화재보험에서 말하는 화재에 해당되어야 하고 보험약관에서 열거하는 손해(화재에 따른 직접손해, 소방손해, 피난손해 등 재산손해와 비용손해)에 해당되어야 합니다. 다시 말하면 화재보험에서 정의하는 화재에 해당하고 약관상 보상하는 손해에 해당해야 보험금이 지급됩니다.

화재보험은 화새라는 보험사고를 보상하는 보험이므로 화재의 정의를 살펴보고 보상하는 손해는 앞에서 살펴 보았으므로 약관상 보상하지 않는 손해를 설명하면 다음과 같습니다.

화재의 개념

화재보험에서 화재란 보통의 용법에 의하지 않고 장소나 시간적으로 우연하게, 독립성을 가진 불(연소작용)로 발생한 재해를 말한다. 즉 불자리가 아닌 곳에서 스스로 번질 수 있는 불로 인하여 발생한 재해를 화재라 한다. 예컨대 난로에 있는 불은 화재가 아니다. 난로는 불자리이기 때문이다. 여름에 보관 중인 난로에서 불이 난 경우에는 화재이다. 난로는 불자리이나 시간적으로 우연성을 가진 경우에 해당되기 때문이다. 다리미에 의하여 불이 누렇게 눌은 것은 화재가 아니다. 다리미는 스스로 확대될 수 있는 불이 아니기 때문이다.

화재의 개념을 다음 4가지 요소로 나누어 생각할 수 있다.

- 장소적 우연성: 난로, 가스렌지, 아궁이 등 불자리(화상 火床)가 아니거나 벗어난 곳에서 발생할 것
- 시간적 우연성: 시기적으로 불이 날 시간이 아닌 때 우발적으로 발생할 것(장소적 우연성과 시간적 우연성은 적어도 하나만 충족하여도 됨)
- 독립적 우연성: 자력으로 확대될 수 있는(스스로 연소될 수 있는) 불일 것
- 경제적 손해 발생(재해): 사람에게 경제적으로 손해를 발생시키는 해로운 불인 hostile fire 일 것(이익이 되는 불인 friendly fire 가 아닐 것)

열거책임주의 방식(named perils policy)와 전위험담보 방식(all risks policy)
- 열거책임주의 방식: 약관에 보상하는 손해(위험)을 일일이 열거하는 방식의 보험

예) 화재보험: 화재, 낙뢰로 인한 직접손해, 소방손해, 비용손해
- 전위험담보 방식: 약관상 명기한 면책위험을 제외하고는 모든 위험을 보상하는 보험
  예) 동산종합보험, 패키지보험: 약관상 면책조항에 해당되지 않는 한 모든 우연한 사고로 인한 손해 보상

화재개념에 관련된 판례
- 설탕공장에서 종업원이 온도조절장치를 잘못 조작하여 과열되어 설탕제품에 하자가 발생한 경우
  ☞ 열에 의하여 발생한 손실은 화재가 아니다. 따라서 보험회사는 보상할 필요가 없다.
- 도난을 우려하여 현금을 난로 속에 보관하였다가 그 사실을 잊어버리고 난로에 불을 붙임으로 발생한 손해
  ☞ 고의성이 없다는 점, 현금이 난로 속의 연료와 달리 본래의 용도를 벗어 난 점이 인정되어 손해를 보상하지만 현금은 명기물건이므로 보험가입증권에 기재되어야만 보상이 된다.

보상하지 아니하는 손해(주요 면책손해)
- 계약자, 피보험자(법인인 경우 그 이사 또는 법인 업무를 집행하는 그 밖의 기관) 또는 이들의 법정 대리인의 고의 또는 중대한 과실로 생긴 손해
  ☞ 화재를 낸 사람이 보험계약관련 직접 이해당사자이면서 동시에 고의로 낸 경우 보상하지 않는 것은 당연하다고 할 것이다. 법률의 규정에 의하여 대리권이 인정되는 법정대리인이 아닌 위임에 의하여 대리권이 부여되는 임의대리인이 고의, 중과실로 생긴 손해는 보상을 한다. 법정대리인으로는 미성년자의 친권자, 후견인, 재산관리인 등이 있다. 법인의 업무를 집행하는

그 밖의 기관이란 총재, 주교, 주지 등 고유의 명칭을 부여하고 있는 기관을 의미한다.

☞ 고의에 의한 손해는 공서양속(公序良俗)상 용납할 수 없으므로 보상이 이루어 질 수 없다. 과실은 중과실과 경과실로 나누어 중과실에 의한 손해는 보상을 하지 않으나 경과실은 보상을 한다. 실무상 중과실과 경과실을 구분하기 어려워 재판까지 가는 경우가 종종 있다. 중과실은 고의가 개재된 준고의라고도 하며 일반적으로 선량한 관리자로서의 주의를 현저하게 결여(缺如)된 경우로 주의의무 위반 정도가 일반인의 상식으로는 이해할 수 없을 정도로 큰 경우를 말한다. 여기서 주의는 그와 같은 업무와 직무에 종사하는 사람으로서는 그러한 일을 하지 않으리라고 생각되는 상식 밖의 행동을 말한다.

예를 들면 인화성이 높은 화학제품을 만드는 공장의 종업원이 그 제품이 쌓여 있는 야적장에서 담배를 피우다가 불이 난 경우는 중과실에 해당이 되어 보험회사가 보상할 책임이 없으나 그 공장에 근무하는 친척을 만나러 온 농사를 짓는 사람이 기다리는 동안 습관적으로 그 야적장 앞에서 담배를 피우다가 불이 난 경우는 경과실이 되어 보상이 된다. 야적장에 쌓여 있는 제품이 인화성이 높아서 조그만 불똥만 튀어도 불이 난다는 사실을 모르는 일반인과 그 사실을 아는 종업원과는 주의의무가 다르기 때문이다.

· 피보험자에게 보험금을 받도록 하기 위해 피보험자와 세대를 같이 하는 친족 및 고용인이 고의로 일으킨 손해

☞ 친족 및 고용인은 보험계약의 직접 이해당사자(보험계약자, 피보험자, 이들의 법정대리인)에 해당되는 신분이 아니므로 이들의 고의에 의한 보험사고에 따른 손해는 보상이 된다. 그러나 피보험자와 이해관계자인 친족, 고용인이 피보험자의 이익(보험금)을 위하여 고의로 보험사고를 일으킨 경우에는 보상되지 않는다.

☞ 고의로 불을 내는 것은 방화로서 보험금을 받기 위하여 자기를 위하여 하는 자방화(自放火)와 원한이나 범죄상 증거인멸을 위하여 또는 방화광 및 불장난에 의한 타방화(他放火)가 있는 데 자방화는 보상이 되지 않으나 타방화는 보상이 된다. 피보험자 자신은 물론 피보험자의 사주나 공모에 의하여 가족이나 고용인이 행한 방화도 자방화로 보상이 되지 않는다. 그러나 피보험자의 사주나 공모 없이 친족이나 고용인이 행한 방화는 보상이 된다.

피보험자와 세대를 같이하는 가족의 가정불화나 정신이상으로 인한 방화는 보험금을 받고자 하는 자방화가 아니므로 보상이 된다.

☞ 친족: 배우자, 8촌 이내 혈족(혈연관계가 있는 친족), 4촌 이내 인척(혼인, 양자관계에 의한 친족), 세대를 같이하는 숙식을 같이하거나 주민등록등본상 동일세대에 등재된 자(일시적 가출, 여행자 포함)

· 화재가 났을 때 도난 또는 분실로 생긴 손해

☞ 도난, 분실의 원인이 화재로 볼 수 있으나 약관에서 면책으로 한다. 왜냐하면 화재로 인한 피난 도중에 도난 되었는지 화재 전후에 도난 되었는지 입증이 어렵다. 따라서 도덕적 위험이나 보험사기의 우려가 있고 도난, 분실은 화재로 인한 직접손해도 아니기 때문이다. 화재보험 가입할 때 도난특별약관을 가입한 경우에도 일반 도난은 보상이 되나 화재, 피난 도중에 생긴 도난은 보상되지 않는다

· 보험의 목적의 발효(醱酵), 자연발열 또는 자연발화로 생긴 손해.

☞ 상법 조항: 상법 제678조(보험자의 면책사유) 보험의 목적의 성질, 하자 또는 자연소모로 인한 손해는 보험자가 이를 보상할 책임이 없다.

☞ 석탄은 일정한 습기와 열이 합하여 스스로 발열하는데 그 결과에 의한 품질저하 사고는 면책이 되나 그 발열로 인하여 화재로 연결되어 화재손실을 입은 경우에는 보상이 된다. 설탕공장의 온도조절장치의 과열에 의한 설탕 손해는 면책이 되나 과열로 인하여 화재가 발생한 경우, 그 화재손실은 보상이 된다.

- 화재로 생긴 것이든 아니든 파열 또는 폭발로 생긴 손해
  - ☞폭발, 파열이 화재와 인과관계가 있더라도 보상하지 않는다. 그러나 주택화재보험은 폭발, 파열에 의한 손해는 보상하시만 화재, 폭발, 파열로 기인하시 않는 수도관, 수관(水管), 수압기 등의 파열로 생긴 손해는 보상되지 않는다.
  - ☞폭발은 단순폭발, 단순폭발로 인한 화재손해, 화재로 인한 폭발손해로 구분할 수 있다. 단순폭발은 독립적 손해이므로 보상되지 않는다. 폭발성 물질이 폭발로 끝나고 폭발 과정에서 생긴 폭풍으로 건물, 시설, 동산이 파괴되고 인근 건물까지 파괴된 경우에는 보상되지 않는다. 단순폭발로 인한 화재손해(먼저 폭발이 발생하여 건물을 파괴하고 동시에 폭발성 물질 자체가 연소하면서 화재를 일으킨 경우)와 화재로 인한 폭발손해(먼저 화재가 발생 하고 동시에 또는 상당시간 후에 폭발이 있었는 경우)는 폭발손해 부분은 보상되지 않으나 화재손해 부분은 보상이 된다.

  영문약관(F.O.C(F) 약관)에 의하여 보험을 가입한 경우에는 폭발에 기인하거나 그 결과로서 생긴 손해는 보상되지 않는다.
- 전기기기(장치)의 전기적 사고로 생긴 손해
  - ☞전기기기란 발전기, 여과기, 변류기, 변압기, 전압조정기, 축전기, 개폐기, 차단기, 피뢰기, 배전반 등을 말하며 전기적 사고는 전기기기에 스파크(과열 또는 아크방전)가 발생하여 전기기기가 파손된 경우로 화재사고가 아니므로 보상되지 않으나 전기위험담보 특별약관을 추가로 가입함으로써 보상 받을 수 있다.
- 원인의 직접 간접을 묻지 아니하고 지진, 분화 또는 전쟁, 혁명, 내란, 사변, 폭동, 소요 기타 이들과 유사한 사태로 생긴 화재 및 연소 또는 그 밖의 손해
  - ☞지진, 전쟁 등은 그 발생 빈도, 손해 정도를 통계적으로 예측하는 것이 거의 불가능하여 타당한 보험료 산정이 어렵고 사고가 한 번 나면 대형이며 손해가 누적적으로 발생하는 거대위험이므로 보상을 하지 않는다. 그러나 본래

보험제도 자체가 예측이 어려운 장래의 우연한 돌발적 사고로 인한 손해를 담보하기 위한 것이므로 위와 같은 사고를 이유로 한 면책사유의 요건은 법원에서 엄격하게 해석하여 적용하고 있다.

대학생이 단순히 범민족대회의 참가를 봉쇄하려는 경찰 저지선을 뚫기 위해 던진 화염병에 의한 대학교 건물이 파손되는 손해가 발생한 사건에서 보험사에게 보상책임이 있다고 한 판결이 있다. 대학생의 폭력 수준이 경찰에 대해서만 화염병 투척을 하였을 뿐이고 시위장소도 지하철역에서 대학교 정문에 이르는 도로에 한정되는 등 그 폭력행사가 한 지방의 평화 내지 평온을 해할 정도의 사태가 아니라는 이유이다.

RH: 불만 나면 다 보상되는 줄 알았는데 굉장히 복잡하네요. 특이한 것은 계약자 또는 피보험자로서 내가 불을 냈을 때 보상되는 경우는 가벼운 과실 즉 경과실로 화재를 내었을 경우에만 화재보험으로 보상된다는 것이고 내 자식이나 처가 불을 내었을 때 보상되는 경우는 나에게 보험금을 수령하게 할 의사가 없는 한 고의로 또는 중과실로 불을 내도 보상이 된다는 것입니다.

마음에 드는 물건도 값이 맞아야 사듯이 화재보험도 값이 적정해야 가입할 생각이 나겠지요. 주택이나 상가빌딩, 공장 등 물건별로 값을 어떻게 매기는지 궁금합니다. 제가 가입한 자동차보험처럼 사고가 별로 없으면 값을 깎아주는지도 궁금합니다. 화재보험을 싸게 사는 방법이 있으면 같이 설명바랍니다.

보험료 및 보험요율 계산

RC: 화재보험의 값인 보험료는 자동차보험처럼 여러 가지 할인요소를 감안하여 산출됩니다. 보험료를 절감하려면 보험료를 결정하는 변수인 기본요율이 어떻게 결정되고 각종 할인, 할증요소가 어떤 것이 있는지를 파악하여 가능한 보험료를 싸게 하는 쪽으로 적용하도록 하는 것이 그 답이 되겠지요. 지금부터 상세히 설명해 드리겠습니다.

보험료란 보험사가 보험의 목적에 발생한 화재손해를 보상할 책임을 지는 대가로 보험계약자 또는 피보험자가 지급하는 돈으로 보험상품의 가격이 됩니다. 보험료는 가입하고자 하는 보험가입금액에 '보험요율'을 곱하여 구합니다. 보험료가 보험상품의 가격이라면 보험요율은 단가에 해당합니다. 보험요율은 보험가입금액에 대하여 보험 계약자가 부담하는 1년간의 보험료 비율을 백분율(%)로 표시한 것입니다. 예를 들면 보험가입금액이 1억 원이고 보험요율이 0.1%이라면 1억 원에 0.1%를 곱하여 구한 값 10만 원이 보험료가 됩니다.

보험요율은 순보험요율과 부가보험요율로 구성됩니다. 순보험요율은 보험금 지급에 충당하는 부분으로 보험원가에 해당되며 부가보험요율은 보험회사의 제경비와 이윤에 해당하는 부분입니다.

보험료는 보험사가 보험감독원에 신고한 후 사용하는 '보험요율서'에 의하여 계산합니다. 화재보험 요율은 물건 종류에 따라 3가지 종류로 구분됩니다. 주택물건에 적용하는 주택화재보험요율과 일반물건에 적용하는 일반물건요율 그리고 공장물건에 적용하는 공장물건요율로 구분됩니다.

화재보험적용요율은 요율서에 정한 순서에 따라 구합니다. 그 순서를 설명하면 다음과 같습니다.

첫째, 요율서에 따라 하나의 건물단위로 기본요율을 구합니다.

주택물건은 건물구조와 주거형태(단독주택, 아파트 등)를 일반물건은 건물구조와 직업종별(음식점, 세탁소, 의료시설 등)을 공장물건은 건물구조와 공장종별(전기전자, 조선, 자동차수리 등)을 기준으로 기본요율을 구합니다. 건물구조는 불에 견디는 정도에 따라 화재위험도가 다르므로 구조급수별로 요율이 서로 다릅니다.

건물구조는 지붕, 외벽, 기둥, 보, 바닥 등 5가지 주요구조 중 가장 열등한 재료를 기준으로 건물급수를 정합니다.

외벽, 기둥, 보, 바닥은 내화구조로 지었지만 지붕은 내화구조보다 열등한 불연재료 또는 목재로 지은 경우 건물급수는 2급 또는 4급으로 떨어집니다. 상가건물인 경우 입주한 상가 중 화재발생위험이 가장 높은 업종을 기준으로 그 건물 전체의 위험도를 평가합니다.

따라서 보험료를 절감하려면 가능한 건물구조 급수를 1급을 받도록 건축하여야 하며 상가빌딩도 가능하면 화재위험이 낮은 업종위주로 입주시키는 전략이 필요하다.

둘째, 보험의 목적의 위험도에 따라 보험료를 할인 또는 할증합니다.

셋째, 화재위험 이외에 추가로 보상받고자 하는 위험 (도난, 전기, 태풍, 홍수 등)이 있거나 보통약관의 담보조건을 변경하는 경우 소정의 특약요율을 부가합니다.

마지막으로 기본요율에 할증요율, 할인요율, 특약요율을 반영하여 최종 보험요율을 산출합니다.

이 최종 적용요율을 보험가입금액에 곱하여 보험료를 산출합니다. 최종 적용요율은 백분율 단위로 소수점이하 다섯째 자리에서 반올림하여 넷째 자리까지 표시합니다. 확정보험료는 10원 단위로 절사하여 100원 단위로 표시합니다. 즉 0.12345은 0.1235로 12,456원은 12,400으로 표시합니다.

요율 및 조건 또는 규정이 제정, 변경 또는 폐지된 경우에는 그 시행일 이후에 책임개시가 되는 보험계약에 이를 적용하고 현재 보험기간이 남아 있는 보험계약에 대하여는 보험료를 추징 또는 환급하지 않습니다. 이상의 설명을 식으로 나타내면 다음과 같습니다.

· 보험료 산출공식

보험료(원) = 보험가입금액(원) × 최종 보험요율(%)

· 최종 보험요율 공식

최종 보험요율 = 기본요율 × 할증요율 × 할인요율 × 특별요율 × 기타요율

보험료는 각종 요율에 따라 결정되므로 보험료를 절감하려면 해당 요율이 무엇을 의미하는지 정확히 이해하고 가능한 할인을 받을 수 있도록 하고 할증요율 대상이 되는 경우 최소한의 요율을 받도록 하거나 할증요인을 제거하도록 하여야 할 것입니다. 각각의 요율을 설명하면 다음과 같습니다.

기본요율

보험료 산정의 기본이 되는 요율로 건물의 구조급수별 및 직업종별에 따라 다르며 주택화재의 경우에는 건물구조급수 및 구조형태에 따라 적용한다. 건물구조급수가 1급에서 4급으로 내려 갈수록 불에 대한 내구성이 낮으므로 기본요율이 높아진다. 예를 들면 철근콘크리트 슬라브즙(1급)이 철근콘크리트판넬즙(2급)보다 보험료가 싸다.

그리고 목재소, 화학공장 등 휘발성이 높은 물질이 많은 업종이 기계업종보다 화재위험이 높으므로 기본요율이 높아지며 따라서 보험료도 높다.

할증요율

고층건물할증

고층 건물일수록 화재위험이 높다. 고층 건물은 저층 건물보다 유동인구가 많고 불자리(화상)이 많기 때문이다.

고층 건물의 기준은 11층 이상 또는 35m 초과하는 경우를 말하여 층수에 따라 할증율을 달리하고 있다.

재고자산할증

재고자산은 수량의 변동이 많고 이동도 빈번하여 일반물건보다 안전한 관리가 어려워 화재에 노출되는 위험이 상대적으로 높으므로 보험료를 할증을 한다. 원재료, 부재료, 재공품, 제품 등 재고자산은 일반 건물 및 공장에 수용되므로 이들 물건에 한하여 적용한다. 그리고 일반물건과 공장물건은 화재위험 노출 정도가 다르므로 적용요율도 서로 다르다. 주택에 수용되어 있는 재고자산은 주택물건 기본요율에 재고자산 할증을 부가한 요율을 적용한다.

할인요율

공지(空地)할인

보험 목적인 건물을 둘러싸고 있는 빈 땅(공지)과 인접한 건물의 구조급수에 따라 기본요율을 할인하는 제도이다. 인접 건물이 화재가 날 가능성이 높은 건물이냐 아니면 낮은 건물이냐, 그리고 그 건물이 보험에 가입하고자하는 건물과 얼마나 떨어져 있느냐에 따라 보험 목적물이 주위 건물로 인한 화재위험 정도가 달라지기 때문이다.

보험 목적물 자체에서 화재가 발생할 수도 있지만 인접 건물에서 발생한 화재가 바람이나 연소물질을 따라 옮겨붙을 위험이 있기 때문이다. 이러한 까닭으로 보험 목적물의 주위 환경의 위험도를 측정하여 이를 보험료에 반영하는 공지할인제도가 도입되었다.

보험 목적물에서 가장 가까운 건물(대면 건물이라 한다)의 직선 거리(공지거리라 칭한다)와 그 건물의 구조급수에 따라 할인율을 차등하여 적용한다.

예를 들면 대면건물의 구조가 1,2급이고 공지거리가 5~7m인 경우 10% 할인하고 7m 이상인 경우 10%이상을 할인해주는 경우이다. 이 때 10%가 공지할인율이다.

건물을 지을 땅을 구입할 때 주위의 건물 구조급수나 건물간의 도로 넓이 등을 고려 하는 것도 내가 지을 건축물의 화재위험을 축소하는 하나의 방법이며 동시에 화재보험료를 절약하는 요인이 된다.

소화설비할인

소화설비규정에 따라 한국화재보험협회의 검사에 합격한 소화설비가 있는 물건은 특별히 할인해주는 제도이다.

까다로운 규정을 준수한 소화설비가 상대적으로 화재위험 노출 정도가 낮기 때문이다. 옥외 소화전, 스프링쿨러, 자동화재경보, 소방자동차 등의 시설이 소화설비규정에 적합한 경우 각각 일정 비율을 할인해 주고 있다.

소화설비규정에서 정하는 해당 소화설비의 주요 구성품은 방재시험연구소(FILK)의 인증품이어야 한다. 소화 설비할인율은 다음 회계연도 4월1일부터 1년 이내 책임개시 되는 계약에 대하여 적용된다. 단, 신규로 소화설비 할인을 적용 받는 계약은 검사일 익일부터 다음 회계연도 4월 1일까지 사이에 책임개시 되는 계약을 포함한다.

2005년 2월 4일에 검사 받은 경우 2005년 4월 1일 이후 책임개시 되는 계약에 적용되나 신규인 경우는 2005년 2월 5일부터 책임개시 되는 계약에도 적용된다. 이 검사의 효력은 1년간이므로 매년 검사를 받아야 하는 번거로움이 있다. 검사비용과 보험료 할인액을 비교하여 검사할 것인지 판단하여야 한다. 보험료 할인액보다 검사료가 더 많은 경우 소화설비할인 혜택을 받지 않는 것이 경제적일 것이다.

고액보험계약할인

한 보험증권당 보험가입금액이 20억 원, 50억 원 이상 등 일정 금액 이상인 고액일 경우 규모의 경제를 감안하여 최종 보험료에 대하여 일정 비율을 할인해 주는 제도이다. 보험가입 물건이 전국 여러 곳에 산재해 있는 경우 주소지별로 화재보험을 가입하는 것보다 한꺼번에 모아서 하나의 증권으로 가입하는 것이 유리하다. 물론 그 합한 금액이 고액보험계약할인을 해주는 일정 금액에 해당하는 경우라야 한다.

불연내장재할인

일반물건(주택물건, 공장물건 제외)중 건물구조급수가 1급 또는 2급인 건물로서 반자(천정)을 설치하지 않은 경우 또는 반자에 사용한 내장재가 FILK인정품인 불연재료인 경우 기본요율의 일정비율을 할인해주는 제도이다.

방화구획할인

층간, 층 내에 건축법 규정에 적합한 방화구획을 하여 한국화재보험협회의 소정의 기준에 의한 검사에 합격한 경우에 기본요율의 일정비율을 할인해주는 제도이다.

- 방화구획 : 큰 건축물에서 화재가 발생하였을 경우 화재가 전체로 번지지 않도록 내화구조의 바닥, 벽, 방화문 또는 방화셔터 등으로 만들어지는 구획

우량물건할인

한국화재보험협회의 우량할인대상 리스트에 해당하는 공장물건(주택물건, 일반물건은 제외)으로서 보험가입 금액이 일정규모 이상이고 기타 조건에 부합하는 경우에 기본요율에 일정비율을 할인하여 주는 제도로 유효기간은 1년이다. 우량물건대상의 선정은 매년 한국화재보험협회에서 당해 공장을 직접 방문하여 점검을 하며 그 결과를 매년 4월 1일 이전까지 우량할인 적용대상여부의 점검을 요청한 보험회사에 통보한다.

계속계약할인(또는 갱신할인)

동일 소재지의 동일 구내 위험에 대하여 동일한 보험회사에 계속하여 보험계약을 갱신(만기후 다시 재계약을 하는 것을 말한다)을 하는 경우 해당 계약의 연요율(기본요

율이 아님)의 일정비율(보통 5%)을 할인해주는 제도이다. 당해 년도에 적용되는 요율을 일정비율 할인하는 개념이므로 무조건 전년도 보험료를 일정비율 할인하는 개념이 아니다. 공동인수계약(한 회사가 전체위험을 인수하기에는 보험금 지급액이 너무 큰 경우 보험 위험을 다른 회사와 공동으로 인수하는 것을 말한다)의 갱신시에는 이전 계약의 공동보험사이면 계속계약할인을 적용할 수 있다.

예컨대 작년에 K사와 Q사가 공동으로 보험을 인수하였던 계약이 올해 Q사가 빠지고 K사와 P사가 공동 인수하는 경우에도 K사는 갱신할인을 할 수 있고 다음 해에는 P사도 갱신할인을 할 수 있다.

보험료를 절약하려면 가능한 단골 회사를 선정하여 계속 가입하여야 한다. 만약 꼭 다른 회사에 가입하려면 현재 가입하고 있는 회사와 앞으로 가입하려고 하는 회사와 함께 공동인수계약으로 하고, 다음해에 앞으로 가입하려는 회사와 단독으로 거래를 하면 된다.

특별요율

주택물건, 일반물건, 공장물건 중 특수건물, 방위산업체 물건에 대하여 해당물건의 적용요율에 대하여 일정비율을 할인해주는 제도이다.

특수건물

'화재로 인한 재해보상과 보험가입에 관한 법률'에서 일정규모 이상의 건물에 대하여 의무적으로 보험에 가입하여야 하며 반드시 신체손해배상책임보험 가입 조건부 화재보험을 가입해야 되는 건물을 특수건물이라 한다.

이 법률의 제정 배경은 1971년 대연각 호텔 대형 화재 발생으로 많은 인명피해를 보게 됨으로써 대형화재의 예방활동을 강화하고 화재발생시 피해복구와 보상을 신속히 하기 위하여 일정규모 이상의 건물 (특수건물)에 대하여 화재보험가입을 강제하고 또한 사망시 8,000만 원, 부상시 최고 1,500만 원 한도 내에서 보상하는 신체손해 배상책임보험을 강제하게 되었다.

특수건물의 대상이 되는 업종은
- 주택물건: 아파트
- 일반물건: 국유건물, 일반건물, 학원, 학교, 병원, 관광숙박업, 숙박업, 공연장, 방송국, 영화, 텔레비전 촬영소 농수산물도매시장, 유흥 주점업
- 공장물건: 공장

등으로 각각 일정 면적 이상인 물건에 대하여 업종별 적용요율에 대하여 일정비율 할인해주는 제도이다.

안전등급별 할인율(위험도 지수)

특수건물은 업종별 해당 할인율에 한국화재보험협회에서 산출한 위험도지수에 의거 안전등급별 조정계수를 곱한 할인율을 적용한다. 단, 아파트는 위험도 지수에 따른 할인율을 적용하지 않는다. 할인율은 1등급이 가장 높고 5등급이 가장 낮다. 등급별 할인율은 다음과 같다.

1등급	2등급	3등급	4등급	5등급
1.3	1.15	1.0	0.85	0.7

예를 들면 2등급인 공장의 경우 위험도지수를 반영한 할인율은 28.75% (공장 특수건물할인율 25% × 1.15)

신체손해배상책임보험은 특수건물만 가입할 수 있다. 만약 특수건물이 아닌 건물을 화재로 인한 제3자 배상책임을 담보하기 위해 보험을 가입하고자 한다면 영업배상책임보험의 시설소유자관리자배상책임특약을 가입하여야 한다. 신체손해배상책임보험은 건물주의 과실은 물론 무과실인 경우 모두 보상이 되나 시설소유관리자배

상책임은 건물주의 과실이 있는 경우에만 보상 되며 보상도 과실비율을 따져 보상을 한다. 무과실인 경우는 당연히 보상이 되지 않는다. 화재로 제3자에게 손해가 발생한 경우 건물주에게 과실이 없고 제3자의 과실인 경우는 건물주가 배상할 책임이 없기 때문이다. 그러나 이 경우에도 신체배상책임보험을 가입한 특수건물은 보상이 된다.

특수건물할인은 건물(부대시설 포함) 및 기계에 대해서만 적용되며 집기비품, 동산은 적용되지 않는다. 특수건물은 '풍수재담보 특약' 가입시 건물 및 기계의 풍수재 위험도 보상을 한다.

개별할인할증

화재보험의 기본요율은 건물구조를 4등급으로 나누어 산출한 등급요율 체계이므로 등급체계의 한계를 극복하고 개별 물건별로 위험도를 적절히 반영하고자 도입된 제도이다. 같은 등급 내에서도 물건별로 약간의 차이가 있는 데 이를 반영하여 요율의 공평성을 기하도록 하기 위해 도입된 제도이다.

보험을 가입하고자 하는 물건에 대하여 과거 사고경험, 공공소방지원 환경, 가스폭발위험 노출 정도, 보안감시장치설치 유무, 건물관리상태 등을 항목별로 평가하여 일정한도 내에서 할인 또는 할증한다.

RC: 지금까지 보험료 계산을 하는 데 필요한 각종 할인할증요소를 살펴보았습니다. 보험료를 계산하는 과정이 매우 복잡하다는 것을 아셨을 것입니다. 낮은 보험료로 화재보험을 가입하려면 건물구조를 가능한 내화구조로 건축하고, 가능한 화재위험이 낮은 업종을 입주시켜야 합니다. 땅을 매입할 때도 인접 도로가 넓고 대면건물 구조 급수가 양호한 땅을 선정하고, 건물 설계시 가능한 화재위험을 최대한 낮출 수 있도록 해야 합니다. 예컨대, FILK 인증품 사용, 불연내장재 사용, 방화구획 설치, 소화설비규정에 적합한 소화설비 설치 등을 들 수 있습니다. 그리고 가능한 거래 보험사를 바꾸지 않도록 해야 합니다. 마지막으로 주기적으로 방재관리 상태를 검사하여 화재위험을 철저히 관리하는 것이 무엇보다 중요합니다. 특히 전선의 관리를 철저히 하여 누전위험을 최소화하여야 합니다.

RH: 잘 알겠습니다. 가입하고자 하는 보험가입금액에 여러 가지 할인할증요율을 감안하여 산출한 최종 보험요율을 곱한 값이 보험료가 되는데 일반적으로 보험가입금액은 보험 목적물의 가액으로 하지 않습니까? 화재로 손실이 났을 경우 전부 보상받기를 원하지 일부만 보상받으려는 사람은 없지 않겠습니까?

RC: 그렇습니다. 대부분 가입하고자 하는 보험 목적물의 가액을 보험가입금으로 하고 있습니다.

물론 coinsurance가 적용되는 적용되는 경우에는 보험 목적물의 80%이상만 가입하면 되겠지요.

보험 목적물 평가 방법

RH: 그렇다면 화재보험에서 보험 목적물을 정확하게 평가하는 것이 제일 중요할 것 같은데요. 앞에서 건물가액을 평가하는 방법을 설명해 주셔서 어느 정도 알겠는데 보험 목적물로 건물만 있는 것이 아니지 않습니까? 기계나 가재도구, 공기구 등 여러 가지가 있지 않겠습니까? 건물을 포함하여 여러 가지 물건을 평가하는 방법에 대하여 설명해 주시기 바랍니다.

RC: 보험 목적물의 가액을 보험용어로 보험가액이라고 합니다. 이 보험가액은 보험기간 중 화재사고가 발생하였을 경우 그 손해가 생긴 때와 곳에서의 가격으로 평가하므로 보험가액은 평가할 때 마다 달라집니다. 따라서 현재 보험을 가입할 때의 보험가액과 1년 후, 2년 후 평가할 때의 보험가액은 각각 다른 값이 나올 것입니다. 그러므로 현실적으로 정확하게 보험가액을 계산하여 보험을 가입한다는 것은 불가능에 가깝다고 할 수 있을 것입니다.

매년 만기가 될 때마다 보험가액을 새로 계산하여야 하여야 하는 데 건축원재료 가격의 변동이 없다고 가정한다면 전년도의 보험가액은 올해 보험가액보다 클 것이며 내년도 보험가액은 올해보다 작을 것이다. 따라서 화재보험의 보장기간을 장기(2년 이상)로 할 경우 년도가 지날수록 초과보험이 될 수 있습니다. 계약할 당시에 보험가액을 보험가입금액으로 한 경우 매년 보험가액의 감가공제가 되어 보험가액이 점차 감소하기 때문입니다. 특히 감가 속도가 빠른 물건에 대하여 장기로 화재보험을 가입하는 경우 1년 후 부터 경과기간에 해당하는 감가공제금액 만큼 보험료를 추가로 부담하는 결과를 가져옵니다. 부담하지 않아도 되는 보험료를 만기까지 낭비하는 결과가 됩니다. 보험가액이 큰 경우에는 상당한 금액이 될 것입니다.

물론 처음 보험 계약할 때 보험가액을 정확히 평가하여 가입하였다는 전제조건이 성립되는 경우에 국한 되겠지요. 그런데 감가공제액 만큼 건축원재료 값이 인플레이션이 되어 가격이 오른다면 매년 전부보험 상태를 유지하는 결과를 초래할 것입니다.

보험가액을 잘못 평가하여 과소평가한 경우에는 초년도에는 실제 일부보험이 되었지만 시간이 지날수록 전부 보험에 가까워지는 현상이 발생하겠지요. 반면에 처음부터 보험가액을 실제보다 과대 평가하여 보험을 가입하였다면 과대 평가한 부분 만큼 보험료 낭비를 한 결과가 됩니다.

화재보험상품을 가장 경제적으로 구입하는 방법은 보험 목적물의 가액을 가장 정확하게 평가하는 방법이 최선의 방법입니다. 초과보험이 되면 보험료를 낭비하는 것이 되고 일부보험이 되면 화재발생시 전부 보상을 받지 못하는 손실을 가져오므로 전부보험이 되도록 주의를 하여야 합니다.

대부분 보험계약자들은 보험료를 적게 내고 보상을 많이 받으려는 생각에 보험료를 적게 제시하는 보험사를 선택하는 경우를 종종 보게 됩니다. 재물보험은 보험료로 보험상품을 선택하는 것은 잘 못된 선택기준입니다. 기평가보험인 경우 즉 사고가 나면 계약 당시에 정한 보험금을 지급하는 경우에는 싼 보험료를 제시하는 상품을 선택하는 것이 유리합니다. 재물보험은 대부분 미평가보험이고 실손보상 상품입니다. 보험사고가 나야 비로소 보험 목적물의 가치를 평가하여 실제 손실부분만큼의 보험금이 지급되는 상품입니다. 따라서 화재보험과 같은 재물보험은 보험료로 상품을 선택하는 것이 아니라 보험의 목적물을 적정한 가격으로 평가하였는지를 보고 선택하여야 합니다. 건축단가를 합리적으로 결정하여 건물가액을 평가하였는지, 가재도구는 어떻게 평가하였는지, 감가상각 방법은 제대로 하였는지를 점검하여 보험상품을 선택하는 것이 중요합니다. 제대로 평가된 경우에 한하여 보험사별로 보험료를 비교하여 최종 선택을 하는 것이 가장 합리적입니다.

보험 목적별로 보험가액을 평가하는 방법을 설명하면 다음과 같습니다.

계속사용재

계속사용재란 건물, 시설, 기계, 영업용 집기비품, 가재도구 등 장기간에 걸쳐 사용하는 물건을 말한다. 동일 구조, 용도, 질, 규모, 형태, 능력을 가진 물건의 재조달가액을 산출하여 그것으로부터 사용에 따른 손모(損耗) 및 경과 년수 등에 상응하는 감가를 공제한 현재가액을 보험가액으로 한다. 재조달가액은 건물의 경우 재건축비를, 기계나 영업용 집기 등의 경우에는 구입가격을 기준으로 한다. 감가공제의 방법에는 정액법(매년 일정금액을 감가상각하는 방법)과 정율법(해마다 일정한 비율로 감가상각하는 방법)이 있으나 실무상 정액법을 사용하고 있다.

교환재

반제품, 제공품, 상품 등 상거래를 위하여 보유하고 있는 교환재는 덤핑물건, 사장품(死藏品)을 제외하고는 구입원가 즉 재조달가액을 보험가액으로 한다. 구입상품이라면 구입가격에 운임, 제비용을 가산한 구입원가가 재조달 가격이 되며 생산공장에 있는 반제품, 재공품은 원재료가액에 가공비를 가산한 금액이 재조달가액이 된다.

건물의 평가

건물이란 토지에 정착(고정)된 공작물 중 지붕과 기둥(또는 벽)이 있는 것으로 일정 용도(주거, 저장, 집회, 오락 등)를 위해 인공적으로 축조한 건조물(주택, 공장, 창고, 점포, 공연장)을 말한다. 건물을 보험의 목적으로 하는 경우에는 '하나의 건물'(건물의 외벽, 기둥, 보, 지붕의 어느 한 부분이라도 다른 건물과 이어지지 않은 독립된 건물) 전부를 인수단위로 하며, 일부만 가입하거나 일부만 제외하여 인수할 수 없다. 불은 제외한 부분에서 발생하여 전체로 번질 위험이 있기 때문이다. 단, 지하실(반지하 제외), 기초공사, 구분소유의 전유부분 또는 공용부분(예컨대 1동의 아파트, 연립의 각 호수), 완전한 방화벽에 의하여 구획된 부분, 도급업자의 인도 전 공사부분, 발주자가 인도 받은 부분은 제외할 수 있다. 해당 부분에 화재가 나더라도 전체로 번질 위험이 낮은 경우에 해당하기 때문이다.

부속건물(대문, 담 등)과 부속설비(전기, 보일러설비 등), 부착물(간판, 위성안테나 등)은 건물에 자동으로 포함 되며 보험 목적에서 제외하고자 할 경우 별도 보험증권에 표시하여야 한다.

건물을 임대하는 경우 임차인이 설치한 시설은 원칙적으로 임차인을 피보험자로 하여(화재로 인하여 손해를 보는 즉 피보험이익이 있는 사람은 임차인이므로) 가입하여야 한다. 단, 건물 본체에서 분리할 수 없어 건물의 일부가 되는 시설(창문을 내거나 벽을 고치거나 마루를 깐 경우)은 건물에 자동으로 포함되므로 임차인을 피보험자로 보험계약을 체결할 수 없다. 임차인은 보존에 필요한 필요비로서 임대기간 종료 후 그 가액의 증가가 현존하는 때에 한하여 비용상환을 청구할 수 있다.

부속시설이 건물에 포함되느냐 안되느냐 하는 것은 보험사의 보상책임의 범위와 밀접한 관계가 있으므로 중요한 문제이다. 손해보험은 보험의 목적에 피보험이익이 있는 사람에게만 보상이 되므로 보험의 목적이 누구의 소유이냐에 따라 피보험자를 결정하여야 보험사고시 보상에 대한 다툼이 없게 된다. 그러므로 건물에 자동적으로 포함되지 않는 경우 별도로 추가가입여부를 결정하여 하며 건물주의 소유가 아닌 경우 진정한 소유자를 피보험자로 하는 계약을 체결하여야 한다.

평가대상 건물과 동일한 구조, 용도, 질, 규모의 건물을 재건축하는 데 필요한 재조달가액(신축가액)을 구하여 사용에 따른 손모 및 사용연수에 대응한 감가공제를 함으로써 현재가액을 산출한다. 산출공식은 다음과 같다.

> 현재가액 = 신축가액(재조달가액) - 감가공제액 (신축가액 × 총감가율)
> 총감가율 = 경과년수(경년)감가율 × 경과년수 (경과월수 /12)
> 경년감가율(1년) = (신축가액 - 최종 잔존가액) / 추정내용연수
> (최종 잔존가액 = 재조달가액 × 20%)

'하나의 건물' 이지만 구조, 건축시기, 용도가 다른 복합구조물인 경우 내용연수와 감가율은 건물 연면적에 대하여 합산한 다음 평균한 감가율을 산출하여 적용한다. 단, 복합 부분이 전체건물의 20% 이하인 경우 무시한다.

건물의 일부 손해시 발생하는 수리비에도 감가상각을 적용하되 그 수리비가 보험가액의 20% 미만으로서 수리를 하여도 목적물의 경제적 가치가 증가하지 않을 경우 감가를 적용하지 않을 수 있다.

구축물의 평가

구축물이란 건축법상 건축물 외의 제반 건조물로 철도, 댐, 발전소, 경기장, 유원지, 포장도로 등을 말한다.

구축물의 평가는 건물의 평가방법과 동일하다.

시설의 평가

시설이란 건물의 주 사용 용도 및 각종 영업행위에 적합하도록 건물 골조의 벽, 천정, 바닥 등에 치장 설치하는 내외부 마감재나 조명시설 및 부대시설로서 건물의 구조체에 영향을 미치지 않고 재설치가 가능한 고착된 것을 말한다.

시설은 건물주가 시공하면 건물에 포함되고 임차인이 시공하면 시설로 평가됨을 주의하여야 한다. 건물의 종물(주물인 건물의 일상적인 용도에 도움을 주는 부속물)이나 부속설비로서 임차인이 설치한 것은 특별한 약정이 없는 한 건물주를 피보험자로 하는 보험계약에서는 보험의 목적에 포함되지 않으므로 임차인을 피보험자로 하고 시설을 보험 목적으로 하는 보험계약을 체결해야 한다. 이 때 보험의 목적물을 시설이라 한다. 시설의 평가는 건물의 평가방법과 동일하다.

기계장치의 평가

기계란 미싱, 보일러, 발전기, 인쇄기, 선반 등 물리량을 변형하거나 전달하는 인간에게 유용한 장치를 말하며 장치란 연소장치(연료를 연소하는 장치), 냉동장치, 전해장치(전기분해 장치), 석유정제장치, 약품제조장치 등 기계의 효용을 이용하여 물리적 또는 화학적 효과를 발생시키는 구조물을 뜻한다.

기계장치의 화재위험은 그 수용장소에 따라 달라지므로 보험을 가입할 때 그 수용장소를 명시하여야 한다. 건물 내에 있는 경우에는 수용건물을 명시하고 옥외에 있는 경우에는 옥외 설비장치로서 부보(附保: 보험을 가입)한다. 2동 이상 건물에 걸쳐 있거나 옥외에 나와 있는 경우 보험증권에 명기하지 않았을 때 건물로부터 최초의 접속부분까지 부보한 것으로 해석한다. 단, 소각로의 굴뚝, 냉각기의 응축장치와 같이 기계 특성상 건물로부터 걸쳐 설치하는 것이 필수적인 기계는 예외로 한다. 그러므로 기계장치에 대한 수용장소가 어떻게 기재되어 있는가를 조사하여 부보대상에서 누락되지 않도록 하여야 한다.

보험가액은 재조달가액에서 감가상각을 하여 산출하되 재조달가액은 설치 현장까지의 운임, 설치비용, 시운 전비, 기계 본체 이외의 각종 부속품, 예비품의 가격이 포함된다. 연료, 잉크, 기계유 등 소모품은 포함되지 않는다.

감가공제를 할 때 과학 발달로 고성능, 고정밀 기계 출현으로 인한 경제적 진부화에 의한 감가는 제외된다.

영업용 집기비품 및 가재도구의 평가

일반적으로 직업상의 필요에서 사용되어 소진되는 것으로 점포, 사무실, 작업장에서 사용되는 물건이다. 가재도구는 일반적으로 개인의 일상의 가정생활용구로서 소유하고 있는 가구, 집기, 의류, 장신구, 침구류, 식량, 연료 등 가정생활에 필요한 일체의 물품을 말한다.

의료용 기계, 세탁소의 프레스 기계 등은 기계로 호칭이 되어도 공장이나 작업장에서 가동, 사용하는 것이 아니고 판매 또는 서비스 업무용으로 사용되는 기계는 집기비품으로 분류된다. 침대가 가정에서 사용되는 경우 가재 도구이나 여관이나 호텔에서 사용되는 경우에는 집기비품이다. 공장 내 사무실 물건은 집기비품으로 분류하지만 공장 기숙사내 직원 물건은 가재도구로 분류한다.

일반적으로 보험의 목적은 피보험자 소유인 것에 한하여 보상이 되나 가재도구인 경우 피보험자가 가구주인 때에는 같은 가구에 속하는 친족 또는 사용인의 소유물은 보험의 목적에 포함되어 보상이 된다. 가재도구는 수용 장소가 건물 내에 한한다. 다만 공동주택인 경우 전용부분의 베란다.처마끝, 단독주택의 옥상 및 담장 내 가재도구는 포함된다고 해석한다.

학자의 서적, 음악가의 악기, 의류 등은 영업용 집기비품으로서 색채가 강하나 통상 가재라고 생각하는 것이 일반적이므로 가재로 처리된다. 그러나 농가의 경운기, 어망 등은 고가이므로 증권에 명기하여 분쟁의 소지를 제거할 필요가 있다.

가내공업으로 프레스와 미싱을 몇 대 설치하고 있는 경우 가재로 보기 어려우므로 기계, 도구로 부보하는 것이 좋으며 동식물은 가재의 개념과 상이하고 평가하기도 어려우므로 원칙적으로 가재로 보지 않는다.

안경, 틀니, 콘택트렌즈, 의수족 등은 신체의 일부이나 분리상태에서 손해발생시에는 가재도구로 평가한다. 은수저의 경우 사용시에는 가재에 해당하나 사용하지 않고 보관시에는 귀금속으로 증권상 명기대상 물품이다.

집기비품과 가재도구는 계속 사용재이므로 기계장치 평가방법과 동일하다.

일반가재와 유사한 공기구, 가재는 그 종류가 다양하고 지역별, 상점별로 가격 격차가 심하여 이를 평가하는 데는 상당한 애로가 있다. 따라서 계약자로부터 품목 및 가격 리스트를 받아 이를 토대로 시장가격을 평가한다. 그러나 품목이 다양하여 일일이 열거하기가 힘든 경우가 많으므로 흔히 고가품만 명기하여 부보하고 가재도구 일체로 일괄하여 부보하는 것이 보험업계의 관행이다.

재고자산의 평가

재고자산은 원부재료, 재공품, 반제품, 제품, 부산물, 상품, 저장품 등 회사가 정상적인 영업과정에서 판매를 목적으로 보유하거나 판매할 제품의 생산을 위하여 사용하거나 소비할 자산으로 동산의 일부이다.

재고자산은 계속 사용재와 달리 판매를 목적으로 하는 거래재이나 화재보험은 실제 손해배상원칙이 적용 되므로 실현되지 않은 비용 및 이익을 포함하는 판매가를 기준으로 평가하지 않고 매입원가를 기준으로 평가한다.

매입원가를 기준으로 평가하더라도 상품의 유통과정 단계 즉 도매상, 소매상, 특약점 등에 따라 동일 상품이라도 매입원가가 다르므로 각 단계별 매입원가를 기준으로 평가해야 한다. 재고자산은 통상 신품이고 매입원가를 비교적 정확히 계산할 수 있으므로 평가 자체는 어렵지 않다. 그러나 재고자산은 빈번한 입출고로 인한 보유 수량의 높은 변동성, 물가변동에 따른 가격변동 등으로 전체 평가액은 평가시점마다 달라진다. 따라서 보험기간 중에 예상되는 장래 가격의 변동, 수량의 변동에 대하여 보완방법을 검토해야 한다.

예컨대 평균재고량을 기준으로 평가하더라도 손해가 발생하는 시점에서 재고자산의 보험가액을 산출하였을 때 마침 재고자산을 평균재고량보다 많이 보유하고 있는 경우 일부보험이 되어 경우 비례보상이 될 수도 있다. 특히 변동이 심한 재고자산에 대하여는 항시 재고가액과 보험가액이 가급적 일치하도록 평균재고액을 기준으로 1년 계약을 체결하는 방법 외에 재고가 많은 기간에는 단기계약을 추가하는 방법도 고려해야 한다.

일반상품

보험가액은 매입가격에 운임 및 제비용을 가산한 매입원가로 평가한다. 철 지난 품목, 파지품목 등 소위 사장품(死藏品)은 본래의 거래가격에 따르지 않고 이런 종류의 물품만을 거래하는 시장의 가격으로 또는 정상품에서 대폭 할인한 가격으로 책정해야 한다.

수탁품, 예탁품

피보험자의 소유상품만 보상이 되므로 타인 소유인 수탁품, 예탁품은 보상이 되지 않는다.

창고업자 보관화물

위탁자를 피보험자로 하는 보험을 가입하되 창고업자에게 신고된 위탁가액을 보험가액으로 해야 한다. 창고업자(수탁자)가 보험료를 절감하기 위해 시가보다 낮은 가액을 위탁가액으로 할 경우 주의해야 한다. 일부보험이 될 위험이 있기 때문이다.

보석, 귀금속, 골동품, 서화

고가품이므로 피보험자로부터 신고가액을 받아 품목별로 부기하고 전문가나 전문업소의 감정을 얻은 후에 보험가액을 결정하도록 한다.

전당포 물건

전당포 물건에 대한 손해액의 한도(피보험이익)는 대부금에 그 미수이자를 가산한 채권액이 되며, 유전물(계약만료 후에도 찾아가지 않는 물건)에 대해서는 유전물 자체의 상품가치로 평가하되 중고품시장의 시장가액을 기준으로 평가한다.

제품, 반제품, 재공품, 원재료

제품은 제조원가로, 반제품 및 재공품은 원재료가액에 가공비를 가산한 금액으로, 원재료는 매입가액으로 평가한다.

위탁가공품

일반적으로 가공 완료품의 검수 또는 인도가 끝나지 않으면 가공비는 지급되지 않는 경우가 많으므로 검수 또는 인도 이전에 생긴 사고로 인한 위탁자의 손실은 원재료가격이 손해액의 한도(피보험이익)가 된다. 위탁자가 자기를 위한 보험계약을 체결하는 경우나 가공업자가 위탁자를 위한 계약을 체결하는 경우에도 같다.

RH: 보험 목적물의 가액을 평가하는 것도 매우 복잡하고 어렵네요. 보험에 가입하는 물건의 종류가 건물, 기계, 설비 등 다양하지만 보험가액을 평가하는 방법은 두가지로 요약할 수 있겠네요. 물건이 계속사용재인 경우 재조달가액에서 감가 공제하여 구하는 방법과 교환재인 경우 재조달가액 즉 매입원가를 보험가액으로 하는 방법 등 두가지로 보면 되겠지요.

RC: 예, 그렇습니다. 보험가액을 평가하는 과정은 간단한데 물건별로 재조달가액

정보를 구하는 것이 현실적으로 쉽지 않다는 데에서 보험가액 평가의 어려움이 있습니다. 그리고 물건별 감가율을 구하는 것도 마찬가지로 쉽지 않습니다. 실무적으로 대한손해보험협회에서 정한 '보험가액 및 손해액의 평가기준'을 토대로 보험가액을 산정하고 있습니다.

건물 평가시 건축단가는 한국감정원의 '건물 신축단가표'의 건물구조별 표준단가를 원용하고 있으나 건축공사비는 규모, 구조, 사용자재의 품질, 시공방법 등에 따라 다양하므로 건물 신축단가표를 참고자료로 활용 하여야 한다. 평가대상 건물과 동일하거나 유사한 건물의 최근 신축사례를 충분히 조사하여 재조달가액을 산정하여야 한다.

RH: 결국 보험계약을 체결할 때 정확한 보험가액을 계산하여 보험가입금액을 가입한다는 것은 현실적으로 불가능하다고 말할 수 있겠네요

RC: 그렇습니다. 보험사고가 발생해야 비로소 정확한 보험가액이 확정된다고 할 수 있지요. 이 때도 보험사와 피보험자간에 보험가액에 대한 합의가 되지 않아 결국 재판까지 가서 확정되는 경우도 종종 있습니다.

실무상 보수적 관점에서 보험가액을 평가하였을 때 추가로 부담하는 보험료가 미래에 보험사고가 발생하였을 때 일부보험이 됨으로써 입게 되는 손해를 고려할 때 충분히 인내할 정도라면 보험가입금액을 조금 여유있게 가입하는 것이 현명할 것입니다. 보험가액의 정확한 평가가 어렵기 때문에 보험사 인수담당자도 적절한 금액을 제시하지 않고 있습니다. 실제 보험사고가 발생하였을 때 제시한 금액에 대하여 책임을 질 수 없기 때문입니다.

RH: 잘 알겠습니다.

저의 상가빌딩을 담보하는 화재보험을 A보험사와 B보험사에 가입한 경우 보험사고가 나서 손해가 발생한 경우 보험금은 어떻게 지급합니까?

A사와 B사 모두에게 가입한 보험금을 각각 수령할 수 있는지요?

손해보험은 보험사고로 이득을 얻을 수 없으며 실제 손해액을 보상한다고 하

는 데 이러한 경우 어떻게 처리합니까?

RC: 보험계약자가 화재나 도난과 같이 동일한 보험사고에 대하여 홍길동 팀장님의 단독주택 즉 동일한 피보험이익에 대히여 2개 이상의 보험사와 보험계약을 체결한 경우가 종종 있습니다. 각 보험사의 보험가입금액의 합이 보험가액을 초과하는 경우를 중복보험이라 하여 이 경우 비례보상하고 있습니다. 홍길동 팀장님의 상가빌딩의 보험가액이 1억 8천만 원이라고 할 때 A회사에 가입한 보험가입금액이 1억 원, B회사가 1억 원일 경우 보험 가입금액이 모두 2억 원으로 보험가액 1억 8천만 원을 초과하므로 중복보험이 됩니다.

홍길동 팀장님이 A, B회사에 가입한 보험가입금액이 각각 1억 원, 5천만 원으로 모두 합한 금액이 1억 5천만 원으로 보험가액 1억 8천만 원 보다 작을 경우 이를 병존보험이라고 하는 데, 이 경우에는 각 회사에 가입한 보험금을 모두 수령하더라도 보험가액보다 적으므로 손해보험에 적용되는 이득금지의 원칙이나 실손보상의 원칙에 어긋나지 않으므로 문제가 되지 않습니다. 중복보험이 되는 경우에만 문제가 됩니다. 중복보험은 다음 2가지 경우로 나누어 계산합니다.

- 각 보험사 계약의 지급보험금의 계산 방법이 같은 경우(보험금액 안분방식)

  손해액 × A사 계약의 보험가입금액 (1억 원) / A사, B사 계약의 보험가입금액의 합계액 (2억 원)

- 각 보험사 계약의 지급보험금의 계산 방법이 다른 경우(독립책임방식: 각 사의 독립적 보험금으로 계산)

  손해액 × A사 계약에 의한 보험금 / 다른 계약이 없는 것으로 하여 각각 계산한 A사, B사 보험금의 합계액

  (다른 계약이 없는 것으로 하여) A사 보험금 (독립책임보험금)

  = 손해액 × A사 보험가입금액 / 보험가액(또는 보험가액 × 80%)

그리고 하나의 보험가입금액으로 2개 이상의 보험의 목적을 계약한 경우에는 전체 가액에 대한 각 가액의 비율로 보험가입금액을 비례배분합니다. 예컨대 재고자산의 보험가입금액이 2억 원, 보험가액이 3억 원(제품 2억 원, 반제품 1억 원)인 경우 반제품의 보험가입금액은 6,667만 원[= 2억 원 × 1억 원 / (제품 2억 원 + 반제품 1억 원)]이 됩니다. 중복보험의 경우 보험금 계산하는 방법을 예를 들어 보면 다음과 같습니다.

예) 상가빌딩의 보험가액 4억 원, 보험가입금액 A사 2억 원, B사 3억 원, 손해액 1억 원

중복보험여부 : 보험가입금액 합계 5억 원으로 보험가액 4억 원을 초과하므로 중복보험임

보험금 계산 방법이 동일한 경우

    A사 보험계약의 보험금 : 1억 원 × 2억 원 / (2억 원 + 3억 원) = 4천만 원

    B사 보험계약의 보험금 : 1억 원 × 3억 원 / (2억 원 + 3억 원) = 6천만 원

보험금 계산 방법이 다른 경우(B사 계약은 coinsurance 가 적용되나 A사 계약은 적용되지 않음)

    ① A사 보험계약의 독립책임보험금 : 1억 원 × 2억 원/4억 원 = 5,000만 원

    ② B사 보험계약의 독립책임보험금 : 1억 원 × 3억 원 /(4억 원 × 80%) = 9,375만 원

    A사 보험계약의 지급보험금 : 1억 원 × 5,000만 원/(① 5,000만 원 + ② 9,375만 원) = 34,782,609원

    B사 보험계약의 지급보험금 : 1억 원 × 9,375만 원/(① 5,000만 원 + ② 9,375만 원) = 65,217,391원

특별약관

RC: 이제 화재보험에 대한 필요한 사항은 대부분 설명하였습니다. 마지막으로 보험 목적을 화재위험으로부터 커버하는 것이 화재보험의 주된 목적이지만 보험 목적에 손해가 발생하는 경우는 화재만 있는 것이 아니라 전기위험, 태풍위험, 도난위험 등 여러 가지 위험이 있으므로 이러한 위험을 추가로 보장받으려는 건물주의 욕구를 충족시키기 위하여 여러 가지 특별약관을 두고 있습니다. 화재 및 벼락위험(주택물건은 폭발, 파열위험 포함)은 보통약관에서 보상이 되나 도난, 태풍, 홍수, 전기로부터의 위험은 이를 보상하는 별도의 특별약관을 선택하여 추가로 가입하여야 합니다. 화재보험의 특별약관 중 중요한 것을 설명하면 다음과 같습니다.

전기위험담보 특별약관

발전기, 정류기, 변류기, 변압기, 전압조정기, 축전기, 개폐기, 차단기, 피뢰기, 배전반 등 전기시설에 대하여만 적용되며 이들의 일부 또는 전부에 전기적 사고로 발생한 손해를 보상해주는 특약이다. 전기시설에 합선이나 누전, 과전압, 쇼크 등의 화재를 수반하지 않는 전기적 사고의 손해를 보상하며 자연열화(自然劣化, 올바른 방법으로 사용해도 시간적으로 그리고 물리적으로 변동하여 처음의 성능보다 떨어지는 현상)의 손해 또는 안전장치의 기능상 당연히 발생할 수 있는 손해(퓨즈가 녹아 끊어지거나 변압기 내부의 절연유가 자연적으로 발화하는 경우)는 보상하지 않는다.

전기시설의 보험가액은 전기시설의 재조달가액에서 감가를 공제한 금액이 된다. 전기시설이 전기적 사고로 파손되었는지 화재로 인한 파손인지에 대한 분쟁예방을 위하여 이 특약을 추가로 가입하는 것이 좋다. 전기적 사고는 특성상 전기장비를 주기적으로 얼마나 잘 정비하느냐에 따라 사고발생 확률이 변동될 수 있으므로 일정 금액에 대하여(통상 10만 원) 피보험자가 부담하도록 하고 있다. 사소한 손해는 피보험자로 하여금 부담하게 함으로써 적절한 리스크 관리가 이루어 지도록 유도하고 있다. 이 때 피보험자가 부담하는 일정금액을 자기부담금이라 한다.

구내폭발위험담보 특별약관

보험 목적이 있는 구내에서 생긴 폭발, 파열(가스 폭발과 같이 급격한 산화반응을 포함하는 파괴 또는 파괴현상)에 의한 보험 목적에 생긴 손해를 보상하는 특약이다. 주택물건은 별도로 가입하지 않더라도 보통약관에서 보상된다.

기관, 기기, 증기기관, 내연기관, 수도관, 수관, 유압기, 수압기 등의 물리적인 폭발, 파열이나 기계의 운동부분 또는 회전부분이 분해되어 날아 흩어지므로 인해 생긴 손해는 보상하지 않는다.

기관, 기기, 증기기관, 내연기관은 기계보험에서 보상되므로 제외시켰으며 증기기관, 내연기관은 자체 폭발에 의하여 작동하는 장치이므로 이 특약에서 보상되는 폭발과 증기기관의 자체 폭발을 구별하는 것이 어려우므로 보상하지 않고 있다. 수도관, 수관, 유압기, 수압기 등은 기능상 통상 내부압력이 가해져 있으므로 이들의 폭발은 자연열화나 내용물의 결빙 등으로 기인하는 것이기 때문에 보상하지 않는다. 기계의 운동부분 또는 회전부분이 분해되어 날아 흩어지는 경우는 여기서 말하는 폭발과 다르므로 보상하지 않는다.

풍수재(風水災)위험담보 특별약관

태풍, 회오리바람, 폭풍, 폭풍우, 해일, 범람 및 이와 비슷한 풍재(風災) 또는 수재(水災)로 보험의 목적에 생긴 손해를 보상하는 특약이다. 바람이나 물이 원인이 되는 자연현상에 의한 재난을 풍수재라고 칭하고 있다.

긴급상태에서 풍수재를 방지하거나 긴급피난에 필요한 조치로 보험의 목적에 생긴 손해는 보상이 된다. 그러나 댐(제방)의 구조상 결함, 하자, 자연열화로 무너진 경우, 추위, 서리, 얼음, 눈으로 생긴 손해 등은 바람이나 홍수 등 풍수재를 직접원인으로 하는 손해가 아니므로 보상이 되지 않는다. 풍재와 수재를 분리하여 선택적으로 보험을 가입할 수도 있다.

도난위험담보 특별약관

　화재보험 보통약관에서 보상하지 않는 도난의 손해를 담보하는 특약으로 강도, 절도로 생긴 보험 목적물의 도난, 훼손, 망가짐, 도난품 회수비용(정당하고 필요한 비용에 한함) 등을 보상한다.

　보험 목적이 건물 밖에 있는 동안에 생긴 손해와 분실 또는 망실의 손해, 건물을 72시간 연속 공실로 둔 사이에 발생한 도난 등은 보상이 되지 않는다. 도난의 성격이 아니거나 적절한 위험관리 부재로 인한 손해는 보상하지 않겠다는 뜻이다.

재조달가액담보 특별약관

　현재가액(시가)으로 보상하는 결함을 보완하기 위해 개발된 상품으로 감가상각을 하지 않는 재조달가액으로 보상하는 제도이다. 보험사고 발생시 재조달가액으로 보상하며 계속사용재인 건물, 기계, 시설, 집기비품, 가재 및 공기구에 한하여 보상하며 원료, 원부자재, 반제품, 재공품, 제품, 상품 등 교환재와 골동품, 예술품, 희귀품, 글, 그림 등 명기물건 등은 가입할 수 없다.

　보험가입금액은 보험 목적물의 재조달가액의 80% 이상이 되어야 한다. 지급보험금의 계산은 다음과 같다.

　　보험가입금액 ≥ 재조달가액의 80% 해당액 : 보험가입금액을 한도로 재조달가액을 기준으로 손해액을 지급

　　보험가입금액 < 재조달가액의 80% 해당액 : 재조달가액을 기준으로 [손해액 × 보험가입금액/재조달가액] 지급

보상책임의 한도는 다음 3가지 항목 중 최저액을 초과할 수 없다.
- 피해재산에 대한 보험가입금액
- 피해재산과 용도 및 성능과 동일한 재산의 전부 또는 일부의 재조달가액
- 피해재산의 수리 또는 복구에 실제로 소요된 금액

보험의 목적이 손해를 입은 장소에서 실제로 수리 또는 복구되지 아니한 때에는 시가(재조달가액에서 감가공제한)만을 보상한다. 계약자 또는 피보험자는 손해발생 후 늦어도 180일 이내에 수리 또는 복구의사를 보험회사에 통지하여야 한다. 이 기간이 지나면 피보험자는 재조달가액에 의한 추가 보험금청구권을 상실한다.

직접 또는 간접을 불문하고 건물(구조물)의 건축, 수리, 철거 등 관계법령의 집행으로 발생한 손해는 보상되지 않으며 또한 피보험자가 파손된 보험 목적의 수리 또는 복구를 지연함으로써 가중된 손해도 보상되지 않는다.

실무상 이 특약은 보험사 내부적으로 보험가입 조건을 까다롭게 하여 운용하고 있다. 신축건물이나 공장 내 신품기계에 한하여 제한적으로 인수하거나 경과연수가 오래된 건물은 평가상의 어려움, 도덕적 위험 때문에 인수를 억제하는 등 가입 조건이 까다롭다. 이 상품이 널리 판매되려면 보험 목적물의 평가방법의 개선, 이 보험으로 이익을 보려는 악의적 이용의 위험 즉 도덕적 위험을 제거할 수 있는 제도적 장치를 마련되어야 할 것이다.

재고가액통지 특별약관

이 특약은 재고수량 또는 가격의 변동이 심한 상품, 재공품 등 재고자산에 대하여 보험료의 낭비를 피하면서 보험사고 발생시에는 실손보상이 이루어 지도록 구성한 화재보험계약의 일종이다. 원래 실손보상을 받으려면 언제나 보험가입금액과 보험가액이 일치하든가 초과보험의 상태가 되어 있어야 한다. 변동이 심한 재고자산의 경우 이와 같은 상태를 유지하기 위해서는 보통의 화재보험상품으로 계약하면 보다

많은 보험료를 부담하여야 한다.

　이와 같은 현실을 반영하여 전부보험 또는 초과보험 상태를 유지시키고 보험료의 합리적 지출과 실손보상이 이루어 지도록 만든 것이 재고가액통지 특약이다.

　재고가액통지 특별약관은 화재사고가 났을 때 1사고당 보험의 목적별로 증권상 기재된 보상한도액까지 보상하는 특약이다. 보상한도액은 보험기간 중 예상되는 최고의 재고가액으로 정하여야 한다. 그리고 보험료는 최고 재고가액에 해당하는 보험료를 납입하고 만기시에 정산하는 방식으로 운영되는 상품이다. 그렇지만 예측이 어긋나서 공교롭게도 사고발생시점에 보유하고 있던 실제 재고가액이 보상한도액을 초과하는 경우가 있을 수 있다. 이 경우에는 사고 발생시점 이후의 남아있는 잔여보험기간에 대하여 사고발생시점의 실제 재고가액으로 보상한도액을 증액하여야 한다. 물론 증액부분에 대하여 추가 예치보험료를 납입하여야 한다. 예치보험료는 보상한도액의 100% 해당액에 미리 정해진 보험요율을 곱하여 계산한다.

예) 보상한도액 3천만 원, 보험책임개시일 2005년 9월 1일, 보험기간 1년, 보험료 30만 원인 보험을 가입한 경우 2006년 2월 1일에 화재보험사고로 4천만 원의 손해가 발생한 경우
　　▶ 2006년 2월 1일부터 보상한도액 4천만 원으로 증액하고 추가보험료 10만 원을 납입하여야 한다.

　피보험자는 매월 정해진 날짜에 현재의 재고자산가액을 통지하여야 한다. 통지를 하지 않는 경우 보상한도액과 최종통지 재고가액 중 높은 쪽을 재고가액으로 본다.

　보험기간이 종료된 후 매월 통지된 재고가액의 월평균금액을 기준으로 확정보험료를 계산한다. 월평균 재고가액이 보상한도액을 초과하는 경우 보상한도액은 월평균재고가액으로 한다. 그리고 이 확정보험료는 예치보험료의 50% 해당액 이상이 되어야 한다. 확정보험료가 이미 낸 예치보험료보다 적은 경우 그 차액을 돌려 준다.

예) 2005년 9월부터 2006년 8월까지 통지된 매월 재고가액의 평균값이 4,000만 원
- ▶ 월평균재고가액 4,000만 원(해당 보험료 40만 원), 확정보험료 40만 원

예) 2005년 9월부터 2006년 8월까지 통지된 매월 재고가액의 평균값이 2,900만 원
- ▶ 월평균재고가액 2,900만 원(해당 보험료 29만 원), 확정보험료 29만 원, 환급보험료 : 11만 원

예) 2005년 9월부터 2006년 8월까지 통지된 매월 재고가액의 평균값이 1,500만 원
- ▶ 월평균재고가액 1,500만 원(해당 보험료 15만 원), 확정보험료 20만 원(예치보험료 40만 원의 50%)

정상적으로 통지된 계약의 경우에는 보상한도액을 한도로 손해액 전액을 지급한다. 그러나 최종 통지된 재고가액이 작성 당시의 실제 재고가액보다 적게 통지된 경우에는 실제 재고가액에 대한 최종 통지 재고가액의 비율로 보상한다. 계산식은 다음과 같다.

손해액 또는 보상한도액 중 적은 금액 × (최종 통지 재고가액 / 최종 통지 재고가액 작성 당시의 실제 재고가액)

예) 보상한도액 3천만 원, 손해액 800만 원, 최종 통지 재고가액 1천 2백 만 원, 작성 당시의 실제 재고가액 1천 6백만 원(최종 통지 재고가액이 실제보다 적게 통지)
- ▶ 지급보험금 = 800만 원 × (1,200만 원 / 1,600만 원) = 600만 원

그리고 정한 기일 내에 통지를 하지 않은 경우 아래의 방법으로 계산하여 보상한다.

손해액 또는 보상한도액 중 적은 금액 × [보상한도액 또는 최종 통지 재고가액 중 높은 금액 / 사고발생 시점의 실제 재고가액]

초회 통지기일 이전에 사고가 발생한 경우에는 보상한도액을 한도로 손해액 전액을 지급한다.

재고가액통지 특별약관은 매월 통지를 하는 등 관리의 번거로움, 보험료 부담을 줄이기 위한 재고자산의 과소 통지, 보험만기시 정산으로 인한 보험료 부족분의 추징의 어려움 등으로 실제 판매가 거의 이루어 지지 않고 있다.

RH: 화재보험상품이 이렇게 어려운 상품인 줄 몰랐습니다. 화재가 나면 그 손해를 보상해주는 상품이 화재보험이라고 생각하였는데 그 이면에 이렇게 복잡하고 다양한 내용으로 구성되어 있는 있는 상품이라는 것을 이제 알게 되었습니다.

그런데 제가 근무하는 회사의 공장을 화재보험에 가입하려고 했는데 인수(가입)가 어렵다면서 보험사에서 난색을 표하여 우여 곡절 끝에 겨우 가입하였는데 화재보험약관에는 거절하는 이유가 명시되어 있지 않아서 보험회사 직원과 여러 번 말 다툼을 하였습니다. 보험인수기준에 대하여 설명해주시기 바랍니다.

RC: 생명보험을 가입하려고 할 때 가입하려는 피보험자의 건강상태나 과거 병력을 조사하여 가입을 거절하는 경우가 있듯이 화재보험도 보험의 목적을 심사하여 이 목적물을 인수시켰을 때 화재가 날 개연성이 높은 물건은 인수를 거절하고 있습니다.

화재보험을 포함한 모든 보험은 피보험자의 리스크를 평가하여 인수여부를 결정합니다. 보험 목적의 위험도를 파악하여 그 위험의 규모가 크거나 발생확률이 높은 경우에는 별도의 조건을 붙여서 위험 발생 확률을 낮추거나 제거한 후에 인수합니다. 물론 위험이 매우 큰 경우에는 아예 인수를 거절합니다. 이러한 보험심사를 언더라이팅(underwriting)이라고 하는 데 이 심사기준은 보험회사마다 조금씩 다릅니다.

보험회사에서는 보험의 목적을 심사하는 인수기준이라는 내부규정을 정하고 이 기준에 따라 인수제한물건과 인수금지물건에 해당하는 경우에는 인수를 거절하거나 까다로운 조건을 붙여 인수하고 있습니다. 인수금지물건은 관련 법률이나 규정, 보험상품 인가시 제출한 사업방법서 및 약관상 결코 인수할 수 없는 물건을 말하며, 인수제한 물건은 과거 사고빈도와 보험사고금액 및 위험도 등을 통계화하였을 때 경험상 위험이 높다고 판단되어 보험회사의 손해율(보험금지급금액/수입보험료) 정책상 인수를 제한하는 물건을 말합니다. 수입보험료 대비 보험금지급이 큰 경우 보험을 가입하려는 물건의 인수를 까다롭게 합니다. 즉 손해율을 1 이하로 낮추어 적정한 이윤을 확보할 수 있는 가이드라인을 정하여 그 안에 들어가는 물건을 가능한 인수하려고 합니다. 손해율이 양호한 경우에는 인수조건을 완화함으로써 최대한 수입보험료를 높이려는 정책을 도입하게 됩니다. 따라서 전보다 완화된 인수기준으로 보험 목적물을 인수하게 됩니다. 과거에는 인수하지 않았던 물건도 이제는 인수하게 되는 경우가 발생하게 되는 것입니다.

업종별, 물건별, 지역별 손해율은 보험회사마다 약간씩 다르므로 A회사에서는 인수되지 않는 물건이 B회사에서는 인수되는 경우가 자주 발생합니다. 따라서 위험물건으로 분류되어 보험가입이 거절되는 경우 보험가입을 포기할 것이 아니라 다른 보험회사에 인수여부를 타진해 보아야 합니다. 그리고 같은 회사에서도 올해는 인수가 되지 않던 것이 내년에는 인수가 될 수 있으므로 꼭 그 회사에 가입하고 싶으면 다음 해에 그 회사의 인수정책을 알아 보는 노력이 필요합니다. 손해율은 경제 환경이나 제도적, 법률적, 사회적 요인에 따라 수시로 변동하므로 시간을 기다릴 줄 아는 지혜도 필요합니다.

RH: 상가빌딩을 전부 임대해 주고 있는데 임차인이 자기의 과실로 화재가 날 경우 그 손해를 배상해야 하는 위험을 커버하기 위해 자기를 피보험자로 하여 화재보험을 가입하였다고 하는 말을 들었는데 이를 어떻게 해야 합니까?

RC: 임차인은 차용물 즉 임차한 상가에 대하여 소유에 대한 이익은 없고 사용·수익할 이익만 있으므로 소유권을 보험계약의 목적으로 할 수 없습니다. 즉 소유권에 대한 피보험이익이 없으므로 임차인 본인을 피보험자로 하는 화재보험을 가입할 수 없습니다.

임차인이 보험을 가입할 수 있는 방법은 첫째, 소유자인 임대인을 피보험자로 하는 타인을 위한 보험을 가입하는 방법입니다. 계약자는 임차인 본인으로 하고 소유자를 피보험자로 하여 보험사고 발생시 보험금은 소유자가 수령하도록 하는 계약을 체결하는 것입니다.

둘째, 임차인 본인을 피보험자로 하는 임차자 배상책임보험을 가입하는 방법이 있습니다.

첫 번째 방법의 경우 만일 보험계약자인 임차인의 고의나 중과실로 불이 나면 화재보험 약관상 보상을 받지 못합니다. 경과실로 인한 화재 발생시에만 보험회사는 임대인에게 보상하고 화재를 야기시킨 배상의무자인 임차인에 대해서는 대위권을 포기합니다. 물론 건물 주인인 임대인이 경과실로 화재를 야기하여도 보험회사는 보상을 합니다.

두 번째 방법에 있어 임차자 배상책임보험에서는 화재나 폭발은 물론 기타 우연한 사고로 임차인이 임차물에 입힌 법률상 배상하여야 할 모든 손해를 보상하는 상품입니다.

그러나 임차인의 고의나 중과실로 인한 배상책임은 보험으로 보상하지 않습니다. 임차인의 경과실 즉 우연한 사고로 인한 배상책임을 보상합니다.

임대인의 과실로 인한 화재 손해는 건물주 본인의 손해이므로 타인의 손해를 보상하는 배상책임보험인 이 보험으로는 당연히 보상되지 않습니다.

그런데 민법은 고의나 과실로 타인에게 손해를 입힌 자는 그 손해를 보상하도록 하고 있습니다. 그러나 실화책임은 실화자에게 고의나 중대한 과실이 있을 경우에만 그 손해배상책임을 지도록 '실화책임에 관한 법률'에서 규정하고 있습니다.

따라서 민법의 특별법인 '실화책임에 관한 법률' 에 의하여 실화자는 모든 과실에 대하여 책임을 지는 것이 아니라 경과실인 경우에는 책임을 지지 않습니다. 임차인이 경과실로 임차물에 입힌 화재사고에 대한 불법행위로 인한 배상책임을 지지 않으나 임대인과의 임대차계약에 의하여 임차물의 원상회복의무가 있기 때문에 채무불이행으로 인한 배상책임은 여전히 존재합니다. 다시 말하면 경과실로 화재를 낸 경우에는 배상책임이 없으나 임대인에게는 배상책임을 집니다. 따라서 이 채무불이행으로 인한 배상책임을 보험으로 커버하기 위하여 임차자 배상책임보험을 가입하는 것입니다.

첫 번째 방법에서 보험회사가 화재를 야기한 임차인에 대한 구상권을 포기한 이유는 타인을 위한 보험계약이기 때문입니다. 타인을 위한 보험계약을 체결하는 이유는 사고로 피보험자에게 발생한 손해에 대해 보험계약자에게 손해배상책임이 있는 경우 이를 보험으로 전가하기 위한 경우이므로 보험료를 납부한 보험계약자에게 구상권을 행사한다면 보험계약자가 타인을 위한 보험을 가입할 이유가 없기 때문입니다. 그래서 약관에서도 대위권을 포기한다고 규정하고 있습니다.

RH: 임차인이 화재보험을 가입하는 방법은 건물주를 피보험자로 하는 타인을 위한 보험을 가입하는 방법이네요. 그리고 저희 집에서 화재가 발생하여 옆집까지 불이 번져서 화재손해를 입히게 한 경우 제가 손해를 배상해 줄 필요가 없겠네요. 꺼꾸로 옆집에서 화재가 나서 저희 집으로 옮겨 진 경우에도 옆집 주인에게 손해배상청구를 못하겠네요?

RC: 그렇습니다. 실화책임에 관한 법률에 의거 고의나 중과실로 화재를 일으키지 않았다면 법률상으로는 책임을 질 필요가 없습니다. 그러나 도의적 책임은 있겠지요. 화재원인이 중과실이냐 아니냐는 중요한 쟁점사항이므로 법에 관한 전문지식이 풍부한 변호사 등의 자문을 받아 처리하는 것이 통상적이며 법원의 판결에 따르는 것이 일반적입니다. 그러므로 화재가 발생하였을 경우 사고 원인 및 주변환경에 관련된 자료를 구체적으로 수집하여 두어야 나중에 분쟁의 소재를 축소하는데 도움이 됩니다.

RH: 화재보험을 가입한 제 주택을 A에게 매도하고 등기이전을 마친 경우 기 가입한 보험은 계속 유효합니까? 그리고 보험을 해지하려면 어떻게 됩니까?

RC: 원칙은 약관상 보험계약자의 통지의무에 따라 보험을 가입한 물건이 양도된 경우 보험회사에 통보하여 배서를 해야 합니다. 그렇지 못한 경우 위험의 현저한 증가가 없고, 매매계약에 있어서 계약당사자간에 보험계약의 양도에 관한 의사표시가 없으면 '피보험자가 보험의 목적을 양도한 때에는 보험계약으로 인하여 생긴 권리를 동시에 양도한 것으로 추정한다'는 보험계약법에 의하여 보험계약도 함께 양도된 것으로 추정합니다.

따라서 보험목적물의 현저한 위험의 증가가 없는 상태에서 매매계약이 체결되어 등기이전이 된 경우 피보험이익을 가지는 매수인에게 보험금을 지급합니다.

만일 보험계약자가 기존의 보험을 해약하고자 한다면 해약의 기준시점은 청구시점이 됩니다. 예컨대 매매계약이 완료되어 상당기간이 지난 뒤에 보험회사에 보험해약을 청구하면 양도기준일 아닌 청구시점이 됩니다. 보험 목적물이 양도되어도 계약이 소멸되는 것이 아니고 피보험이익을 가지는 매수인에게 이전되어 보험사고 발생시 보험금이 매수인에게 지급되기 때문입니다.

기업휴지보험(기업휴지 손해담보 특별약관)

기업휴지보험은 화재, 폭발 등 담보(보상)하는 위험이 발생하여 보험 목적에 손해가 발생한 결과, 그 물적 손해가 직접적인 원인이 되어 기업의 영업(생산)이 전부 또는 일부 중단되어 입게 되는 이익 감소 및 비용 손실을 보상하는 보험이다. 예를 들면 화재로 기계 10대중 2대가 불에 타서 8대만 가동이 되어 생산이 감소하여 매출이 20% 감소함으로써 이익이 감소하고 인건비, 임대료 등 비용손실이 발생하였을 때 이를 보상하는 보험이다.

기업휴지란 보험에서 담보하는 위험의 발생으로 보험 목적에 물적 손해가 발생하고 그 손해에 직접 기인하여 발생한 기업의 가동 중지를 말한다. 따라서 불경기나 원재료 품귀현상으로 인한 가동 중지는 여기서 말하는 기업휴지에 해당하지 않는다.

기업휴지보험의 보상 대상이 되기 위한 조건
① 보험증권에서 보상하는 위험이 발생하여 보험 목적에 손해를 입힐 것
② 그 물적 손해를 직접 원인으로 한 생산활동 또는 판매활동 등 영업(생산)이 일부 또는 전부 중단될 것
③ 영업이 일부 또는 중단된 결과 매출액이 감소할 것
④ 매출액 감소 때문에 보험에 가입된 이익 또는 비용에 손실이 발생할 것

기업휴지보험의 종류
① 피보험자의 재산손해에 따른 직접적인 기업휴지
　　직접적인 재산손해를 입고 그에 따라 발생하는 직접적인 기업휴지 손해를 담보하는 보험으로 대부분 재물보험의 특약이나 보통약관의 담보위험 중 일부로 운영되며 별도로 독립된 상품으로 판매되지 않는다. 예컨대 화재보험의 기업휴지 손해담보 특별약관, 기계보험의 기업휴지 손해담보, 건설공사보험 또는 조립보험의 기업휴지 보험 담보, 패키지(재산종합)보험의 기업휴지 손해담보 등이 있다.
② 공급업체나 수요업체의 재산손해에 따른 피보험자의 간접적인 기업휴지

피보험자에게 자재나 부품을 공급하는 공급업체나 피보험자의 제품을 공급받는 수요업체(고객)의 공장 또는 사무실에 화재, 폭발 등의 사고로 공급업체나 수요업체의 조업이나 영업이 일부 또는 전부 중단될 경우 피보험자는 간접적으로 기업휴지를 해야 하는 결과가 초래됨으로써 입게 되는 이익 또는 비용의 손실을 보상하는 보험이다.

예컨대 피보험자인 자동차업체가 타이어 제조공장 화재로 타이어 생산이 중단되어 타이어를 장착하지 못하여 자동차 생산라인이 정지되는 경우 또는 자동차 유통회사의 물류창고 화재로 자동차 판매에 차질을 빚어 재고과잉으로 자동차 생산이 일시 중지되는 경우 등으로 인하여 자동차회사가 입은 손해를 보상한다.

손익계산서와 제조원가명세서

기업휴지보험에서 중요한 것은 기업의 일정기간의 손익상황을 알 수 있는 손익계산서와 그 일부분을 이루는 제조원가명세서이다. 판매한 제품의 재료비, 노무비, 경비 등 항목별 제조원가를 알려면 제조원가명세서를 통하여 파악할 수 있으며 손익계산서에서는 판매에 지출된 비용항목과 순이익에 관한 정보를 알 수 있다.

영업경비란 손익계산서의 판매비 및 일반관리비를 말하며 영업비용은 제조원가와 영업경비를 총칭하는 말이다.

영업비용은 다시 매출액에 비례하여 발생하는 변동비와 매출액 변동과 관계없이 일정하게 지출이 되는 고정비로 나눌 수 있다. 재료비, 외주가공비 등은 변동비이며 감가상각비, 지급임차료, 직원급여, 보험료 등은 고정비가 된다.

생산이나 판매가 줄었다고 하여 건물주에게 임차료를 적게 주거나 지불하지 않을 수 없다. 직원급여나 공장화재보험료 등도 마찬가지다. 변동비는 매출이 감소하면 같은 비율로 지출이 감소되나 고정비는 매출에 관계없이 지출되어야 하는 비용이다.

제조원가명세서와 손익계산서의 주요항목을 살펴보면 다음과 같다.

제조원가 명세서
재료비
노무비: (생산관련 종업원)기본급, 제수당, 복리후생비
경비: 외주가공비, 전력비, 가스수도료, 운임, 감가상각비, 수선비, 지급임차료
총제조경비(재료비 + 노무비 + 경비)
당기 제품 제조원가(총제조경비 + 기초 재공품 재고 - 기말 재공품 재고)

손익계산서
매출액
매출원가(기초 제품 재고 + 당기 제품 제조원가 - 기말 제품재고)
매출총이익(매출액 - 매출원가)
판매비 및 일반관리비 : (생산과 관련 없는 사무직원 등) 급여, 퇴직급여, 복리후생비, 지급임차료, 감가상각비
영업이익(손실) (매출총이익 - 판매비 및 일반관리비)
    영업외 수익, 영업외 비용 : 영업이외의 활동으로 얻어진 손익(수입이자, 배당금, 자산처분손익 등)
경상이익(손실) (영업이익 + 영업외 수익 - 영업외 비용)
    특별이익, 특별손실
법인세 차감 전 순이익(손실)
    법인세
당기순 이익(손실)

매출액의 감소가 이익에 미치는 영향

기업휴지보험의 대상이 되는 이익은 기업의 영업활동에 의해 얻어지는 이익인 '영업이익'이며 영업활동과 관계없는 '영업외 이익'은 대상이 되지 않는다. 매출액(영업수익)은 영업이익과 영업비용으로 구성된다. 그 산출과정을 살펴보면 다음과 같다.

  영업이익(손실) = 매출액 - 매출원가 - 판매비 및 일반관리비
       = 매출액 - 영업비용
       = 매출액 - (변동비 + 고정비)
  매출액 = 영업이익(손실) + 변동비 + 고정비
     = 변동비 + 총이익[고정비(= 경상비) + 영업이익]

매출의 감소가 이익에 미치는 영향을 예를 들어 설명하면 다음과 같다.

화재가 발생하지 않는 경우

  매출액 50,000,000(100%) 변동비 30,000,000(매출액 대비 60%)
             고정비 10,000,000(매출액 대비 20%)
             영업이익 10,000,000(매출액 대비 20%)
             [총이익: 매출액대비 40%]

화재 후 매출액이 10% 감소한 경우

  매출액 45,000,000(100%) 변동비 27,000,000(매출액 대비 60%)
             고정비 10,000,000 (매출액 대비 22%)
             영업이익 8,000,000 (매출액 대비 18%)
             [총이익: 매출액대비 40%]

화재 후 매출액이 30% 감소한 경우

매출액 35,000,000(100%)   변동비   21,000,000 (매출액 대비 60%)

고정비   10,000,000 (매출액 대비 29%)

영업이익   4,000,000 (매출액 대비 11%)

[총이익: 매출액 대비 40%]

    매출액이 변동하더라도 변동비와 총이익(고정비 + 영업이익)은 매출액의 60%와 40%로 일정하다는 것을 알 수 있다. 변동비는 매출감소액에 비례하여 지출이 감소하므로 보험사가 보상할 필요가 없으며 보상할 부분은 감소한 매출액(30%감소시 1,500만 원)으로 인하여 회수할 수 없는 총이익(6,000,000 = 15,000,000 × 40%)이다.

    기업휴지보험으로 보상하는 금액 6백만 원에 매출액이 30% 감소된 경우에서 실제로 얻은 총이익 1,400만 원(1,000만 원 +4백만 원)을 합한 2,000만 원은 화재가 발생하지 않은 경우의 총이익 2,000만 원(고정비 1,000만 원 + 영업이익 1,000만 원)과 같다. 따라서 화재가 발생하지 않았을 경우에 얻을 수 있었던 매출액으로 회복하는 것과 동일한 효과를 가져 온다. 이러한 원리를 이용하여 기업휴지보험이 이루어 진다.

기업휴지보험 가입 대상 항목

    기업휴지보험은 손익계산서상의 여러 비용, 이익 항목 중 영업이익과 휴업 중에도 계속 지출되지 않으면 안 되는 항목 즉 경상비 항목을 보험에 가입하여야 제대로 보상을 받을 수 있다. 경상비 중 기업휴지보험에서 보상의 대상으로 선택한 경상비를 '보험가입 경상비' 라 한다. 보험에 가입되지 않은 경상비 항목은 '보험가입이 안 된 경상비' 라 한다. 매출액에 비례하여 변동하는 변동비 항목은 매출액이 감소하면 비례하여 감소하므로 보험 가입 대상에서 제외된다. 영업이익과 경상비항목을 구체적으로 살펴 보면 다음과 같다.

영업이익: 회계상 손익계산서상의 영업이익을 말한다.

경상비: 영업비용 중 매출액에 대한 고정비, 준고정비, 체감비(그 감소비율이 매출

액의 감소비율보다 적은 비율로 감소하는 비용)로서 제조원가명세서와 손익계산서에서 그 해당 항목을 보면 다음과 같다

- 제조원가명세서상 경상비 항목: 노무비, 제세공과, 보험료, 교통비, 통신비, 잡비, 감가상각비, 수선비, 임차료 등
- 손익계산서상 경상비 항목: 판매비 및 일반관리비 항목으로 종업원 급료, 수당, 광고선전비, 소모품비, 통신비, 잡비, 감가상각비, 지대, 임차료, 수선비, 보험료 등

손해액의 산출

손해액 = 매출감소액 × 이익율 - 지출되지 않은 '보험가입 경상비'

단, 보험가입 경상비 중 회사가 실제 지출하지 않은 항목은 손해로 인정할 수 없으므로 공제 한다.

이익율 = [영업이익 + 보험가입 경상비(고정비)] / 매출액

단, 영업손실이 발생한 경우

이익율 = [보험가입 경상비 - 영업손실 × 보험가입 경상비 / 경상비] / 매출액

(경상비 항목 모두를 보험에 가입한 경우는 영업손실 전액을 공제하면 되나 일부만 가입한 경우에는 영업손실 중 보험가입 경상비 비중에 해당하는 손실만 공제한다)

지출되지 않은 보험가입 경상비란 예를 들면 화재사고 후 휴업 중에 종업원이 퇴직함으로써 더 이상 인건비 지출이 되지 않는 경우, 건물이나 기계가 전소되어 감가상가비를 계상할 필요가 없게 된 경우, 임차건물이 소실되어 임차계약을 해약함으로써 더 이상 임차료 지급을 하지 않는 경우 등을 말한다. 이러한 비용을 차감하는 이유는 실제 지출된 비용만을 기업휴지보험에서 보상하기 때문이다. 물론 보험가입이 되어 있지 않은 경상비 중에서 지출하지 않은 비용은 공제되지 않는다. 처음부터

보상대상 항목이 아니었기 때문이다.

매출감소액

손해발생 직전 12개월 중 복구기간과 같은 기간에 해당하는 기간의 매출액에서 복구기간내의 실제매출액을 뺀 잔액을 말한다.

예컨대 2005년 6월에 화재사고가 나서 8월에 완전히 복구되었다면 2004년 6월, 7월, 8월의 매출액 합계(3억 원)에서 2005년 6월, 7월, 8월의 실제 매출액 합계(2억 원)를 뺀 잔액 1억 원이 매출감소액이 된다.

약정복구기간

기업휴지보험은 재물보험과 달리 손해가 일정기간에 걸쳐 계속적으로 발생하기 때문에 손해액을 확정하기 위해 손해발생일로부터 일정기간까지 손해만을 보상하는 제도를 도입하고 있다. 이 약정복구기간을 초과하는 경우에는 어떤 경우라도 보상하지 않는다. 보험사고가 나서 이것이 복원되어 매출액이 정상적으로 회복될 때까지 필요하다고 예상되는 기간을 추정하여 복구기간을 약정하면 된다.

사고발생일(4월1일)이 보험기간(5월1일부터 1년간)전에 발생하여 보험기간까지 복구가 진행되는 경우(8월1일에 복구완료)에는 보상이 되지 않는다. 보험기간 전에 발생한 보험사고는 보상하지 않기 때문이다. 보험기간 중에 보험사고가 나서 보험기간이 끝난 후에도 계속 복구가 이루어 지고 있는 경우는 약정 복구기간 동안의 발생손해를 보상한다.

보험가입금액의 산출

최근 회계연도 1년간의 영업이익과 보험가입 경상비를 기준으로 당해 연도의 영업추세를 감안하여 결정한다.

1년간을 기준으로 하는 이유는 약정복구기간을 기준으로 보험가입을 결정할 경우 영업의 계절적 변동에 의해 일부보험 또는 초과보험이 발생할 우려가 있기 때문이다.

기업휴지손해를 충분하게 보상 받으려면 영입이익과 경상비를 모두 가입하어야 한다. 영업이익만을 보상하는 계약 또는 경상비만을 보상하는 계약도 가능하다.

동산종합보험

보험상품

모든 우연한 사고로 인한 동산손해를 보상하는 보험으로 보험증권상의 담보지역(보험목적이 수용되어 있는 지역으로 보험증권에 명기된 담보물 소재지)이면 어떤 장소에서 사고가 발생하더라도 보상이 되는 상품이다. 따라서 화재만을 담보하는 화재보험보다 담보범위가 훨씬 넓다. 화재, 도난, 파손, 폭발, 기타 잡위험을 담보하며 특약을 가입할 경우 풍수재, 전기적 사고, 기계적 사고, 지진위험도 담보할 수 있다.

동산종합보험은 보험에 가입한 물건이 모든 우연한 사고(물론 약관상 명기한 몇 가지 면책사항을 제외하고)로 입은 손해를 보상하는 All Risk담보방식의 보험이며 또한 보관 중, 사용 중, 운송 중을 묻지 않고 보험증권상 명기된 담보지역 내이면 어떤 장소에서 생긴 손해도 담보(보상)한다. 그리고 불특정 장소위험담보가 원칙이나 특정 장소 내(예컨대 미술관 내)에서 발생한 사고로 인한 손해만을 담보하는 계약을 체결할 수 있다.

가입대상

동산종합보험의 가입대상은 모든 동산이다. 따라서 원칙상 동산이면 무엇이든지 대상이 되나 기존 보험과의 분야 조정을 이유로 그 인수를 제한하는 물건(예컨대 자동차, 동물, 식물 등)이 있다. 그리고 실무상 손해가 빈번하여 해당 보험회사에 큰 손해를 주어 약관상 인수가 가능하나 내부적으로 인수를 억제하거나 가입조건을 까다롭게 하는 경우도 있다.

비교적 고가인 것, 파손되기 쉬운 것, 장소를 이동하는 것 등이 이 보험의 목적에 적합하고 식기, 의류, 잡화 등 비교적 저가이고 손해의 발생이 일상적인 것은 이 보험에 맞지 않다.

실무적으로 동산은 일반동산과 중장비로 구분하여 위험을 관리하고 있다. 일반동산은 ① 사무실, 은행, 학교, 병원 등에서 사용하는 비품, 전산기기, 의료기기 등 일반동산과, ② 공장 내 원재료, 반제품, 완제품, 리스기계 등 공장동산, ③ 건물간, 지역간 이동을 하면서 이용, 관리되는 이동동산 등으로 분류하여 위험을 세분화하고 있다.

자동차손해배상보장법에서 규정한 건설기계(예컨대 타이어식 기중기, 굴삭기, 트럭적재식 콘크리트 펌프 등)와 자동차는 자동차보험 가입대상이므로 동산종합보험에서는 담보하지 않는다.

보상하는 손해

약관상 보험 목적물의 우연한 사고로 인한 손해를 보상한다. 즉 우연한 사고가 발생하고 보험의 목적이 그 사고로 인하여 피보험자가 경제적 손해를 입은 경우에 보상을 한다.

우연한 사고의 입증은 계약자, 피보험자가 보험기간 내 우연한 사고에 의하여 발생한 것을 입증하면 족하고 그 손해가 어떤 특정한 사유로 생긴 것인 지까지 입증할 필요는 없다. 이와 반대로 보험회사는 그 사고가 보상하지 아니하는 면책사유에 해당한다는 것을 입증하지 못하는 한 보상할 책임을 진다.

보상하지 아니하는 손해(주요 면책손해)

- 보험목적의 자연소모 또는 고유의 성질에 의한 마모, 녹, 곰팡이, 부식, 변질, 변색, 침식 등 그리고 쥐나 벌레에 의한 손해
  - ☞ 보험 목적물을 통상적으로 사용하는 과정에서 그리고 보관상태에 따라서 필연적으로 생기는 손해로서 이는 피보험자 스스로 사전에 대비하여야 할 보통의 통상적인 손해이므로 면책손해로 한 것이다.
- 보험 목적의 흠으로 생긴 손해. 그러나 계약자, 피보험자 또는 이들을 대신하여 보험의 목적을 관리하는 자가 상당한 주의를 하였어도 발견하지 못한 흠으로 생긴 사고에 의한 손해는 보상한다.
  - ☞ 보험목적의 흠(하자)으로 생긴 손해는 흠이 손해의 직접적인 원인이 되었던 간접적인 원인이 되었던 묻지 아니하고 보상하지 않는다. 즉 보험목적의 흠 자체는 물론 흠과 상당인과관계가 있는 모든 손해는 보상하지 않는다.
- 보험목적에 가공(수리는 제외)을 하는 경우 가공착수 후에 내부적인 기계자체 또는 조작 잘못으로 인하여 생긴 손해
  - ☞ 가공은 우연한 사고로 보기 어렵기 때문에 면책으로 하고 있다. 여기서 말하는 가공은 제조가공 등을 말하는 것으로 이는 원재료를 변형하여 제품을 만드는 일련의 작업과정을 거친다. 가공 이외의 수리, 해체, 조립 등으로 인하여 발생한 손해는 보상하고 있다. 가공 행위와 조작행위에는 고의로 사고를 낼 위험이 높기 때문이다.
- 사기 또는 횡령으로 생긴 손해
  - ☞ 사기 또는 횡령은 계약자, 피보험자 내지 관리자의 의도적인 사고와 관계가 있고 도덕적 위험이 발생할 가능성이 높기 때문에 면책으로 하고 있다.
- 망실(忘失), 분실에 의한 손해
- ☞ 망실 또는 분실은 사람에 따라 정도의 차이가 많다. 잘 잊어버리는 사람이 있는가 하면 그렇지 않은 사람도 있다. 그리고 진정으로 망실 또는 분실했는지 입증

이 곤란할 뿐만 아니라 도덕적 위험까지 있으므로 면책으로 하고 있다. 망실, 분실은 시간적, 장소적으로 보험목적의 행방이 불분명한 경우를 말한다. 분실, 망실은 사고현황의 조사가 곤란한 상태에서 보험금 청구를 허용하는 것이 되므로 보상을 하지 않고 있다. 다만, 반지를 하수구에 빠뜨린 경우와 같이 사고발생장소가 명확한 경우는 분실에 해당되지 않고 우연한 사고로 볼 수 있다.

- 보험목적의 수리, 청소 등의 작업 중에 있어서 작업상의 과실 또는 기술의 졸렬로 생긴 손해. 그러나 이들의 사유로 생긴 화재손해는 보상이 된다(수리위험 담보 특약 가입으로 보상 가능).

  ☞ 수리, 청소 등의 작업에 있어서는 작업자의 숙련도에 따라 손해가 좌우되기 쉽고 작업자의 경험, 수리 설비에 따라 손해의 발생가능성 및 손해의 크기가 다르고 또한 손해가 생기면 그것은 보통 수리업자가 부담하는 것이 통상적이므로 피보험자에게는 손해가 발생하지 않는다는 현실적 이유로 면책하고 있다. 그러나 할증보험료를 부담하고 수리위험 담보 특약을 가입하여 담보 받을 수 있다.

  수리, 청소란 해당 전문업자가 행하는 것을 말하며 일반적인 의미로서의 수리, 청소보다는 좁게 해석해야 한다.

  특히 청소는 기계, 기구의 분해청소, 특수약품에 의한 세척 등 고도의 기술, 경험을 필요로 하며 직업적으로 영업을 하는 작업을 말한다.

- 보험목적의 전기적 사고 또는 기계적 사고로 생긴 손해. 그러나 이들의 사고로 인하여 화재가 발생하였거나 또는 이들의 사고가 우연한 외래의 사고의 결과로 생긴 손해는 보상한다.

  ☞ 전기적 사고란 쇼트, 스파크, 과전류 등에 의한 사고를 말한다. 발전기, 전동기, 변압기, 기타 전기기기 및 장치에 대한 전기적 사고가 발생한 경우 코일의 변질, 금속부분의 용해, 절연물질의 탄화(炭化) 등의 손해가 생긴다.

  기계적 사고란 추상적으로는 기계의 내적 원인에 의한 기계고장사고를 의미하고 구체적으로는 설계, 재료, 조립의 하자, 볼트의 느슨함, 윤활유의 부족, 계속적인 과부하 운전 등을 말한다.

이러한 전기적, 기계적 사고는 보험의 목적의 하자(흠)로 기인되는 때가 많으나 보험회사가 이를 입증하기 어렵고, 하자로 기인하지 않았더라도 관리소홀로 규정이상으로 무리하게 가동함으로써 생긴 사고도 있을 수 있으나 전기적, 기계적 사고의 형태로 분류하여 면책으로 하고 있다.

약관구조

보통약관

보험기간 동안 발생한 화재, 도난, 파손, 폭발, 기타 우연한 사고(잡위험)에 기인한 모든 손해를 담보한다. 따라서 화재보험보다 담보범위가 훨씬 넓다.

특별약관

전기적 사고담보 특약

우연한 외래의 사고가 직접적인 원인이 되어 발생하지 아니한 전기적 사고로 보험목적에 손해가 발생한 때에 그 손해를 보상하는 특약

기계적 사고담보 특약

우연한 외래의 사고가 직접적인 원인이 되어 발생하지 아니한 기계적 사고로 보험목적에 손해가 발생한 때에 그 손해를 보상하는 특약

수리위험 담보 특약

보험의 목적에 대한 수리, 청소 등의 작업 중에 직업상의 과실 또는 기술의 졸렬로 생긴 손해를 보상하는 특약

풍수재 위험담보 특약

태풍, 회오리 바람, 폭풍, 폭풍우, 홍수, 해일, 범람 등 풍수재로 보험의 목적에 생긴 손해를 보상하는 특약

전시품포괄 특약

전시를 목적으로 증권에 기재된 보험의 목적이 통상의 수송경로를 통하여 운송 중이거나 전시회장에서 보관 또는 전시 중에 입은 손해를 보상하는 특약

잡위험(雜危險) 부담보(不擔保) 특약

잡위험으로 생긴 손해를 보상하지 않는다는 특약

잡위험이란 ① 비, 물에 젖어서 발생하는 손해
② 태풍, 폭풍우, 홍수, 해일, 범람에 기인하지 않은 물에 의한 손해
③ 연기손해, 건물의 붕괴 등을 말한다.

리스(임대)회사 임대물건 담보 특약

리스회사가 리스계약서에 따라 임차인에게 임대하는 동산(리스물건)에 생긴 손해를 보상하는 특약 보험의 목적(리스물건)이 리스회사가 지정한 장소에 설치 또는 장치하고 시운전을 마치고 임차인에게 인도된 때(시운전이 필요 없는 경우 지정장소에 반입되어 임차인에게 인도된 때) 보상책임이 시작되고 계약서상 리스기간이 종료한 때 끝난다.

보험료 산정

보험 목적물인 동산의 화재, 도난, 파괴 등의 위험은 동산 자체에 내재된 위험도 있겠지만 그 동산을 수용하는 건물의 안전성에도 많이 좌우된다. TV를 아파트에 보관하는 경우와 목조 주택 또는 창고에 보관하는 경우를 비교할 때 아파트에 보관되

어 있는 경우가 더 안전할 것이다. 또 음식점에 보관되어 있는 TV 보다 일반 사무실에 있는 TV가 더 안전할 것이다.

동산종합보험의 보험료는 동산을 수용하는 건물 구조, 업종(용도), 동산의 종류, 수용 장소(건물 내, 옥외, 차량 등) 등에 따라 보험료가 결정된다.

도난보험

보험상품

도난보험은 건물 내에 수용(受容)되어 있는 보험에 가입한 물건(보험목적)이 도난이라는 우연한 사고에 의한 손해를 보상하는 보험이다. 도난에 의한 손해는 불법침입자 또는 절도나 강도의 도취(盜取)행위로 인하여 건물 내에 수용되어 있는 보험의 목적이 도취되거나 훼손, 오손(汚損), 파손되어 발생하는 직접손해(옥내담보), 또는 보험목적물을 운반인에 의하여 다른 보관장소로의 이동시 일어나는 도난사고(옥외담보라)를 보상한다.

약관 구성

도난보험은 보상하는 손해 및 보상하지 아니하는 손해를 보통약관에 명기하지 않고 영업배상책임보험과 같이 특별약관에 별도로 명기하고 있다. 보통약관은 보험계약관련 일반적인 사항을 기술하고 있으며 구체적으로 보상하는 손해는 담보 종류별로 특별약관을 만들어 선택하여 가입하도록 되어 있다. 즉 도난보험 가입은 보통약관에 가입하려는 담보에 해당하는 특별약관을 첨부하는 형태로 이루어 진다. 특별약관은 담보목적에 따라 동산 담보특약, 현금 및 유가증권 담보특약, 귀중품 등 담보특약, 수탁물 배상책임담보 특약 등으로 구성되어 있다.

보상하는 손해

보험기간 중에 가입한 보험목적이 보험증권에 기재된 보관장소 내에 보관되어 있는 동안에 불법 침입자, 절도 또는 강도의 도난행위로 입은 직접손해(망가지거나 파손 또는 파손 등)를 보상한다.

보상하지 아니하는 손해(주요 면책손해)

- 피보험자의 가족, 친족, 피고용인, 동거인, 숙박인, 감수인, 당직자가 일으킨 행위 또는 이들이 가담하거나 묵인하에 이루어진 도난손해
- 화재, 폭발이 발생하였을 때 생긴 도난손해
- 절도, 강도행위로 발생한 화재 및 폭발손해
- 상점, 영업소, 창고 또는 작업장 내에서 일어난 좀도둑으로 인한 손해
- 재고조사시 발생된 손해
- 망실(忘失) 또는 분실손해
- 사기 또는 횡령으로 인한 손해
- 도난손해가 생긴 후 30일 이내에 발견하지 못한 손해
- 보관장소를 72시간 이상 비워둔 동안에 생긴 도난손해
- 보험의 목적이 보관장소를 벗어나 보관되는 동안에 생긴 도난손해
- 자동차, 오토바이, 동식물에 발생한 손해

특약별 담보내용

동산담보 특별약관

동 특약에서 담보하는 동산이란 가정의 가재일체와 영업용 집기비품을 포함한 모든 동산을 말한다. 그러나 증서, 장부, 인장, 훈장, 면허장 또는 그 밖의 이와 비슷한 물품과 현금, 유가증권 및 귀금속, 귀중품(무게나 부피가 휴대할 수 있으며 점당 100만 원 이상), 보옥, 보석, 원고, 그림, 골동품, 조각물 및 이와 비슷한 것은 보험의 목

적에 포함되 지 않는다.

현금 및 유가증권 담보 특별약관

동 특약에서 담보하는 현금이란 통화, 주화, 은행권 및 금괴를 말하며 유가증권은 재산상의 권리가 증권에 표시되어 그 청구권리의 행사에 관하여 이 증권의 점유를 필요로 하는 것으로 어음, 수표, 주권, 사채권, 인지, 우표 등을 말한다.

귀중품 등 담보 특별약관

동 특약에서 담보하는 귀중품은 보험증권에 기재된 귀중품을 말한다. 동 특약에서 담보되는 귀중품에 대한 명확한 정의가 없으나 동산담보 특별약관상의 규정에 의거 귀중품이란 '무게나 부피가 휴대할 수 있으며 점당 100만 원 이상인 귀중품'을 말한다.

수탁물 배상책임 담보 특별약관

동 특약에서 담보하는 수탁물이란 동산, 현금 및 유가증권, 귀금속, 귀중품(무게나 부피가 휴대할 수 있으며 점당 100만 원 이상), 보옥, 보석, 원고, 글그림, 골동품, 조각물 등을 말한다. 증서, 장부, 인장, 면허장 등은 수탁물에 포함되지 않는다.

수탁물 배상책임 담보특약에서 특유한 보상하지 아니하는 손해
- 수탁물이 위탁자에게 인도된 후에 발생되는 손해
- 피보험자의 근로자가 소유, 사용하는 물건에 생긴 손해
- 피보험자와 타인간에 손해배상에 관한 약정이 있는 경우 그 약정에 의하여 가중된 손해배상책임
- 국가나 공공기관에 의한 수탁물의 징발, 몰수, 압류, 국유화로 생긴 손해

현금 및 유가증권 운송위험 담보 특별약관

　보험기간 중에 현금 및 유가증권이 운반인에 의해서 운송되는 동안에 불법탈취 되거나 절도 또는 강도의 도난 행위로 입은 직접손해를 보상하는 특약이다.

현금 및 유가증권 운송위험 담보 특약에서 특유한 보상하지 아니하는 손해
통상적인 운송경로를 벗어나거나 통상적인 소유시간을 초과하여 운송되는 도중에 발생한 도난손해

☞ **용어설명**

도난행위
도난행위란 완력 등 물리력을 사용하여 보험의 목적을 훔치거나 강탈하거나 무단으로 장소를 이동시켜 피보험자가 소유, 사용, 관리할 수 없는 상태로 만드는 것을 말한다. 다만, 외부로부터 침입시에는 침입한 흔적 또는 도구, 폭발물, 완력, 기타 물리력을 사용한 흔적이 뚜렷하여야 한다.

망실(忘失), 분실
망실이란 보관하는 자 또는 관리하는 자가 보험의 목적을 보관 또는 관리하던 장소 및 시간에 대한 기억을 되살리지 못하여 보험목적을 잃어버리는 것을 말하며, 분실이란 보관하는 자 또는 관리하는 자가 보관 또는 관리에 일상적인 주의를 태만히 하여 보험의 목적을 잃어 버리는 것을 말한다.

불법탈취
피보험자의 직원, 역원 또는 피용인이 아닌 자가 운반인, 호위인, 기타 운송에 동행한 사람에게 폭력을 가하거나 폭력의 위협을 가하여 그들이 인식하는 가운데

보험의 목적을 탈취하거나 운반인, 호위인, 기타 동행인에게 고의, 악의 또는 과실로 가해하여 의식불명의 상태로 만들어 놓은 후 보험의 목적을 탈취하는 것을 말한다

손해액의 결정

사고가 발생한 때와 곳에서 보험의 목적 가액을 평가한 후 그 가액을 기준으로 손해액을 결정한다. 상시 이동하며 가치가 증가하거나 감소하는 물건으로서 이동, 증감 상황이 장부에 기재되지 아니하는 경우, 보험목적 1개의 보험가입금액은 전체 보험가입금액의 5%를 넘을 수 없다.

보험가입금액이 보험가액보다 적을 경우 손해액에 대한 보상금은 비례보상의 원칙을 적용한다.

보험료 산정

목적물 보관장소의 업종, 목적물의 종류, 보관장소의 건물구조(기둥, 지붕, 벽 등), 경비원 상주 여부, 비상연락망 여부, 경보시설 설치 여부 등에 따른 위험의 크기를 반영하여 보험료를 산정한다. 목적물 보관장소가 음식점인 경우보다 주택인 경우가, 고가품보다 저가품이, 보관장소가 철근콘크리트 건물인 경우가 목조건물보다, 경비원이 상주하는 경우가, 경보시설이 설치된 경우가 그렇지 않은 경우보다 도난사고의 위험이 낮으므로 보험료도 상대적으로 저렴할 것이다.

운송보험

보험상품

운송보험이란 화물운송이 필요한 화물의 주인(貨主, 화주)은 운송인에게 화물을 위

탁하여 운송하거나, 화주 자신의 차량으로 화물을 운송할 때 외부적인 우연한 사고에 의하여 손해가 발생하였을 경우 그 화물에 대한 화주의 손해를 보상하는 보험이다. 동 보험은 화주의 손해를 담보하는 보험이므로 피보험자는 화주만이 가능하며(운송인은 피보험자가 될 수 없다) 운송인이 보험을 가입을 가입하는 경우는 타인을 위한 보험이 된다. 이 경우 운송인은 계약자가 되며 피보험자는 화주가 된다. 또한 운송인이 화주를 위해 보험을 들어주는 것이므로 보험사고 발생시 보험회사가 계약자인 운송인에게 '화주의 손해상청구권을 대위할 수 있는 권한'을 포기하는 '대위권 포기특약'을 가입하여야 한다.

보상하는 손해

보상하는 범위에 따라 다음 3가지로 나눌 수 있다.

전(全)위험 담보

보험에 가입한 물건(보험목적)을 육상(호수와 하천을 포함)에서 운송하는 도중에 생긴 손해를 보상한다. 즉 보상되지 아니하는 손해를 제외하고는 모든 화물손해를 보상한다. 예컨대 운송용구(運送用具)에 물건을 싣는 도중에 발생하는 위험(상차위험), 실제 화물을 싣고 도로를 운송하는 중에 발생하는 위험(운송위험), 운송 용구에서 물건을 내리는 도중에 발생하는 위험(하차위험), 공장 내에서 운송하거나 반입, 반출하는 중에 발생하는 위험(구내 운송위험)을 모두 담보한다.

전부손해 및 일부손해 담보

보험에 가입한 물건을 육상(호수와 하천 포함)에서 운송하는 도중에 운송용구의 탈선, 전복, 추락, 화재, 폭발 또는 충돌로 생긴 보험목적의 전부손해 및 일부손해를 보상한다. 또한 하역 또는 이적(移積) 중에 보험목적의 추락으로 생긴 포장당(包裝當) 전부손해도 보상한다

전부손해 담보

보험에 가입한 물건을 육상(호수와 하천 포함)에서 운송하는 도중에 운송용구의 탈선, 전복, 추락, 화재, 폭발 또는 충돌로 생긴 보험목적의 전부손해를 보상한다. 또한 하역 또는 이적(移積) 중에 추락으로 생긴 포장당 전부손해도 보상한다.

☞ 운송용구의 탈선, 전복, 추락, 화재 폭발, 충돌로 생긴 위험손해 이외의 비나 물에 의한 손해, 구(鉤, 갈고랑이 - 끝이 꼬부라진 기구)에 의한 손해, 오손 및 찰손(擦損, 마찰손해), 벌레 및 쥐에 의한 손해, 도난손해, 파손, 구부러지는 손해 등은 특약을 가입하여야 보상된다. 단, 전위험담보의 경우에는 특별약관 첨부 없이 전부 보상이 된다.

가입형태 및 보험료 산정

매 운송할 때마다 가입하여야 하며 운송거리, 화물 종류, 운반차종에 따라 위험의 차이를 조정하여 보험료를 산정한다. 연간 계약은 불가하나 반복, 연속적으로 동일구간, 동일화물을 운송하는 경우에는 1개월간 가입하여 매월 정산하는 방법이 있다. 보험료 산정 및 보험기간, 담보책임 시기, 종기를 확정하기 위하여 화물 종류, 운송거리, 보험 가액, 주운송수단(트럭, 트레일러, 철도, 지게차 등), 발송지, 도착지, 발송일, 도착일 등의 정보가 필요하다.

보험기간

보험기간은 보험개시일 24시부터 종료일 24시까지 담보한다. 책임개시는 최초 보험료를 입금한 시점부터이며 실질적 보장은 보험기간 내에 보험증권에 기재한 발송지의 보관장소에서 운송을 위해 화물의 반출(적재위험 포함) 한 때부터 증권에 기재된 도착지의 보관장소로 화물을 반입(하역위험 포함)되었을 때까지를 담보한다. 단, 보관장소에 반입되기 전이라도 증권상에 기재된 도착지의 보관장소에 도착한 후 24시간이 경과한 경우 담보는 끝난다.

따라서 도착지에 화물이 도착한 경우 24시간 이내에 보관창고에 반입하도록 하여야 한다.

보상하지 아니하는 손해(주요 면책손해)
- 계약자, 피보험자, 대리인, 사용인의 고의 또는 중대한 과실 및 이들 사용인으로서 운송에 종사하는 자의 고의에 의한 손해
- 보험의 목적인 화물의 흠, 자연적 소모, 성질로 인한 발화, 폭발, 뜸, 곰팡이, 부패, 변색, 녹 등에 의한 손해
- 포장의 불안전
- 운송의 지연
- 이사화물 중 독, 항아리, 병 등의 파손 및 이에 수용한 유동품(流動品)의 멸실
- 억류, 압류 등(억류, 압류 위험담보 특약 가입시 담보)
- 보험의 목적이 야적(野積)되거나 덮개가 없는 차, 완전히 덮혀지지 아니한 운송용구에 적재됨으로써 발생한 손해. 그러나 덮개가 있는 차나 완전히 덮혀진 운송용구에 적재했더라도 발생하였을 손해인 경우에는 보상(야적화물 특약, 무개차화물에 대한 특약 가입시 담보).
- 계약자 또는 피보험자가 자기화물을 자기소유의 차량으로 운송하는 도중에 생긴 손해(자기화물운송 특약 가입 시 담보)
- 냉동냉장고 및 냉동냉장기계장치(냉동냉장기계, fan, 기타 부속기구 및 이들을 작동시키는 동력기재 포함)의 파손이나 고장으로 인한 손해(냉동냉장기계 특약 가입시 담보)

주요 특별약관
공중운송위험 담보 특별약관
보험의 목적이 육상으로 운송되는 도중에 부득이 헬기나 케이블카 등으로 공중으

로 운송하는 경우 발생한 손해를 보상하는 특약이다.

FOB 수출본선도 확장담보 특별약관

　보험의 목적이 선정항(수출항)에서 배(본선)에 선적될 때까지 운송하는 과정에 발생하는 손해를 보상하는 특약이다. 무역조건이 FOB 및 CFR(또는 C&F라고도 함)로 수출하는 경우 수출품이 배에 선적될 때까지 발생한 손해는 수출업자가 책임을 진다. 그런데 운송보험은 화물이 선정항의 보관장소에 반입되었을 때까지만 담보한다. 따라서 선적항의 보관창고에서 배에 선적할 때까지의 운송과정의 위험을 커버할 필요가 있다. 이러한 수요에 응하는 상품이 FOB수출본선도 확장담보 특별약관이다. 동 특약의 보장이 종료되는 시점은 다음 중 먼저 발생한 경우가 된다.

① 운송, 보관, 컨테이너, 재포장을 거쳐 본선에 선적되어 본선수취증이 발행된 경우
② 보험증권에 기재된 도착지인 선적항의 보관장소에 반입된 날의 오전 0시부터 기산하여 10일 경과한 경우이며,

동 특약이 담보하는 위험은
　　① 중간창고 경유시 보관위험,
　　② 선적항(또는 공항) 내에서의 운송, 통관, 보관, 취급 등의 위험,
　　③ 본선선적을 위한 항(港) 내 운송시 해상위험,
　　④ 본선선적 중의 추락, 손상 위험 등이다.

☞ **용어설명**

FOB(Free On Board)

FOB는 '본선인도조건'을 의미한다. 계약물품은 매매계약서상의 지정된 선적항에서 매도인(수출상)에 의하여 본선 내로 반입되어야 한다. 계약물품의 멸실 또는 손상에 관한 위험은 계약물품이 선박의 선측 난간을 통과할 때(passed the ship's rail) 매도인으로부터 매수인(수입상)에게 이전된다. 즉 FOB는 매도인이 선적항에서 약정물품을 매수인이 지정한 본선상(on board)에 인도함으로써 그 때부터 발생하는 비용과 위험의 부담으로부터 해방(free)되며, 매수인은 이 때부터 소유권을 취득하고 이후 발생하는 제비용과 위험을 부담하는 무역조건이다.

CFR(Cost & Freight, C&F)

CFR은 '운임포함인도조건'을 의미한다. 즉 매도인(수출상)이 약정물품이 목적지에 인도될 때까지 운임을 지급하는 조건이다. 매도인이 화물을 선박에 선적하고 해상운송계약을 체결하여 운임을 지급하지만 화물에 대한 책임은 선적 때까지만 부담한다. 화물을 본선에 선적할 때까지만 매도인이 책임지므로 FOB조건과 비슷하나 운임을 항구까지 지불한다는 점에서 다르다. 따라서 가격조건 뒤에 도착항의 이름이 기재된다.

적하보험

보험상품

적하보험은 선박이나 항공기로 운송되는 화물이 운송도중에 발생한 사고로 손해를 입었을 경우 그 손해를 보상하는 보험이다. 적하보험증권은 선적서류 즉 선하증권, 상업송장 등과 함께 환어음에 첨부되어 무역대금 결제의 수단으로 이용되는 중요한 역할을 담당한다.

적하보험증권은 수입신용장 개설시 은행의 담보취득(증권에 질권 설정)을 위해서 요구되는 서류이며 또한 세관 통관시 관세를 부과하는데 (관세 부과기준이 CIF기준이므로 FOB조건시 보험료를 가산하기 위해 필요) 제출되기도 한다.

가입대상

항공기나 선박을 이용하여 운송되는 수출입 화물 및 국내연안 운송화물

가입시점

운송계약 체결 후 선박이 확정되고 선적이 이루어지기 전, 즉 위험이 개시되기 전에 보험을 가입한다. 수출업자는 보험가입 후 보험증권을 선적서류에 포함시켜 은행에 NEGO하여 수출대금을 지불 받는다.

무역조건별 보험가입 당사자

수출업자(매도인)가 가입하는 경우 :

CIF(운임보험료 부담조건), C&I(보험료 부담조건)

수입업자(매수인)가 가입하는 경우 :

FOB(본선인도조건), CFR(또는 C&F : 운임포함인도조건), EXW(공장인도조건)

담보구간

수출입의 경우 물품의 운송과정은 크게 3구간으로 나눌 수 있다. 첫 번째 구간은 수출상의 물품 보관창고에서 수입상에게 배나 항구로 운송하기 위해 선적항 또는 공항의 보관창고까지 운송하는 구간(제1 육상운송), 두 번째 구간은 선적항 또는 공항에서 최종 목적항 또는 공항까지의 구간(해상운송 또는 항공운송), 세 번째 구간은 목적항 또는 공항에서 수입상의 보관창고까지의 구간(제2 육상운송)이다.

CIF조건의 수출업자는 물품의 선적에서 목적지까지의 운임과 보험료 일체를 부담하므로 제1육상운송, 해상운송(항공운송), 제2육상운송 등 전 운송구간을 담보하는 적하보험을 가입한다.

FOB, CFR조건의 수출인 경우 수출상은 선적항의 본선에 물품을 선적함으로써

책임을 다하며 그 이후 발생하는 위험은 수입상이 부담한다. 따라서 FOB, CFR 조건의 수입상은 본선 선적 이후 즉 본선난간 통과부터 목적항에 도착하여(해상 또는 항공운송) 자신의 창고까지(육상운송) 구간의 위험을 담보하는 적하보험을 가입하여야 한다.

이 때 수출상(매도인)은 자신의 창고에서부터 선적항에 정박해 있는 본선 선적까지의 운송구간위험을 담보하는 보험을 가입하여야 한다. 즉 수출업자의 물품창고에서 선적항 창고까지의 구간을 담보하는 운송보험과 선적항에서 본선 선적까지의 대기, 운반, 본선선적 행위에 따른 물품 파손위험을 담보하는 FOB수출본선도 확장담보 특약을 추가로 가입하여야 한다.

☞ **FOB 수출시 수출업자가 보유하고 있는 위험**

현실적으로 대부분의 수출업자들이 FOB조건으로 수출하고 있으나 선적항까지의 운송보험 및 본선 선적까지의 운송위험을 담보하는 FOB담보특약을 거의 가입하지 않고 있다. 이 구간의 운송위험을 간과하여 그 위험을 커버하기 위한 보험가입을 하지 않고 있다. 또 상당수 업체들은 이러한 구간의 위험을 담보하는 보험이 존재한다는 것도 잘 모르고 있다. 해당 수출품이 본선 선적까지 운송하는 과정에서 파손될 경우 회사에 상당한 치명적 영향을 미치는 수출거래는 FOB담보 특약을 첨부한 운송보험을 가입하여야 한다.

☞ **용어설명**

CIF(Cost Insurance and Freight : 운임보험료 부담조건)
매도자가 상품의 선적에서 목적지까지의 원가격과 운임, 보험료 일체를 부담하는 조건의 무역계약

C&I(Cost and Insurance : 보험료 부담조건)

매도자가 보험을 들어 주는 조건의 무역계약으로 운임은 매수자가 부담(현재 잘 사용되지 않는다)

FOB(Free On Board : 본선인도조건)

매도자가 상품을 본선상의 인도까지의 제비용과 위험을 부담하고 매수인은 본선 인도 후부터 제비용과 위험을 부담하는 무역조건

CFR(Cost and Freight, C&F : 운임포함 인도조건)

매도인이 상품을 목적지에 인도할 때까지 운임을 지급하는 무역조건

EXW(Ex Works : 공장인도조건)

매도인이 상품을 공장(또는 창고)에서 매수인에게 인도하는 무역조건으로 매수인이 수출입허가, 통관비용 등 상품 인수비용, 각종 공과금, 운임, 보험료를 부담한다.

피보험자

일반적으로 FOB, CFR(C&F)조건의 수입인 경우 수입상이 보험계약자인 동시에 피보험자가 되며, CIF조건의 수출인 경우 신용장에 보험증권의 명의인을 특별히 지정해 오지 않는 한 수출상을 보험계약자와 피보험자로 한 증권을 발행한 다음 은행에 NEGO시 배서에 의하여 수입상(매수인) 또는 이해당사자에게 양도하게 된다. 즉 CIF 조건의 수출인 경우 매수인에게 위험이 이전되는 시점인 본선 선적할 때까지는 수출상이 피보험자가 되며, 선적 이후부터는 수입상이 피보험자가 된다. 본선 난간을 통과한 이후 화물의 사고에 따른 보상금의 수령권자는 수출상에서 수입상으로 바뀌게 된다.

보험기간

위험의 시기(始期)

화물이 보험증권에 기재된 지역의 창고 또는 장치장에서 운송시작을 위해 출발할 때 위험의 담보가 시작된다.

운송을 위해 창고에 보관 중이거나 운송용구에 적재되어 있는 동안은 담보되지 않는다. 운송개시를 위해 떠날 때 보험의 효력이 발생한다. 보관장소란 창고 이외에 공장, 점포, 사무소, 야적화물의 노천보관소, 노천의 유류탱크 등을 포함한다.

위험의 종기(終期)

다음 3가지 중 어느 것이 먼저 발생하든 그 때 담보가 종료된다.

① 증권상 기재된 목적지에서 수하주(受荷主)의 최종창고나 보관장소에 인도될 때
② 최종 목적항(공항)에서 하역후 60일(수입화물, 항공운송의 경우는 30일) 경과한 때
③ 통상의 운송과정을 벗어나 보관이나 할당, 분배를 위한 중간창고에 인도될 때

보험증권상 명시한 목적항에 화물이 하역되어 수하주의 최종창고에 입고되기 전에 그리고 60일이 경과되기 전에 화물의 도착지를 변경시킬 경우 변경장소로 출발하게 되는 시점에서 보험은 종료된다.

보험조건과 보상범위(신, 구약관)

보상범위를 결정하는 보험조건은 적하보험 약관에 명시되어 있는 데 적하보험은 협회적하약관(ICC: Institute Cargo Clauses)을 표준약관으로 사용하고 있다. ICC는 신, 구약관으로 구분되어 사용되며 신약관은 ICC(A)와 ICC(B) 및 ICC(C) 3종류로 되어 있고 구약관도 A/R(All Risks) 와 W.A.(With Average) 및 F.P.A(Free from Partcular Average) 3종류로 구성되어 있다.

ICC(A)는 A/R과, ICC(B)는 W.A.와, 그리고 ICC(C) 는 F.P.A와 약관 내용이 각각 비슷하다. 보상범위와 보험료가 대부분 동일하므로 6가지 약관 모두 실무에서 사용되고 있다.

협회 구약관에서 보상하는 손해

A/R(전위험 담보조건)약관

약관상 면책사항을 제외한 모든 위험으로부터 발생한 손해를 보상한다.

약관상 면책사항(구약관 모두에 적용)

- 보험계약자 또는 피보험자의 고의 또는 불법행위로 인한 일체의 손해
- 보험목적물의 고유의 하자 또는 성질에 기인한 손해
- 운송지연으로 인한 손해
- 전쟁(해적행위 포함), 폭동, 파업 등으로 인한 손해(특약으로 담보 가능)
- 위험요건을 구비하지 않은 사유에 의한 손해 즉 통상적인 손해

W.A.(분손 담보조건)약관

F.P.A특약에서의 일체의 위험을 담보하며 악천후로 인하여 발생한 단독해손을 추가로 담보한다.

F.P.A(단독해손 부담보조건)약관

- 보험가입화물의 현실적으로 발생한 전부손해 또는 추정전부손해
- 본선 또는 부선의 침몰, 좌초, 큰 화재로 인한 단독해손
- 피난항에서의 적하의 양하에 정당하게 기인한 단독손해
- 공동해손
- 손해방지비용
- 중간기항항이나 피난항에서 양하, 창고보관 및 계반을 위한 특별비용

협회 신약관에서 보상하는 손해

ICC(A) 약관

약관상 면책사항을 제외한 모든 위험으로부터 발생한 손해 보상한다.

약관상 면책사항(신약관 모두에 적용)

· 구약관 A/R약관의 면책사항

· 보험목적물의 포장 또는 준비의 불안전 또는 부적합으로 인하여 발생한 멸실, 손상, 비용

· 본선의 소유자, 관리자, 용선자 또는 운항자의 지불불능 또는 재정상의 채무불이행으로 생긴 손해

· 원자력, 핵의 분열, 방사능 등으로 인한 손해

· 단, 해적행위로 인한 손해는 보상

ICC(B)약관

구약관 W.A.에서 보상하는 손해와 비슷하나 다음과 같은 점에서 차이가 있다.

· 지진, 화산의 분화, 낙뢰로 인한 손해를 보상한다(W.A에서는 면책).

· 직접적인 물(해수, 호수, 강물 등)의 침입이 없는 악천후로 발생한 손해는 면책한다(W.A.에서는 보상).

· 빗물에 의한 손해는 면책한다(W.A.에서는 보상).

ICC(C) 약관

구약관 F.P.A와 보상하는 손해와 비슷하나 다음과 같은 점에서 차이가 있다.

· 선적, 환적 또는 하역작업 중 포장당 전손은 면책한다(F.P.A에서는 보상).

☞ **용어설명**

단독해손(Particular Average)

보험의 목적물이 일부 멸실 되거나 손상되어 그 손해를 피보험자가 단독으로 부담하는 손해

공동해손(General Average)

선박 및 적하 등이 공동의 위험에 처하여 이로부터 벗어나기 위하여 취하여진 행위로 인하여 발생된 손해 또는 비용을 위험을 면한 이해관계자들이 공동으로 부담하는 것을 말한다. 예컨대 선박 화재시 전손을 방지하는 과정에서 발생한 소방비용을 공동으로 부담한 경우 이 소방비용이 공동해손에 해당된다.

기술보험

보험의 목적이 기계장비, 전자기기, 건축중인 건물, 댐, 공장 등이 사고로 입은 피해를 담보하는 보험은 현재 기계보험, 전자기기보험, 건설공사보험, 조립보험, 완성토목공사보험 등이 있다. 이들 보험은 원칙적으로 재물손해를 담보하는 보험이라는 점에서 재물보험의 한 분야이다. 그러나 이들 보험은 기계공학, 전자공학, 전기공학, 건축공학, 토목공학 등 각종 기술공학에 관한 전문지식을 필요로 하는 분야이므로 이들 보험을 기술보험이라고 한다.

기술보험은 개인이 보유하고 있는 위험이라기 보다는 기업체가 보유하는 위험이 대부분이므로 여기에서는 간단하게 살펴보기로 한다. 이들 보험이 담보하는 물건을 보유하고 있는 기업 또는 개인은 그 손해규모가 매우 크므로 반드시 해당보험으로 커버하도록 하여야 한다.

기계보험

보험상품

공장, 사업장 내에 설치 가동중인 모든 기계, 설비, 장치가 우발적인 사고로 손상을 입은 경우 이를 원상의 상태로 복구하는 비용을 보상하는 보험이다.

기계장치나 전자기기는 화재보험, 동산종합보험 등으로 사고로 인한 손해를 담보할 수 있으나 이러한 보험은 보험기술적 측면에서 기계장치나 전자기기를 보험의 목적 범위에서 제외하거나 기계장치나 전자기기가 가지고 있는 여러 위험 중 일부 위험만 담보하고 있어 충분한 보상이 되지 못하므로 보험목적을 기계장치나 전자기기에 국한하여 그 고유한 위험을 포괄 담보할 수 있도록 만든 보험이 기계보험이다.

가입대상

사업장 구내에서 시운전이 성공적으로 끝나고 가동, 운전 가능한 상태의 기계를 보험의 목적으로 한다. 구체적으로는 보일러, 발전기, 변압기, 엘리베이터, 크레인, 컨베이어 벨트, 인쇄기계, 제지기계, 방적기계, 곤도라, 펌프, 굴착기, 배전설비, 불도저, 용접기, 선반, 용광로, 제철로 등 개별 기계 및 기계장치를 가입하거나 석유화학공장, 자동차공장, 금속공장, 발전소, 변전소, 인쇄공장, 제지공장, 방적공장, 수영장, 유흥시설, 오락시설, 놀이시설 등 공장이나 사업장을 일괄로 가입할 수 있다.

보상하는 손해

- 기계자체의 결함 : 주조, 재질의 결함 또는 설계, 제작, 조립의 결함 등
- 운전 중의 사고 : 보일러의 급수 부족, 물리적 폭발 또는 파열, 원심력에 의한 파손, 단락 등 전기적 현상 등
- 종업원의 과실에 의한 사고 : 취급 잘못, 기술부족, 부주의 등
- 자연현상으로 인한 사고 : 폭풍우, 서리, 냉해, 수해 등

보상하지 아니하는 손해(주요 면책손해)
- 계약자, 피보험자의 고의에 의한 손해
- 피보험자가 보험금을 수취하도록 하기 위하여 근로자가 고의로 저지른 행위로 인한 손해
- 계약 전 알고 있던 기계의 결함으로 인한 사고
- 전쟁위험, 원자력위험, 방사능위험
- 화재로 인한 폭발 및 화학적 폭발
- 지진, 홍수 등 자연재해
- 도난위험
- 자연마모, 소모, 열화(劣化) 및 보일러 스케일로 생긴 손해
- 부식, 침식, 녹 또는 공동(空洞)현상이 일어난 부분에 생긴 손해
- 기계의 공급업자, 시공업자, 수리업자 등이 법률상, 계약상 책임 있는 손해
- 휴업손실 등 간접손해

전자기기 보험

보험상품

전자기기의 사용, 관리 중에 예측할 수 없는 우연한 사고로 인해 발생한 손해, 즉 화재, 폭발, 전기적, 기계적 사고 등으로 인한 기기자체의 물적 손해를 비롯하여 보관하고 있는 외적 정보매체(디스크나 테이프 등)의 손실 및 대용 기기를 사용함에 따른 제반 추가경비를 보상하는 종합보험이다.

가입대상

전자기기 보험은 사업장 구내에서 가동되고 있거나 즉시 가동 가능한 상태로 있

는 컴퓨터 시스템 및 소프트웨어 일체, 테이프, 디스크 등 외적 정보매체, 병원용 전자기기, 통신시설, 영화시설 등 기타 전자기기를 보험의 목적으로 한다.

보상하는 손해

보상하는 손해는 크게 물적 손해와 외적 정보매체 손해 및 추가작업비용으로 나눌 수 있다. 물적 손해는 화재, 낙뢰, 파열, 폭발, 연기, 전기적 사고, 기계적 사고, 홍수, 범람, 폭풍우, 습도, 누수 등으로 인한 수리비용 및 대체비용을 보상한다. 외적 정보매체 손해는 보험사고 인한 구내에 보관하는 외적 정보매체 및 소프트웨어 손실을 말하며 재료비, 재생비용 등 손해비용을 보상한다. 보험사고로 가동불능의 경우 대용기기를 사용하는데 소요되는 비용도 추가로 보상한다.

보상하지 아니하는 손해(주요 면책손해)

- 일반 면책사항 : 계약자, 피보험자의 고의 또는 과실로 인한 손해, 전쟁, 파업, 폭동, 소요, 정부기관의 강제행위, 핵위험, 방사능위험으로 인한 손해
- 물적 손해 : 도난, 분실, 전기와 가스 또는 용수의 공급중단으로 인한 손해, 마모 또는 부식 등으로 인한 통상손해, 기능상 결함 제거비용, 통상적 유지관리비용, 제작자 및 공급자의 법률상 책임 있는 손해, 사전에 알고 있던 하자로 인한 손해, 소모성 부품 또는 공구 구입비용, 도장 또는 광택 등 미적 손상
- 외적 정보매체 : 정보매체의 잘못된 프로그램 작성, 편칭, 분류, 삽입 등의 부주의로 인한 정보의 말소 또는 정보매체의 폐기, 자장에 의한 정보손실, 결과 손실 등
- 추가 작업비용 : 공공기관에 의해 강제된 제한으로 인한 손해, 손괴된 장치의 즉시 수리나 대체 나태로 인한 손해

조립보험

보험상품

　소규모 기계장치에서 대규모 Plant설비에 이르기까지 조립공사 중에 화재, 폭발, 붕괴, 시공상의 잘못 등 우연한 사고로 공사목적물이나 자재 등에 발생한 자체 손해, 제3자에 대한 법률적 손해배상책임, 주위 재산손해를 포괄적으로 보상하는 종합보험이다.

가입대상

　모든 개별기계 또는 장치의 조립이나 플랜트 공사 등을 보험목적으로 한다. 예컨대 정유공장, 발전소, 철강공장, 비료공장 등 공장대지 정지작업에서부터 시운전에 이르기까지 공장전체를 신설하는 공사, 빌딩 공기정화 장치, 화학장치, 금속제련장치공사 등 복수의 기계나 설비 또는 장치를 모아 하나의 설비나 장치를 만드는 형태의 공사 그리고 발전기, 압축기, 보일러, 공장기계, 변압기, 프레스 등 개별기계나 구축물을 각각 하나씩 조립하는 공사 등이 조립보험의 가입 대상이다.

☞ **조립보험과 건설공사보험의 영역 구별**

　정유공장을 건설하는 공사는 조립보험에 가입하여야 하느냐 아니면 건설공사보험에 가입 하느냐 하는 애매한 공사의 경우 총공사비 중에서 기계나 구조물의 설치에 대한 공사 비중이 많으면 조립보험을, 토목공사나 건축공사의 비중이 높으면 건설공사보험을 가입하면 된다.

보상하는 손해

　화재, 파열, 폭발, 폭풍우, 홍수, 벼락, 수해 등 자연재해, 전기적 사고, 도난사고, 조립작업의 결함, 종업원 또는 제3자의 취급상 잘못 또는 악의, 지면(地面)의 내려앉음, 사태(沙汰), 암석붕괴, 항공기 또는 그로부터의 낙하물에 의한 사고 손해 등에 의한 재물손해와 피보험자가 조립공사와 관련하여 제3자의 신체 또는 재물에 손해를 입혀 법률상 배상책임을 지는 경우, 그 부담하는 손해를 보상한다.

보상하지 아니하는 손해(주요 면책손해)
재물손해에서의 면책손해
- 전쟁, 소요, 폭동, 노동쟁의 등에 의한 손해
- 핵, 원자력위험, 방사능위험에 의한 손해
- 계약자, 피보험자의 악의 또는 중대한 과실
- 조립공사의 전부 또는 일부의 중단으로 발생한 사고
- 설계, 주조, 재질 또는 제작 결함으로 인한 손해
- 재고조사를 할 때 발견된 손해
- 마모, 침식, 산화 등으로 인한 손해

배상책임손해에서의 면책손해
- 보험증권에 기재된 조립공사와 관련한 보험목적의 수리 또는 개선비용
- 도급업자, 발주자 또는 조립공사에 관련된 자의 고용인과 그들 가족의 상해 및 질병
- 도급업자, 발주자 또는 조립공사에 관련된 자 또는 이들 고용인의 소유, 보호, 관리하에 있는 재산의 손해
- 일반 도로용 차량, 선박, 항공기에 의한 사고
- 배수 또는 배기로 생긴 배상책임. 그러나 급격하고도 돌발적인 사고로 생긴 배상책임은 보상한다.
- 피보험자가 보험목적의 조립공사에 관한 계약에 대하여 완성 또는 인도 기간이 지연, 외관의 망가짐, 출력부족, 그 밖의 채무불이행으로 부담하는 손해배상금

건설공사보험

보험상품

토목 및 건축공사의 발주자(시공자, 기타 공사관계자)가 각종 공사 중에 공사장 내에서 예기치 못한 돌발적인 사고로 인하여 본 공사목적물, 공사용 자재, 공사용 중장비에 입은 목적물 손해와 제3자 배상책임을 종합적으로 보상하는 보험이다

가입대상

건설공사보험의 보험목적은 건물, 구축물, 부대설비 등 공사목적물과 비계, 거푸집 등의 가설물이다. 예컨대, 주택, 사무용빌딩, 공장, 도로, 공항, 지하철, 교량, 댐, 터널, 지하도, 상하수도, 운하, 부두, 방파제, 항만시설 등이다. 공사용 기계기구, 중장비, 잔존물 제거비용은 보험증권에 기재하여야만 보험의 목적이 된다. 서류, 설계도, 유가증권, 일반도로용 차량, 선반, 항공기, 촉매, 냉매, 윤활유 등은 보험의 목적이 될 수 없다.

보상하는 손해

- 공사 수행 중의 작업 잘못
- 피보험자의 종업원, 제3자의 취급 잘못 또는 악의적인 손해
- 화재, 낙뢰, 폭발, 파열
- 누전, 합선 등 전기적 사고
- 도난사고
- 지면의 내려앉음, 사태, 암석붕괴
- 폭풍우, 태풍, 홍수, 범람 등 자연 재해
- 차량 및 항공기와의 충돌 또는 그로부터의 낙하물

보상하지 아니하는 손해(주요 면책손해)

조립보험의 보상하지 아니하는 손해와 동일

완성토목공사물 보험

보험상품

완공된 토목구조물이 우연하고 급격한 사고로 인한 손해를 담보하는 보험이다. 즉 도로, 댐 등 토목구조물이 완공 후 지진, 폭풍, 화재, 낙뢰, 폭발 등 우연하고 급격한 사고로 인한 손해를 보상한다.

가입대상

개인, 법인, 국가, 지방자치단체 등이 관리하는 모든 시설물 및 구조물을 담보한다. 예컨대, 도로, 철도, 수로터널 등 터널류, 교량류, 도로류, 방파제, 항구 등 해안구조물류, 댐류, 골프장, 양어장, 저수지, 수도 및 하수처리시설 등 모든 완성토목공사물은 대상이 된다.

보상하는 손해

- 화재, 파열, 폭발, 육상 또는 해상운송수단과의 충돌
- 폭풍우, 홍수, 벼락 기타 자연재해
- 항공기 및 그것들로부터의 낙하물에 의한 파손
- 침강, 산 또는 바위사태, 유사한 지각변동으로 인한 손해
- 서리, 눈사태, 얼음에 의한 피해
- 개별적 행위자(반달리즘)에 의한 파괴

보상하지 아니하는 손해(주요 면책손해)

- 전쟁, 침략, 내란, 반란, 항거, 폭동, 파업, 직장폐쇄, 악의의 단체 또는 개인의 행위, 몰수, 징발, 압류 등
- 핵위험, 방사능위험에 의한 손해
- 피보험자 및 그 대리인의 고의 또는 중과실에 의한 손해
- 고유한 결함 마모, 마멸, 점진적 악화 또는 기온의 변화에 따른 팽창, 수축으로 인한 손해
- 피보험자가 보험 가입된 품목의 철저한 수선을 게을리함으로 인한 손해
- 결과적 손해나 손상

패키지(Package)보험(재산종합보험)

보험상품

하나의 보험증권으로 전위험(All Risk)을 담보하는 형태로서 화재보험, 기계보험, 기업휴지보험, 배상책임보험을 동시에 보상하는 대규모 산업체의 욕구를 반영한 보험상품이다. 보험을 한 번 가입함으로써 해당 재산과 관련된 모든 위험을 종합적으로 보상하는 재산종합보험이다.

정유공장, 석유화학공장, 제철공장, 기계공장 등 대단위 시설은 화재위험 외에도 풍수재위험, 도난위험, 기계장치의 고장위험, 기업휴지로 인한 손실위험, 그리고 사고로 인한 제3자 배상책임위험 등 다양한 위험을 내포하고 있다.

이러한 다양한 위험을 한 번에 보상할 수 있도록 하나의 패키지(package)로 만든 보험상품이 필요하게 되어 등장한 것이 패키지보험 또는 재산종합보험이다.

패키지보험의 장점으로는 ①기존의 여러 개의 보험증권을 하나의 보험증권으로 관리함으로써 보험계약관리가 편리하다는 점, ②포괄담보 형태의 보험증권이므로

담보의 누락을 최소화할 수 있다는 점, ③여러 보험계약을 하나로 묶음으로서 보험료의 규모가 커짐으로써 고액계약에 대한 할인 혜택을 받을 수 있다는 점이다.

앞으로 사회가 복잡 다양화됨에 따라 하나의 위험을 담보하는 상품에서 여러 가지 위험을 한 번에 보상해주는 상품이 갈수록 각광을 받게 될 것이다. 각 보험회사들로 이러한 수요에 부응하여 다양한 패키지 보험을 개발하여 판매하고 있다. 개인사업자 또는 중소기업에 적합한 보험, 업종별 특성을 반영한 보험 등이 개발, 판매되고 있다.

약관구성

패키지보험은 담보위험별로 4개 부문으로 구성되어 있다. 제1부문 재산종합위험담보, 제2부문 기계위험담보, 제3부문 기업휴지위험담보, 제4부문 배상책임위험담보로 구성되었는데 2개 이상의 부문을 가입하는 것을 원칙으로 하고 있다. 각 부문을 간단하게 살펴보면 다음과 같다.

제1부문(section I) : 재산종합위험담보(Property All Risk : PAR)
- 담보대상물 : 건물, 구조물, 기계, 탱크, 공기구, 비품, 차량운반구 등 설비부문과 원재료, 반제품, 상품 등 재고자산
- 담보내용 : 화재, 폭발, 낙뢰, 풍수재, 연기, 지진, 우박, 파손, 도난

제2부문(section II) : 기계위험담보(Machinery Breakdown: MB)
- 담보대상물 : 모든 기계 및 설비
- 담보내용 : 재질, 설계, 조립 결함 등으로 인한 기계적 사고, 전기적 사고, 종업원의 부주의, 기술부족, 추락 등

제3부문(section III) : 기업휴지위험담보(Business Interruption: BI)

- 담보대상물 : 기업휴지 원인에 따라 2가지 위험으로 분류하여 운용하고 있다.

  재산종합위험에 따른 총이익상실(section Ⅲ - 1 또는 BI)

  기계위험에 따른 총이익상실(section Ⅲ - 2 또는 MLOP)
- 담보내용 : 증권상 담보되는 물적손해로 인한 조업중단, 휴지로 발생하는 손해 즉 매출액감소로 인한 총이익상실액과 특별비용을 보상한다.

제4부문(section Ⅳ) : 배상책임위험담보(General Liability: GL)
- 담보대상물 : 배상책임의 원인에 따라 일반배상위험과 생산물 배상위험으로 분류하여 운용하고 있다.

  일반배상(section Ⅳ-1 또는 GL)

  생산물 및 완성작업물 배상(section Ⅳ-2 또는 PL)
- 담보내용 : 제3자에 대한 신체장해 및 재물손해에 대한 법적 배상책임

보상하지 아니하는 손해(주요 면책손해)
공통 면책손해
- 전쟁위험 및 이와 유사한 위험
- 소요 등 타인에 의한 불법점유에 기인한 손해
- 원자력 위험
- 피보험자, 그 대리인의 고의에 의한 손해

제1부문에서의 면책손해
- 누출, 오염 등 공해에 의한 손해
- 설계허용치 또는 안전한도를 초과한 운전에 의한 손해
- 노동자의 철수 또는 태업, 조업중단으로 인한 손해
- 전복, 침하, 사태, 토양의 수축이나 팽창 또는 침식 등 토목위험으로 인한 손해

- 마모, 마멸, 부식, 침식, 습기, 공기, 빛, 자연발열 등 통상적 사용에 의해 발생하는 손해
- 발효, 증발, 중량의 감소 등 성질의 변화에 의한 손해
- 기계장치, 전기 및 전자기기 또는 장비의 조작 실패, 고장, 운전불량 등으로 인한 손해
- 전류의 단락, 자체발열, 누전, 과전류, 과부하 또는 과전압으로 인한 손해
- 결함 있는 부문, 제작, 설계 등의 결함 또는 누락 혹은 잠재적인 결함의 대체, 수리 또는 교정비용

제2부문에서의 면책손해
- 화재, 낙뢰, 폭발, 절도, 협박으로 인한 손해
- 기계의 사용손실 또는 결과적 손해
- 미고지(未告知)한 사항으로써 피보험자가 인지한 결함 및 하자에 기인한 손해
- 명세서에 기재되지 않은 품목에 대한 손해

제3부문에서의 면책손해
- 건물 또는 구축물의 건축 또는 수리를 규제하는 법률, 명령으로 인하여 발생한 손해
- 리스, 면허, 계약 또는 주문의 중지, 소멸 또는 취소로 인한 손해
- 파업으로 인한 복구 지연으로 인한 손해
- 공사지연에 따른 기업휴지손실, 예정이익 상실

제4부문에서의 면책손해
- 법률에 의해 부담하는 책임
- 피보험자의 소유, 관리, 통제하는 재물에 대한 손해

- 피고용자 신체 손해

권원보험

보험상품

부동산물권 취득과 관련하여 등기부등본과 실제 물권(소유권)과의 관계가 일치하지 않을 경우, 또는 이중매매나 공문서 위조, 기타 사유로 인하여 적법하게 소유권을 취득하지 못하는 경우, 그로 인하여 발생하는 손실을 보상하는 보험이다. 권원보험은 담보하는 부동산의 물권 내용에 따라 3종류가 있는데 소유권용, 저당권용, 임차권용 권원보험이 있다.

권원보험은 등기와 같은 공시제도가 없는 영미법에서 부동산 매매의 신용과 신뢰를 증진시키기 위하여 1876년 미국에서 처음 생겨났다. 미국에서는 일반화되어 있는 제도로 한국에서는 2000년 초에 판매되었으나 수요 부진으로 거의 판매 되지 않고 있다. 대규모 부동산 거래, 권리관계가 복잡하거나 거래 상대방의 신뢰성에 의문이 있는 경우에는 꼭 필요한 보험이다.

권원보험의 주요 보장 내용
- 서류 위조, 이중매매 등 무단 양도로 인하여 발생하는 손해
- 등기소 담당 공무원의 실수로 인하여 등기부의 기재가 지연되거나 잘못된 기재로 인한 손해
- 행위 무능력자나 사기, 강박 등 법률행위에 흠으로 인한 부동산 소유권 취득을 하지 못함으로 인한 손해
- 법인 소유 부동산의 매매와 관련한 절차상의 문제로 인하여 발생하는 부동산 취득자의 손해

- 저당권 취득 및 순위 보전의 잘못으로 인한 저당권자의 손해

권원보험의 종류
부동산 소유권용
담보하는 손해

부동산 취득시 진정한 소유권자로부터 소유권을 취득하지 못하여 입게 되는 손해 및 권리보전을 위한 법적 방어에 소요된 비용 등을 보상한다.

담보하는 하자
- 거래 내부적으로 잠재되어 있는 하자

  등기부등본, 등기권리증, 인감증명서 등의 위조, 변조, 사기, 인감증명의 무효(배우자의 무단 발급 등), 이중매매 등으로 계약금, 중도금, 매매잔금 등을 지급하였으나 적법하게 소유권이전 절차의 진행하지 못하거나 취득한 소유권이 무효화됨으로써 입게 되는 손해를 보상한다.

부동산 저당권용
담보하는 손해

주택을 담보로 대출을 받은 채무자가 진정한 소유권자가 아닌 경우 이로 인하여 발생하는 저당권자(채권자)의 손해를 보상한다.

담보하는 하자
- 거래 내부적으로 잠재되어 있는 하자

  대출신청서, 인감증명서, 신분증 등 각종 문서의 하자나 채권을 담보하는 저당권설정 전에 새로운 권리가 설정되어 해당 저당권의 순위가 후순위로 밀려나는 등 그로 인한 손해를 보상한다.

- 대출금 지급시점과 저당권 설정시점 사의의 기간위험

  고객이 대출금을 수령한 시점부터 고객에게서 받은 부동산 저당권설정 관련 문서에 의한 저당권 설정하여 그 저낭권이 설정된 등기부등본을 열람할 때까지의 기간 동안에 발생할 수 있는 문제나 잘못된 설정에 따른 손해를 보상한다.

- 저당채권의 양도

  주택담보부저당권을 채권화하여 시중에 유통시키게 될 경우 증권에 기재된 대로 양도되는 전 과정의 절차를 보호한다.

부동산 임차권용

담보하는 손해

부동산 임대차계약을 맺은 임대인이 진정한 소유권자가 아닌 경우로 인하여 임차인이 받게 되는 손해를 보상한다.

담보하는 하자 및 손해

- 거래 내부 절차상의 하자

  임대차계약서의 위조 또는 전입신고와 확정일자를 받는 등의 절차상의 하자로 인한 손해 또는 계약일 이후, 제3자가 문서를 위조하여 임대차의 사용을 법적으로 방해함으로써 발생하는 손해 등을 담보한다.

- 퇴거에 따른 비용

  임차인이 가지고 있는 권리는 임대보증금 반환청구권과 목적물에 대한 점유권, 기타 임대차 계약의 조건에 상응하는 경제적 가치와 퇴거로 인하여 발생하는 이사비용 등의 합리적 손해를 담보한다.

- 임차인이 임대차계약의 기간이익(계약서상 임대기간 동안 영업을 할 권리)을 신뢰하여 자신의 비용으로 설치한 정착물의 시장가치를 보상한다.

- 임대부동산의 임대차 조사 및 임차보증금 관련 채권 순위를 보전하는 행위(확정

일자, 주민등록 전입 등) 등 임대차보증금 채권보전을 위한 일련의 조치에 하자가 있는 경우 그로 인한 손해를 보상한다.

07 손해배상책임의 법적 근거 및 이론적 배경

손해배상이란?

손해배상이란 채무불이행 또는 불법행위에 의하여 타인에게 끼친 손해를 전보(塡補)하여 손해가 없었던 것과 동일한 상태로 원상회복시키거나 그 손해를 금전으로 배상하는 일을 말한다.

손해발생의 원인으로 적법한 법 집행으로 인한 손해의 보전(손실보상)과 채무불이행 또는 불법행위로 인한 손해의 보전(손해배상) 두 가지가 있다.

손실보상의 예로는 적법한 공권력의 행사에 의하여 가하여진 경제상의 특별한 희생에 대하여 행정주체(건교부, 지자체 등)가 행하는 재산적 보상이다. 판교에 대규모 주택단지를 건설하기 위하여 판교의 거주민에게 이주를 강제함으로써 거주민이 입게 되는 손해에 대하여 일정한 기준에 의하여 지급하게 되는 금전적 보상이 손실보상이다.

손해배상을 발생시키는 원인으로는 크게 법률행위(예컨대 손해담보계약, 손해보험계약 등)와 법률의 규정(예컨대 민법상 채무불이행과 불법행위) 두 가지를 들 수 있다. 트럭을 사기 위한 매매계약을 체결하였는데 약속한 날짜에 가져오지 않아서 고객의 화물을 제때에 운송하지 못함으로써 손해를 본 경우는 채무불이행의 예이고, 도로 옆의 집에 트럭이 달려들어 가구를 파괴하여 손해를 입힌 경우는 불법행위에 해당된다. 법률행위의 예로는 건물주와 보험사간에 일정한 보험사고가 발생할 경우 그 손해를 배상하기로 하는 보험계약을 체결하는 것이다.

법률행위란 일정한 법률효과(예컨대 소유권 취득, 소유권 이전, 건물 임대 등)를 얻기 위해 이루어 지는 행위를 말한다. 당사자간에 이루어 지는 쌍방계약이 대표적인 법률행위이다.

채무불이행에 따른 손해배상책임은 당사자간에 채권 채무의 관계가 성립하는 것을 전제로 하여 채무자가 채무를 이행하지 않는 경우에 채권자가 입게 되는 손해를 배상할 책임을 말하며 불법행위로 인한 손해배상책임은 채권 채무관계를 전제로 하지 않고 단지 위법행위로 타인에게 손해를 입힌 경우에 가해자에게 그 배상책임을 지우는 것을 말한다.

손해배상책임의 근거가 되는 법률은 민법, 각종 특별법, 의무보험 규정법 등이 있다. 이 중 가장 기본적인 법률인 민법상의 계약상 채무불이행과 불법행위책임에 대하여 살펴보기로 한다.

채무불이행에 따른 손해배상책임에 대한 법리(法理)

관련 민법 조항

제390조(채무불이행과 손해배상)

채무자가 채무의 내용에 맞게 이행을 하지 아니한 때에는 채권자는 손해배상을 청구할 수 있다. 그러나 채무자의 고의나 과실 없이 이행할 수 없게 된 때에는 그러하지 아니한다.

제393조(손해배상의 범위)

① 채무불이행으로 인한 손해배상은 통상의 손해를 그 한도로 한다.

② 특별한 사정으로 인한 손해는 채무자가 그 사정을 알았거나 알 수 있었을 때에 한하여 배상의 책임이 있다.

제394조(손해배상의 방법)

다른 의사표시가 없으면 손해는 금전으로 배상한다.

제396조(과실상계)

채무불이행에 관하여 채권자에게 과실이 있는 때에는 법원은 손해배상의 책임 및 그 금액을 정함에 이를 참작하여야 한다.

제398조(배상액의 예정)

① 당사자는 채무불이행에 관한 손해배상액을 예정할 수 있다.

② 손해배상의 예정액이 부당히 과다한 경우에는 법원은 적당히 감액할 수 있다.

③ 손해배상액의 예정은 이행의 청구나 계약의 해제에 영향을 미치지 아니한다.

④ 위약금의 약정은 손해배상액의 예정으로 추정한다.

⑤ 당사자가 금전이 아닌 것으로써 손해배상에 충당할 것을 예정한 경우에도 전4항의 규정을 준수한다.

제399조(손해배상자의 대위)

채권자가 그 채권의 목적인 물건 또는 권리의 가액 전부를 손해배상으로 받은 때에는 채무자는 그 물건 또는 권리에 관하여 채권자를 대위한다.

채무불이행에 따른 손해배상책임 성립 요건

채무불이행에 따른 손해배상은 채무자가 채무불이행으로 인하여 채권자에게 손해가 발생한 때에 발생한다. 예컨대 홍길동 소유의 건물을 임차하고 있는 무대포는 임차기간이 만료되었음에도 불구하고 건물을 홍길동에게 인도하지 않은 경우 홍길동이 그 건물을 인도 받아 제3자에게 임대하지 못함으로써 발생한 기회손실의 배상을 청구할 수 있다.

민법 390조에 의하면 채무불이행으로 발생한 손해에 대하여 손해배상을 청구하려면 다음 3가지 요건을 갖추어야 한다.

① 채무자에게 고의나 과실의 귀책사유가 있을 것(주관적 요건): 임차기간이 만료되어 인도할 것을 통지하였으나 현재 무대포가 점유하고 있는 점으로 보아 '고의' 로 인도하지 않고 있다.

② 채무자에게 채무가 있고 이를 이행하지 않은 사실 즉 위법성이 있을 것(객관적 요건): 임차기간이 만료가 됨으로써 건물을 인도할 의무가 있는데도 현재 무대포가 '점유' 하고 있다.

③ 그로 인하여 일정한 손해가 발생한 사실(객관적 요건): 제3자에게 새로이 임대하지 못함으로써 발행하는 '기회비용(임차료)' 이 발생하였다.

채무불이행에 대한 입증책임

채무불이행에 따른 손해배상을 청구하려면 위 3가지 요건이 성립하여야 되는데 그 요건을 누가 입증하여야 하는가? 일반적으로 민법 390조에 따르면 ②와 ③의 요건은 채권자인 홍길동이 주장하고 입증하여야 한다.

채무자는 채권자의 주장에 대하여 책임 없음을 주장하려면 자신에게 고의나 과실의 귀책사유가 없음을 입증하여야 한다. 즉 ①의 요건에 해당하지 않음을 입증해야 한다. 손해배상을 청구하는 홍길동의 주장에 대하여 무대포는 건물을 인도하지 않은 사실에 대하여 인도하지 않으려는 고의가 없었으며 또한 자신의 과실이 없었음을 입증하여야 한다. 그 사실을 입증하지 못할 경우 무대포가 배상책임을 져야 한다.

불법행위로 인한 손해배상인 경우에는 반대로 배상 받아야 할 피해자(채권사)가 불법행위를 한 가해자(채무자)에게 고의나 과실이 있었음을 입증해야 한다.

채무자 무대포가 과실이 없음을 입증해야 하는 이유는 채권·채무관계에서는 채무자가 처음부터 채무를 지는 것으로 되어 있으므로 채무를 이행하지 않는 것은 채무자의 의지에 달려 있다고 보기 때문이다. 즉 처음부터 채무자의 과실을 추정하는 것이므로 채무자가 그 과실이 없음을 반증할 책임이 있는 것이다. 또한 제390조에서 채무자의 면책을 단서 규정으로 예외의 형식으로 조문을 구성하였는 바 채무자가 면책을 받으려면 채무자 본인이 고의나 과실이 없음을 입증해야 한다고 법조문을 해석하는 것이 법조문 형식에 부합된다.

채무불이행의 형태 : 이행지체, 이행불능

채무불이행은 채무의 이행이 가능함에도 불구하고 이행할 시기에 이행하지 않은 이행지체(履行遲滯)와 채권이 성립한 후에 이행이 불가능하게 된 이행불능(履行不能)으로 분류할 수 있다.

이행지체의 예로는 무대포가 홍길동의 임대상가를 임차하여 식당을 하고 있었는데 임차기간이 만료되었음에도 새로 이사 갈 상가를 구하지 못하여 상가를 반환하지 못하고 있는 가운데 옆집의 화재로 불이 번져 해당 상가가 연소되어 멸실된 경우이다. 무대포는 임차기간이 만료한 날로부터 임차물반환채무의 불이행 즉 이행지체에 대하여 책임을 진다. 이행지체 중에 생긴 손해는 채무자 무대포에게 과실이 없어도 배상하여야 한다. 그러나 채무자 무대포가 이행할 시기에 이행을 하였어도 그 손해를 피할 수 없는 불가피한 경우에는 책임을 지지 않는다. 따라서 무대포는 상가건물의 화재손실은 배상할 필요가 없다. 그러나 임차기간이 만기된 때부터 화재사고가 발생한 때까지의 기간 동안의 기회비용 손해는 배상하여야 한다.

채권이 성립한 후에 채무자의 고의나 과실로 인한 귀책사유로 그 이행이 불가능하게 된 이행불능의 예로는 무대포가 홍길동 소유 주택을 1억 원에 매수하기로 하고 매매계약을 체결한 다음 계약금과 중도금 5천만 원을 지급하였는데 그 후 홍길동이 제3자에게 1억 2천만 원에 재매각한 다음 소유권이전까지 마친 경우이다. 홍길동은 무대포에게 주택의 소유권이전 채무를 이행할 수 없는 이행불능이 된다.

이 경우 채무자 홍길동은 채무불이행책임을 지게 된다. 홍길동과 무대포의 매매계약은 무대포가 해제하지 않는 한, 유효하므로 무대포는 홍길동에게 잔금 5천만 원을 지급할 의무가 있고 홍길동은 무대포에게 주택 소유권이전을 해줄 의무가 있다. 그런데 홍길동의 의무는 이행불능이므로 그에 갈음하여 매가가 1억 2천만 원을 지급하여야 한다. 즉 무대포는 홍길동에게 매매대금에 대하여 반환청구를 하여 회수할 수 있다. 한편 무대포는 이행불능을 이유로 홍길동과의 매매계약을 해제하고 5천만 원을 반환 받고 그 밖에 입은 손해인 가격 상승 분 2천만 원을 배상 받을 수도 있다.

채권이 성립한 후에 채무자의 귀책사유 없이 그 이행이 불가능하게 된 이행불능의 예로는 무대포가 홍길동의 주택을 1억 원에 매수하기로 매매계약을 체결하고 계약금과 중도금을 5천만 원 지급하였는데 그 후 그 주택이 제3자의 과실로 인한 화재로 전소된 경우이다. 홍길동과 무대포 쌍방의 고의 또는 과실에 의한 귀책사유 없이 계약이행이 불가능하게 된 경우이다. 계약 당사자 쌍방의 책임없이 계약이행이 불가능하게 된 경우 매매계약은 실효되고 당사자간에는 계약 전 상태로 원상회복하는 것으로 처리된다. 따라서 홍길동은 계약금과 중도금 5천만 원을 반환하는 것으로 매매계약은 종결된다.

채무불이행에 대한 구제방법

채무불이행에 대한 구제방법으로는 채권자가 법원 소송을 통하여 강제이행을 하는 방법과 채무불이행으로 손해가 발생한 경우에는 채무자에게 그 손해의 배상을 청구함으로써 해결할 수 있다. 즉 채무불이행시 구제방법은 강제이행과 손해배상 두 가지가 있다.

채무불이행에서의 손해는 채무를 이행하지 않은 데서 오는 불이익이고 불법행위에서의 손해는 법익 - 법적으로 보호할 가치가 있는 이익 - 침해에서 오는 불이익이다. 따라서 전자의 손해배상은 채무가 이행되었더라면 '채권자가 얻었을 이익'을 지향하는 데 반해 후자는 법익침해 이전의 상태로 '원상회복' 하는 것을 지향한다.

손해

손해는 위법행위가 없었더라면 존재하였을 이익과 그 위법행위가 있은 후의 현재의 이익의 차이로 정의할 수 있으며 구체적인 손해액은 이를 토대로 구체적인 사안별로 개별적으로 정하여야 한다.

손해는 재산적 손해와 정신적 손해 두 가지가 있다. 정신적 손해에 대한 금전배상을 특히 위자료라고 한다. 재산적 손해의 산정은 구체적인 증거에 기초해야 한다. 즉 재산의 재조달가액과 감가 등에 의하여 평가하여야 한다.

피해당사자간의 재산상태, 가해자의 고의나 과실 등이 손해금액을 산정하는 데 영향을 주어서는 안 된다. 그러나 정신적 손해는 구체적인 증거에 의하여 정확히 산정하기 어려우므로 채권자인 피해자의 청구금액 범위 내에서 법원이 쌍방의 재산상태, 지위, 가해자의 고의나 과실 등 제반 사정을 참작하여 직권에 속하는 재량으로 정한다.

민법상 불법행위로 인한 손해배상에는 정신적 고통에 대한 위자료도 포함되고 나아가 피해자의 일정한 친족에게도 위자료 청구권을 인정하고 있으나 채무불이행에 대한 손해배상에는 그러한 규정이 없다. 다만 판례상 정신적 손해도 포함시키고 있으나 회복할 수 없는 정신적 고통을 입었다는 특별한 사정이 있고 또 그 사정에 대하여 채무자가 예견할 수 있는 경우에 한하여 예외적으로 위자료를 인정하고 있다.

위자료를 인정하는 경우에도 계약의 당사자에 한하여 인정하고 있다. 가족의 위자료 청구권은 인정하지 않고 있다. 채무불이행으로 인한 정신적 고통은 원칙적으로 그 재산적 손해에 대한 배상이 이루어짐으로써 회복된다고 보고 있다.

채무불이행으로 인한 손해는 그 발생된 손해 전부가 항상 모두 보상되지 않는다. 왜냐하면 채무불이행을 원인으로 하여 손해를 무한히 확대시킬 수 있으며 이로 인하여 채무자에게 너무 과중한 부담을 지울 수 있기 때문이다.

예를 들면 자동차매매 대리점의 채무불이행으로 자동차를 확보하지 못하여 다른 자동차를 구입하러 나갔다가 교통사고를 당하여 손해를 입은 경우 교통사고로 인한 손해도 채무자가 배상하여야 한다는 것은 자동차매매 대리점에게는 너무 과중한 책임을 지우는 것이 된다.

손해의 범위

채무불이행으로 인한 손해배상은 '통상의 손해'를 그 한도로 한다. 통상의 손해란 채무불이행이 있으면 일반적으로 발생하는 손해를 말한다. 일률적으로 정할 수 없지만 임차인이 임차물을 멸실한 때에는 그 임차물의 시가, 이중매매로 인한 이행불능의 경우에는 물건의 시가에서 매매대금을 공제한 금액, 임차물 반환을 늦게 한 경우 지연된 기간 동안의 임차료, 빌린 돈을 늦게 갚은 경우 지연된 기간 동안의 이자에 상당하는 금액 등이 통상의 손해에 속한다.

통상의 손해는 채무자가 그 발생을 알 수 있었든지 몰랐든지 관계없이 전부를 손해배상 청구할 수 있다.

특별한 사정으로 인한 손해는 채무자가 그 사정을 '알았거나 알 수 있었을 때'에 한하여 배상의 책임이 있다. 특별한 손해란 채무불이행으로 인해 일반적으로 발생하는 손해가 아닌 것, 즉 채권자에게만 존재하는 특별한 사정으로 인하여 발생하는 손해를 말한다.

예컨대 매도인의 이행불능으로 매수인이 제3자에게 매도하지 못해 입은 전매차액의 손해, 다른 목적물을 구입하기 위하여 지출한 비용, 채무불이행으로 인한 정신적 고통, 물건을 산 사람이 대금의 지급을 하지 않은 경우 그 물건을 판 사람이 판매 대금으로 이자 상당액 이상의 수입을 올릴 것이라는 것 등은 특별한 손해에 해당된다.

언제 특별한 사정이 존재한다는 것을 알아야 하느냐? 통상 채무를 '이행하여야 할 때'에 알았거나 알 수 있었으면 배상책임을 져야 한다.

특별한 사정으로 '손해가 발생' 할 것이라는 것까지 알 필요는 없다. '특별한 사정'이 '존재' 하고 있음을 알았거나 알 수 있었으면 충분하다.

손해배상액의 산정

손해는 금전으로 배상하는 것이 원칙이다. 따라서 손해를 금전으로 평가하는 일이 상당히 중요하다. 재산적 손해는 손해배상책임이 발생한 때와 장소를 기준으로 그 때, 그 장소의 시가 또는 현재가액으로 평가한다. 정신적 손해 즉 위자료는 금전으로 객관적으로 평가하는 것이 어려우므로 법원이 여러 사정을 감안하여 재량으로 결정한다. 자동차사고로 사망한 경우 그 사람의 장래의 수입에 대하여 일시금으로 배상하는 것이 보통인데 이를 경우 미래에 받을 수입을 현재 한꺼번에 받는 것이 되어 이자까지 더 배상 받는 결과를 가져온다.

그래서 일시금으로 보상하는 경우 중간이자를 공제한다. 중간이자 공제방식에는 단리로 계산하는 호프만식과 복리로 계산하는 라이프니찌식이 있는 데 공제금액은 복리로 계산되는 후자가 더 많다. 따라서 피해자(채권자)입장에서는 호프만식이 유리하다. 민법에서는 어느 방법으로 해야 하는 지 정해져 있지 않는 데 판례는 호프만식을 기본으로 하면서 법원의 자유로운 판단에 의해 정하고 있다.

과실 상계

채무불이행에 관해 채권자에게 과실이 있는 때에는 법원은 그 과실의 정도에 따라 배상금액을 정할 때 반드시 참작하여야 하는 데 이는 손해의 공평한 부담이라는 취지에서 이루어 지는 것이다.

　과실이 있는 때란 채무불이행 자체에 관하여 과실이 있는 경우와 채무불이행이 생긴 후에 손해의 발생 또는 확대에 관해 과실이 있는 경우 모두를 포함한다. 여기서 과실이란 사회 공동생활에서 요구되는 약한 정도의 부주의를 말한다.

　매수인이 운반비용을 20만 원 부담하기로 하고 매매계약을 체결하였는데 매도인의 채무불이행으로 100만 원의 손실이 발생하였는데 그 과정에 매수인의 과실이 30%가 있는 경우 손해액은 어떻게 계산하여야 하는가?

　매수인의 과실 30%와 매수인이 부담하기로 한 비용 20만 원 중 어느 것을 먼저 하느냐에 따라 손해배상액이 달라진다. 판례에서는 과실상계를 먼저 한 후에 손익상계를 하고 있다. 채무불이행으로 손해가 발생하였을 때, 채무자(매도인)가 채무를 이행하였더라면 채권자(매수인)가 지출하였을 비용을 손해배상액에서 공제하는 것을 손익상계라 한다. 따라서 매도인은 손해액 100만 원에 대하여 과실상계한 70만 원에서 매수인이 부담하기로 한 운반비용 20만 원을 공제한 50만 원을 배상하면 된다.

　금전채무불이행시 손해배상액은 당사자간의 약정이율에 의해 계산되나 약정이 없는 경우에는 법정이율에 의해 산정된다. 당사자간에 손해배상에 대하여 특약이 있는 경우에는 그 특약에 의하여 계산한다.

손해배상액의 예정

　손해배상액의 예정은 채무불이행이 있기 전에 맺은 약정에 국한되며 금전 이외의 것으로도 할 수 있다. 이 경우 채권자는 손해의 발생과 손해금액을 입증할 필요 없이 예정된 배상액을 채무자에게 청구할 수 있다. 채무자는 손해가 없거나 적다는 사실을 주장할 수 없다. 채권자도 손해가 예정액보다 많다고 더 청구할 수 없다. 물론 채권자는 배상 예정액의 존재와 그 내용을 입증하여야 한다. 그런데 실손해액이 더 많아서 채권자가 그 손해액을 입증하여 그 배상을 청구하는 경우에는 채무자가 배상 예정액의 존재를 입증하여야 한다. 손해배상액을 예정한 경우 채무불이행이 있으면 실제 손해가 발생하지 않았더라도 손해배상을 청구할 수 있으며 채권자의 과실상계를 적용하지 않는다.

손해배상 예정액이 부당히 과다하나는 사실은 채무사가 입증하여야 하며 경제적 약자의 지위에 있는 채무자에게 부당한 압박을 가하여 공정을 잃는 결과를 초래한다고 인정되는 경우에 법원이 재량으로 감액할 수 있다. 손해배상 예정액을 청구하면서 별도로 그 계약의 이행을 청구할 수 있고 또한 계약을 해제할 수도 있다. 즉 계약불이행으로 손해배상을 청구하는 것과 불이행되고 있는 계약을 이행할 것을 요구하는 것은 별개의 사항이다.

손해배상자의 대위(代位)

채권자가 채무자로부터 채무불이행으로 인한 손해배상으로서 채권의 목적인 물건(또는 권리)의 가액을 배상 받았음에도 그 물건(또는 권리)을 채권자가 계속 보유하는 것은 채무자가 이중의 이득을 취하는 부당한 결과를 가져오므로 채무자는 채권자에게 손해를 배상한 후에 그 물건(또는 권리)을 취득한다. 이를 손해배상자의 대위라 한다.

예컨대, 창고업자가 고객이 맡긴 물건을 창고에 보관·관리하다가 그 물건을 도난 당한 경우 그 물건의 가액을 고객에게 변상하면 창고업자는 그 물건의 소유권을 당연히 취득한다. 불법행위로 인한 손해배상을 한 경우에도 마찬가지로 적용된다.

채무자가 채권의 목적인 물건(또는 권리)의 가액을 전부 배상하지 않은 경우, 즉 일부만 배상한 때에는 손해배상자의 대위가 발생하지 않으며 일부 대위도 발생하지 않는다. 전부를 배상하여야 된다. 전부 배상한 경우 채권의 목적은 법률상 당연히 채권자로부터 배상자(채무자)에게 이전된다. 부동산처럼 등기를 필요로 하는 경우에도 등기 없이 소유권이 이전된다. 즉 등기, 인도, 채권양도의 통지 및 승낙 등 형식을 갖출 필요가 없다. 물론 제3자에게 이전할 경우에는 등기나 인도 등 형식을 갖추어야 한다.

임대인 홍길동이 주택을 화재보험에 가입한 상태에서 임차인 무대포의 과실로 불이 나서 주택이 전소되어 무대포가 소유자인 홍길동에게 손해배상을 한 경우 임대인 홍길동이 보험회사에 대해 가지는 보험금청구권을 임차인 무대포가 대위할 수 있는가? 대위할 수 없다. 손해배상자에게 보험이익을 줄 이유가 없기 때문이다. 그러나 반대로 보험회사가 주택 소유자 홍길동에게 보험금을 지급한 경우 그 한도 내에서 임대인 홍길동이 임차인에 대하여 가지는 손해배상청구권을 보험회사가 대위한다.

민법상 불법행위에 따른 손해배상책임에 대한 법리(法理)

민법상 관련 조항

제750조(불법행위의 내용)

고의 또는 과실로 인한 위법행위로 타인에게 손해를 가한 자는 그 손해를 배상할 책임이 있다.

제751조(재산 이외의 손해의 배상)

① 타인의 신체, 자유 또는 명예를 해하거나 기타 정신상 고통을 가한 자는 재산 이외의 손해에 대하여도 배상할 책임이 있다.

② 법원은 전항의 손해배상을 정기금채무로 지급할 것을 명할 수 있고 그 이행을 확보하기 위하여 상당한 담보의 제공을 명할 수 있다.

제755조(책임무능력자에 대한 감독자의 책임)

① 전2조의 규정에 의하여 무능력자에게 책임이 없는 경우에는 이를 감독할 법정의무 있는 자가 그 무능력자의 제3자에게 가한 손해를 배상할 책임이 있다. 그

러나 감독의무를 해태(懈怠)하지 아니한 때에는 그러하지 아니하다.

② 감독의무자에 갈음하여 무능력자를 감독하는 자도 전항의 책임이 있다.

제756조(사용자의 배상책임)

① 타인을 사용하여 어느 사무에 종사하게 한 자는 피용자가 그 사무집행에 관하여 제삼자에게 가한 손해를 배상할 책임이 있다.

그러나 사용자가 피용자의 선임 및 그 사무 감독에 상당한 주의를 한 때 또는 상당한 주의를 하여도 손해가 있을 경우에는 그러하지 아니한다.

② 사용자에 가름하여 그 사무를 감독하는 자도 전항의 책임이 있다.

③ 전2항의 경우에 사용자 또는 감독자는 피용자에 대하여 구상권을 행사할 수 있다.

제757조(도급인의 책임)

도급인은 수급인이 그 일에 관하여 제삼자에게 가한 손해를 배상할 책임이 없다. 그러나 도급 또는 지시에 관하여 도급인에게 중대한 과실이 있는 때에는 그러하지 아니한다.

제758조(공작물 등의 점유자, 소유자의 책임)

① 공작물의 설치 또는 보존의 하자로 인하여 타인에게 손해를 가한 때에는 공작물 점유자가 손해를 배상할 책임이 있다. 그러나 점유자가 손해의 방지에 필요한 주의를 해태하지 아니한 때에는 그 소유자가 손해를 배상할 책임이 있다.

② 전항의 규정은 수목의 재식(栽植) 또는 보존에 하자 있는 경우에 준용한다.

③ 전 2항의 경우에 점유자 또는 소유자는 그 손해의 원인에 대한 책임 있는 자에 대하여 구성권을 행사할 수 있다.

제759조(동물의 점유자 책임)

① 동물의 점유자는 그 동물이 타인에게 가한 손해를 배상할 책임이 있다. 그러나

동물의 종류와 성질에 따라 그 보관에 상당한 주의를 해태하지 아니한 때에는 그러하지 아니하다.
② 점유자에 갈음하여 동물을 보관한 자도 전항의 책임이 있다.

제760조(공동불법행위자의 책임)
① 수인이 공동의 불법행위로 타인에게 손해를 가한 때에는 연대하여 그 손해를 배상할 책임이 있다.
② 공동 아닌 수인의 행위 중 어느 자의 행위가 그 손해를 가한 것인지를 알 수 없는 때에도 전항과 같다.
③ 교사자나 방조자는 공동행위자로 본다.

제764조(명예훼손의 경우의 특칙)
타인의 명예를 훼손한 자에 대하여는 법원은 피해자의 청구에 의하여 손해배상에 가름하거나 손해배상과 함께 명예회복에 적당한 처분을 명할 수 있다.

제765조(배상액의 경감청구)
① 본 장의 규정에 의한 배상의무자는 그 손해가 고의 또는 중대한 과실에 의한 것이 아니고 그 배상으로 인하여 배상자의 생계에 중대한 영향을 미치게 될 경우에는 법원에 그 배상액의 경감을 청구할 수 있다.
② 법원은 전항의 청구가 있는 때에는 채권자 및 채무자의 경제상태와 손해의 원인 등을 참작하여 배상액을 경감 할 수 있다.

제766조(손해배상청구권의 소멸시효)
① 불법행위로 인한 손해배상의 청구권은 피해자나 그 법정대리인이 그 손해 및 가해자를 안 날로부터 3년간 이를 행사하지 아니하면 시효로 인하여 소멸한다.

② 불법행위를 한 날로부터 10년을 경과한 때에도 전항과 같다.

특별법상의 특수불법행위

자동차손해배상보장법 제3조
　자기를 위하여 자동차를 운행한 자는 그 운행으로 인하여 다른 사람을 사망하게 하거나 부상하게 한 때에는 그 손해를 배상할 책임을 진다.

환경정책기본법 제31조(환경오염의 피해에 대한 무과실 책임)
　① 사업장 등에서 발생되는 환경오염으로 인하여 피해가 발생한 때에는 당해 사업자는 그 피해를 배상하여야 한다.
　② 사업장 등이 2개 이상 있는 경우에 어느 사업장 등에 의하여 제1항의 피해가 발생한 것인지를 알 수 없을 때에는 각 사업자는 연대하여 배상하여야 한다.

상법 제399조(이사의 회사에 대한 책임)
　① 이사가 법령 또는 정관에 위반한 행위를 하거나 그 임무를 해태한 때에는 그 이사는 회사에 대하여 연대하여 손해를 배상할 책임이 있다.
　② 전항의 행위가 이사회의 결의에 의한 것인 때에는 그 결의에 찬성한 이사도 전항의 책임이 있다.
　③ 전항의 결의에 참가한 이사로서 이의를 한 기재가 의사록에 없는 자는 그 결의에 찬성한 것으로 추정한다.

상법 제400조(이사의 제3자에 대한 책임)
　① 이사가 악의 또는 중대한 과실로 인하여 그 임무를 해태한 때에는 그 이사는 제3자에 대하여 연대하여 손해를 배상할 책임이 있다.

제조물책임법 제3조(제조물책임)

① 제조업자는 제조물의 결함으로 인하여 생명·신체 또는 재산(당해 제조물에 대해서만 발생한 손해를 제외한다)에 손해를 입은 자에게 그 손해를 배상하여야 한다.

☞ · 제조업자란 제조물의 제조·가공 또는 수입을 영업으로 하는 자를 말한다.
   · 제조물이란 다른 동산이나 부동산의 일부를 구성하는 경우를 포함한 제조 또는 가공된 동산을 말한다.
   · 제조물의 결함이란 당해 제조물에 통상적으로 기대할 수 있는 안전성이 결여되어 있는 것으로서, 제조물이 원래 의도한 설계대로 제조되지 못한 '제조상의 결함', 당초의 설계가 불안전한 '설계상의 결함', 적절한 설명·지시·경고 등의 표시를 하지 않은 '표시상의 결함'이 있는 것을 말한다.
   · 제조물의 하자로 인해 발생한 확대손해에 대해 배상책임을 지는 것이며 따라서 당해 제조물 자체에 대해 발생한 손해에 대해서는 그 적용이 없다.

불법행위로 인한 손해배상이란?

불법행위는 고의 또는 과실로 인한 위법행위로 타인에게 손해를 가한 행위이며 이 경우 가해자는 피해자에 대해 그 손해를 배상할 책임을 진다. 즉 불법행위가 성립하면 피해자는 가해자에 대해 당연히 손해배상을 받을 채권을 취득한다.

손해배상청구권이 발생하는 원인으로서 불법행위는 미지(未知)의 당사자간에 발생하는 점에서 채권채무관계에 있는 자 사이에 발생하는 채무불이행과는 다르지만 양자는 법률이 허용하지 않는 위법행위라는 점에서 공통된다.

그래서 채무불이행으로 인한 손해배상책임 내용과 동일한 요소가 많다. 손해배상의 범위로 통산의 손해를 한도로 금전 배상을 원칙으로 한다는 것과 배상금액 산정과정에서 채권자(피해자)의 과실을 상계한다는 점, 그리고 손해 배상자의 대위권을 인정하는 점이 동일하다.

채무불이행과 다른 특유한 점은 재산상 손해 이외에 정신적 손해에 대한 배상 즉 위자료를 인정하는 명문의 규정이 있으며 이 위자료를 정기금 채무로 지급할 수 있음을 규정하고 있다. 또한 태아도 손해배상청구권에 관하여는 이미 출생한 것으로 보고 청구권을 인정하고 있다. 그리고 불법행위로 인한 손해가 가해자의 고의 또는 중대한 과실에 의한 것이 아니고 그 배상으로 인하여 배상자의 생계에 중대한 영향을 미칠 경우 가해자가 법원에 배상액의 경감을 청구할 수 있는 제도가 있다. 일반채권의 경우 권리를 행사할 수 있는 때부터 소멸시효(3년)가 진행되는 데 반하여 불법행위로 인한 손해배상책임은 피해자측이 그 손해 및 가해자를 안 날로부터 소멸시효(3년)가 진행된다는 점에서 다르다.

불법행위는 민법750조 및 관련 조항에서 정한 요건에 해당하는 일반불법행위와 제750조가 정하는 일반불법행위의 요건을 갖추지 않더라도 불법행위가 성립하는 것으로 개별적으로 정한 특수 불법행위로 구성된다.

일반 불법행위가 성립하기 위한 요건(성립요건)

일반 불법행위가 성립하려면 ①가해자의 고의 또는 과실에 의한 행위 ②가해자의 책임능력 ③가해행위의 위법성 ④가해행위에 의한 손해발생 4가지가 필요하다.

고의(故意)·과실(過失)

과실책임의 원칙

불법행위를 이유로 타인에게 손해를 배상하기 위해서는 가해자 자신에게 고의 또는 과실이 있어야만 한다. 그래야 가해자를 비난할 수 있고 손해배상의 책임이 부과된다. 이것을 과실책임의 원칙이라 한다.

예외적으로 특수불법행위에 있어서는 타인의 행위에 대하여 책임을 지는 경우가 있다. 자녀의 행위에 대한 친권자의 책임, 피용자에 대한 사용자의 책임이 그 예이다. 그러나 이 경우 친권자, 사용자는 (행위에 대한)결과책임을 지는 것이 아니라 자녀 또는 피용자에 대한 감독의무 위반에 대하여 그 책임을 지는 것이다. 따라서 감독의무를 다하였음을 입증한 때 면책된다.

고의 · 과실이란?

가해자가 손해발생을 인식하면서 위법행위를 하는 경우가 고의이고 손해발생을 예견할 수 있었음에도 부주의로 이를 예견하지 못하고 위법행위를 하는 것이 과실이다. 형법에서는 원칙적으로 고의가 있는 경우에 벌(罰)하며 과실이 있는 경우에는 예외적으로 처벌하나 민법에서는 불법행위로 인한 피해자의 손해를 보전하는 데 목적을 두기 때문에 고의와 과실에는 차이가 없다.

불법행위에서 과실은 중과실과 경과실로 나눈다. 경과실은 보통의 주의를 결여한 경우이고 중과실은 주의를 위반한 정도가 고의에 가까울 정도로 중대한 경우를 말한다. 민법에서 과실은 경과실을 의미하고 중과실을 요구할 때는 중대한 과실이라고 별도로 표현한다. 보험에서 보상하는 경우도 일부 특별법에 의한 경우를 제외하고는 경과실로 인한 손해를 보상 한다.

실화책임에 관한 법률에서 실화의 경우 중대한 과실이 있을 때에 한하여 손해배상책임을 지우고 있다. 그 이유는 일단 화재가 발생한 경우 부근 물건까지 연소하여 예상 외의 피해가 확대되어 실화자의 책임이 과다하게 되는 점을 고려하여 그 책임을 거의 고의에 가까운 중대한 과실로 인한 실화에 한하여 배상책임을 지우고 있다.

고의 · 과실의 입증 책임

불법행위라고 주장하는 피해자(채권자)가 가해자의 고의 또는 과실을 입증해야 한다. 채무불이행의 경우 채무자가 입증하여야 하는 경우와 다르다.

민법상 특수한 불법행위인 책임무능력자의 감독자 책임, 사용자의 배상책임, 공작물 점유자의 책임, 동물의 점유자의 책임에서는 감독자, 사용자, 점유자에게 과실이 있다고 추정한다. 그 결과 그 책임을 면하려면 자신에게 과실이 없음을 입증하여야 한다. 예외적으로 가해자에게 과실이 있다고 추정하는 경우도 있다. 즉 환자가 치료 도중에 사망하고 그것이 극히 이례적인 경우, 가압류나 가처분이 있은 후 본안 소송에서 패소한 때, 제조물에 결함이 있는 경우 등이 그러하다.

책임능력

불법행위로 인한 손해배상책임이 성립하려면 가해자가 그 행위의 결과가 위법하여 법률상 비난 받는 것임을 인식할 수 있는 능력 즉 책임능력이 있어야 한다. 책임능력의 입증은 가해자인 자신이 책임무능력자라는 사실을 입증하여야 한다. 민법상 책임무능력자는 미성년자로서 행위의 책임을 변식(辨識)할 지능이 없는 자와 심신상실자에 한정한다. 이들이 가해행위에 대하여는 배상책임을 지지 않으나 이들의 감독자가 보충적으로 책임을 진다. 책임을 변식할 지능이란 자기의 행위의 결과가 위법한 것으로서 법률상 비난되고 어떤 법적 책임이 생긴다는 것을 인식할 만한 지능을 말하며 그 해당 여부는 여러 사정을 종합하여 구체적으로 결정되며 판례상 대체로 15세 이상부터는 책임변식지능을 가지고 있다고 보고 있다. 심신상실자는 불법행위 당시에 심신상실이면 충분하다. 계속적으로 심신상실 상태에 있지 않아도 된다. 고의 또는 과실로 심신상실을 초래한 경우에는 배상책임을 진다. 가해의사(加害意思) 없이 과실로 음주를 하여 심신 상실 상태에 빠지더라도 배상책임을 진다. 행위자의 과실로 심신상실이 초래되어 일시적이 아니라 계속하여 지속되는 경우 배상책임을 지지 않는다.

위법성

불법행위로 인한 손해배상책임이 성립하려면 타인의 권리를 침해하여야 한다. 보통은 위법한 것이 되나 어떤 특별한 사유로 위법성이 없는 것으로 하는 경우가 있는데 이를 위법성의 조각(阻却)이라 한다. 이러한 위법성 조각사유로는 정당방위와 긴급피난 두 가지가 있다. 정당방위는 '타인의 불법행위' 에 대하여 자기 또는 제3자의 이익을 방위하기 위해 부득이 타인에게 손해를 가하는 행위(예컨대 강도의 위험을 피하기 위해 방위행위로서 타인의 소유의 가게를 부수고 피신하는 경우)를 말하며, 긴급피난은 '급박한 위난'을 피하기 위해 부득이 타인에게 손해를 가한 경우(예컨대 개가 물려는 것을 피하기 위해 타인의 집을 부수고 피신하는 경우)를 말한다. 기타 조각사유로는 청구권을 보전하기 위해 국가기관의 구제를 기다릴 여유가 없는 경우에 권리자가 자신의 실력으로 스스로 실현하는 자력구제, 법령에 근거한 정당한 업무행위(예컨대 교원의 학생 징계행위, 부모의 자식 징계행위)또는 사회질서에 위반하지 않는 경우로서 피해자의 승낙이 있는 경우(예컨대 모자이크 조건으로 TV 방영)등이 있다.

손해의 발생

불법행위로 인한 손해배상책임이 성립하려면 가해행위에 의한 손해가 발생하여야 한다. 손해는 현실적으로 발생한 것에 한한다. 손해의 발생과 그 금액은 피해자가 입증하여야 한다. 가해행위와 손해 사이에는 인과관계가 있어야 한다. 인과관계는 A라는 사실(원인)이 있으면 동일한 사정하에서는 언제나 B라는 사실(결과)이 생기는 관계를 말한다. 인과관계의 입증책임은 피해자에게 있다.

손해배상의 방법

불법행위로 인한 손해배상은 불법행위가 없었다면 존재하였을 상태로 회복시키는 원상회복과 손해를 금전으로 평가하여 피해자에게 지급하는 금전배상 두 가지 방법이 있으나 민법상 금전배상을 원칙으로 하고 있다. 금전으로 배상해야 하는 손해는 재산적 손해뿐만 아니라 정신적 손해도 포함된다. 금전배상의 원칙에 대한 예외로 명예훼손의 경우를 들 수 있다. 신문이나 잡지에의 게재 등 적당한 방법을 통하여 명예를 원상회복할 수 있다.

금전배상시 그 지급방법으로는 일시금배상과 정기금배상 두 종류가 있다. 전자는 미래의 손해도 함께 평가하여 그 전부를 일시에 배상하는 것이고 후자는 각 기말에 손해가 구체적으로 현실화된 것을 정기적으로 배상하는 방식이다. 정기금배상은 피해자가 오랜 기간에 걸쳐 배상 청구해야 하는 번거로움과 가해자의 사정변화(파산 등)에 따라 제대로 배상을 받지 못할 위험이 큰 점에서 현실적으로 대부분 일시금배상을 원칙으로 하고 예외적으로 정기금배상이 이루어 진다.

명예훼손

　명예란 사람의 품성, 덕행, 명예, 신용 등 세상으로부터 받는 객관적인 평가를 말하는 것이고 명예를 훼손한다는 것은 그 사회적 평가를 침해하는 것을 말한다. 이 경우 재산상 손해 이외에 정신적 손해도 배상하여야 한다. 명예 훼손은 헌법상 보장된 두 개의 법익(법으로 보호할 가치가 있는 이익) 즉 '표현의 자유'와 '개인의 명예의 보호'가 충돌하는 경우로서 명예훼손 여부는 구체적 사안에 따라 양 법익의 가치를 비교하여 결정한다.

　명예훼손이 성립하기 위해서는
　첫째, 특정 개인이 아닌 불특정 다수의 사람에게 알리는 공연(公然)함이 필요하고
　둘째, 어느 특정 개인의 명예와 관련되는 사실을 지적하여 나타내어야 하며
　셋째, 그 사실이 진실이고 또 공공의 이익에 관한 것이 아니어야 한다.
　명예훼손이 공공의 이익을 위한 것일 때에 한해 지적된 사실이 진실이거나 진실이라고 믿었고 또 그렇게 믿을 상당한 이유가 있으면 위법이 아니다. 이러한 위법이 아니라는 입증책임은 명예훼손 행위를 한 자에게 있다. 명예 훼손에 따른 손해배상은 피해자의 청구가 있어야만 가능하며 법원은 금전배상만을 명하거나 명예회복처분만을 내리거나 금전배상과 함께 명예회복처분을 같이 명할 수 있다.
　명예회복에 적당한 처분의 방법으로는 가해자의 비용으로 그가 패소한 민사손해배상판결을 신문이나 잡지에 게재하는 방법, 형사명예훼손의 유죄판결을 신문이나 잡지에 게재하는 방법, 명예훼손 기사를 취소하는 광고 등이 있다.

손해배상액은 어떻게 산정되는가

불법행위로 인한 손해배상은 채무불이행과 같다. 이는 불법행위를 한 당시를 기준으로 재산적 손해와 정신적 손해, 즉 위자료를 평가하여 금전으로 배상한다. 재산적 손해는 불법행위로 인하여 이미 얻은 이익의 감소 또는 새로이 부담하는 비용 즉 치료비, 장례비, 개호비, 교통비 등 적극적 손해와 장래의 이익으로 얻을 수 있었는데 얻지 못한 손해인 소극적 손해로 나뉘어 진다. 피해자는 각각의 손해를 입증하여야 배상을 받을 수 있다.

소극적 손해 즉 일실이익은 생명침해와 신체상해의 경우 다음과 같이 계산한다.

> 생명침해의 경우 : [(사망 당시 수입액) × (수입가능기간) - 생활비 . 중간이자]
>
> 신체상해의 경우 : [(부당 당시 수입액) × (노동능력상실률) × (수입가능기간)] - 중간이자

수입액은 임금을 기준으로 하되 임금 증가를 예측할 수 있는 객관적 자료가 있는 때에는 이를 통상손해로 포함 시킨다. 사고 당시 수입이 없는 무직자, 미성년자, 부녀자, 학생, 가정주부 등은 일용근로자의 임금을 기준으로 산정한다. 수입가능기간은 만 20세부터 시작하여 피해자의 직업, 연령, 건강상태 등을 감안하여 수입가능기간을 정한다.

노동능력상실률은 정상수입에 상실률을 곱하는 방법과 현재 수입액에서 남은 노동력으로 재취업이 가능한 직업의 수입을 공제한 차액을 계산하여 상실률을 구하는 방법 중 하나를 선택한다. 중간이자는 단리방식인 호프만 방식과 복리방식인 라이프니찌 방식이 있는데 피해자 입장에서는 공제금액이 작은 호프만 방식이 유리하고 가해자 입장에서는 라이프니찌 방식이 유리하다.

정신적 손해는 재산 이외의 손해로서 이에 대한 금전배상을 위자료라 한다. 신체, 자유, 명예, 기타 정신상 고통을 입은 것이 입증되면 위자료를 청구할 수 있고 직계존비속, 배우자는 정신적 고통이 있었다는 입증이 없어도 위자료청구권을 가지나

그 외 친족은 정신적 고통을 입었다는 것을 입증하여야만 위자료를 청구할 수 있다. 위자료 청구권은 피해자 및 근친자가 할 수 있다. 위자료 청구권이 인정되는 경우로는 정조의 침해, 성희롱, 부당해고, 생활방해, 재산상의 침해 등이 있다. 위자료 청구권은 일종의 재산상 손해배상청구권이므로 상속이 가능하다.

위자료 금액은 피해자의 청구 범위 내에서 법원이 제반 사정을 참작하여 그 직권에 속하는 재량에 의하여 확정한다. 이 때에 피해자의 과실이나 지출 예상비용을 고려하여야 한다. 과실상계를 한 다음 손익상계를 하여 위자료 금액을 결정하여야 한다.

배상의무자 즉 가해자는 불법행위로 인한 손해가 경과실에 의해 발생하고 배상으로 인해 본인의 생계에 중대한 영향을 미칠 경우 이를 입증하여 법원에 배상액의 경감을 청구하여 배상액을 경감 받을 수 있다.

불법행위에 의한 손해배상청구권

불법행위로 인해 피해를 본 피해자는 손해배상청구권을 가진다. 법인도 포함된다. 부 또는 모가 상해를 입거나 사망한 경우에 태아는 정신상 고통에 대한 위자료 청구권을 가진다. 동시에 태아 자신에 대한 불법행위에 대한 손해배상청구권도 가진다. 교통사고 충격으로 태아가 제대로 성장하지 못하여 사망한 경우가 이에 해당된다.

직계혈족 및 그 배우자간, 기타 생계를 같이하는 친족간에는 서로 부양의무가 있으므로 불법행위로 생명의 침해를 당한 자가 부양의무자(자식)인 때 부양 청구권자(노모)는 그로 인해 부양을 받지 못한 것에 대해 손해배상청구권을 가진다. 부양 청구권자(노모)가 불법행위로 상해를 입어 부양의무자(자식)가 치료를 하거나 간호를 한 경우 그 치료비나 개호비에 대하여 직접의 피해자(노모)가 손해배상을 청구할 수 있고 그 청구를 하지 않는 때 부양 의무자(자식)가 손해배상을 청구할 수 있다. 손해배상청구권은 원칙적으로 양도 및 상속될 수 있으나 상계는 안된다. 불법행위로 피해를 입은 약자의 지위에 있는 피해자는 현금으로 변제를 받는 것이 유리하며 채권자가 채무를 변제하지 않는 채무자에게 고의로 해를 끼치는 행위를 방지하기 위한 목적도 있다.

손해배상자의 대위

불법행위에 의해 훼손된 물건에 관해 피해자가 그 가액 전부를 손해배상으로 받은 경우에는 배상자가 그 물건에 대하여 피해자를 대위한다.

손해배상청구권의 소멸시효

일반적으로 채권의 소멸시효는 권리를 행사할 수 있는 때로부터 진행하고 그 시효기간은 10년인 것이 원칙이다. 그러나 불법행위로 인한 손해배상청구권은 피해자나 그 법정대리인이 그 손해 및 가해자를 안 때로부터 3년이라는 단기시효를 정하고 있다. 손해 및 가해자를 안 날이란 피해자측이 현실적이고도 구체적으로 인식한 것을 뜻한다. 예컨대 사고 후유증으로 불법행위 당시에 전혀 예견할 수 없었던 새로운 손해가 발생한 경우 그러한 사유가 판명된 때로부터 새로운 소멸시효기간이 진행된다. 손해발생의 사실을 아는 것만으로는 부족하고 손해배상을 청구할 수 있다는 사실을 아는 것이 필요하다. 피해자 쪽이 손해 및 가해자를 인식할 만한 지능이 없는 경우에는 소멸시효가 진행되지 않는다. 피해자측이 손해 및 가해자를 안 날에 대한 입증책임은 가해자측에 있다. 불법행위로 인한 손해배상청구권은 3년의 단기시효에 걸리지 않더라도 불법행위를 한 날로 10년이 경과하면 시효로 소멸한다. 불법행위를 한 날이란 '가해행위'가 있은 때가 아니라 가해행위로 인하여 '손해'가 현실적으로 발생한 때를 말한다.

불법행위에 있어 과실책임주의 원칙의 예외

우리나라 민법은 불법행위에 대하여 책임을 묻기 위해서는 가해자의 고의나 과실이 있어야 하는 과실책임주의를 채택하고 있다. 그리고 가해자의 고의나 과실은 피해자가 입증하도록 하고 있다. 따라서 가해자는 자기의 행위에 과실만 없으면 책임을 부담하지 않는다. 그러나 피해자 보호를 위하여, 때로는 가해자 보호를 위해 특별법 또는 대법원 판례를 통하여 가해자의 과실요건 및 그에 대한 입증책임을 가해자에게 전가하는 경우도 있다. 이러한 사례를 살펴보면 다음과 같다.

과실책임주의 → 중과실책임주의

가해자의 고의에 가까울 정도로 현저하게 주의의무를 다하지 않은 중과실이 있는 경우에만 손해배상책임을 부담하는 법리이다.

> 예) 실화책임에 관한 법률
> 실화의 경우 중대한 과실로 타인에게 손해를 가한 경우에 한하여 배상책임 부담

과실책임주의 → 무과실책임주의

가해자에게 과실이 있는 부분은 물론 가해자 및 피해자 모두에게 과실이 없는 부분까지 가해자가 배상책임을 지는 법리이다. 그러나 피해자의 과실부분은 손해금액에서 상계한다.

> 예) • 화재로 인한 재해보상과 보험가입에 관한 법률(화보법): 특수건물의 소유자는 그 건물의 화재로 인하여 타인이 사망하거나 부상한 때에는 과실이 없는 경우에도 그 손해를 배상할 책임 부담
> • 자동차손해배상보상법(자보법) : 자동차운행자의 책임은 과실이 없는 경우에도 책임을 지는 무과실에 가까운 책임 부담(운행자가 운행에 주의를 다 하였고 피해자에게 고의 또는 과실이 있고 자동차에 구조상 결함 또는 기능 장애가 없었다는 것을 운행자가 모두 입증할 경우에만 면책시켜주므로)
> • 환경정책기본법 : 자기의 행위 또는 사업활동으로 인하여 환경오염 또는 환경훼손의 원인을 야

기하여 타인에게 피해를 준 경우 사업장을 운영하는 사업자에 한하여 사업자는 과실이 없는 때에도 배상책임을 부담

- 공작물 소유자의 책임 : 공작물의 설치, 보존의 하자로 인하여 타인에게 손해를 가한 때에는 최종적으로 소유자에게 과실이 없더라도 배상책임 부담

무과실책임주의 → 보상책임주의

가해자에게 과실이 있는 부분과 가해자 및 피해자 모두에게 과실이 없는 부분은 물론 피해자의 과실부분까지 가해자가 배상책임을 지는 법리이다. 피해자의 과실상계 법리는 적용되지 않는다.

예) • 액화석유가스의 안전 및 사업관리법, 고압가스안전관리법: 가스사고 배상책임보험 의무가입대상자는 제3자가 입은 손해에 대하여 피보험자의 책임여부에 관계없이 일정금액 범위 내에서 보상책임 부담
- 유선및도선 사업법: 유도선사업자는 선박운항구역이 하천, 호소(湖沼), 해상인가에 관계없이 피해자의 과실에 관계없이 정액 보상하도록 책임 부담
- 산재법, 근로기준법: 근로자의 업무상 재해로 인한 인명손해에 대하여 근로자의 과실을 상계하지 않고 일정한도까지 보상책임 부담
- 선원법: 선박소유자는 선원이 직무상 부상이나 질병 또는 이로 인한 사망에 대하여 보상책임 부담

입증책임 전환(피해자 → 가해자)

과실책임의 원칙상 가해자의 과실은 피해자가 입증하여야 하나 가해자에게 자신의 무과실을 입증하도록 하는 법리이다. 즉 가해자가 자신에게 과실이 없음을 입증하지 못하면 배상책임을 부담한다.

예) • 자보법: 자동차운행자의 사고책임에 대한 면책 입증책임은 가해자인 운행자가 부담
- 제조물책임법: 제조업자 등은 일정한 사항을 입증하지 못할 경우 배상책임 부담

특수불법행위에 대한 법리

일반불법행위의 성립요건과는 달리 특수한 성립요건이 정하여져 있는 불법행위를 특수불법행위라고 한다. 민법상 특수불법행위는 6종류가 있다. 그 외에 의료과실책임, 특별법에 의한 자동차운행자책임, 환경오염책임, 제조물 책임이 있다.

책임무능력자의 감독자 책임

책임변식지능이 없는 미성년자(대법원 판례상 15세 미만) 또는 심신상실자가 제3자에게 가해행위를 한 때에 이들은 책임능력이 없어 불법행위에 의한 손해배상책임을 지지 않는다. 이 때에는 이들을 감독할 법정의무가 있는 자 또는 그에 갈음하는 감독의무를 지는 자가 손해배상책임을 부담한다. 미성년자라도 책임능력이 있는 때에는 감독자가 책임을 지지 않는다. 그리고 감독자가 배상책임을 면하기 위해서는 감독의무를 해태하지 않았음을 입증하여야 한다.

법정감독자의 감독은 당해 불법행위에 국한하여 감독자의 과실을 문제 삼는 것이 아니라 책임 무능력자의 생활 전반에 걸쳐서 문제를 삼기 때문에 실무상 면책이 허용되는 경우는 극히 드물다. 따라서 사실상 과실이 없더라도 책임을 지는 무과실책임에 가까운 책임을 감독자에게 지우고 있다. 법정감독의무자는 미성년자의 경우 친권자 또는 후견인이, 심신상실자로서 금치산 선고를 받은 자가 후견인이 된다.

☞ 후견인이 될 수 있는 지위: 미성년자의 직계혈족, 3촌 이내의 방계혈족, 가정법원이 선임한자 순으로 가능

임의 감독자의 감독범위는 학교생활 등 특정한 생활관계에 한정되므로 법정감독자에 비해 상대적으로 감독책임이 적은 편이다. 그리고 돌발적이고 우연한 사고에 대하여 책임을 물을 수 없다. 탁아소의 보모, 학교의 교사 및 교장, 정신병원의 의사 등이 임의 감독자이다.

예를 들면 초등학생인 11세 아이가 야구게임을 하다가 길 가는 아이를 다치게 하는 경우 법정감독의무자인 친권자로서 부모가 배상책임을 진다. 18세인 오토바이 운전면허를 가진 미성년자가 오토바이 운전을 하고 가다가 행인을 친 경우 15세부터는 책임능력을 갖춘 것으로 인정되어 부모의 감독자책임을 물을 수 없다. 민법 750조의 불법행위로 인한 배상책임을 묻는 것도 어렵다.

미성년자에 의한 손해와 부모의 감독의무 위반 사이에 상당한 인과관계가 있어야 하고 피해자가 입증하여야 하는데 운전면허증도 있는 등 사고와 감독의무 위반 사이에 상당한 인과관계가 있다고 보기 어려우므로 부모의 불법행위에 대한 손해배상책임을 청구할 수 없다. 미성년자에 손해배상을 청구할 수 밖에 없는데 경제적 능력이 있을 것을 기대하기 어려우므로 현실적으로 배상 받기 어렵다.

사용자의 책임

사용자의 사무에 속하는 사무에 종사하는 피용자가 사무집행에 관하여 제3자에게 고의 또는 과실로 손해를 주었을 경우 사용자는 그 손해에 대하여 배상책임을 진다. 그러나 사용자가 피용자의 선임 및 그 사무감독에 상당한 주의를 한 때 또는 상당한 주의를 하여도 손해가 있었을 경우에는 그 책임을 면한다. 그런데 법원 실무상 아직 그 면책을 인정한 적이 없을 정도로 사용자에게 과실이 없더라도 책임을 묻는 무과실책임에 가깝게 운영되고 있다.

피용자의 불법행위에 대하여 사용자가 그 배상책임을 지는 근거는 많은 사람을 고용하여 그에 상응하는 많은 이익을 얻으므로 그 과정에서 피용자가 타인에게 가하는 손해도 사용자가 부담하는 것이 공평하다는 논리(보상책임의 원리)에 기초하고 있다.

농지개량조합의 직원이 내부 직원과 공모하여 불법 발행한 조합명의의 수표를 담보로 신용금고로부터 대출을 한 사건에서 금고가 조합에 수표를 제시하고 그 지급을 청구하였는데 조합은 그 지급을 거절할 수 있는가? (농지개량조합이 대출을 받을 경

우 감독관청인 도지사의 승인이 필요한데 그 승인도 없었다)

　신용대출을 사업목적으로 하는 금고는 농지개량조합이 대출을 받을 경우 법률적 제한이 있음을 알 수 있는 지위에 있고 또한 조합이 직원 명의의 대출 담보로 수표를 발행하는 것은 극히 이례적이므로 금고는 수표발행이 적법한 것이 아님을 알지 못하였다고 하여도 중대한 과실이 있다. 또한 조합 직원의 개인적 대출행위는 조합 고유의 사무가 아니다. 따라서 조합 직원의 고의에 의한 피해를 사용자인 조합이 책임을 질 필요가 없다.

도급인의 책임
　도급에서 수급인(受給人)은 도급계약에서 정해진 일을 자기의 판단에 따라 완성할 의무를 질 뿐이고 도급인이 수급인을 선임하고 감독하는 관계에 있지 않다. 즉 수급인은 도급인의 피용자가 아니다. 따라서 도급인은 수급인이 그 일에 관하여 제3자에게 가한 손해는 배상할 책임이 없다.
　그러나 도급 또는 지시에 관하여 도급인에게 중대한 과실이 있는 때에는 그 책임을 진다. 즉 도급인의 과실과 수급인이 가한 손해 사이에 인과관계가 있으면 일반불법행위책임을 진다. 현장에서 도급인에게 지휘, 감독을 받으며 도급인이 시공자체를 관리하는 경우에는 실질적 지휘, 감독관계가 있으므로 도급인은 사용자로서 배상책임을 진다.

공작물 등의 점유자·소유자의 책임
　인공적으로 제작된 물건인 공작물의 '설치 또는 보존의 하자'로 인하여 또는 수목을 심거나 보존하는 데 있어 하자로 인하여 타인에게 손해를 가한 때에는 1차적으로 그 공작물 또는 수목의 점유자가 손해배상책임을 지되 그가 손해의 방지에 필요한 주의를 다한 경우에는 면책이 되고 2차적으로 소유자가 배상책임을 진다.
　공작물의 하자란 공작물이 용도에 따라 통상 갖추어야 할 안정성을 갖추지 못한 것을 말한다. 점유자란 공작물을 사실상 지배하면서 그 설치 또는 보존상의 하자로 인하여 발생할 수 있는 각종 사고를 방지하기 위하여 공작물을 보수·관리할 권한 및 책임이 있는 자를 말한다.

점유자는 중간책임을 지나 소유자는 면책이 허용되지 않는 점에서 과실이 없더라도 책임을 지는 무과실책임을 진다. 공작물의 하자의 존재에 관한 입증책임은 피해자에게 있다. 점유자 또는 소유자가 그 배상을 한 경우에는 그 손해의 원인에 대하여 책임이 있는 자에 대하여 구상권을 행사할 수 있다.

☞ 빌딩 리모델링을 도급을 맡은 건설회사 종업원이 작업 도중에 잘못하여 벽돌이 아래로 떨어져 그 밑을 지나던 보행인을 다치게 한 경우 보행인은 어떻게 배상을 받을 수 있을까?

안전망을 설치하지 않은 공작물의 설치하자에 해당되므로 건설회사에게 점유자로서 공작물 책임을 물어 손해배상을 청구하면 된다. 종업원은 공작물 하자로 인한 책임을 부담하지 않는다. 대신, 건설회사는 종업원의 과실에 대한 불법행위책임을 물어 구상권을 행사할 수 있다.

동물 점유자의 책임

동물의 종류와 성질에 따른 보관상의 과실로 인하여 타인에게 가한 손해에 대하여 동물의 점유자가 배상책임을 진다. 점유자의 책임은 중간책임으로 손해배상책임을 면하기 위해서는 동물의 종류와 성질에 따라 그 보관에 상당한 주의를 다하였음을 입증하여야 한다.

배상책임을 지는 자는 점유자 내지 보관자로서 공작물책임의 경우와 달리 점유자가 있는 경우 소유자는 배상책임을 지지 않는다. 점유자 또는 보관자는 그 손해의 원인에 대하여 책임이 있는 자에게 구상권을 행사할 수 있다.

공동 불법행위자의 책임

여러 사람이 관여한 행위로 인하여 하나의 손해가 발생한 불법행위를 공동 불법행위라 한다. 여러 사람이 공동으로 행한 경우 또는 공동은 아니나 여러 사람이 행한 경우, 그리고 교사자와 방조자 등 모두 공동 불법행위자이다.

공동 불법행위자는 정도의 차이가 있지만 손해발생에 관여한 점에서 연대하여 배상책임을 진다. 연대책임을 지운 것은 피해자를 두텁게 보호하자는 데 그 취지가 있다.

버스가 국도상에 생긴 웅덩이를 피하기 위하여 중앙선을 침범하는 하는 바람에 마주 오던 트럭과 충돌하여 교통 사고가 난 경우 도로의 관리책임자로서 국가와 버스회사는 공동 불법행위자로서 손해배상책임을 진다.

학교 입구에 있는 횡단보도에서 제한속도를 지키지 않고 달리던 택시에 부딪친 어린이가 땅에 쓰러진 순간, 안전거리를 지키지 않고 과속으로 달리던 버스에 연이어 치어 사망한 경우 두 운전기사는 연대하여 손해배상책임을 진다.

의료과실 책임

환자는 의사 또는 병원 등 의료기관과 질병의 검사 및 치료에 관한 의료계약을 맺고 이 계약에 따라 의사측은 그 당시의 의료수준에 따라 진료를 하여야 할 채무를 지게 된다. 그런데 그 채무의 위반이 있는 때에는 채무불이행이 되어 손해배상책임이 발생하며, 한편으로는 의료상의 과실로 환자에게 손해를 준 경우에는 불법행위에 의한 손해 배상을 청구할 수 있다.

두 가지 책임은 서로 경합하게 되므로 피해자는 채무불이행과 불법행위에 대하여 각각 독립하여 손해배상을 청구할 수 있다. 현실적으로는 대부분 불법행위에 의한 손해배상청구를 한다. 왜냐하면 채무 불이행이나 불법행위 모두 의사의 과실을 피해자가 입증하여야 한다는 데서 큰 차이가 없으나 불법행위에는 정신적 고통에 대한 위자료청구권이 법상 명문화되어 있어 위자료 청구가 용이하기 때문이다.

의료과오에 대해 환자측이 불법행위를 이유로 손해배상을 청구하려면 의사의 과실로 인하여 손해가 발생하여야 한다. 의사의 과실은 의료행위 당시의 평균적인 의료수준을 기준으로 의사의 의료행위상의 주의의무를 위반하였는지를 판단하면 된다. 또한 환자와 의사와의 진료계약상 의사의 설명의무가 있으므로 이를 위반한 경우 환자의 자기결정권 즉 승낙권을 침해한 위법한 행위가 되어 의사가 배상책임을 진다. 단, 의사가 그 수술에 따른 위험에 관해 충분히 설명하였더라도 환자가 그 수술을 받았을 것으로 인정되는 때에는 설명의무위반으로 손해배상책임을 청구하기는 어렵다.

입증책임은 의료행위가 전문성을 가지므로 환자측에서 입증하기가 어렵다. 대법원 판례에 의하면 일반인의 상식으로 일련의 의료행위과정에서 의료상 과실이 있는 행위를 입증하고 그 치료 결과와의 사이에 일련의 의료행위 외에 다른 원인이 개재될 수 없다는 것을 증명한 경우, 의료상 과실과 치료 결과 사이의 인과관계가 있음을 추정하여 손해배상책임을 지울 수 있도록 입증 책임을 완화하고 있다.

자동차운행자의 책임

자기를 위하여 자동차를 운행하는 자는 그 운행으로 인하여 다른 사람을 사망하게 하거나 부상하게 한 때에는 그 손해를 배상할 책임을 진다. '자기를 위하여 운행하는 자'란 자동차에 대한 운행을 지배하고 운행의 이익을 향수하는 책임주체로서의 지위에 있는 자를 말한다. 자동차 소유자이더라도 운행지배로부터 떠나 있는 경우(절도운전, 타인의 무단운전 등)에는 운행자가 아니다. 타인을 위하여 운전하는 피용자는 운행지배도 없고(소유자가 운행여부를 결정하므로) 운행이익(소유자가 개인적 사업적 이익을 위해 운행하므로)도 없기 때문에 운행자가 아니다.

마찬가지로 대리운전의 경우에도 자동차 보유자가 운행자이다. 친구에게 자동차를 무상으로 빌려줄 경우 및 유상으로 임대한 경우 모두 대여자가 운행자이다. 정비업체에게 자동차를 맡긴 동안에는 정비업자만이 운행자가 되고 그의 피용자가 무단

운전사고를 일으킨 경우 정비업자가 운행자로서 책임을 진다.

'운행'이란 자동차의 용법에 따라 사용 및 관리하는 것을 말하며 주차·정차 중의 사고는 운행자가 책임지지 않는다. 운행자, 운선자, 그 차의 안내원은 '다른 사람'에 해당되지 않으므로 피해자로서 보상을 받지 못한다. 즉 승객과 그 이외의 제3자에 한하여 보상을 받을 수 있다.

운행자의 책임은 과실이 없는 경우에도 책임을 지는 무과실에 가까운 책임을 진다. 운행자가 운행에 주의를 다 하였고 피해자에게 고의 또는 과실이 있고 자동차에 구조상 결함 또는 기능 장애가 없었다는 것을 운행자가 모두 입증할 경우에만 면책이 된다. 승객이 다친 경우에는 더욱 까다로워 승객의 고의나 자살행위에 한하여 책임을 지지 않는다. 따라서 운행자가 배상책임을 지지 않는 경우란 현실적으로 거의 발생하기 어렵다.

제조물 책임

현대의 대량생산, 대량소비에 따른 소비자의 피해를 구제하기 위해 제조물에 객관적으로 하자가 있기만 하면 제조업자의 과실 여부를 묻지 않고 배상책임을 지우기 위해 제조물책임법을 입법하였다. 이 법에 의하면 제조업자는 제조물의 결함으로 인하여 발생한 생명, 신체 또는 재산에 손해를 입은 자에게 그 손해를 배상하여야 한다. 당해 제조물 자체에 대해 발생한 손해(예컨데 TV 제조 하자로 인한 폭발시 TV 손해)에 대해서는 책임이 없으며 그 하자로 인해 발생한 확대손해(TV 폭발하여 인하여 파손된 도자기, 오디오 등 가재도구 손해)에 대하여 배상책임을 진다. 즉 제조물에 하자가 있는 것으로 객관적으로 인정되면 충분하며 그 하자에 제조업자의 과실이 있든 없든 확대손해에 대하여 배상책임을 진다. 제조물 하자에 대한 입증 책임은 피해자에게 있다.

제조물의 제조업자를 알 수 없는 경우 제조물을 영리목적으로 판매, 대여 등으로 공급한 자가 손해를 배상하여야 한다. 단, 제조업자 또는 제조물을 자신에게 공급한

자를 상당기간 내에 피해자(또는 그 법정대리인)에게 고지한 경우와 알 수 없었는 경우에는 배상책임을 면한다.

제조물이란 제조 또는 가공된 동산을 말한다. 다른 동산이나 부동산의 일부를 구성하는 경우도 포함한다. 제조물의 결함이란 당해 제조물에 통상적으로 기대할 수 있는 안전성이 결여되어 있는 것을 말한다. 즉, 제조물이 ①원래 의도한 설계대로 제조되지 못한 제조사의 결함, ②당초 설계가 불안전한 설계상의 결함, ③적절한 설명, 지시, 경고 등의 표시를 하지 않은 표시상의 결함이 있는 것을 말한다.

회사의 이사의 책임

이사의 책임은 회사에 대한 책임과 제3자에 대한 책임이 있다. 이를 합하여 임원배상책임이라 한다. 이사가 법령이나 정관에 위반한 행위를 하거나 임무를 해태한 때는 회사에 대하여 연대하여 손해배상책임을 진다. 법령이나 정관에 위반한 행위란 상법에 위반하여 자기주식을 취득하거나 손실전보나 법정준비금을 적립하지 않고 이익잉여금처분계산서를 주주총회에 제출하거나 이사회 승인 없이 겸업피지의무를 위반하거나 이사회 승인 없이 자기주식을 취득하거나 인수인과 통모하여 현저히 불공정한 발행가격으로 주식을 인수한 경우 등이다.

이사의 책임은 위임계약위반으로 인한 채무불이행이다. 이사의 과실은 추정되며 이사는 면책을 위하여 과실이 없었음을 입증해야 한다. 배상책임자는 행위당사자인 이사가 책임을 지며 이사회의 결의에 참여한 이사도 책임을 지며 이사회의사록에 이의를 하지 않은 이사도 결의에 찬성한 것으로 추정하여 책임을 진다. 책임을 지는 이사가 수인인 경우 연대하여 책임을 진다. 회사에 영향력을 행사하는 대주주를 사실상의 이사로 간주하며 이들도 이사와 동일하게 회사에 대하여 책임을 진다.

이사가 악의 또는 중대한 과실로 업무를 해태하여 제3자에게 손해를 가한 경우 이를 배상할 책임을 진다. 대표이사의 업무집행으로 인하여 제3자에게 가한 불법행위에 대하여는 회사와 대표이사가 연대하여 배상책임을 진다.

제3자란 회사나 이사를 제외한 주주나 거래처 등을 말한다. 악의 또는 중과실로 업무를 해태한 이사가 배상책임을 진다. 다수인 경우 연대책임을 진다.

배상책임보험에 관한 이론적 배경

배상책임보험이란?

배상책임보험이란 피보험자가 타인에게 피해를 입힘으로써 법률상 배상하여야 할 책임이 있는 손해를 담보하는 보험을 말한다. 좀 더 실무적으로 정의하면 다음과 같다.

- 피보험자가 보험증권상의 담보 내에서
- 보험기간 중에 발생한
- 약관에 기재된 사고의 우연한 발생으로
- 타인의 신체에 장애를 입히거나(신체장애)
- 타인의 재물을 망그러뜨려(재물손해)
- 법률상 배상책임을 부담함으로써 입은 손해를 보상하는 보험

산업혁명을 계기로 산업경제가 발달하면서 사회구조가 복잡해지고 예기치 못한 사고가 빈발하자, 그로 인한 손해규모가 커지면서 개인이나 기업에 미치는 영향이 심각해짐에 따라 이를 커버하려는 사회적 수요가 급격히 증가하기 시작하였다. 법적으로 이러한 사고로 인한 타인의 손해배상책임의 법리가 등장하면서 고의 또는 과실로 다른 사람에게 손해를 입혔을 경우 배상책임을 지는 과실책임주의 법리가 확립되었다. 그 후 경제, 사회의 복잡화 및 산업의 고도화, 그로 인한 피해 입증의 어려움, 소득 수준 향상에 따른 소비자의식 증대로 피해자의 무과실책임주의, 보상책임주의 등으로 수정, 진화되어감에 따라 가해자의 책임 그 규모가 지속적으로 가중되어 가고 있다.

타인에게 입힌 손해에 대한 배상책임의 문제는 개인생활은 물론 기업활동에 있어서 매우 큰 위험 요인으로 등장하게 됨으로써 이에 대한 위험관리방법으로 배상책임보험이 등장하게 되었다.

배상책임보험은 그 특성상 경제의 발전 및 선진화와 국민의식수준 향상에 따라 그 수요가 증가하는 추세를 보이고 있다. 재물보험은 위험방지 기술이 발전함에 따라 성장성에 한계가 있을 것으로 예상되나 배상책임보험은 미래 성장 가능성이 매우 높은 보험이다. 배상책임보험의 발전한 요인으로는 사회의 복잡화, 다양화, 개인주의 성향, 적극적인 권리 행사, 변호사의 수적 증가 및 그로 인한 경쟁치열, 개인간 기업간 분쟁 및 소송의 증가 추세, 피해자보호를 위한 입법화 추세, 손해배상금의 고액화, 시장 개방 등을 들 수 있다. 이러한 여러 가지 요인들이 복합적으로 작용함으로써 앞으로 배상책임보험 상품 시장의 규모는 갈수록 커질 것이며 고객의 니즈에 부합하는 다양한 배상책임보험상품이 시장에 출시될 것으로 보인다.

배상책임보험의 기능
· 피보험자의 보호 : 보험사고로 인한 피보험자의 손해 즉 제3자에 대한 손해배상책임을 보상함으로써 피보험자의 경제적 안정을 꾀하는 기능
· 피해자 보호 : 피보험자의 가해행위로 인한 피해자의 손해에 대한 배상을 보장하는 기능으로 법률에 의하여 가해자의 배상의무를 강제하는 경우도 있다 (가스배상책임보험, 자동차보험 등).

보험의 목적(객체)
배상책임보험에 있어 사고발생의 객체 즉 보험 목적은 보험계약자와 이해관계가 없는 불특정 타인(제3자)의 재물이나 신체 또는 생명이다. 재물보험의 성격을 가지는 배상책임보험은 타인의 재물이 보험의 목적이다. 예컨대 임차물의 손해를 담보하는 임차자 영업배상책임보험과 같은 보관자 책임보험은 보험의 목적이 재물보험

과 마찬가지로 피보험자가 보관하는 수탁 받은 재물이 된다.

보험사고일자

화재보험에서는 화재사고가 발생한 날이, 도난 보험에서는 도난 당한 날이 보험사고가 발생한 날짜가 된다. 그러나 피보험자의 개인활동이나 기업활동 중 사고로 타인에게 손해를 입힌 경우 그 사고가 발생한 날에 손해가 확정되는 것이 아니다. 사고발생 후 피보험자에게 손해배상청구가 있어야 손해발생이 현실화될 수 있다. 물론 손해 배상청구가 있다고 하더라도 법원의 소송 결과에 따라 손해가 발생할 수도 있고 배상책임이 없다고 판결이 날 수도 있다. 배상책임이 있다고 판결이 나더라도 배상책임액이 피해자가 청구한 금액보다 작을 수도 있다. 이처럼 손해배상책임보험에 있어 보험사고 발생일자를 어느 시점으로 볼 것인가에 대하여 여러 가지 주장이 있을 수 있다. 예컨대 사고발생일자로 보는 사람, 손해배상 청구일자로 보는 사람, 판결에 의해 배상금액이 확정되는 날로 보는 사람 등 다양한 주장이 있을 수 있다.

배상책임보험은 어떤 단계를 보험사고일자로 볼 것인가에 따라 손해사고기준, 청구사고기준, 책임부담기준, 채무확정기준 등 여러 가지 담보기준이론이 있다.

담보기준이란?

배상책임보험에서 보험사고를 시간의 흐름에 따라 진행과정을 나타내면 다음과 같다.

사고의 발생(occurrence) → 사고의 발견(discovery) → 손해배상의 청구(claim made) →
　　[손해사고기준]　　　　　[사고발견기준]　　　　　[배상청구기준]

손해배상책임 부담여부 확정(responsibility) → 배상금액의 확정(claim fixed) → 배상금액의 지급(claim paid)

담보기준이란 이러한 6단계의 보험사고 진행과정 중 어떤 단계를 보험증권상 사고기준으로 할 것인가를 정하는 기준이다. 보험기간 중에 담보기준에 해당하는 단계가 발생하는 경우 보험증권상의 위험을 담보하며 보험금을 지급한다. 예컨대 손해배상의 청구를 담보기준으로 정한 상품인 경우 보험사고가 발생한 경우만으로는 보험금을 지급하지 않는다. 피보험자가 그 사고발생을 알고 손해배상을 청구한 때에 비로소 보험사고가 발생한 것으로 간주하고 손해배상청구일자가 보험기간 내에 있는 경우 손해를 보상한다. 물론 보험금은 배상금액이 재판을 통하여 확정된 후에 지급된다.

배상책임보험은 실무적으로 손해사고기준, 사고발견기준, 배상청구기준 등 3가지만 사용되고 있다. 이에 대하여 하나씩 살펴보기로 한다.

손해사고기준 약관(occurrence basis policy)

손해사고기준 약관이란 보험사고의 전개 과정 중 '보험기간 중'에 발생된 '보험사고'를 담보기준으로 하는 보험약관이다. 보험사고가 보험기간 중에 발생하면 비록 보험기간이 종료한 후에 피해자가 피보험자(가해자)에게 손해배상을 청구하더라도 손해배상청구권이 소멸 - 손해 및 가해자를 안 때로부터 단기소멸시효 3년, 불법행위를 한 날로부터 장기소멸시효 10년 - 하지 않는 한 보험회사가 보험금을 지급한다. 예컨대 신체상해나 재산손해의 발생을 보험사고로 본다. 인보험과 손해보험에 속하는 대부분의 상품이 이 기준을 적용하고 있다.

손해사고기준 약관의 장점은 보험기간 이전에 사고원인에 접촉하거나 증상이 나타나더라도 손해가 보험기간 중에 발생하기만 하면 보험회사는 책임을 지지만 보험기간이 끝난 후에 발생한 손해는 보상을 하지 않는다. 보험회사의 책임범위가 넓어서 피보험자(가해자)에게 유리하고 보험회사에게는 불리한 기준이다. 또한 보험회사는 보험기간이 끝난 후에 청구되는 손해를 예측하기 어렵고 보험료 산정을 위한 보험요율 산출도 곤란하다는 점이 단점이다.

급격하게 발생하는 사고의 경우에는 그 손해사고의 시점을 판단하기가 쉽지만 위험이 서서히, 반복적, 누적적, 계속적으로 발생하는 환경오염과 같은 경우에는 손해사고가 언제 발생하였다고 일정 시점을 끊어서 특정하기가 어렵기 때문에 이러한 경우에는 손해사고기준 약관을 적용하기 힘들다.

예) 손해사고기준 약관에서의 보상 사례

년도	2002년	2003년	2004년	2005년
보험회사	A보험사	H보험사	K보험사	C보험사
	▲ 사고발생시점			▲ 손해배상청구

장난감을 만드는 P제조회사는 2002년 A보험사와 장난감의 하자로 인한 사고를 보상하는 손해사고기준 약관의 생산물배상책임보험을 계약한 이래 H보험사, K보험사를 거쳐 2005년 현재 C보험사와 보험계약을 유지하고 있는 도중에 2002년에 발생한 보험사고를 원인으로 한 손해배상청구를 2005년 9월에 제기한 경우 어느 보험사가 배상 책임을 부담하는가?

생산물배상책임보험을 '손해사고기준 약관'으로 가입하였으므로 손해배상청구를 한 시점인 2005년에 보험계약을 유지하고 있는 C보험사가 배상책임을 부담하는 것이 아니라 '손해사고'가 발생한 시점인 2002년에 보험을 유지하고 있었던 A보험사가 배상책임을 진다. C보험사는 P제조업체와 현재 보험계약을 유지하고 있으나 '보험사고'가 C보험사와의 '보험기간 중'에 발생한 것이 아니므로 보상할 책임이 없다.

배상청구기준 약관(claims made basis policy)

배상청구기준 약관이란 보험사고의 전개과정 중 '보험기간 중'에 피해자가 '처음으로' 피보험자(가해자) 또는 보험회사에 '손해배상청구를 제기한 날짜'를 담보기준으로 하는 보험약관이다. 보험기간 중 또는 소급담보일자에 보험사고가 발생하여야 하고 또한 보험기간 중 또는 보고연장담보기간 내에 피해자로부터 피보험자나 보험회사에게 배상청구를 제기하여야 보상이 이루어 진다.

☞ 소급담보일자(retroactive date)
보험개시일 이전의 시점부터 보험이 유효한 것으로 소급 적용하는 날짜를 말한다.
예를 들면 2004년 1월1일 A보험회사와 생산물배상책임보험을 가입한 이래 1년이 지난 후 보험이 만기가 되어 2005년 1월 1일에 A보험회사와 또다시 1년 더 보험기간을 연장하는 갱신계약을 체결한 경우 원칙적으로 보험사고가 보험책임개시일인 2005년1월1일 이후에 발생할 때 보상이 이루어져야 하나, 2004년 1월 1일 이후 발생하는 보험사고에 대해서도 2005년에 손해배상청구를 할 경우 보상하는 조건으로 하는 계약을 체결할 수 있다. 이 때 2004년 1월 1일을 소급담보일자라 한다.

통지기간 연장담보기간 또는 보고연장담보기간(extended reporting period)
담보기간(보험기간)이 끝난 후 일정 기간 내에 제기되는 손해배상청구는 보험기간의 종료일에 손해배상청구가 제기된 것으로 간주하여 보상하는 조건부 보험에서 그 일정 기간을 통지기간 연장담보기간이라 한다.
통지기간 연장담보기간은 자동적 부여 여부, 장단기에 따라 다음과 같은 종류가 있다.
- **자동연장담보기간** : 보험계약자의 별도의 의사표시가 없어도 자동으로 담보기간이 연장되며 담보기간의 장단에 따라 다시 두 종류가 있다.
  - 단기 자동연장담보기간(mini tail): 손해배상청구가 만기일 다음날부터 60일 이

내에 제기된 경우 만기일에 배상청구가 제기된 것으로 간주하여 보상하는 경우

- 중기 자동연장담보(midi tail) : 보험사고를 만기일 다음날부터 60일 이내에 통보한 후에, 그 사고에 대한 손해배상청구는 만기일로부터 5년 이내에 제기할 경우 만기일에 배상청구가 제기된 것으로 간주하여 보상해 주는 경우

• 선택 연장담보기간(full tail): 만기일 다음날 이후에 제기되는 모든 손해배상청구를 담보하는 경우로서 보험 종료일(만기)로부터 60일 이전(以前)에 보험계약자의 통지기간연장담보에 대한 청구가 있어야 한다. 자동으로 연장되지 않는다. 보험회사는 연장담보기간에 대하여 담보위험, 종전의 보험계약 조건, 이후의 보상추정액 등을 감안하여 그에 상당하는 추가 보험료를 청구할 수 있다.

통지기간 연장담보 제도의 필요성

손해사고기준 약관은 당해 보험기간 중에 보험사고가 발생하여 보험기간이 종료한 후에 손해배상청구를 하여도 배상이 되나 배상청구기준 약관은 이 경우 보상이 되지 않는다. 따라서 배상청구기준 약관의 경우 보험기간이 끝난 후에 청구되는 사고를 담보하는 방법으로 등장한 것이 통지기간의 연장담보이다. 일정 조건하에서 담보기간이 끝난 후 일정 기간 내에 청구를 제기한 경우 보험기간 종료일에 손해배상청구가 제기된 것으로 간주하는 특약조항이다.

통지기간 연장담보는 보험계약자의 불가피한 사유에 한하여 인정하는 배상청구기준 약관에 특유한 제도로 다음과 같은 경우에만 연장담보를 설정할 수 있다.

① 보험계약이 보험료 미납 이외의 사유로 해지되거나 갱신되지 않은 경우
② 배상청구기준 약관의 소급담보일자(2005년1월1일)가 이전 증권의 소급담보일자(2004년1월1일)보다 후일로 되어 있는 경우
③ 갱신된 배상책임보험의 약관이 손해사고기준 약관인 경우

예] 배상청구기준 약관에서의 보상 사례

배상청구기준 약관에 의해 보상하는 생산물배상책임보험을 가입한 장난감 제조회사인 P사에게 있어 2005년 7월 고객이 2002년 발생한 보험사고로 인한 손해를 배상해 달라고 청구하였을 경우 누가 배상책임을 지는가?

예) 배상청구기준 약관에서의 보상 사례

년도	2002년	2003년	2004년	2005년
보험회사	A보험사	H보험사	K보험사	C보험사
	▲사고발생시점			▲손해배상청구

배상청구기준 약관으로 가입하였기 때문에 보험기간 중에 배상청구를 하여야 보상이 되므로 현재 보험을 유지하고 있는 C보험사에게 배상을 청구하였으나 배상청구 원인인 보험사고가 2002년에 발생한 사고이므로 그 때 보험계약관계에 없었던 C보험사에게 배상책임을 물을 수 없다. 보험사고가 C보험사와의 보험계약기간 또는 소급담보일자 이후에 발생하여야 하기 때문이다.

보험사고가 발생한 2002년에 보험을 가입한 A 보험사에게 보상을 청구하여도 보상을 받을 수 없다. 보험기간 중인 2002년에 청구하지 않았기 때문이다. 그러면 이러한 경우 보험계약자가 보상을 받기 위해서는 어떻게 하여야 하는가? 3가지 방법이 있다.

첫 번째 방법은 C보험사와 2002년 1월1일부터 발생한 보험사고도 보상하는 소급담보일자 조건부 보험계약을 체결하는 것이다.

☞ C보험사에게 자사와 계약을 체결하지 않았던 과거 사고까지 보상해달라고 요청하는 것은 무리이나 무사고확인서를 받고 보험계약자가 이미 인지하고 있거

나 알고 있는 사고를 제외한 사고들에 대하여 보험료를 추가로 받고 담보를 해줄 수도 있으므로 보험계약 체결 전에 보험심사담당자와 협의하는 것도 한 방법이다.

두 번째 방법은 A보험사와 보험계약이 끝나는 시점에서 통상의 배상청구기준 약관에서 자동적으로 주어지는 보고연장담보기간(보험만기 익일로부터 60일) 동안에 보험기간 중에 사고의 발생은 인지하였으나 피해자로부터 손해배상청구가 아직 제기되지 않은 사고에 대하여 보험회사에 통지한 다음 만기일로부터 5년 이내에 A보험사에 배상청구를 하여 보상을 받으면 된다. 이 사례에서는 보험사고를 인지하여 A보험사의 보험만기(2002년12월31일) 다음날로부터 60일 이내에 통지한 경우에만 C보험사는 배상책임을 부담한다.

세 번째 방법으로는 A보험사와 보험계약을 체결할 때 보험기간 중에 발생한 보험계약자가 인지하고 있는 사고와 인지하지 못한 사고 모두 보험기간 종료시점에서 미래 특정 시점까지 손해배상청구가 제기 되는 경우 보상해주는 run-off coverage를 추가보험료를 납입하고 가입한 경우 C보험사는 보상을 하게 된다.

☞ 손해배상청구를 피보험자와 보험회사에게 각각 제기한 경우 어느 쪽을 처음으로 청구한 날짜로 보는가?

▶ 먼저 배상청구를 제기한 날짜를 처음 제기한 날짜로 본다. 단, 청구가 보험회사에 제기된 경우 서면(書面)으로 하나 구두(口頭)로 하나 모두 인정되지만 피보험자에게 구두로 한 경우에는 명백한 입증 근거가 있는 경우에만 이 날짜를 처음 제기한 날짜로 인정한다. 피보험자(가해자)에게 구두로 제기한 것을 입증하기 어려우나 피보험자가 보험회사에 알린 날짜가 있는 경우 이 날짜를 처음 제기한 날짜로 간주한다.

☞ 하나의 사고로 한 사람에게 발생한 신체장해사고에 대해 연속적으로 배상청구

를 제기한 경우 어떻게 처리하는가? 별개로 처리하는가 아니면 한 건으로 처리하는가?

- ▶ 연속적으로 제기한 모든 청구권을 하나로 간주하여 처음 제기한 날짜를 청구를 제기한 날짜로 간주한다.

☞ 하나의 사고로 1인에게 입힌 재물손해에 대하여 연속적으로 청구를 제기한 경우 어떻게 처리하는가? 별개로 처리하는가 아니면 한 건으로 처리하는가?

- ▶ 연속된 모든 사고를 하나의 사고로 간주하여 처음 제기된 날짜에 청구가 된 것으로 간주한다.

☞ 하나의 사고로 수인에게 입힌 인명손해(또는 재물손해)에 대하여 피해자별로 연속적으로 손해배상청구를 제기한 경우 어떻게 처리되는가? 한 건으로 처리되는가 아니면 여러 건으로 처리되는가?

- ▶ 피해자의 수만큼 청구를 제기한 것으로 보고 총보상한도가 소진될 때까지 각각의 1청구당 보상한도 내에서 이를 모두 보상한다. 총보상한도가 3억 원, 1사고당 보상한도가 1억이고 4명이 각각 1억 원씩 청구를 제기한 경우 청구를 제기한 날짜순으로 3개의 청구에 대하여 1억 원씩 총 3억 원까지 지급하고 보험은 소멸한다. 나머지 1명은 보험으로 보상을 받지 못하고 가해자인 피보험자에게 보상을 받아야 한다.

☞ 건강식품을 제조하는 회사가 현재시점에서 업종을 바꾸거나 폐업을 하려고 하는 경우 지금까지 판매한 건강식품으로 인한 손해배상청구가 업종 전환 또는 폐업 이후에 제기될 가능성이 있는 경우 어떻게 해야 하는가?

- ▶ 기존의 생산물배상책임보험을 갱신하려고 하나 제조, 판매되는 제품이 없기 때문에 갱신을 할 수 없다. 이 같은 위험은 통지기간의 연장담보로도 담보되지 않으므로 - 손해사고가 소급담보일자와 보험기간의 만기일 사이에 발생되는 경우에만 효력이 있으므로 만기일 이후에 발생된 사고는 담보에서 제외된다 - 무담보 상태가 된다

따라서 이러한 경우 과거 수년간 제조, 판매한 수량과 가격, 판매지역, 과거 사고 경험치 등을 기초로 하여 산정한 보험료를 받고 건강식품의 사고발생가능성이 소멸될 때까지 보험계약을 매년 갱신하여야 한다. 다만, 이러한 배상청구 위험이 낮고 청구되더라도 배상금액을 자력으로 해결힐 수 있는 정도인 경우 보험을 갱신할 필요는 없을 것이다.

☞ 배상책임보험에서 1사고당 또는 1인당 보상한도, 총보상한도가 있는 데 어떤 차이가 있는가?

▶ 1사고당 보상한도는 1개의 보험사고로 인한 손해 중 보험으로 보상을 받을 수 있는 최대금액을 말한다.

마찬가지로 1인당 보상한도는 보험사고로 1인이 받을 수 있는 최대 보상 금액을 말한다. 총보상한도는 모든 위험으로부터 보상 받을 수 있는 최대금액을 말한다. 예컨대 총보상한도가 2억 원, 1사고당 보상한도 1억 원, 1인당 보상한도 5천만 원인 배상책임보험을 가입한 상태에서 보험사고가 나서 2명이 상해로 각각 5천만 원, 6천만 원의 손해가 발생하였고 한 달 후 또 보험사고가 나서 2명이 사망하여 1억 원씩 청구된 경우 전자의 사고에서는 1인당 보상한도 5천만 원을 초과하는 경우는 5천만 원만 지급하므로 총 1억 원의 보상이 이루어 진다. 후자의 사고에서는 각각 5천만 원씩 지급되며 전자와 후자의 지급 보험금액이 2억 원으로 총보상한도를 모두 소진하였으므로 보험계약은 소멸한다. 향후 보험사고에 대하여 보상받으려면 새로운 보험계약을 체결하여야 한다.

보험사고의 수

보험사고가 발생한 경우 사고의 수를 어떻게 계산할 것인가는 매우 중요하다. 배상책임보험에 있어 보상은 대부분 1사고당 보상한도를 정하여 이 한도 내에서 손해액을 보상하기 때문이다. 사고의 수를 계산하는 방법은 원인설과 효과설 중 어느 설의 입장에서 사고를 해석하느냐에 따라 달라진다. 원인설에 의하면 원인이 동일하면 발생한 손해가 여러 개이더라도 하나의 사고로 보는 입장이고 효과설은 발생된 손해를 각각 하나의 사고로 보는 입장이다.

예컨대 1사고당 보상한도액이 5천만 원이고 총보상한도가 1억 원인 생산물배상책임보험을 가입한 김밥도시락 제조업체가 어느 날 김밥도시락 200개를 어느 단체에 판매하였는데 도시락을 먹고 200명이 식중독에 걸려 병원에 입원한 사건이 발생하여 1인당 50만 원의 치료비가 발생한 경우 원인설과 효과설에 따라 사고의 수가 다르다.

원인설에 의하면 식중독사고가 상한 김밥이라는 동일한 원인으로 발생하였으므로 이 사건의 경우 1개의 보험사고로 보아 손해청구액은 1억 원이 된다. 그러나 1사고당 보상한도가 5천만 원이므로 5천만 원만 지급되고 나머지는 피보험자가 보상해야 한다. 효과설에 의하면 200개의 보험사고가 각각 독립적으로 발생한 것으로 보아 1사고당 보상한도 5천만 원 범위 내에서 각각 지급되므로 1억 원의 손해액 전부를 보상한다. 보험회사에 있어 실무적으로는 원인설을 채택하여 5천만 원 지급하고 있다.

손해발견기준 약관(Discovery basis policy)

손해발견기준 약관은 보험기간 중에 '최초 발견된 손해'를 담보기준으로 하는 보험약관이다. 영문 도난보험인 Money & Securities Policy 나 영문 금융기관종합보험인 Banker's Blanket Bond Policy 등 일부 품목에만 적용될 뿐 국내에서는 잘 사용하지 않고 있다.

위험이 상당기간에 걸쳐 서서히, 반복적, 누적적으로 진행되어 사고발생일자를 어느 한 날짜로 특정하기 어려우며 사고가 발생하고 오랜 시일이 경과한 뒤에 발견되는 위험에 대하여 사용하는 담보기준이다.

담보기준 변경 방법 및 주의할 점

담보기준 변경으로 담보(보상)의 공백이 발생하지 않도록 하여야 한다. 변경내용별로 살펴보면 다음과 같다.

손해사고기준 약관(계약일 2004.1.1. 기간 1년) → **배상청구기준 약관**(갱신계약일 2005.1.1. 기간 1년)

① 전환하는 배상청구기준 약관의 소급담보일자를 배상청구기준 약관의 개시일 (2005.1.1)로 하는 방법

2004년에 발생한 보험사고에 대하여 2005년에 배상청구를 할 경우 2004년 가입한 보험이 손해사고기준 약관이므로 보상이 되며 2005년에 발생한 보험사고에 대한 배상청구는 현재 유지중인 보험기간(2005년)중에 보험사고가 발생하였고 이 기간에 배상 청구하였으므로 보상이 된다. 따라서 약관의 전환으로 인한 담보의 공백은 발생하지 않으므로 손해사고기준에서 배상청구기준으로의 약관 변경은 문제가 없다.

② 배상청구기준 약관의 소급담보일자를 손해사고기준 약관의 책임개시일 (2004.1.1)로 하는 방법

2005년 중에 제기되는 손해배상청구는 그 원인이 되는 보험사고가 2004년에 발생한 경우와 2005년에 발생한 경우 두 가지가 있을 수 있다. 후자는 배상청구기준 약관에 의해서만 보상이 되나 소급담보일자(2004.1.1) 이후에 발생한 전자의 보험사고는 손해사고기준 약관은 물론 배상청구기준 약관으로도 보상되는 중복 보상이 이루어 진다. 중복 보상이 되는 경우에는 손해사고기준 약관으로 보상한 후, 잔여손해가 있는 경우 배상청구기준으로 보상이 가능하다. 손해사고기준 약관의 보상총액이 소진되었거나 부족한 경우 배상청구기준 약관에 의거 보충되므로 배상청구기준 약관은 초과배상책임보험(배상책임 분류 참조)의 기능을 한다고 볼 수 있다.

③ 배상청구기준 약관에 소급담보일자를 기재하지 않는 경우

배상청구기준 약관은 보험기간(2005년)중에 제기한 모든 손해배상청구를 보상하므로 2004년에 발생한 보험사고에 대하여 손해사고기준 약관에 의하여 보상을 받고 부족한 경우 배상청구기준에 의하여 보충되는 초과배상책임보험의 기능을 한다. 2003년 이전 보험사고에 의한 2005년 배상청구는 배상청구기준 약관에 의거 보상이 되는 기초배상책임보험(배상책임 분류 참조)의 기능을 한다.

보험회사 실무상 배상청구기준 약관으로 전환할 때 소급담보일자를 보험기간 개시일(2005.1.1)로 보험증권에 명기하여야 한다. 명기하지 않을 경우 배상청구기준 약관 이전에 발생한 사고(2004년을 포함하여 그 이전 년도에 발생한)에 대한 모든 배상책임을 담보하는 결과를 가져온다. 그러므로 소급담보일자를 반드시 기재하고 있다.

배상청구기준 약관(계약일 2004.1.1. 기간 1년) → 손해사고기준 약관(갱신계약일 2005.1.1. 기간 1년)

2004년에 발생한 보험사고에 대한 손해배상청구를 2005년에 한 경우

첫째, 배상청구기준 약관의 만기일(2004.12.31) 다음날부터 60일 이내에 손해배상청구를 제기한 경우와 배상청구기준 약관의 만기일(2004.12.31) 다음날부터 60일 이내에 보험사고가 보험회사에 통지되고 그에 대한 배상청구가 만기일 다음날부터 5년 이내에 제기되는 사고는 배상청구기준 약관의 자동연장기간에 의하여 담보된다.

둘째, 배상청구기준 약관의 만기일(2004.12.31) 다음날부터 61일 이후에 제기된 손해배상청구는 어느 약관에서도 보상이 되지 않는다. 이런 경우 선택연장담보기간을 조건이 있는 경우에는 보상이 가능하다. 즉 만기일로부터 60일 이전에 보험회사에 선택연장담보기간을 청구하여 담보를 받도록 하여야 한다.

배상청구기준 약관 → 배상청구기준 약관(동일한 약관으로 갱신)

소급담보일자는 원칙적으로 이전 배상청구기준 약관의 소급담보일자로 하게 되므로 담보의 공백상태는 발생하지 않는다. 그러나 만기가 되어 갱신을 할 때 보험회사를 변경할 경우 예컨대 2004년 A보험회사에서 2005년 1월 1일 B보험회사로 변경할 경우 소급담보일자는 B보험사의 배상책임보험의 책임개시일(2005.1.1)로 할 수 있다.

따라서 이런 경우 2004년에 발생한 보험사고는 B보험회사가 보상을 할 책임이 없

어지므로 담보의 공백이 발생한다. 이러한 공백을 보완하기 위해 2004년 배상청구기준 약관에 선택연장담보기간을 청구하여 보험증권에 배서하도록 하여야 한다.

☞ 배상책임보험은 보험사고가 발생하고 상당기간이 경과된 후에 손해를 인식하고 배상을 청구하는 경우가 상당히 많으므로 손해사고기준 또는 배상청구기준으로 상호 변경할 경우 과거의 보험사고를 현재의 보험으로 보상을 받지 못하는 경우가 발생할 수 있다. 따라서 담보기준을 변경할 경우 신중을 기하여야 하며 또한 기존 거래 보험회사를 변경할 경우에도 담보의 공백이 없는지 검토하고 공백이 있다면 보완조치를 취할 수 있는 지를 보험회사 실무자와 상담을 하여야 한다. 또한 업종을 전환하거나 폐업을 할 경우에도 과거에 판매한 상품의 사고로 인한 예기치 못한 손해배상청구로 경제적 타격을 입지 않도록 하여야 한다.

보험가액

보험가액이란 보험회사가 법률상 부담하는 최고한도액으로 보험목적물의 시가(현재가액)을 말하나 손해배상책임보험에서는 사고발생의 객체(목적물)는 불특정 제3자의 재물이나 신체인 점, 보험목적인 피보험자의 재산은 부채를 포함한 전재산이라는 점, 현재 그 가액을 평가할 수 없다는 점에서 보험가액은 무한하다. 단, 보관자 책임보험은 보험가액을 확정할 수 있다. 예컨대 차량정비업자 영업배상책임보험에서 고객이 맡긴 차량이 보험목적물이며 그 에 대한 시가가 존재하고 또한 이를 확정할 수 있으므로 보험가액은 유한하다.

보상한도액, 보험금액

보험금액이란 보험회사가 보상하여야 할 책임 있는 최고한도액을 말하는 데 배상책임보험에서는 이를 책임의 측면에서 보상한도액이라 한다. 보험가액을 확정할 수 있는 재물보험과 상해보험에서는 보험가액과 보험금액을 비교하여 비례보상의 법리가 적용되나 배상책임보험의 경우에는 보험가액을 산정할 수 없기 때문에 비례보상의 법리가 적용되지 않는다. 단 보관자 책임보험은 보험 목적물의 보험가액을 화폐가치로 측정할 수 있으므로 비례 보상의 법리가 적용된다.

보험기간 중 사고로 보험금액 전액이 지급되는 경우 재물보험이나 상해보험은 계약이 소멸되나 배상책임보험은 원칙적으로 1사고당 보상한도액이므로 소멸되지 않는다. 그러나 총보상한도액을 보험조건으로 설정한 경우 총보상한도가 모두 지급될 경우 소멸된다.

제3자의 보험회사에 대한 직접청구권

보험회사가 보험금의 전부 또는 일부를 피보험자(가해자)에게 지급하기 위해서는 피해자가 가해자인 피보험자로부터 손해배상금을 수령한 경우에 한하여 가능하다. 그리고 피해자인 제3자는 보험금액 한도 내에서 보험회사에 직접 보상을 청구할 수 있다. 이 경우 보험회사는 피보험자가 피해자에게 가지는 항변 - 피해자의 배상청구를 부인하거나 저지할 수 있는 사유 - 으로 제3자에게 대항할 수 있다. 그리고 보험회사는 제3자로부터 직접 청구를 받은 사실을 피보험자에게 통지하여야 한다. 또한 보험회사가 필요한 서류, 증거 제출, 증언 등을 보험회사가 요청하는 경우 피보험자는 협조해야 한다.

배상책임보험의 분류

일반배상책임보험과 전문직업인배상책임보험

보상(담보)하는 위험의 전문성 여부에 따라 일반배상책임과 전문직업인배상으로 구분할 수 있다. 전문직업인의 전문직업에 속하는 고유 업무를 전문업무라고 하며 그외의 업무를 일반업무로 분류하여 전문업무를 수행하는 과정에서 발생하는 과실에 의한 타인의 법률적 손해를 보상하는 보험을 전문직업인 배상책임보험이라 하고 나머지 배상책임을 일반배상책임보험이라 한다.

이러한 구분을 하는 이유는 일반배상책임보험에서는 전문직업인 배상책임위험을 보상하지 않고 또한 전문직업인 배상책임보험에서는 일반배상책임위험을 보상하지 않기 때문이다.

일반배상책임보험(Commercial General Insurance : CGL)

전문직업인이 아닌 피보험자가 보험의 목적물을 소유, 사용, 관리하는 과정에서 계약의 상대방이나 제3자에게 지는 계약위반이나 불법행위에 따른 법률적 손해를 배상하는 보험을 일반배상책임보험이라 한다.

일반배상책임보험은 첫째 불법행위에 대한 책임이냐 아니면 계약불이행에 대한 책임이냐 둘째 보호(care), 관리(costody), 통제(control)하는(이들 세 단어의 첫 알파벳을 따서 3C 라고 한다) 과정에서 발생하는 손해를 보상해 주느냐 즉 3C를 담보해주느냐에 따라 제3자 배상책임보험과 보관자 배상책임보험으로 분류한다.

보관자 배상책임보험

계약불이행에 따른 손해에 대한 책임으로 피보험자가 보호, 관리, 통제하는 재물에 발생하는 자체 손해를 보상하는 보험을 말한다. 보관자 배상책임보험은 보험 목적물에 대한 가액을 산정할 수 있으므로 총보상한도 내에서 보험가입금액의 보험가액에 대한 비율에 따라 발생한 손해를 보상하는 비례보상 법리가 적용된다.

예컨대 임차한 상가에 대하여 영업배상책임보험의 임차자 특별약관을 가입한 경우, 임차상가의 가액이 1억 원(보험가액), 가입금액이 5천만 원(보험가입금액)인 계약 조건하에서 화재사고로 3천만 원의 손해가 발생한 경우 비례보상을 법리를 적용하여 1,875만 원[3,000만 원 × 5,000만/(1억×0.8)]이 지급된다.

보관자 배상책임보험에 해당하는 보험상품으로는 적재물 배상책임보험, 영업배상책임보험 중 창고업자 특약, 차량정비업자 특약, 선박수리업자 특약, 임차자 특약 등이 있다.

제3자 배상책임보험

불법행위로 인한 손해에 대한 책임으로 피보험자의 제3자에 대한 신체장해 및 재물손해를 보상하되 피보험자가 보험, 관리, 통제(3C)하는 재물의 손해는 보상하지 않는 보험을 제3자 배상책임보험이다. 보험을 가입할 때 정한 1사고당 보상한도액 내에서 실손보상을 한다. 보험 목적물에 대한 가액을 산정할 수 없으므로 비례보상은 적용되지 않는다. 제3자 배상책임보험에 해당하는 상품으로는 가스사고배상책임보험, 생산물배상책임보험, 영업배상책임보험 중 시설소유자 특약, 도급업자 특약, 학교경영자 특약 등이 있다.

보관자 배상책임보험은 계약불이행에 대한 책임을, 제3자 배상책임보험은 불법행위에 대한 책임을 부담한다는 점에서 차이가 있고 또한 전자는 피보험자가 보호, 관리, 통제하는 재물의 손해를 담보하나 후자는 담보하지 않는다. 즉 제3자 배상책임보험은 피보험자의 지배범위를 벗어난 제3자의 재물만 보상한다는 점에서 다르다.

혼합배상책임보험

혼합배상책임보험은 말 그대로 보관자 배상책임보험과 제3자 배상책임보험을 모두 담보하는 보험을 말한다.

이에 해당하는 상품으로는 영업배상책임보험 중 주차장 특약, 경비업자 특약, 하역업자 특약, 곤도라 운영자 특약 등이 있다.

전문직업인 배상책임보험(Professional liability insurance : PLI)

전문직업인이란 법률, 의약, 교육 등과 같은 특수한 기술과 기능을 교육과 훈련에 의하여 습득하며 일반인의 요구에 상응하는 구체적인 활동을 행함으로써 사회 전체의 이익에 봉사하는 직업에 종사하는 사람을 말한다. 법, 의료, 부동산, 회계, 세무 등과 같은 특정분야에서 일정한 수준의 기술을 가진 사람에게서 기대되어지는 전문적 업무를 수행하는 사람이 전문직업인이다.

전문직업인의 요건으로 첫째, 업무에 관하여 일반원리가 확립되어 있고 기술 습득에 많은 시간이 소요되고 둘째, 면허 또는 자격증을 소유하고 셋째, 전문직업인으로서 서비스 제공에 따른 적정보수를 목적으로 하고 마지막으로 업무 수행에 관하여 소신대로 일을 처리할 수 있는 주체성이 확립되어 있을 것을 필요로 한다.

전문직업의 종류로는 변호사, 법무사, 세무사, 보험중개인, 손해상해인, 감정평가사, 부동산중개인, 공인회계사, 언론사, 간병인 등을 들 수 있다. 시대가 지나갈수록 새로운 전문직업이 계속해서 등장하고 그에 맞은 새로운 전문직업인 배상책임보험 상품이 개발되고 있다.

전문직업인 배상책임보험이란 의사와 같은 전문직업인이 전문적인 지식, 기술을 바탕으로 고객에 대한 자문이나 서비스의 제공을 영업으로 하는 과정에서 업무상 과실이나 어떤 행위를 해야 함에도 이를 행하지 않은 부작위로 인하여 발생한 손해를 배상하는 보험을 말한다.

전문직업인 배상책임보험은 전문업무가 사람의 신체관련 업무이냐 아니냐에 따라 비행배상책임보험과 하자배상책임보험으로 나누어 진다.

비행(非行)배상책임보험(malpractice liability)

사람의 신체에 입힌 손해이되, 물리적 형태의 사고로 인한 위험을 보상하는 보험을 비행배상책임보험이라 한다.

예컨대 의사가 수술하는 도중에 수술용 칼을 잘 못 떨어뜨려 장기를 손상시킨 사고 또는 미용사가 머리카락을 가위로 자르다가 예리한 가위 날에 고객의 귀가 찢어진 사고 등을 보상하는 배상책임보험을 말한다.

하자(瑕疵)배상책임보험(errors & omissions)

전문직업행위의 하자로 인한 손해이되, 무형적 형태의 사고로 인한 신체 이외의 위험을 보상하는 보험을 하자배상책임보험이라 한다. 예컨대 변호사가 과실로 소송절차상의 하자로 인하여 재판에서 패소 판결을 받은 경우, 세무사가 과실로 세법규정을 잘 못 적용하여 정상적인 경우보다 많은 세금을 물게 된 경우 등을 보상하는 보험을 말한다.

손해사고기준 배상책임보험과 배상청구기준 배상책임보험

손해사고기준 배상책임보험

보험기간 중 발생한 손해사고를 담보기준으로 하는 보험으로 보험기간 중에 발생된 사고에 대하여 소멸시효 내에 손해배상청구권을 행사하여야 한다. 손해사고기준 배상책임보험에 속하는 보험상품으로는 영업배상책임보험, 가스사고배상책임보험 등 대부분의 일반배상책임보험은 이에 해당된다. 생산물배상책임보험은 손해사고기준과 배상청구기준 2가지 약관으로 판매되고 있다.

배상청구기준 배상책임보험

보험기간 중 처음 제기된 손해배상책임을 담보기준으로 하는 보험으로 소급담보일자를 포함한 보험기간 중에 발생한 사고에 대하여 보험기간 내에 청구된 사고를 담보한다. 배상청구기준 배상책임보험에 속하는 상품으로는 전문직업인 배상책임보험과 생산물배상책임보험이 있다.

임의 배상책임보험과 의무 배상책임보험

피보험자가 자유롭게 가입여부를 정할 수 있는가에 따른 구분으로 법령에 의거 강제되어 있는 보험을 의무배상책임보험, 피보험자가 임의적 의사에 따라 가입을 하는 임의 배상책임보험으로 나눈다. 의무 배상책임보험으로는 가스사고 배상책임보험, 체육시설업자 배상책임보험, 특수건물신체 배상책임보험, 자동차 손해배상책임보험, 원자력 배상책임보험, 선원근로자 재해보상보험 등이 있다.

기초 배상책임보험(primary liability insurance)과 초과 배상책임보험(excess liability insurance)

동일한 배상책임위험에 대하여 피보험자가 최초로 가입한 배상책임보험을 기초 배상책임보험이라 하고 그 후 보상한도가 부족한 경우 동일한 배상책임위험에 대하여 기초 배상책임보험의 보상한도를 초과하여 일정한도까지 보상하는 배상책임보험을 초과 배상책임보험이라 한다.

배상책임보험이 만기가 되어 기존의 손해사고기준에서 배상청구기준으로 전환하여 만기 갱신한 후 현재에 이르고 있다는 가정하에 손해사고기준 약관으로 가입한 때에 손해사고가 발생하여 현재 그 배상청구를 한 때에 손해사고기준 약관으로 먼저 보상하고 잔여손해가 있는 경우 배상청구기준 약관으로 보상한다. 이 때 전자가 기초배상책임보험이 되고 후자가 초과배상책임보험이 된다.

배상책임보험 약관의 종류

배상책임보험약관은 크게 국문 배상책임보험약관과 영문 배상책임보험약관으로 구분되며 후자는 미국, 영국 등 해외선진국에서 사용하고 있는 약관을 그대로 사용하고 있고 전자는 우리나라의 법환경, 사회환경 및 해당 위험에 맞게 자체적으로 개발한 약관이다. 모든 의무 배상책임보험은 국문약관으로 되어 있다.

국문약관으로 체결된 보험계약은 해당 계약을 인수한 보험회사와 재보험사인 KOREAN Re 와의 재보험 특약으로 재보험 처리되는 것이 일반적이다.

영문 배상책임보험의 명칭은 Commercial General Liability Insurance Policy(CGL)로 전세계에 통용되고 있다.

영문약관을 사용하는 이유는 첫째 해외 재보험사와 재보험 거래를 위해서이고 둘째는 고객이 담보하고자 하는 위험을 보상하는 국내에 개발된 배상책임보험상품이 없기 때문이다.

배상책임보험 약관의 구성

보험약관은 일반적으로 보통약관과 특별약관으로 구성되어 있으나 배상책임보험은 3가지 약관으로 구성되어 있다.

- 보통약관(필수 가입): 공통적, 일반적인 보험조건(예: 영업배상책임보험)
- 기본특별약관(필수 가입): 구체적인 담보위험을 규정하는 약관(예: 시설소유자 특별약관, 임차자 특별약관 등)
- 추가특별약관(선택 가입): 위험을 확장하거나 담보위험을 제한하는 약관(예: 구내치료비담보, 화재위험 부담보)

보통약관

업종에 따라(배상책임)위험이 다양하므로 그러한 모든 위험을 하나의 약관으로 포괄하여 규정하는 경우 그 약관구성이 매우 복잡하게 된다. 따라서 모든 형태의 보험계약에 관련된 공통적,일반적인 사항만을 보통약관에 규정하고 구체적인 담보별 위험, 면책조항 등은 각 특별약관에서 규정하고 있다. 따라서 보통약관만으로는 완전한 보험가입이 불가능하다.

기본특별약관

구체적인 업종별, (배상책임)위험별로 세분화하여 그 담보위험을 규정한 약관이다. 예컨대 영업배상책임보험에서 시설소유자 특별약관, 주차장 특별약관, 도급업자 특별약관, 학교경영자 특별약관 등이 있다. 기본특별약관은 반드시 보통약관과 같이 가입하여야 한다.

추가특별약관

기본특별약관에서 보상(담보)하지 않는 위험을 추가로 보상하거나 담보하는 위험을 일부 제한하는 형태로 되어 있는 특별약관이다. 추가특별약관은 반드시 보통약관과 기본특별약관을 같이 가입하여야 한다. 위험을 확장하는 특약으로는 구내치료비담보 추가특약, 판매인 추가특약, 귀중품담보 추가특약, 오염사고 추가특약 등이 있고 담보하는 위험을 제한하는 특약으로는 화재위험 부(不)담보 추가특약, 도난위험 부(不)담보 추가특약 등이 있다.

예외적 약관체계

그러나 예외적으로 적재물 배상책임보험, 가스사고 배상책임보험, 체육시설업자 배상책임보험, 선주 배상책임보험, 유도선사업자 배상책임보험은 특별약관 없이 보통약관만으로 구성되어 있다. 보통약관에 공통적, 일반적인 보험조건과 구체적 위험을 담보하는 규정이 모두 포함되어 특별약관 없이 보통약관만으로 보험계약을 체결할 수 있도록 하였다. 적재물, 가스, 체육시설, 배 등으로 인한 위험은 일반적 위험 대비 별도로 특성화하기 위해 보통약관에 특별약관 내용을 통합하여 규정한 것이다.

배상책임보험에서 보상하는 손해

영업 배상책임보험, 선주 배상책임보험, 적재물 배상책임보험 등 각종 배상책임보험은 '피보험자가 업무활동과 관련하여 보험증권에 기재된 보험기간 중의 사고로 타인에게 신체장해나 재물손해를 입힘으로써 법률상 배상책임 있는 손해를 보상한다.' 라고 규정하고 있는 바 그 중요 내용을 살펴보면 다음과 같다.

피보험자, 공동피보험자

보험증권상 피보험자란에 기재된 사람을 기명(記名)피보험자라 하며 피보험자가 1명인 경우 단독피보험자라하고 2인 이상인 경우를 공동피보험자라 한다. 공동피보험자는 보험계약 성립 당시에 2명 이상을 피보험자로 정하는 경우와 보험계약 성립 후 피보험자를 추가함으로써 발생하는 경우 2가지가 있다.

공동피보험자 중에는 판매인특약(판매인을 피보험자로 확장하는 특약), 명의사용인특약(명의사용인을 피보험자로 확장하는 특약)과 같은 추가피보험자 특약과 같이 피보험자로 추가되더라도 보험증권상의 피보험자란에 기재되지 않고 별도로 추가피보험자 배서를 하여야만 피보험자로 기재되는 자를 추가피보험자라 한다.

판매인특약을 가입하는 이유는 판매업자에 대한 상품 소비자의 손해배상청구로부터 판매업자를 보호하기 위하여 피보험자에 추가를 한다. 추가피보험자는 보험료 지급의무 등을 가지는 공동피보험자와 달리 그 의무가 없다는 데서 차이가 있다.

2인 이상의 피보험자가 있는 경우 보험계약상의 권리를 행사하고 의무를 부담하는 제1순위 기명피보험자와 기명피보험자로 구분하여야 한다. 그런데 영문약관과 달리 국문약관에서는 이에 관한 규정이 없어 실무적으로나 논리적으로 문제가 있다. 누가 보험료를 납부할 것인가? 보험 해지권은 누구에게 있는가? 보험조건 변경은 누가 할 것인가?

의제 피보험자

　피보험자의 근로자나 대리인 또는 사업감독자와 같이 피보험자의 직무를 수행하는 자를 제한된 조건하에서 피보험자로 간주하여 이들에 의하여 발생한 사고를 보험회사가 보상하며 보험회사가 피보험자를 대신하여 그 손해를 구상하지 못하도록 보통약관에 근로자 등을 피보험자로 규정하고 있다. 이러한 피보험자를 의제피보험자라 한다. 즉 근로자가 의제피보험자가 되면 근로자가 일으킨 보험사고에 대하여 보험회사로부터 보상을 받을 수 있다.

　사용자가 근로자의 과실로 인한 제3자에 대한 손해를 배상한 경우 사용자는 근로자에 대하여 구상권을 행사하는데, 보험회사가 그 배상을 대신한 경우 사용자의 근로자에 대한 구상권을 대위하여 행사한다. 그런데 근로자가 의제피보험자가 될 경우 보험회사가 근로자에 대하여 그 대위권을 행사하지 못하게 된다.

　이러한 경우 영문약관에서는 의제피보험자로 규정하고 있으나 국문약관에서는 이러한 규정이 없기 때문에 이들의 사고를 보상하는지, 보험회사가 피보험자를 대위하여 구상권을 행사할 수 있는지에 대하여 분쟁의 소지가 남아 있다. 따라서 의제피보험자의 인정여부는 매우 중요하므로 관련 판례, 분쟁사례, 법률자문 등을 참고하여 신중히 처리하여야 한다. 실무상 영문약관과의 형평성을 맞추기 위해 보상을 해주고 대위권 행사를 하지 않고 있지만 약관에 의한 명문화를 통하여 보험회사의 자의성을 제거하여 분쟁의 불씨를 없애는 것이 필요하다.

보험증권에 기재된 지역(담보지역)

　담보지역이란 보험사고에 대한 보상여부에 대한 지역적 제한으로서 담보증권에 기재된 국가에서 발생한 사고만을 보상한다. 보험료 산출기준이 증권에 기재된 국가의 보험사고 통계를 사용하여 산출하였기 때문이다. 만약 인접국가까지 보상을 받으려면 그 나라의 보험사고 통계도 반영한 새로운 위험 값을 나타내는 보험료를 산출하여야 할 것이다.

담보지역의 기준단위는 국가이나 북미, 중남미, 동남아 등 국가 이상의 단위로 표시할 수 있다. 그러나 시, 읍, 면 등 국가 내의 행정단위로 표기할 수는 없다.

보험기간

담보위험에 대한 시간적 제한으로 위험기간, 담보기간 또는 책임기간이라고도 부른다. 보험기간의 시기(始期)는 전일의 자정을 개시시각으로 하고 있다. 예컨대 12일에 보험계약을 체결한 경우 11일 24시를 개시시기로 한다.

단, 가스사고배상책임보험은 오후 4시(16시)에 책임을 개시하여 마지막 날 오후 4시에 종료한다.

☞ 화재보험의 책임개시시기는 첫날 오후 4시(16시)에 시작하여 마지막 날 오후 4시에 끝난다. 생명보험의 책임개시시기는 보험료를 수령한 시점이다.

보험기간 산정의 기준지역은 국문증권의 경우 보험증권의 발행지를 표준으로 하지만 영문증권의 경우 보험증권에 기재된 피보험자의 주소지를 표준으로 한다. 국내 보험사의 실무상 해외생산물 배상책임보험증권은 보험계약자가 외국인일 경우 기명피보험자의 주소지로써 보험기간을 표시한다.

사고

미국에서 손해사고는 급격성을 요건으로 하는 Accident(급격한, 우연한, 원하지 않은, 좋지 못한)의 개념이었으나 현재는 급격성을 포함하여 계속적, 반복적, 누적적 위험을 포함하는 Occurrence 의 개념으로 완화되어 사용하고 있다. 따라서 손해사고란 급격한 사고를 포함하여 계속적, 반복적, 누적적으로 노출되어 발생한 신체장해나 재물손해를 말한다.

사고의 수

하나의 원인으로 인한 경우와 계속적, 반복적, 누적적이나 사실상 동일한 위험인 경우에는 피해자의 수나 손해배상청구의 수에 관계없이 1회의 사고로 보아 1사고당 보상한도액 및 1사고당 공제금액을 적용한다.

예컨대 가스폭발로 10명이 사상한 경우, 신축 주택의 붕괴로 인접한 4채의 주택이 손괴된 경우, 특정일자에 제조하여 판매한 야외도시락으로 100명이 식중독에 걸린 경우, 수년간 지속적인 약물복용으로 암이 발생한 경우, 두달 이상 굴착작업을 하는 과정에서 그 진동으로 인근 건물이 서서히 균열이 간 경우, 수년간의 오염물질 배출로 인근 농가의 농산물 수확이 감소한 경우 등은 하나의 사고로 간주하여 보상을 한다.

담보기준

재물보험이나 인보험은 보상(담보)의 기준을 보험 목적에 손해를 입힌 사고가 발생한 날짜로 하는데 문제가 없으나 배상책임보험에서 배상책임은 타인에게 신체장해나 재물손해를 입히는 사고가 발생함과 동시에 성립하는 것이 아니기 때문에 담보의 기준의 개념에 대하여 다툼의 여지가 많다. 피보험자(가해자)에게 책임이 없거나 피해자가 배상청구를 하지 않는 경우 보험사고가 없었던 것과 마찬가지가 되기 때문이다

그러나 대부분 배상책임보험의 사고는 타인에게 손해를 입히게 된 손해사고가 발생한 날짜를 기준으로 보상하는 손해사고설을 적용하고 있다. 그렇지만 전술한 것처럼 손해사고는 발생하였으나 피보험자에게 책임이 없을 때나 피보험자에게 책임이 있지만 배상청구가 없는 경우에는 사고가 없었던 것과 같으므로 피해자로부터 가해자인 피보험자에게 손해배상청구를 한 때를 기준으로 보상하는 청구사고설을 적용하는 보험도 있다.

피보험자가 피해자의 배상청구를 방어하기 위하여 지출한 재판상 또는 재판 외

필요비용을 보험의 목적에 포함한다는 상법(제720조)의 규정과 손해배상청구가 사기나 허위일 때에도 그 손해를 보상하는 약관규정 등을 감안할 때 청구사고설이 손해사고설 보다 이론적인 면에서 합리적이다.

신체장해(Bodily Injury: BI)

신체장해라 함은 보험사고로 인한 신체의 부상, 질병 및 그로 인한 사망을 말한다. 명예훼손이나 사생활침해와 같은 신체나 생명에 대한 물리적 사고 이외의 자유나 인격을 침해하는 행위는 인격침해(Personal Injury : PI)하고 한다. 신체장해사고는 수동적, 소극적, 방어적인 상황에서 발생하나 인격침해사고는 가해자(피보험자)의 능동적, 공격적인 행위에 의하여 발생한다는 점에서 구별할 수 있다.

재물손해(Property Damage : PD)

재물은 유형적 존재를 가지는 유체물과 형태는 보이지 않으나 전기, 열, 바람 등과 같이 관리할 수 있는 무체물로 구분할 수 있으며 또한 객관적으로 경제적 가치를 가지는 것과 주관적 가치만을 가지는 것으로 나눌 수 있다.

배상책임보험에서 보상하는 재물은 유체물 손해로 한정하고 있다. 무체물의 손해는 인정하지 않고 있다. 객관적인 경제적 가치를 가지는 것에 대하여 손실을 보상하는 것은 다툼의 여지가 없으나 주관적 가치를 가지는 것에 대한 손실보상에는 그 재물의 손실로 인한 위자료 보상으로 충분하다는 견해가 있다. 즉 주관적 가치를 가지는 재물손해는 동일한 재물에 대하여 피해자에 따른 가치의 편차가 심하므로 그 재물 손해에 의하여 발생하는 정신적 손해인 위자료에 한하여 보상하는 것으로 충분하다는 것이다.

배상책임보험 약관에서는 재물손해를 다음과 같이 규정하고 있다.

첫째, 물리적으로 파손된 유체물의 직접손해

예) 기계의 파손에 따른 부품 교체비용

둘째, 물리적으로 파손된 유체물의 사용불능으로 인한 간접손해
예) 파손 기계의 사용불능으로 인한 휴업 손실

셋째, 물리적으로 파손되지 않은 유체물의 사용불능으로 인한 간접손해
예) 컴퓨터 바이러스에 의한 작동 중지로 업무가 일시 중단되어 발생한 휴업 손실

법률상 배상책임

법률위반행위에 대한 책임은 형사책임, 행정책임, 민사책임으로 대별할 수 있으며 손해배상책임은 이중에서 피보험자가 민사책임을 부담함으로써 입은 경제적 손실을 보상한다.

민사책임은 계약상 채무불이행에 따른 손해배상책임과 불법행위로 인한 손해배상책임이 있는데 보관자 배상책임보험은 피보험자의 계약상 채무불이행책임을 담보하며 제3자 배상책임보험은 불법행위책임만 담보한다. 따라서 책임의 요건인 가해자의 고의나 과실에 대한 입증책임은 보관자 책임보험의 경우 피보험자(가해자, 채무자)가 부담하며 - 즉 보관채무자인 피보험자 자신이 보관채무를 이행하지 못하는데 있어 고의나 과실이 없었음을 입증하여야 하며 - 제3자 배상책임보험은 피해자(채권자)가 부담한다.

계약상 가중책임

법률상 규정에 의하여 책임을 지는 법률상 배상책임에 대립되는 개념으로 법률이 허용하는 테두리 안에서 피보험자가 당사자간의 약정에 의하여 타인의 배상책임을 부담하는 책임을 계약상 가중책임이라 하는데 이 책임은 배상책임보험에서 보상되지 않는다. 계약상 가중책임을 예를 들어 설명하면 B가 P에게 5천만 원을 지급해야 할 금전채무가 있는데 A와 B가 합의에 의하여 A가 그 채무를 부담하기로 한 계약을

A의 계약상 가중책임이라 한다. 이러한 계약상의 가중책임을 보상받고자 하는 경우 계약상 가중책임 특별약관을 가입하면 된다.

배상금액의 결정방법

현 제도상 배상금액을 결정하는 방법은 재판에 의한 방법과 재판 외의 방법이 있다. 전자의 예로는 소송이 대표적이며 후자의 예로는 화해를 들 수 있다. 손해배상금은 사고발생과 동시에 확정되는 것이 아니라 소송과정을 통하여 결정된다. 따라서 손해배상금은 가해자와 피해자간의 소송기술에 의하여 증감할 수도 있고 심지어 유책(有責)이 면책으로 되거나 면책이 유책으로 바뀔 수 있다.

화해란 당사자가 서로 양보하여 분쟁을 종식할 것을 약정하고 결정된 사항에 대하여는 후에 착오가 있었다 하더라도 취소하지 못하는 계약이다. 손해배상금은 다른 보험과 달리 사고가 발생한 후에 당사자간의 재판이나 화해를 통하여 공격과 방어를 하는 가운데 결정된다는 점에서 다른 일반적인 보험과 차이가 있다.

08 배상책임보험 상품 내용

영업배상책임보험

영업배상책임보험이란 개인의 일상생활에서 일어나는 배상책임을 담보(보상)하는 개인 배상책임보험에 대응하는 보험상품으로 기업 등 조직의 사무활동(영업행위)에 따르는 배상책임을 담보하는 보험이다. 영업 배상책임보험은 일반 배상책임과 전문직업인 배상책임을 모두 담보할 수 있으나 실무상 전문직업인 배상책임은 당해 전문직업인만을 담보하는 별도의 독립된 배상책임보험약관으로 인수하는 것이 일반화되어 있기 때문에 사실상 일반 배상책임만을 담보하는 보험이라 할 수 있다.

영업배상책임보험은 보통약관의 규정에 의하여 담보하는 손해가 결정되지 않고 업종별로 개별적인 특별약관에 의하여 담보되는 손해가 결정된다. 즉 보통약관에는 구체적인 담보를 명기하지 아니하며 그 자체만으로는 담보하는 손해가 없으며 특별약관의 선택에 의하여 담보하고자 하는 위험이 결정된다.

보상하는 손해

영업배상책임보험은 피보험자가 / 보험증권상의 담보지역 내에서 / 보험기간 중에 발생한 / 특별약관에 기재된 보험사고로 인하여 / 타인의 신체에 장해(신체장해)를 입히거나 / 타인의 재물을 망그러뜨려(재물손해) / 법률적인 배상책임을 부담함으로써 입은 손해를 보상하는 상품이다.

보상하는 손해의 종류

보험회사가 보상하는 손해는 피보험자가 피해자에게 지급한 법률상 손해배상금과 사고처리에 소요되는 제비용을 보상한다. 소요비용은 그 내용에 따라 손해방지비용, 대위권 보전비용, 소송비용, 공탁보증보험료, 피보험자 협력 비용 등 5가지로 세분화할 수 있다.

① 손해방지비용

손해방지비용이란 사고가 발생한 후 손해의 확대를 방지하거나 경감하는데 소요된 비용으로서 사고를 예방하기 위하여 지출한 비용인 손해예방비용(피보험자 부담)과는 구별된다. 이 비용은 피보험자에게 배상책임이 없음이 판명된 경우에는 보상을 하지 않는다. 단, 인명사고에 관한 비용 중 응급비용인 응급처치나 긴급호송에 사용된 비용은 피보험자에게 배상책임이 없는 경우에도 예외적으로 보상을 한다. 사람의 목숨이 달린 화급(火急)을 다투는 인도적 조치이기 때문이다.

② 대위권 보전비용

피보험자가 제3자로부터의 그 손해에 대한 배상청구권을 보전하거나 행사를 하기 위하여 필요한 절차를 취하는데 필요하거나 유익한 비용을 말한다. 반드시 그 대위권 행사결과가 실효성을 가질 필요는 없다. 대위권을 보전하는데 유익한 조치라면 대위권 보전비용으로 인정된다.

③ 소송비용

피보험자와 피해자간 분쟁처리에 소요된 비용으로 소송판결, 중개, 조정, 화해 등에 소요된 비용이다.

④ 공탁보증보험료

증권상 보상한도액 내의 금액을 현금, 유가증권 등으로 공탁하는 대신에 공탁보증보험료를 지급하고 공탁보증보험증권으로 대신하는 경우 그 보증보험료를 보상한다. 그러나 보상 실무상 공탁보증보험의 이용 사례가 없을 정도로 활용되지 않고 있다.

⑤ 피보험자의 협력비용

보험회사의 요구에 따라 사고처리에 협조하는 과정에서 피보험자가 지출하는 비용을 보상한다. 보험회사에 협력하는 과정에서 발생하는 임금 손실은 보상되지 않는다.

손해의 종류별 보상한도

손해배상금

- 보상한도액 : 보험회사가 피보험자 또는 피해자에게 지급하는 손해배상금액은 보험증권상의 한도액 내에서 피보험자가 피해자에게 지급하는 법률상 배상금액을 보상한다.

  보관자 배상책임보험에 있어서의 보상한도액은 2가지 개념으로 사용된다. 첫째 고객이 맡긴 수탁화물의 가액을 기초로 보험료를 산출한 경우 보상한도액은 원칙적으로 보험기간중의 모든 사고에 대한 총 보상한도액이 된다. 반면 수탁화물의 가액이 아닌 수량이나 면적 등을 기초로 보험료를 산출하는 경우에는 1사고당 보상한도액을 의미하며 보험기간 중 모든 사고에 대한 총 보상한도액의 개념으로 사용되지 않는다. 전자의 개념인 경우 보험기간 중 여러 번의 사고시 보상해 줄 수 있는 한도로 누적 보상금액이 총보상금액을 초과할 수 없으나 후자의 개념인 경우 보험기간 중 1회의 사고시 발생하는 보상한도로 보험기간 중 여러 번의 사고로 인한 누적 보상금액에 대한 제한은 없다.

· 보상한도액을 정하는 방법 : 보상한도액은 대인배상한도, 대물배상한도, 일괄배상한도(Combined Single Limit : CSL) 중 선택하여 가입할 수 있다. 대인배상한도는 타인의 신체장해에 대하여 배상할 수 있는 한도를 말하며 대물배상한도는 타인의 재물손해에 대하여 배상할 수 있는 한도를 말한다. CSL은 타인의 신체상해와 대물손해를 구분하여 보상하지 아니하고 합한 손해금액에 대하여 배상할 수 있는 한도를 말한다. 예컨대 CSL이 1억 원인 경우 대인손해액과 대물손해액이 각각 4천만 원, 7천만 원으로 합이 1억 1천만 원인 사고에 대한 보상한도액은 1억 원이 된다. 만약 대인배상한도가 5천만 원, 대물배상한도가 5천만 원인 경우 대인손해 4천만 원은 전액보상 되나 재물 손해 7천만 원은 5천만 원만 보상이 되어 총 7천만 원이 보상된다. 따라서 담보하고자 하는 위험의 특성상 대인손해가 크게 날지 대물손해가 크게 날지 알 수 없는 경우에는 대부분 CSL로 보험가입금액을 가입하는 것이 합리적일 것이다.

배상책임보험의 보상한도액은 재물보험처럼 보험가입시점에서 그 위험의 크기를 확정할 수 없다. 보험기간 중 어떤 사고가 얼마나 크게 또는 자주 발생할지 모르기 때문이다. 따라서 보상한도액은 그 적정 위험에 대해 피보험자가 느끼고 알고 있는 위험만큼 가입하는 것이 일반적이다. 그러나 보험회사는 많은 보험사고를 접한 경험을 통하여 통상적인 보상한도액 설정 방법과 금액에 대하여 상담을 해 줄 수는 있으나 피보험자가 가입하고

자 하는 위험이 큰 경우 본인이 원하는 수준의 보상한도액에 대하여 제약을 가할 수 있다. 예컨대 피보험자가 1억 원을 가입하고자 하나 위험 발생 빈도가 많은 경우 3천만 원이나 5천만 원으로 보험회사가 인수금액을 제한할 수 있다.

· 기초공제금액 또는 자기부담금 : 공제금액이라 함은 사고발생시 손해액에 대하여 피보험자가 부담하여야 할 금액을 말한다. 이를 설정하는 기본적 취지는 손해 중 일정금액을 피보험자가 부담함으로써 3가지 효과를 얻을 수 있다.

첫째, 보험회사 입장에서 소액사고에 대한 사무 간소화 및 비용절감을 할 수 있다. 예컨대 의료비 담보일 경우 1인당 평균 10번 보험금 청구가 제기되던 것이 2만 원의 자기부담금을 설정하여 2번으로 감소한 경우 8번의 보험청구관련 업무감소로 인한 시간과 비용을 절감할 수 있을 것이다. 2만 원 이하의 감기나 경미한 치료비는 피보험자의 자가보험으로 해결하도록 유도함으로써 보험금 청구회수가 감소라는 결과를 가져온 것이다.

둘째, 피보험자의 입장에서는 경미한 손해는 본인이 부담하므로 보험가입 후에도 지속적으로 주의의무를 다하게 하는 결과를 가져온다. 따라서 어느 정도 Moral Risk 를 방지하는 효과를 가져온다. 셋째, 보험계약자 입장에서는 공제금액이 없는 경우보다 보험료가 싸므로 경제적 부담을 감소시킬 수 있다.

공제금액을 적용하는 방식은 2가지가 있다. 국문 영업배상책임보험에서의 Deductible 방식과 영문 영업배상책임보험에서의 Self Insured Retention 방식이 있다. Deductible 방식은 손해액이 보험증권상 1사고당 보상한도액을 초과하는 경우 1사고당 보상한도액에서 공제금액을 차감한 금액을 보험금으로 지급하는 방식이다. Self Insured Retention 방식은 손해액이 보험증권상 1사고당 보상한도액을 초과하는 경우 손해액에서 공제금액을 차감한 후 1사고당 보상한도액 내에서 보험금을 지급한다. 그러나 손해액이 보험증권상 1사고당 보상한도액보다 적은 경우에는 손해액에서 공제금액을 차감하여 지급하는 동일한 방식을 적용한다.

· **지연이자** : 민사책임법리상 사고로 타인에게 피해를 입힌 가해자는 피해자에게 배상금으로 확정된 금액과 그 액에 대한 사고발생일로부터 변제일까지의 지연이자를 포함하여 배상하여야 한다. 지연이자는 국내법규정에 의하면 손해배상금의 일부로 본다. 따라서 국문약관에서는 지연이자를 손해배상금과 합하여 보상한도액 내에서 보상한다. 물론 합계액이 보상한도액을 초과하는 경우 그 초과부분은 보상되지 않는다. 그러나 영문약관에서는 소송판결 전후에 관계없이 지연이자는 손해배상금으로 간주하지 않기 때문에 보상한도액에 관계없이 추가보상하고 있다. 영문약관의 보상범위가 국문약관보다 더 넓다고 할 수 있다.

손해방지비용

손해방지비용은 원칙상 보상한도액에 관계없이 전액 보상한다. 단, 예외적으로 보험료 산출 기초를 수탁물건의 가액으로 하는 보관자 책임보험은 수탁화물가액에 대한 비율에 따라 비례보상한다.

대위권보전비용

보험회사의 지급보험금이 피보험자가 입은 손해액을 전부 보상하는 경우에는 대위권보전비용을 전부 부담하는 것이 타당하나 지급보험금이 손해의 일부인 때에는 피보험자가 일부 부담하는 것이 합리적이다. 예컨대 손해액이 1억 원이나 보험가입금액이 6천만 원이어서 피보험자가 4천만 원만 보상받지 못한 경우 보험회사의 대위권 행사로 8천만 원만 회수한 경우 손해액과 지급보험금의 차액 4천만 원은 피보험자에게 우선 변제되고 나머지 4천만 원이 보험회사에게 귀속되므로 대위권 행사 결과 회수금액이 피보험자에게 귀속될 때까지의 대위권보전비용은 피보험자가 부담하는 것인 합리적이다.

소송비용

배상책임보험은 민사상 배상책임을 담보하므로 소송비용은 민사소송법상의 소송비용만을 보상한다. 따라서 민사소송법에서 정하는 범위의 비용 즉 법원의 행위에 필요한 재판비용은 심판의 수수료, 송달료, 공고 및 증거조사 비용 등이며 당사자의 행위에 필요한 당사자 비용은 소송서류의 작성비, 당사자의 여비, 일당 및 숙박료 등이다.

영문 약관에서는 보험계약상의 보상한도액의 크기에 관계없이 소송비용을 전액 보상하고 있다. 그러나 국문 약관에서는 손해배상청구금액이 증권상 보상한도액을 초과하는 경우 소송비용 중 변호사비용 및 인지대만 보상하고 그외 소송비용은 보상을 하지 않는다.

공탁보증보험료

공탁보증보험료는 공탁보증보험금액인 손해배상청구금액에 비례하여 발생하므로 공탁보증보험금액(예컨대 1억 원)이 보험증권상 보상한도액(예컨대 5천만 원)을 초과하는 경우 보험회사는 보험증권상의 보상한도액(5천만 원)내의 공탁보증보험금액에 대한 보험료(예컨대 50%= 5천만 원/1억 원)만 부담한다.

피보험자 협력비용

보험회사가 사고처리와 관련하여 피보험자에게 일정 행위를 요구함으로써 발생한 비용이므로 보험증권상 보상한도에 관계없이 전액 보상한다.

비용에 대한 공제금액(자기부담금)의 적용문제

국문 및 영문 배상책임보험 약관상 공제금액은 손해배상액에 대하여만 적용하는 것으로 규정하고 있으므로 비용에는 자기부담금을 공제하지 않는다.

보상하지 아니하는 손해(주요 면책 손해)

영업배상책임보험에 있어서 보상하지 아니하는 손해는 모든 형태의 특별약관에 공통되는 면책위험과 각 특별약관에 고유한 면책위험을 나눌 수 있다. 그러나 국문약관에서는 보통약관상의 면책위험을 모두 각 특별약관에 위임함으로써 각 특별약관에 적용되는 면책위험은 모두 당해 특별약관에서 규정하고 있다.

여기에서는 가능한 공통적인 면책위험을 설명하고 각 특별약관에 고유한 면책위험은 각 특별약관을 설명할 때 기술하고자 한다.

- 보험계약자, 피보험자, 법정대리인의 고의사고
☞ 손해보험은 우연한 사고발생에 대한 손해를 보상하므로 고의에 의한 사고는 상법에 의거 특별약관 등 어떤 방법으로도 보상할 수 없다.
☞ 법 조항: 상법 제659조(보험자의 면책사유)
보험사고가 보험계약자 또는 피보험자나 보험수익자가 고의 또는 중대한 과실로 인하여 생긴 때에는 보험자는 보험금액을 지급할 책임이 없다.

- 전쟁위험
☞ 전쟁위험은 불가항력으로서 피보험자에게 책임이 없기 때문에 상법 또는 약관 규정에서 면책으로 하고 있다. 그러나 특약에 의하여 보상을 할 수는 있다.
☞ 법 조항: 상법 제660조(전쟁위험 등으로 인한 면책)
보험사고가 전쟁 기타의 변란으로 인하여 생긴 때에는 당사자간에 다른 약정이 없으면 보험자는 보험금액을 지급할 책임이 없다.

- 천재지변 (Act of God ; A.O.G.)
☞ 지진, 분화(噴火), 홍수, 해일 등 천재지변으로 인한 사고는 피보험자에게 책임을 지울 수 없는 사고이므로 면책이다. 천재지변은 영문약관에서 신(神)의 행위로 명명할 정도로 불가항력적 사고로 보고 있다.

- 원자력 위험
☞ 원자력위험은 일반적인 배상책임보험에서는 담보할 수 없는 대형위험(Catastrophe Risk)이기 때문에 원자력보험이라는 특수한 보험으로 분리하여 담보하고 있다. 우리나라에서는 원자력손해배상법에 의거 원자로 운영자에게 의무적으로 원자력보험을 가입하도록 하고 있다.

- 무채물 손해
☞ 재물손해란 유체물에 입힌 손해를 의미하므로 상표권, 영업권, 특허권과 같은 권리나 열, 풍력 등 무체물에 입힌 손해는 보상하지 않는다. 단, 사고로 인한 유체물의 사용손실은 보상한다.

- 계약상의 가중책임(contractual liability)
☞ 영업배상책임은 피보험자가 법률상 부담하여야 할 손해배상책임을 담보하므로 피보험자와 제3자간의 약정에 의하여 피보험자가 부담하는 계약상의 가중책임은 원칙적으로 보통약관에서는 담보하지 않으며 특별약관으로 담보가 가능하다.

- 환경오염손해(pollution risk)
☞ 환경오염에 의한 손해는 대형 위험이며 사고원인이나 피해액을 규명하기가 어려우므로 보통약관에서는 원칙적으로 보상하지 않으며 환경오염배상책임위험만을 전문으로 담보하는 별도의 환경오염배상책임보험(EIL; Environmental

Impairment Liability Insurance)으로 담보한다. 단, 급격하고 우연한 환경오염사고에 한하여 특별약관으로 담보가 가능하나 점진적, 누진적, 반복적 환경오염사고는 담보하지 않는다.

EIL보험은 급격, 우연한 사고뿐만 아니라 점진적, 누적적 환경오염사고 및 오염제거비용을 종합적으로 담보한다.

• 근로자의 신체장해
☞ 피보험자의 근로자의 신체장해에 대한 배상책임은 별도의 근로자재해보상책임보험(Employer's Liability Insurance) 및 산업재해보상보험(Worker's Compensation) 등 별도의 보험으로 담보하기 때문에 여기에서는 담보가 되지 않는다.

• 자동차, 항공기, 선박
☞ 자동차, 항공기, 선박 등의 소유, 사용, 관리에 따른 배상책임을 담보하는 보험이 별도로 존재하기 때문에 여기서는 담보하지 않는다.

• 전문직업인 배상책임
☞ 영업배상책임보험은 일반 배상책임위험만을 담보하므로 전문직업인 배상책임은 담보하지 않으며 전문직업인의 위험을 담보하는 별도의 보험이 있으므로 여기에서는 담보하지 않는다.

• 의무배상책임
☞ 피보험자가 관련법에 의하여 배상책임보험을 의무적으로 가입하여야 하는 경우 그 해당 의무보험으로 보상되므로 여기에서는 보상하지 않는다. 그러나 의무보험과 영업배상책임보험을 동시에 가입한 경우 의무보험의 보상한도액을

초과하는 손해에 대하여 영업배상책임보험으로 보상(초과배상책임보험으로서의 역할)이 가능하다.

- 지연손해(Business Risk)
☞ 지연손해란 사고의 발생으로 인한 손해가 아니라 상품 또는 서비스의 공급을 지연함으로써 부담하는 배상책임을 말한다. 이러한 위험은 보증보험 고유의 담보위험이므로 여기에서는 보상하지 않는다.

☞ 배상책임보험에서 ① 보험금 수령으로 이익을 얻는 보험계약자, 피보험자 등의 고의에 의한 사고 ② 보험회사가 감당하기에는 손해 규모가 거대한 대형위험 (전쟁, 자연재해, 환경오염 등) ③ 해당 손해의 위험을 보상하는 별도의 보험이 있는 경우(근로자의 상해손해, 자동차 사고 손해, 원자력 사고 손해, 전문직업인 등) ④ 우연성이 없는 사고로 인한 손해 ⑤ 무체물의 손해 등의 속성을 가진 손해는 보상이 아니 된다고 보면 된다.

보험금 청구권 소멸시효의 기산점

보험금을 청구할 수 있는 권리의 소멸시효는 2년으로 시효의 기산점은 보험사고 발생시점이 아니라 피보험자의 보험금 청구가 있는 날로부터 10일의 지급유예기간이 경과한 날로부터 진행한다. 보험금 청구가 전혀 없는 경우 판례는 사고발생시점을 소멸시효의 기산점으로 본다.

손해배상청구권은 손해 및 가해자를 안 날로부터 3년, 불법행위일로부터 10년 안에 청구하여야 한다. 보험금청구권은 보험회사에 대한 보험금을 지급할 것을 청구할 수 있는 권리이며, 손해배상청구권은 가해자에게 손해를 배상할 것을 청구할 권리와는 청구권 내용이 다르다.

영업배상책임보험 특별약관의 종류

시설소유관리자 특별약관(시설소유자 영업배상책임보험)

상품 내용

시설소유관리자 영업배상책임보험이란 ①피보험자가 소유, 사용, 관리하는 시설 자체의 구조와 관리상의 결함 ②그 시설의 업무수행상의 과실로 인하여 타인의 재물손해 및 신체장해가 발생함으로써 법률상 배상책임을 부담하게 되는데, 이때 부담하는 배상책임손해를 보상하는 상품을 말한다. 시설을 소유, 사용, 관리하여 영업행위를 하는 모든 업체 예컨대 주차장, 광고판, 엘리베이터, 에스컬레이터, 상점, 음식점, 제과점, 전시장 등을 소유, 사용, 관리하는 사업장(영업장)들이 이 보험을 가입할 수 있다.

담보위험

시설소유관리자 특약의 담보위험은 피보험자가 소유, 사용, 관리 또는 임차한 시설에 기인한 사고와 그러한 시설을 이용하여 수행하는 업무활동으로 인한 사고로 대별할 수 있다. 업무활동이란 사생활 이외의 모든 업무관련 활동을 포괄하는 개념으로 시설을 본래의 용도에 따라 사용하는 행위이다.

소유하고 있는 간판이 추락하여 지나가던 통행인이 입은 상해손해, 관리하는 주차장의 화재로 인한 주차 차량 소실(燒失) 손해, 소유하고 있는 보일러의 폭발로 인한 이웃 주택의 파손 및 주민의 상해 손해, 식당 종업원이 과실로 손님에게 입힌 화상 및 의복 손실 또는 음식을 배달하는 도중에 충돌로 인한 행인의 부상 손해(음식점 업무활동으로 인한 사고) 등이 시설소유관리자 배상책임보험으로 보상 받을 수 있는 손해사고이다.

업무활동은 사생활에 대립되는 개념으로 첫째, 완성된 시설을 본래의 용도에 따라 이용하는 행위이어야 한다. 시설을 어떤 용도로 제공하기 위하여 제작, 설치, 수리하는 행위는 제외된다.

둘째, 업무에 필수적인 행위는 물론 이에 부수하는 활동을 포함한다. 음식물 배달사고, 원재료의 시장에서 구입하여 오는 도중의 사고 등을 담보한다.

셋째, 주된 업무는 시설 내에서 수행되어야 한다. 건축업자, 전기설치수리업자 등과 같이 주된 업무가 시설 밖에서 수행되는 경우는 도급업자 특약에서 담보된다.

보상하지 아니하는 손해(주요 면책 손해)

시설소유관리자 특약에 특유한 면책손해를 살펴 보면 다음과 같다.

대물배상에 대한 제한 : 피보험자가 소유, 점유, 사용, 임차하거나 보호, 관리, 통제(원인에 관계없이 모든 형태의 실질적인 통제행위를 포함한다)하는 재물에 대한 손해는 보상하지 않는다. 이러한 재물은 화재보험이나 동산종합보험 등 배상책임보험이 아닌 재물보험으로 인수해야 한다.

시설의 완공이전 위험에 대한 제한 : 시설의 수리, 개조, 신축 또는 철거공사로 생긴 손해에 대해서는 보상을 하지 않는다. 이러한 손해는 도급업자 특별약관에 의하여 보상을 받을 수 있다. 그러나 통상적인 유지, 보수작업으로 생긴 손해는 보상을 한다.

피보험자가 통제를 벗어난 재물에 대한 제한 : 피보험자가 양도한 시설로 인하여 생긴 배상책임과 시설자체의 손해에 대하여 발생한 배상책임은 보상하지 아니한다. 즉 피보험자가 실질적인 통제를 벗어난 시설로 인한 손해는 배상하지 않는다. 시설소유관리자 특약은 피보험자가 실질적으로 통제하는 시설로 인한 손해를 담보하기 때문이다. 또한 ①피보험자의 시설 내에서 사용, 소비되더라도 피보험자의 점유를 벗어나거나 ②피보험자의 점유를 벗어나고 시설 밖에서 사용, 소비되는 음식물이나 재물로 인하여 발생한 배상책임이나 그 자체 손해에 대한 배상책임은 보상되지 않는다.

작업 종료 또는 폐기 후 작업에 대한 제한 : 작업의 종료(작업물건의 인도를 요하는 경우에는 인도) 또는 폐기 후 작업의 결과로 인하여 발생한 손해 및 작업물건 자체의 손해는 보상하지 않는다.

책임법리

시설소유자 배상책임보험은 시설자체에 기인되거나 시설의 업무수행상 과실로 인한 배상책임을 담보하므로 계약 위반에 따른 채무불이행책임은 적용여지가 없으므로 담보위험의 성질상 불법행위책임만 적용된다. 불법행위책임은 민법상 일반 불법행위책임이 원칙이나 공작물 책임은 예외적으로 무과실 책임을 진다. 따라서 시설소유자 배상책임보험에 있어 시설에 기인된 사고를 담보하는 부분은 공작물책임에 해당하는 무과실에 가까운 책임을 지며 피보험자의 업무활동에 기인된 사고는 일반불법행위에 적용되는 과실책임이 적용된다.

보험료 산정

음식점, 여관, 사무실, 세탁소 등 영업점의 업종에 따라 위험이 상이하므로 보험을 가입하려는 영업장의 업종에 의하여 보험료를 차등화하며 동일업종간의 보험료 크기는 해당 업종의 크기를 대표할 수 있는 평가요소(보험용어로는 보험료산출기초라 한다). 음식점의 크기는 면적으로, 극장 크기는 좌석수로, 종합병원은 병상수에 의하여 산정한다. 따라서 시설소유관리자 배상책임보험을 가입하려는 경우 피보험자의 영업장의 업종 및 영업장의 면적에 관한 정보가 필요하다.

추가담보 특별약관

구내치료비담보 추가특약

담보위험

피보험자의 구내에서 발생한 고객의 신체장해 사고에 대하여 피보험자에게 책임이 없는 경우의 치료비만을 담보하며 치료비 이외의 일실수익상실, 후유장해손해 등은 보상되지 않는다. 손해배상책임보험은 본래 가해자의 귀책사유를 요건으로 하나 구내치료비담보 추가특약은 피보험자에게 귀책사유가 없을 것을 요건으로 한다.

☞ 시설사업자가 고객 상해사고에 대하여 배상 책임이 없는데도 치료비를 부담하는 이유는?
> ▶호텔, 여관, 헬스크럽, 체육도장과 같은 공중접객업소에서는 당해 장소에 대한 일반인의 이미지가 영업에 중대한 영향을 미치기 때문에 영업장 내에서 발생한 고객의 상해사고에 대하여 책임소재를 다투는 것은 쉽지 않고 또한 당해 업소의 이미지 관리 측면에서 구내에서 발생한 사고이면 업소에서 명백히 책임이 없더라도 그 치료비를 부담할 필요가 있기 때문에 구내치료비담보 추가특약을 가입한다.

보상한도액

보험회사와 계약자간의 협의에 의하여 정하되 시설소유관리자 특약에 대한 보상한도와는 별개로 정하며 금액은 그 보상한도보다 훨씬 적은 금액이 될 것이다.

주요 면책손해

- 사고일로부터 1년 후에 발생한 치료비
- 피보험자나 피보험자의 동업인, 임차인, 기타 피보험자의 구내의상주자 또는 이들의 근로자가 입은 사고에 대한 치료비(산재보험이나 근재보험으로 보상)

- 타인의 신체장해에 대하여 피보험자에게 법률상 배상책임이 있는 치료비(시설소유자 특약으로 보상)
- 경주나 속도시합 또는 파괴시합 등의 각종 경기나 묘기에 사용되는 운반차량, 제설기 및 여기에 부착되어 사용되는 트레일러로 생긴 신체장해에 대한 치료비
- 피보험자의 수급인이 수행하는 업무로 생긴 신체장해에 대한 치료비(산재보험이나 근재보험으로 보상)
- 근로기준법, 국민건강보험법 기타 유사 법률에 의하여 보상되는 치료비
- 각종의 신체적 훈련, 운동경기 또는 시합에 참가 도중에 입은 신체장해에 대한 치료비
- 피보험자의 근로자나 기타 제3자의 신체장해에 대하여 피보험자가 치료하여 발생한 치료비

치료비의 범위

치료비라 함은 응급처치비용, 치료, 수술, X선 검사, 보철기구를 포함한 치과 치료비, 구급차, 입원, 전문 간호 및 장례비를 말하며 의료법 적용대상인 한방 치료비를 포함한다. 반드시 의료보험을 적용한 피해자(환자)의 자기부담 금액을 말하며 만일 일반수가로 처리한 경우에는 50%선에서 협의토록 하되, 사고 접수 직후 이러한 사항을 미리 안내하여야 한다.

향후 치료비의 경우 향후 치료비 소견서를 청구하고 통상 1년 이후에 발생하는 경우에는 이자를 공제하는 현가계산을 한다. 또한 전문 간호의 경우에는 일반적인 간병보다는 중증의 환자로서 담당의사로부터 개호소견서를 받는 경우에 한하여 일정 기간 동안의 비용을 전문개호나 일반개호를 적용하여 산정한다.

비행담보 추가특별약관

의사, 약사, 건축사 등의 전문직업인위험은 원칙적으로 영업배상책임보험에서는

담보하지 않으므로 시설소유자 특약에서도 면책으로 하고 있다. 그러므로 비행담보 추가특약은 예외적으로 미용사 및 이용사의 전문직업인 배상 책임위험만을 담보하는 상품으로 시설소유자 특약에만 추가되는 추가특약이다.

비행담보 추가특약은 시설소유자 특약상 면책되던 위험을 담보되는 위험으로 전환하는 것이므로 시설소유자 특약의 보상한도액과 공제금액이 그대로 적용된다.

물적손해 확장담보 추가특별약관

물적손해 확장담보 추가특약은 시설소유관리자 특약에서 보상하지 아니하는 손해인, 피보험자가 소유, 사용, 관리, 임차하거나 보호, 관리, 통제하는 재물에 대한 손해배상책임을 보상하는 추가특약이다.

호텔, 음식점, 목욕탕, 각종 스포츠시설과 같은 공중접객업소의 경우 본래의 영업행위와 관련하여 고객의 재물을 수탁하게 되는 바, 물적손해 확장담보 추가특약은 시설소유관리자 특약에 부수적인 위험으로서 피보험자가 수탁 받아 관리하는 재물에 입힌 손해를 보상하는 보험이다.

보상하지 아니하는 손해(주요 면책손해)

- 보석류, 귀중품, 기호품, 파손되기 쉬운 제품, 화장품, 의약품 등에 생긴 손해는 배상을 하지 않는다. 단, 금고 등 피보험자가 업무 수행 중 고객의 물건을 보관하기 위한 별도의 보관시설을 갖춘 경우에는 그 용도에 따른 업무의 수행 중에 우연한 사고로 고객소유의 상기의 면책물건 중 일부 제품은 그 손상, 파손 또는 없어짐으로써 부담하게 되는 손해는 예외적으로 담보한다.
- 일체의 간접손해
- 피보험자의 피용인 또는 그 친족, 동거인, 숙박인, 감수인에 의한 절도나 강도에 의한 손해
- 국유화, 징발, 몰수, 압류로 인한 손해

- 물건의 가공 중에 생긴 손해
- 인도 또는 배달착오, 분실, 좀도둑(명시적 또는 묵시적으로 출입이 허용된 자가 여러 개의 물건 중 소량을 절취하는 행위) 또는 감량으로 생긴 손해
- 수탁자에게 인도된 후에 발견된 손해

운송위험담보 추가특별약관

운송위험담보 추가특약은 시설소유관리자 특약에서 면책손해인, 피보험자가 소유, 사용, 관리, 점유, 임차하는 자동차로 화물을 운송(하역작업 포함)하는 도중에 적재된 화물로 인하여 제3자의 신체에 장해를 입히거나 재물을 손괴하여 법률상 배상책임을 부담함으로써 입은 손해를 보상하는 추가특약이다. 즉 적재된 화물로 인하여 발생한 손해를 보상하는 보험이다.

주요 면책손해
- 적재된 화물 자체에 대한 손해(적재물 배상책임보험에서 담보함)
- 자동차로 인하여 발생한 사고로 제3자에게 입힌 신체상해나 재물손해(자동차보험에서 담보함)

  단, 자동차 사고에 수반되어 적재화물로 인해 생긴 손해는 보상

오염사고담보 추가특별약관

오염사고담보 추가특약은 시설소유관리자 특약에서 면책손해인, 피보험자가 소유, 사용, 관리, 임차, 점유하고 있는 시설 및 시설의 업무활동으로 급격하게 발생한 오염사고로 타인에게 신체상해나 재물손해를 입힘으로써 법률상 배상하여야 하는 손해 및 오염제거비용을 보상하는 추가특약이다.

사고의 개념이 급격한 사고에서 계속적, 반복적, 누적적 사고까지 포함하는 포괄적 개념으로 변경되었으나 다만 오염사고에 대하여는 지금도 급격하게 발생하는 사

고에 한하여 기본 약관인 시설소유자 특약으로 담보하고 있다.

　오염사고를 특약으로 담보하는 경우 국문 약관에서는 오염으로 인한 손해배상금과 오염제거비용을 구분하지 않고 일괄 담보하는데 비하여 영문배상책임보험약관(Commercial General Liability Policy : CGL)은 오염사고로 인한 손해배상금만을 담보하는 Pollution Liability Extension Clause(Ⅰ)과 손해배상금 및 오염제거비용을 포괄 담보하는 Pollution Liability Extension Clause(Ⅱ)가 있다.

보상한도

　오염제거가 손해방지를 위한 것이거나 법률규정에 의한 것인가의 여부에 관계없이 그로 인한 손해배상금과 오염제거비용을 합하여 보험증권상의 보상한도액 내에서만 보상한다.

보상하지 아니하는 손해(주요 면책손해)

- 배출시설에서 통상적으로 배출되는 배수 또는 배기(연기 포함)로 생긴 손해 및 오염제거비용
- 급격한 사고가 아닌 오염물질이 서서히, 계속적 또는 반복적으로 누적되어 발생한 사고로 생신 손해 및 오염제거 비용

도급업자 특별약관(도급업자 배상책임보험)

상품내용

　도급업자(피보험자)가 작업의 수행 또는 작업의 수행을 위하여 소유, 사용 또는 관리하는 장비 등의 시설로 생긴 우연한 사고로 인하여 타인의 신체에 장해를 입히거나 타인의 재물을 망그러뜨려 법률상 배상책임을 부담함으로 입은 손해를 보상하는

상품을 말한다.

소규모의 주택, 상가 등의 건축, 건설공사에서부터 대규모의 아파트, 빌딩, 공장, 댐 등에 이르기까지 각종 건축, 건설공사 중에 발생할 수 있는 예기치 못한 돌발적인 사고로 인하여 제3자의 신체나 재물에 손해를 입혔을 경우에 피보험자인 공사업체(발주자, 도급업자, 하도급업자 등)등에게 책임이 있는 배상책임 손해를 보상해주는 보험이다.

책임법리

도급업자 배상책임보험은 작업의 수행 또는 시설자체에 기인한 과실로 인한 제3자 배상책임만을 담보하므로 계약 위반에 따른 채무불이행책임은 적용여지가 없으므로 담보위험의 성질상 불법행위책임만 적용된다. 도급계약에서 수급인은 도급인의 피용자가 아니므로 수급인이 그 도급공사를 인하여 제3자에게 가한 손해는 배상할 책임이 없다. 그러나 현장에서 도급인에게 지휘, 감독을 받으며 도급인이 시공자체를 관리하는 경우에는 실질적 지휘, 감독 관계가 있으므로 도급인은 사용자로서 배상책임을 진다. 즉 수급인의 도급공사로 인한 제3자에게 고의 또는 과실로 손해는 준 경우 도급업자는 그 손해에 대하여 배상책임을 진다.

담보(보상)하는 위험

도급업자 배상책임보험은 제3자 배상책임위험만을 담보한다. 따라서 피보험자인 도급업자가 수행하는 도급공사중의 사고로 타인에게 입힌 손해에 대한 배상책임을 보상하나 도급계약 목적물(공사 자체)에 입힌 손해는 담보(보상)하지 않는다.

☞ 시설소유관리자 배상책임보험과 도급업자 배상책임보험의 차이점과 같은 점은?
▶시설소유관리자 배상책임보험과 같은 점은 모두 시설에 기인한 손해와 업무 활동에 따르는 위험을 담보한다는 점이나 다음과 같은 점에서 다르다.

첫째, 도급업자 배상책임보험에서 시설이란 신축, 증개축, 수리 또는 철거와 같은 공사가 '진행중'인 시설과 그러한 공사에 이용되는 사무소, 가설물, 자재보관창고 등의 시설을 말하지만 시설소유관리자 배상책임보험은 일이 '완성된' 후 그 시설이 본래의 용도에 이용되는 시설을 말한다.

둘째, 도급업자의 주된 업무는 성질상 대부분 공사시설 밖에서 이루어지는 반면 시설소유관리자 배상책임보험에서는 대체로 시설 내에서 이루어진다.

셋째, 도급업자 배상책임보험에서 보험기간은 포괄계약(회사의 전 사업장 공사를 담보로 하는)인 경우 1년 기준으로, 개별계약(공사장 하나만 담보로 하는)은 당해 도급공사기간을 보험기간으로 하는데 비하여 시설소유관리자 배상책임보험은 언제나 1년을 보험기간으로 한다. 마지막으로 도급업자 배상책임보험의 보험료는 포괄계약인 경우 보험기간에 비례하고 개별계약인 경우 도급공사금액에 의하여 결정되는 반면에 시설소유관리자 배상책임보험은 언제나 보험기간에 비례하여 결정된다.

담보대상

건물의 신축, 수리공사, 댐이나 도로, 관개시설 등의 토목공사, 전기나 상하수도 설치, 수리공사, 청소 또는 살충작업 등 타인으로부터 도급 받아 행하는 일체의 공사를 담보한다.

그러나 타인으로부터 도급 받은 업무라 하더라도 건축사와 같은 전문직업인 위험은 별도의 전문직업인 배상책임보험으로 보상하며 도급업자 배상책임보험으로는 보상이 되지 않는다.

가입대상

건설공사와 관련된 발주자, 원도급자, 하도급업자

☞ · 도급계약 : 도급업자가 건설공사를 완성할 것을 약정하고 발주자가 그 일의 결과에 대하여 대가를 지급할 것을 약정하는 계약
· 하도급계약 : 도급업자가 도급받은 건설공사의 전부 또는 일부를 도급하기 위하여 하도급업자와 체결하는 계약
· 발주자 : 공사전체의 발주업무(시공업자 선정, 공사감독, 감리 등)를 수행하는 자로서 대부분 건축주가 발주자가 되나 대형 공사인 경우 건축주가 전문가에게 그 권한과 책임을 위임하는 경우가 많다.
· (원)도급업자, 수급인, 원사업자, 계약상대자 : 발주자로부터 건설공사에 대하여 도급계약상 건설공사를 완성할 책임이 있는 자
· 하도급업자, 하수급인, 수급사업자 : 원도급업자(수급인)으로부터 공사의 일부 또는 전부를 도급 받은 자

계약형태
· 연간계약 : 회사의 전 사업장에 대하여 연간 단위로 계약하는 형태로 보험기간은 1년이다.
· 구간계약 : 회사의 각 공사장 별로 각각 계약하는 형태로 보험기간은 공시기간으로 1년이하 또는 이상일 수 있다.

보상한도
· 1인당 보상한도 : 1회의 사고로 타인의 신체에 손해를 입힌 경우 1인에게 지급될 수 있는 보상한도
· 사고당 보상한도 : 1회의 사고로 타인의 신체 또는 재물에 손해를 입힌 경우 지급될 수 있는 총 보상한도
· CSL(Combined Single Limited: 단일보상한도액) : 타인의 신체 또는 재물(대인·대물)에 대한 단일 보상한도

☞ 예컨대 CLS 1억 원을 가입하였을 경우 대인만 사고가 난 경우(즉 타인의 신체에 손해를 입힌 경우)에도 1억 원을 한도로, 대물만 사고가 난 경우(즉 타인의 재물에 손해를 입힌 경우)에도 1억 원을 한도로 보상이 되나, 대인 및 대물 사고가 동시에 발생한 경우에는 대인과 대물 손해를 합하여 1억 원 한도 내에서 보상이 된다.

- 총보상한도 : 보험기간 중 여러 번의 사고가 날 경우 보상해 줄 수 있는 총 한도로 누적 보상금액이 총보상한도를 초과할 수 없으며 총보상한도가 모두 지급될 경우 보험은 소멸된다.

보상하지 아니하는 손해(주요 면책손해)
- 피보험자의 수급업자가 수행하는 작업으로 생긴 손해
   ☞ 피보험자가 수급공사의 일부 또는 전부를 타인에게 하도급을 한 경우 그러한 하도급 공사 중 발생한 손해는 하수급인이 책임을 부담한다. 그러나 현장에서 도급인이 하수급업자를 지휘, 감독하며 시공자체를 관리하는 경우에는 실질적 지휘, 감독 관계가 있으므로 도급인은 사용자로서 배상책임을 진다.
- 피보험자의 수급업자(하수급업자 포함)의 피용인이 입은 신체장해
   ☞ 피보험자가 수급업자의 제3자에 대한 배상책임에 대하여 책임을 지지 않으며 아울러 수급업자의 종업원이 입은 신체장해도 책임을 지지 않는다는 것으로 이는 근로자 재해보장책임보험으로 분야에 해당되므로 근로자 재해보장책임보험으로 해결해야 한다.
- 공사의 종료 또는 폐기 후 공사의 결과로 부담하는 배상책임
   ☞ 도급업자 배상책임보험은 '진행 중'인 공사에 따른 위험만을 담보로 하는 보험이므로 공사가 끝나거나 공사가 폐기 된 이후에 발생하는 위험은 '완성작업 배상책임보험'으로 담보해야 한다.

- 토지의 침하, 융기, 이동, 진동, 붕괴, 연약화, 토사의 유출로 생긴 토지의 공작물과 토지에 생긴 손해 및 지하수의 증감으로 생긴 손해
- 티끌, 먼지, 분진 또는 소음으로 인한 손해
- 지하 매설물 손해
- 피보험자가 수행하는 공사가 전체공사의 일부일 경우 그 전체공사에 참여하고 있는 모든 근로자에게 입힌 신체장해에 대한 손해배상책임
- 폭발로 생긴 재물손해에 대한 배상책임

보험료 산정

도급업자 배상책임보험의 보험료는 공사종류(도로건설, 지하공사, 댐공사, 빌딩공사 교량공사 등)에 따른 위험을 반영한 보험요율에 공사금액(도급금액)을 감안하여 보험료를 산정한다. 공사금액은 도급계약서 또는 손익계산서에 의하여 계산한다

운송위험담보 추가특별약관

피보험자가 소유, 점유, 임차, 사용, 관리하는 자동차로 화물을 운송하는 도중에 적재물에 의해 제3자가 입은 신체상해 또는 재물손해에 대한 손해를 보상하는 추가특별약관

폭발, 붕괴 및 지하매설물 손해담보 추가특별약관

특별약관에서 보상하지 않는 위험인, 폭발로 생긴 재물손해, 지반침하, 융기, 진동, 붕괴, 토사 유출, 지반의 연약화로 인한 손해, 지하매설물 자체에 입힌 재물손해를 보상하는 추가특별약관이다.

일부공사담보 추가특별약관

특별약관에서 보상하지 않는 위험인, 피보험자의 공사가 전체공사의 일부인 경우

전체공사에 참여하고 있는 모든 모든 근로자에게 입힌 신체상해를 보상하는 추가특별약관이다.

임차자 특별약관(임차자 영업배상책임보험)

상품내용

피보험자(임차인)가 임차, 점유, 사용, 관리하는 부동산(주거용 건물은 제외)에 생긴 우연한 사고나 화재, 폭발, 기타 우연한 사고로 인하여 그 소유자의 부동산에 손해를 입힘으로써 피보험자가 부담하여야 하는 법률상의 배상책임을 보상하는 상품이다. 임차자 배상책임보험은 기업 등 조직의 영업활동에 따르는 배상책임을 담보하는 영업배상책임보험이므로 영업에 사용되지 않는 주거용 부동산은 이 보험을 가입할 수 없다. 주된 가입 대상은 타인의 건물을 임차하여 영업을 하는 개인사업자, 법인 등이다.

담보위험

타인의 부동산을 임차한 자는 임대차기간이 만료되면 부동산을 임차계약 당시의 상태로 반환해야 할 의무가 있다. 그런데 임대차기간 중에 임차인의 과실로 부동산을 손괴한 경우 임대인 또는 소유자에게 그 손해를 배상하여야 한다. 임차자 배상책임보험은 화재나 폭발, 기타 우연한 사고로 부동산에 입힌 모든 형태의 손해를 포괄적으로 담보(보상)한다.

임차인은 임차 부동산에 손괴사고가 날 경우 임차 부동산을 이용하지 못함으로서 발생하는 사용수익의 손실을 입거나 손괴된 임차물을 원상회복해 줌으로서 발생하는 손해를 입을 수 있는 지위에 있으므로 피보험이익이 있는 자가 된다. 따라서 임차인은 임차자 배상책임보험을 가입할 수도 있고 그 부동산의 소유자를 피보험자로 하는 화재보험을 가입할 수 있다. 건물주가 화재보험을 가입하였더라도 임차인의 과실로 화재가 난 경우 보험회사는 '건물주의 임차자에 대한 손해배상청구권'을 대위하여 임차자에게 구상권을 행사할 수 있으므로 임차자 배상책임보험을 가입하거나 임차인을 계약자로, 건물주를 피보험자로 하는 화재보험을 가입하여야 한다.

☞ 임차인은 어느 보험을 가입하는 것이 유리한가? 결론적으로 말하면 임차자 배상책임보험을 가입하는 것이 유리하다고 할 수 있다. 최근 운송보험계약에 대한 대법원 판례를 유추 적용하여 판단할 경우 부동산 소유자를 피보험자로 하는 화재보험보다 임차인을 피보험자로 하는 임차자 배상책임보험이 유리하다. 판례에 의하면 운송업자가 그 운송물의 소유자를 피보험자로 하는 운송보험을 체결한 계약에서 보험사고가 발생하여 운송물이 파손된 경우 보험회사가 그 소유자에게 손해를 보상한 다음, 보험회사는 '소유자의 운송업자에 대한 손해배상청구권'을 대위하여 그 보상을 보험계약자인 운송업자에게 청구할 수 있다고 판결하였다. 또한 임차자 배상책임보험의 보험료는 화재보험료의 90%를 적용하므로 경제적인 면에서도 책임보험을 가입하는 것이 효율적이다.

담보위험의 특징

제3자 배상책임보험에서는 보상하지 않는 보관자 책임은 피보험자가 보호, 관리, 통제하는 물건에 입힌 손해에 대한 배상책임과 피보험자가 소유, 사용, 임차한 물건에 입힌 손해에 대한 배상책임으로 나눌 수 있다.

일반적으로 보관자 책임이란 주차장 배상책임보험, 창고업자 배상책임보험과 같이 보호, 관리, 통제하는 물건에 대한 손해를 담보하는 보험을 말하며 임차자 배상책임보험은 소유, 사용, 관리하는 물건에 대한 손해를 담보하는 보험으로 엄격한 의미에서 보관자 책임보험이란 전자의 경우만을 의미한다. 후자의 경우는 예외적인 형태의 보관자 책임보험으로서 담보약관의 종류도 매우 제한적이다.

보상하지 아니하는 손해(주요 면책손해)

- 임차부동산을 제외한 재물손해 즉 계약자 또는 피보험자가 소유, 점유, 임차, 사용하거나 보호, 관리, 통제하는 재물에 대한 배상책임
- 임차인이 관리하는 기간에 발생한 급배수관, 냉난방장치, 습도조절장치, 소화전, 업무용기구, 가사용기구 및 스프링쿨러로부터의 증기, 물 또는 내용물의 누출 혹은 넘쳐 흐름으로 생긴 손해에 대한 배상책임
- 지붕, 문, 창, 통풍장치 등에서 새어 든 비 또는 눈 등으로 생긴 손해에 대한 배상책임
- 자연소모, 녹, 쥐나 벌레가 먹음으로 생긴 손해에 대한 배상책임
- 사고로 생긴 것이 아닌 도장 제비용에 대한 손해배상책임
- 의무보험으로 보상되는 손해에 대한 배상책임

피보험자의 범위

피보험자(임차인)와 동거하는 친족, 피보험자와 같이 거주하는 자, 일시 방문자, 피보험자의 친족 또는 같이 거주하는 자가 고용한 자는 피보험자로 간주한다. 즉 같이 거주하는 자의 과실로 인한 손해도 보상이 된다.

보험금 지급기준

임차자 배상책임보험은 보험료를 산출할 때 임차부동산의 가액을 기준으로 한다. 따라서 지급보험금은 보험가입금액이 보험가액의 80%이상일 때에는 보험가입금액을 한도로 비례보상을 한다. 단, 공장물건의 임차부동산은 보상한도액이 보험가액보다 적을 경우, 즉 일부보험일 때 무조건 비례보상을 한다. 임차인의 총보상한도는 임차부동산 가액과 같아야 하며 보험증권상에 기재된 보상한도액 내에서 보상한다. 임차부동산의 가액은 전세금이나 임차보증금으로 평가하는 것이 아니라 평당 건축비로 산정한다.

화재보험과의 관계

계약자 또는 피보험자가 임차물건에 대하여 임차자 배상책임보험과 화재보험을 가입하였을 때 화재보험의 가입금액과 배상책임보험의 보상한도액을 합한 금액이 임차물건의 가액을 초과할 경우에는 각 계약에 대하여 다른 계약이 없는 것으로 하여 각각 산출한 보상책임액의 합계액이 손해액을 초과할 때에는 보상책임액의 합계액에 대한 비율에 따라 손해를 보상한다(독립책임액 분담방식 적용).

책임법리

임차자 배상책임보험은 민법상의 채무불이행책임과 일반불법행위책임이 경합한다. 따라서 채무불이행책임과 불법행위책임을 선택적으로 물을 수 있다. 그리고 과실이 있는 경우에 한하여 책임을 진다.

임차부동산의 손해사고는 ①채권자인 임대인에게 책임이 있는 경우 ②임차인에게 있는 책임이 있는 경우 ③임대인, 임차인 모두에게 책임이 없는 경우 등 3가지 유형별이 있다. 그리고 보상여부를 살펴보면 첫째, 임차인이 화재보험에 가입한 경우 3가지 유형의 사고를 모두 보상 받을 수 있다. 둘째, 임차자 배상책임보험에 가입한 경우 임차인에게 귀책사유가 있는 경우에만 보상된다. 화재보험은 3가지 모두를 보상하나 임차자 배상책임보험은 1가지만 보상되므로 이러한 보상범위의 차이로 임차자 배상책임보험의 보험료는 화재보험의 보험료의 90%가 적용된다.

대형건물 중 일부를 임차한 경우 그 임차부분에서 화재사고가 발생하여 대형건물 전체가 소실되었을 때 임차부분의 화재사고는 임대차계약상 채무불이행(임차기간 만기시 임차물의 계약 당시 상태로의 반환의무)에 따른 손해배상책임으로 과실책임법리에 의하여 임차인에게 책임을 물을 수 있으나 그 건물의 임차부분 이외 부분에 대한 화재손해는 책임을 묻기 어렵다. '실화 등 책임에 관한 법률'에 의하여 중과실이 있는 경우에만 책임을 물을수 있기 때문이다. 따라서 이러한 경우 임차자 배상책임보험으로는 보상을 받을 수 없다.

이러한 부분임차인의 과실에 의하여 전체 건물에 발생한 손해는 임차인이 시설소유관리자 배상책임보험을 별도로 가입하여야 보상이 가능하다. 즉 부분임차물에서 발생한 임차인의 영업행위로 인한 타인의 손해를 배상하는 시설소유관리자 배상책임보험으로 보상을 받을 수 있다.

보험료 산정

임차자 배상책임보험의 주된 담보위험은 화재위험이므로 임차인의 업종 및 임차건물의 건물구조 등을 고려하여 계산한 화재보험요율에 임차부분의 평당 건축비로 계산한 건물가액을 반영하여 최종 보험료를 산정한다. 따라서 보험료를 계산하기 위해서는 피보험자의 업종, 임차건물 구조, 평당건축단가, 임차면적 등의 정보가 필요하다.

주차장 특별약관(주차장 배상책임보험)

상품내용

피보험자가 소유, 사용, 관리하는 주차시설의 용도에 따른 주차업무 수행 중에 생기거나 주차시설로 인하여 생긴 우연한 사고로 타인의 재물손해 또는 신체손해가 발생함으로써 법률상 배상책임을 부담하게 되는 손해를 보상하는 상품이다. 즉 옥내주차장, 옥외주차장, 2단 주차기, 카 리프트 등 여러 가지 형태의 주차장에서 발생하는 사고를 보상해 주는 상품이다.

담보위험

주차장 배상책임보험은 주차장관리자인 피보험자가 주차 목적으로 수탁 받은 자동차에 피해를 입힘으로써 배상하여야 할 책임이 있는 경우 그 피해 손해를 보상하는 보관자 책임보험이다. 또한 제3자에 대한 배상책임도 담보(보상)한다. 즉 피보험자가 소유, 사용, 관리하는 주차시설의 설치 및 보존의 결함으로 기인한 사고 및 피보험자의 주차활동에 기인한 사고로 법률상 배상하여야 할 책임이 있는 타인에게 입힌 신체장해나 재물손해를 담보한다.

예컨대 높이 제한 표시가 안된 지하 주차장에 지프형 차가 진입하다가 차체 지붕이 부딪쳐 파손된 사고(출입구 높낮이 안내 미흡에 기인한 사고로 보고 보상), 기계식 주차기에 주차하던 도중 차가 완전히 입고되지 않았는데 문이 닫혀 차량 앞쪽이 파손된 사고(기계 오작동으로 발생한 주차시설의 관리소홀에 기인한 사고로 보고 보상), 유료주차장에 주차한 후 볼일을 보고 돌아와 보니 차에 흠집이 나있는 사고(주차업무 중 관리소홀로 기인한 사고로 보고 보상) 등으로 인한 손해를 담보(보상)한다.

보상하지 아니하는 손해(주요 면책손해)
- 피보험자가 소유, 점유, 임차, 사용하거나 보호, 관리, 통제하는 재물이 손해를 입었을 경우에 그 재물에 대하여 정당한 권리를 가진 자(소유자 등)에게 해주어야 하는 경우, 단 주차목적으로 수탁 받은 고객의 차량에 생긴 손해는 보상
- 피보험자의 종업원이 피보험자의 업무에 종사하는 중에 입은 신체장해에 대한 손해
  ☞ 근로자 재해배상책임보험 및 사용자배상책임보험으로 담보 가능
- 주차시설의 수리, 개조, 신축, 철거공사로 생긴 손해. 단 통상적인 유지, 보수작업으로 생긴 손해는 보상
- 피보험자가 소유, 점유, 사용, 관리하는 자동차, 항공, 선박으로 생긴 손해. 단 주차목적으로 수탁 받은 차량으로 생긴 손해는 보상
- 피보험자가 제3자에게 양도한 시설로 인하여 생긴 손해와 그 시설자체의 손해
- 주차장 내에서 무면허 운전자의 자동차 조작으로 생긴 손해.
  ☞ 법상 도로가 아닌 주차장 내에서의 자동차 조작에는 운전면허가 필요로 하지

않으나 주차에는 고도의 운전능력을 필요로 하므로 보험기술적 측면에서 무면허 운전자의 자동차 조작 중 사고는 면책
- 자동자의 수리삭업으로 생긴 손해.
  ☞ 주차관리업무는 수탁 받은 자동차를 수탁 당시의 상태대로 보관하는 것을 업무로 하는 것이므로 주차장 내에서 유료 또는 무료로 자동차를 수리하는 작업 중에 생긴 손해는 면책
- 주차장 관리자가 고객의 동의를 받더라도 수탁한 자동차를 주차가 아닌 사용을 하는 중에 발생한 사고 손해
- 차량 내에 놓아둔 물건(카메라, 귀중품 등) 또는 부속 일부(타이어, 부속품, 고가의 카 오디오 등)의 도난에 대한 손해

책임법리

수탁한 자동차의 손해는 계약상의 채무불이행에 따른 손해배상책임과 불법행위책임이 경합하여 적용된다. 따라서 자동차의 주차를 부탁한 위탁자는 선택적으로 어느 한 쪽의 책임을 물을 수 있다. 자동차를 보관하는 수치인의 주의의무 정도는 임치(보관)비용을 받느냐 안받느냐에 따라 다르다. 유상 임차인 경우 수치인은 선량한 관리자로서의 주의의무를 부담하며 무상 임차인 경우에는 자기재산과 동일한 정도의 주의의무를 기울이면 된다. 즉 유상이냐 무상이냐에 따라 주의의무의 정도가 다르다. 무상의 경우가 유상의 경우보다 주의의무의 강도가 약하다.

그러나 자동차 주차의 경우 주차장법에 의하여 주차가 유상 또는 무상인가의 여부에 관계없이 주차장관리인은 주차한 자동차에 관하여 선량한 관리자로서의 주의의무를 태만히 하지 아니하였음을 증명하지 못하면 자동차의 멸실 또는 결함으로 인한 손해보상책임을 부담하도록 강제하고 있다. 따라서 주차장법은 민법 규정과 달리 무상일 경우에도 선량한 관리자로서 주의의무를 요구하고 있다. 주차장법은 민법의 특별법이므로 민법에 우선 한다.

보험료 산정 및 보험금

주차장 배상책임보험의 보험료는 주차장의 종류에 따라 산출기준이 다르다. 실내주차장, 실외주차장, 노상주차장은 주차장의 면적을 기준으로 2단 주차기, 기계식 주차기 등은 주차 가능한 차량대수를 기준으로 카 리프트는 기계대수를 기준으로 보험료를 산정한다. 자동차를 주차하였을 경우 자동차가 손괴될 위험에 대한 노출정도는 실내보다 실외가 높고 2단 주차기 보다 기계식이 높고 카 리프트는 기계식보다 위험이 더 높다. 따라서 보험료도 실내주차장, 실외주차장, 2단 주차기, 기계식 주차장, 카 리프트 순으로 높다.

보험금은 보험증권에 기재된 보상한도액 내에서 실제 손해액에서 공제금액(자가보험의 성격으로 피보험자가 부담하는 10만 원 또는 50만 원 등 소액의 손해금액)을 차감한 금액을 보상한다.

주차장에 설치되어 있는 자동세차기로 인한 손해도 주차장과 함께 담보하고자 하는 경우 자동세차기는 주차시설이 아니므로 별도의 보험을 가입하여야 한다. 자동세차기 시설을 소유, 사용, 관리함으로써 발생하는 손해를 담보하는 시설소유관리자 배상책임보험을 동시에 추가 가입하면 된다.

차량정비업자 특별약관 (차량정비업자 배상책임보험)

상품내용

피보험자(차량정비업자)가 소유, 사용, 관리하는 차량정비시설의 용도에 따른 차량정비업무의 수행으로 생긴 우연한 사고나 차량정비시설자체의 구조 및 관리상의 결함으로 인하여 타인의 재물손해 또는 신체장해가 발생함으로써 부담하는 법률상 배상책임을 보상하는 상품이다.

차량정비업자 특별약관이란 시설소유관리자 배상책임보험에서 보상하지 아니하는 손해인 보관자 배상책임위험을 담보하되 차량정비업종에 한정하여 설계한 상품이다. 즉 차량정비업자가 보호, 관리, 통제하고 있는 정비목적으로 수탁 받은 고객의 차량에 생긴 손해 및 정비업자 또는 유자격자가 피보험시설 구내의 인접도로에서 시험하기 위하여 도로주행 중 생긴 손해에 대한 배상책임을 보상하는 상품이다.

담보위험

차량정비업이란 자동차관리법상 자동차정비업(자동차를 점검하고 그 장비와 구조 및 장치를 변경하는 작업을 하는 업)을 말하며 건설교통부장관의 허가를 받아야 한다.

차량정비업자 배상책임보험은 차량정비업자가 수탁 받은 차량에 입힌 손해(보관자 책임)와 차량정비업자가 차량정비를 위하여 소유, 사용 및 관리하는 시설과 차량정비업무활동에 기인한 사고로 타인에게 입힌 제3자 배상책임을 포괄담보(보상)한다.

차량이란 자동차관리법상의 자동차(승용자동차, 승합자동차, 화물자동차, 특수자동차) 및 건설기계관리법상의 중기(불도우저, 굴삭기, 기계차, 천공기 등)을 말한다.

보상하지 아니하는 손해(주요 면책손해)

- 이륜자동차의 도난으로 생긴 손해
    - ☞이륜자동차의 도난사고는 현실적으로 발생빈도가 높고 손해액도 고액이므로 보험기술상 면책으로 규정
- 타이어나 튜브에만 생긴 손해 또는 일부 부분품, 부속품, 부속기계장치만의 도난으로 생긴 손해
    - ☞소모품으로 소액이고 부품 도난은 발생빈도도 높고 정비관련자의 도덕적 위험(Moral Risk) 방지 등을 위하여 보험기술상 면책으로 규정
- 자연마모, 결빙, 사고를 수반하지 아니한 차량의 기계적 고장이나 전기적 고장으로 차량에 발생한 손해

☞사고를 수반하지 않은 기계적, 전기적 고장은 수리기술에 기인하므로 보상하지 않으나 사고가 발생한 차량에서 기계적 고장이나 전기적 고장이 난 경우에는 보상

· 차량에 부착한 고정설비가 아닌 차량 내에 놓아둔 물건의 손해
· 시험의 목적이 아닌 정비시설 밖에서 차량의 운행 중 사고로 인한 손해

☞차량의 수리상태를 확인하기 위하여 정비시설 밖에서 차량을 운행하는 중에 발생하는 사고는 보상하나 수리상태를 확인하기에 필요한 최소한의 운행으로 정비시설에 인접한 도로에서의 운행에 한정되며 최소한의 운행은 일률적으로 정할 수 있는 것이 아니라 자동차의 수리내용, 인접도로의 상황 등 그 시험 주행의 제반 여건에 따른 판단이 필요하다.

· 차량부품의 수리, 대체 또는 통상적인 수리작업 중 발생한 사고로 차량에 입힌 손해

☞구부러진 부품을 원래 상태로 복원하는 작업 중 당해 부품이 파손된 경우, 수리 대상부품을 분리하는 작업 중 연결부품이 파손된 경우, 잠금 장치가 고장난 자동차문의 해체 작업 중 문의 부속품을 파손한 경우 등 수리작업을 하는 과정에 통상적으로 수반되는 사고로 인한 손해는 면책으로 규정

· 차량을 정비하기 위하여 견인하거나 정비된 차량을 인도하는 중에 생긴 손해
· 생산물 위험과 완성작업 위험, 차량의 사용손실 등 일체의 간접손해

☞차량정비업자가 부품을 대체하여 차량을 수리하였으나 그 대체한 부품의 결함으로 차량성능에 결함이 발생하여 수리차량 자체에 손해가 발생한 경우 또는 그 결함이 원인이 되어 발생한 사고로 인한 손해에 대한 배상책임(생산물 위험), 수리작업이 끝난 차량을 수탁자에게 인도한 후 수리작업의 결함으로 차량의 성능에 이상이 생겨 발생한 사고에 대한 배상책임(완성작업 위험) 등은 면책으로 규정하고 있다.

보험료 산정 및 보험금

차량정비업자 배상책임보험의 보험료는 차량정비시설의 종류(자동차 종합정비업자, 소형자동차 정비업자, 원동기 전문정비업자, 자동차부분 정비업자 등)와 그 시설의 면적을 기초로 산출한다.

보험금은 보험증권상에 기재된 보상한도 내에서 실제 손해액에서 공제금액을 차감한 금액을 보상한다.

학교경영자 특별약관 (학교경영자 배상책임보험)

상품내용

피보험자가 학교경영과 관련하여 소유, 사용 또는 관리하는 '학교시설' 및 그 시설이나 학교 업무와 '관련된 지역'에서 '학교업무'의 수행으로 생긴 우연한 사고로 타인(학생 포함)의 재물손해 또는 신체장해가 발생함으로써 부담하는 법률상 배상책임을 보상하는 상품이다.

학교란 초·중·고·대학교, 전문대학, 방송통신대학, 개방대학, 기술학교, 고등기술학교, 공민학교, 고등공민학교, 장애자학교 등 특수학교, 유치원, 간호학교, 신학교 등 교육법상의 학교를 말한다. 교육기본법, 초중등교육법, 고등교육법 등에서 정식학교로 분류되지 않은 교육기관(연수원, 사설학원, 직업훈련학교, 어린이집, 놀이방, 교습소 등)은 가입대상이 아니다. 정식학교가 아닌 경우 시설소유관리자 배상책임보험으로 담보하여야 한다.

학교업무란 학교경영과 관련하여 학교시설 내에서 이루어지는 통상적인 업무활동으로 학교가 주관하는 학교행사의 수행과 관련된 업무를 말하며 학교의 장이나 그 대리인이 허가하고 학교직원의 인솔, 감독하에 이루어 지는 교외활동은 학교업무로 본다.

담보위험

학교경영자 배상책임보험은 모든 학교에 보편적으로 학교업무를 수행하는 과정에서 발생하는 사고로 인한 배상책임을 담보대상으로 한다. 따라서 원칙적으로 학교시설 내에서 행하여지는 업무만을 담보하며 교외의 학교활동은 객관적 입장에서 모든 학교에 공통되는 경우 예컨대 소풍, 수학여행 등에 한하여 담보된다. 그 학교에서만 또는 일부 학교에서만 이루어 지는 교외의 학교활동은 담보 되지 않는다.

방학 중의 캠프활동이나 봉사활동에서 발생하는 배상책임위험은 담보가 되지 않는다. 학교가 주관하든 개인자격으로 교사나 학생이 자치적으로 행한 것이든 보상되지 않는다. 이러한 위험은 독립적으로 시설소유관리자 배상책임보험으로 담보하여야 할 것이다.

예컨대 캠프시설 운영자가 캠프 활동을 하는 시설 내에서 발생하는 사고를 담보하는 시설소유관리자 배상책임보험을 가입함으로써 캠프활동에서 발생하는 배상책임위험을 담보할 수 있다. 다만, 수업의 일환으로서 행하는 교외의 시설봉사활동에 대하여는 약관상 '학교업무와 관련된 지역'에 한하여 담보할 수 있을 것이다.

- 통근차량의 운행사고
    ☞ 학교에서 학생 또는 교직원을 위한 통근차량을 운행하는 경우 이는 학교경영에 따르는 부수업무로서 학교업무라고 할 수 있으나 모든 학교에 공통된 것이 아니므로 통근차량의 운행사고는 담보되지 않는다.

- 방학 중의 야외활동 중 발생하는 사고
    ☞ 방학 중 캠프활동, 봉사활동은 학교업무와 관련된 지역이 아니므로 담보되지 않는다.

- 구내식당과 기숙사 운영
    ☞ 구내식당과 기숙사 운영은 학교업무의 부수업무로 보험약관상 면책으로 규정되어 있지 않으나 이는 모든 학교에 공통된 것이 아니므로 원칙적으로 담보되지 않는다. 그러나 보험 청약시에 이를 고지함으로써 담보할 수 있을 것이다. 이 고지사항을 담보하지 않을 경우 보험청약에 대하여 승낙하지 않거나 담보하지 않는다는 부담보조건으로 보험계약을 체결할 것을 보험회사에서 요구할 것이다.
    구내식당의 경우 음식물 사고는 생산물 배상책임보험에 의해 담보되므로 학교경영자 배상책임보험으로는 보상되지 않는다. 대학교는 통상 보편적으로 기숙사 제도를 운영하고 있으므로 기숙사를 학교시설로 인정될 수 있으나 고등학교 이하 학교에서는 일부 학교에서만 운영되므로 통상적인 시설로 보기 어려우므로 담보되지 않는다.

- 실습장
    ☞ 학교 내외 등 인접에 위치하고 주로 상용되는 시설의 경우는 학교업무와 밀접한 관련이 있는 시설로 볼 수 있으나 1년에 1~2회 정도만 사용되어 지는 시설인 경우 또는 학교에서 멀리 떨어져 있는 경우 보험 청약서에 명시적으로 고지되어 보험 계약이 체결되지 않은 이상 약관상 학교시설로 보기 어렵다.

- 학교 운동부 응원 중 사고
    ☞ 공공의 운동장에서 경기 중 학생으로 구성된 응원단에 의한 사고는 학교 업무가 아닐 뿐 아니라 학교관련 지역이 아닌 곳에서 발생한 경우 그 운동장 시설의 하자로 발생한 사고이더라도 담보되지 않는다.

보상되지 아니하는 손해(주요 면책손해)

- 피보험자의 근로자(교사 포함)가 업무종사 중 입은 신체장해에 대한 손해
- 학교시설의 수리, 개조, 신축 또는 철거공사로 생긴 손해, 단 통상적인 유지, 보수작업으로 생긴 손해는 보상
- 학교시설 내에서 사용, 소비되는 피보험자의 점유를 벗어난 음식물 사고(생산물배상책임보험에서 담보)
- 학교시설의 임차인이 입은 사고손해, 단 일부를 사용하는 경우 사용부분 이외의 지역에서 생긴 사고손해는 담보
  ☞ 학교시설 임차인은 학교시설의 이용빈도 측면에서 학생 또는 타인에 비하여 학교시설에 대한 위험 노출 정도가 훨씬 크므로 면책으로 규정
- 교직원이나 학생들의 개인적인 배상책임손해
- 학교 운동선수로 등록된 자(그의 지도감독을 위하여 등록된 자 포함)가 그 운동을 위하여 연습, 경기, 지도 중에 생긴 손해
- 군사훈련 및 데모로 생긴 손해
  군사훈련 및 데모는 정상적인 학교업무가 아니며 학내 문제로 인한 학교 내의 시위행위 또한 학교업무가 아니다.

보험료 산정 및 보험금

학교경영자 배상책임보험의 보험료는 학교 종류(초·중·고·대학교 등)와 학생수를 기초로 산정된다.

보험금은 보험증권상에 기재된 보상한도 내에서 실제 손해액에서 공제금액을 차감한 금액을 보상한다.

구내치료비담보 추가특별약관

담보위험

학교경영자 배상책임보험의 주된 담보위험은 학교시설의 설치 또는 보존의 하자나 학교업무 수행상의 부주의로 학생이 입은 신체장해에 대한 학교의 배상책임인데 비하여 구내치료비담보 추가특약은 학생의 학교 내 생활중 입은 신체장해에 대하여 '학교측에 귀책사유가 없는 경우' 의 치료비를 보상하는 특약이다.

☞ 시설소유관리자 배상책임보험상의 구내치료비담보 추가특약과의 차이점은 무엇인가?

▶구내치료비담보는 본래 피보험자의 구내를 일시적으로 방문하는 고객 등 일반인이 입은 신체장해를 대상으로 하는 것이며 피보험자의 구내에 상주하는 사람에 대하여는 기본적으로 보상되지 않는다. 그러나 학교경영자 배상책임보험의 구내치료비담보 추가특약은 학교에 상주하는 학생만을 대상으로 하는 점에서 차이가 있다. 학생이 아닌 일반인이 입은 신체장해에 대한 치료비는 보상하지 아니한다. 일반인은 본인의 과실이 없을 경우에만 학교경영자 배상책임보험에서 보상 받을 수 있다.

보상하지 아니하는 손해

· 학생의 신체장해에 대하여 피보험자에게 법률상의 배상책임이 있는 치료비 배상책임보험은 가해자의 과실은 물론 피해자(학생 등)의 과실에 대해서도 책임을 물어 전체 손해에 대하여 서로 상계를 하므로 피해자의 기여과실이 있는 사고가 발생한 경우 치료비중 피해자의 과실부분에 해당하는 비용만을 따로 구분하여 이를 구내치료비담보 추가특약에 의하여 보상한다. 그리고 가해자의 과실에 해당하는 치료비는 법률상 배상책임을 지므로 학교경영자 배상책임보험으로 보상된다.

예컨대 피보험자의 학교시설의 하자로 인한 사고로 총 손해액이 1,000만 원이 발생하였는데 그 중 300만 원은 학생 병원치료비이며 피해자인 학생의 과실이 30%, 학교의 과실이 70%인 경우 학교경영자 배상책임보험에서 보상되는 보험금과 구내치료비담보 추가특약에서 보상하는 보험금을 계산하면 다음과 같다.

> 법률상 손해배상금(학교의 과실) : 1,000만 원 × 70% = 700만 원
>
> 구내치료비(학생 과실): 300만 원 × 30% = 90만 원
>
> 지급보험금: 790만 원(학교경영자 배상책임보험에 의한 보험금 700만 원 + 구내치료비담보 추가특약에 의한 보험금 90만 원)

- 학교 구내 밖에서 생긴 신체장해에 대한 치료비
- 피보험자의 수급인(학교 교실공사를 하는 건설사 등)이 수행하는 업무로 생긴 신체장해에 대한 치료비
  ☞ 학생이 아니므로 담보되지 않는다.
- 경주나 속도시합 또는 파괴시합 등 각종 경기로 생긴 신체장해에 대한 치료비
- 묘기에 사용되는 운반차량, 제설기, 그 부착 트레일러로 생긴 신체장해에 대한 치료비

치료비담보 추가특별약관

담보위험

학교구내에서 발생하는 사고는 물론 학교구외에서 학교수업 또는 실습행사 중에 발생하는 사고에 대하여 담보하는 특약으로 기존의 구내 치료비담보 추가특약에서 담보하지 않던 학교 구내 밖에서의 사고까지 담보함으로써 담보범위를 확대한 특약이다.

보상하지 아니하는 손해(주요 면책손해)

구내 치료비담보 추가특별약관과 동일하나 학교 구내 밖에서 생긴 치료비가 담보된다는 점에서 차이가 있다.

창고업자 특별약관(창고업자 배상책임보험)

보험상품

창고업자(피보험자)가 보관 목적으로 수탁 받아 보관하는 물건에 우연한 사고로 손해를 입혔을 때 그 법률적 배상책임을 보상하는 상품이다. 창고업자 배상책임보험은 영업용 창고업자를 가입 대상으로 하는 보험으로 특약(Ⅰ), 특약(Ⅱ) 2가지 종류가 있다.

담보위험

창고업자 특약(Ⅰ)은 수탁화물이 화재(낙뢰 포함), 폭발, 파손, 강도, 도난으로 생긴 손해를 담보하며(위험 열거 담보), 창고업자 특약(Ⅱ)은 담보위험을 열거하지 않은 포괄적인 위험을 담보(위험 포괄 담보)하며 동 위험은 전형적인 보관자 책임보험으로 수탁 받은 화물의 피해만을 담보하되 수탁화물의 가액을 한도로 하며 사용손실 등 간접손해는 담보하지 않는다.

보상하지 아니하는 손해(주요 면책손해)

- 금, 은 등의 보석류, 화폐, 유가증권, 시계, 모피류, 그림, 글, 골동품, 주류, 담배, 계란, 유리, 도자기, 화장품, 의약품, 가축류 등에 생긴 손해에 대한 배상책임
  ☞ 이러한 손해는 발생빈도가 높고 도덕적 위험, 타 보험간의 영역조정 등의 이유로 면책으로 규정하고 있다.

- 수탁화물의 하자, 자연소모 또는 자체의 성질로 인한 발화, 폭발, 뜸, 곰팡이, 부패, 변색, 향기의 변질, 녹 등의 사고로 생긴 손해에 대한 배상책임
  - ☞이와 같은 원인으로 생긴 손해는 당해 화물자체의 손해뿐만 아니라 타 화물에 입힌 손해까지도 담보(보상)하지 않으며, 변색이나 향기의 변질은 사고를 수반하지 않은 상태에서의 변색, 변질을 말하는 것으로 파손이나 폭발 등 담보사고로 인한 변색, 변질은 보상
- 사용손실 등 모든 간접손해에 대한 배상책임
  - ☞보관자 배상책임은 일반적으로 간접손해에 대하여 면책으로 규정하고 있다.
- 피보험자나 그 근로자, 가족, 친족, 동거인, 숙박인이 행하거나 가담한 절도, 강도로 생긴 손해에 대한 배상책임
  - ☞피보험자는 아니나 보험기술적 측면에서 피보험자와 밀접한 관계에 있는 자에 의한 절도, 강도는 면책으로 규정하고 있다.
- 수탁화물의 가공 중에 생긴 손해에 대한 배상책임
  - ☞창고업자는 화물을 수탁 받은 상태로 관리하여 인도하는 것을 업(業)으로 하므로 수탁화물의 가공 중에 생긴 손해는 면책으로 규정하고 있다.
- 재고조사시 발견된 손해에 대한 배상책임
  - ☞창고보관화물은 일정기간마다 재고조사를 하는 경우 장부상에 수량과 실제 수량간에 차이가 발생하는 것은 빈번한 현상이므로 이러한 차이에 대한 손해는 면책으로 규정하고 있다.
- 급배수관, 냉난방장치, 습도조절장치, 소화전, 업무용 기구, 가정용 기구 및 스프링쿨러로부터의 증기, 물 또는 내용물의 누출로 생긴 손해에 대한 배상책임
  - ☞이러한 사고는 충분한 주의를 할 경우 막을 수 있는 사고이므로 보관자 자신의 주의의무 결여로 인한 사고손해를 보상하지 않는 보관자책임보험인 창고업자 배상책임보험에서 면책으로 하고 있다(일반적으로 제3자 배상책임보험의 경우에는 명백한 시설 하자로 인한 손해는 담보).

- 지붕, 문, 창, 통풍장치 등에서 새어 든 비 또는 문 등으로 생긴 손해에 대한 배상책임, 그러나 상당한 주의를 다한 경우에도 발생하였을 것으로 피보험자가 입증한 손해는 보상
- 수탁물이 위탁자에게 인도된 후에 발견된 손해에 대한 배상책임
  - ☞ 일반적으로 화물이 수탁자로부터 벗어나 운송(해상, 육상 등)과정을 거쳐 피보험자인 창고업자에게 수탁되고 다시 운송과정을 거쳐 위탁자 또는 수하인(受荷人: 운송된 화물을 받을 사람)에게 전달이 된다. 이러한 운송과정에서 발생하는 위험까지 창고업자가 모두 부담하는 것은 불합리하므로 면책으로 규정하고 있다. 즉 창고업자가 수탁하여 수하인에게 인도한 시점에 즉시 검사하지 않고 일정기간이 지난 후에 포장을 해체한 결과 파손되었거나 화물의 물리적 손상은 입지 않았지만 기능상 장애가 있을 경우에는 보상하지 않는다.
  - ☞ 이 면책조항은 창고업자 특약(II)보험에서는 적용되지 않는다. 즉 특약(II)에서는 수탁물이 위탁자나 수하인에게 인도된 후에 발견된 손해에 대하여 보상을 해준다.
  - ☞ 화물의 이상여부는 인도시점에서 확인되는 것이 일반적이다. 그러나 포장이 견고한 화물이나 정밀조사를 해야만 이상여부를 확인할 수 있는 물건은 화물이 인도된 후에 그 물건의 이상여부를 확인할 수 있다. 이러한 경우에도 면책이 되는가? 화물 수령일로부터 2주 내에 손해 사실을 통지함으로써 창고업자에게 책임을 부담시킬 수 있다. 상법 제146조에 따르면 창고업자의 책임은 수하인 등이 이의를 제기하지 않고 화물을 수령하고 창고료를 지급한 때에 소멸하지만 화물에 즉시 발견할 수 없는 훼손 또는 일부 멸실이 있는 경우에 화물을 수령한 날로부터 2주간 내에 창고업자에게 그 사실을 통지한 때에는 책임을 부담하도록 되어 있다.
- 냉동냉장 장치 또는 설비의 고장이나 전기공급의 중단에 의한 온도변화로 냉동냉장 수탁물에 생긴 손해에 대한 배상책임

☞ 사고가 수반되지 않은 냉동냉장설비의 고장이나 전기공급의 중단으로 생긴 손해는 보상하지 않으나 화재, 폭발 등의 사고로 생긴 냉동설비 고장, 전기공급 중단으로 생긴 손해는 보상된다.
- 청과류 및 채소류에 생긴 손해에 대한 배상책임
    ☞ 청과류 및 채소류는 부패하기 쉬운 화물일 뿐만 아니라 통상적으로 취급과정에서 일정률의 파손이 발생하므로 면책으로 규정하고 있다.
- 야적(野積)상태의 물건이 눈, 비, 바닷물 등 수침(水浸)손해와 바람으로 생긴 손해에 대한 배상책임. 그러나 상당한 주의를 다하여 관리하였음에도 불구하고 발생한 것임을 피보험자가 입증한 손해는 보상

보상한도

창고업자는 수탁화물의 손해에 대하여 수하인에게 수입화물, 수출화물, 구내화물 등에 관계없이 수탁화물의 통상가격을 한도로 배상한다. 즉 수탁화물이 피해를 입은 때와 곳에서의 통상가격을 한도로 배상한다.

그러나 수탁화물이 보세화물인 경우 수출화물은 송품장(送品狀)에 기재된 본선인도가격을, 수입화물은 수입면장에 기재된 운임과 보험료를 포함한 가격을 한도로 보상한다.

따라서 보세화물인 경우 피보험자의 화주에 대한 실제 배상금액과 (보험회사가 지급하는)지급보험금액에 차이가 발생할 수 있으며 배상금액이 보세화물 보상한도액보다 적을 경우 보험금도 배상금액을 한도로 지급한다.

보험료 및 지급보험금

창고업자 특별약관(Ⅰ)

보험료의 산출기준으로 수탁화물의 가액을 적용하며 비례보상의 법리가 적용된다. 보험증권상의 보상한도액이 수탁화물의 재고가액의 80%이상일 때 손해액 전액

을 지급하며 그 미만일 경우 보상한도액을 한도로 비례 보상한다. 재고가액은 계약 체결 전 1년간의 매월 말 전체 재고가액을 합산하여 12개월로 나눈 금액으로 계산한다.

창고업자 특별약관(II)

비례보상방법이 명시되어 있지 않으며 실무상 실손보상의 법리를 적용하고 있다. 보험료 산출기준은 매출을 기준으로 산정한다.

수탁화물의 입반출(入搬出)이 빈번하고 창고업자의 장부만으로 수탁화물의 가액을 확인할 수 없는 경우에는 보험료 산출기준을 수탁화물가액으로 하는 것보다 연간 매출액으로 하는 것이 타당하다.

보험료 산정

보험료는 창고에 수탁되는 물건의 품목 종류, 창고건물의 구조급수(철근콘크리트, 철골조판넬즙 등), 수탁화물의 예상평균가액 또는 매출액 등을 기준으로 산정된다.

책임법리

보관자 책임만을 담보하므로 채무불이행책임과 불법행위책임이 경합하여 적용된다. 과실 입증책임을 창고업자가 부담하기 때문에 사실상 무과실책임을 부담한다.

경비업자 특별약관(경비업자 배상책임보험)

보험상품

경비업자(피보험자)가 경비계약상 경비를 해야 할 물건, 시설 및 장소가 경비업무의 수행 중에 발생한 우연한 화재, 도난, 기타 위험으로 입은 손해 및 경비업무 수행으로 제3자에게 입힌 손해에 대한 배상책임을 보상하는 보험이다.

경비개념 및 경비업무

경비(용역경비)란 경비대상물건에 대한 도난, 화재, 기타 혼잡 등 위해(危害)를 예방하는 업무를 말한다. 즉 경비란 경비대상물건이 외부로부터 해(害)를 받지 않도록 보호, 예방하는 업무이다.

경비업무는 ①국가시설, 산업시설, 주택 등 시설이나 장소를 경비하는 시설경비, ②운동경기장, 전시장 등 각종 행사장에 대한 혼잡을 방지하기 위한 행사장경비, ③현금, 유가증권, 귀금속 등의 안전수송을 위한 운송경비로 구분되며

경비방법에 따라 ①경비대상물건에 경비원을 주야간 상주시키는 상주경비, ②경비대상물을 정기, 부정기적으로 순회하는 순회경비, ③순회경비에 기계 및 기동력을 구사하면서 경비하는 경보경비, ④백화점 등 혼잡한 장소에서 치기배 등 도난방지를 하는 보안경비, ⑤현금 등 물건을 수송하는 운송경비(호송경비)등이 있다.

경비계약의 법적 성질

경비계약은 경비대상물건에서 화재, 도난, 기타 위험을 방지할 목적으로 하는 도급계약이지만 경비계약상대방도 경비원의 교체를 요구할 수 있다는 점에 특징이 있다.

용역경비업법에 따르면 용역경비업무의 범위는 경비대상인 시설, 장소 또는 물건에 대한 화재, 도난 기타 위해(危害)를 방지하는 것으로서 매우 포괄적이고 추상적이다. 화재 및 도난 이외의 사고는 구체적인 상황에 따라 경비업무에 속하는 지 판단하여야 할 것이다.

담보위험

경비계약 상대방에 대하여 경비대상 물건, 시설 또는 장소가 화재, 도난, 기타 피

해로 입은 손해에 대한 배상책임을 부담하는 한편, 경비업무의 수행 중 발생한 사고로 불특정 제3자에게 입힌 손해배상책임을 모두 담보하는 혼합 담보형태로서의 도급업자 배상책임보험이다.

경비계약 대상에 입힌 손해

경비대상물건이 화재, 도난, 기타 위해로 입은 손해를 보상한다. 경비계약 내용상의 제한이나 구체적인 사고 상황에 따라 보상되지 않는 경우도 많다.

경비계약 대상물건은 전시장 내 미술품 등 특정물건으로 확정되는 경우와 사무소 건물 내 불특정물건이 경비대상으로 되는 경우 중 어느 경우냐에 따라 경비업자의 책임도 달라지므로 보상범위도 이에 따라 달라진다.

또한 경비대상물건은 경비계약 상대방의 물건일 수도 있고 제3자의 물건일 수도 있는데 후자인 경우 경비업자가 경비계약 상대방이 제3자에게 부담하기로 한 모든 책임을 부담하지 않는다. 즉 경비계약 상대방과 제3자 사이에 가중책임을 부담하는 계약이 있는 경우 그 가중 부분은 담보하지 않는다.

경비계약 당사자인 경비 하도급업체 A와 경비도급업자 B간의 경비업무 책임담보 내용(예컨대 어떤 사고에 대하여 1,000만 원을 보상하기로 한 경우)이 경비계약도급업자인 B가 경비대상물건의 건물주 C에 대하여 부담하는 책임(동일한 어떤 사고에 대하여 900만 원을 보상하기로 한 경우)보다 무거운 경우 경비하도급업자 A의 건물주 C에 대한 책임은 도급업자 B가 건물주 C에 대하여 부담하는 책임범위(900만 원 보상)로 제한된다.

제3자에 대한 손해배상책임

용역경비업자의 경비업무 수행과 관련하여 발생하는 사고로 제3자에게 입힌 신체장해 및 재물손해를 담보한다.

예컨대 경비대상인 시설물이 붕괴되어 지나가던 행인이 상해를 입은 경우와 같이 경비대상물건에 의한 손해배상책임도 담보위험에 포함된다.

담보계약의 종류

특약(Ⅰ)은 모든 형태의 용역경비업무를 인수대상으로 하고 특약(Ⅱ)는 보안경비계약만을 인수대상으로 하는 것으로 보이나 특별약관(Ⅱ)의 경비업무에 관한 용어풀이에서 경비업무의 범위는 특별약관(Ⅰ)의 경비업무와 차이가 없다. 따라서 양 특별약관은 인수대상에 차이가 없으며 면책위험만 차이가 있다. 따라서 면책위험을 비교하여 적정한 약관을 선택하면 된다.

보상하지 아니하는 손해(주요 면책손해)

- 주택의 경비업무로 생긴 신체장해 및 재물손해에 대한 배상책임. 그러나 단독주택의 경우에는 보상
  - ☞ 여기서 주택은 대체적으로 아파트 경비업무이다. 예컨대 수명의 경비원이 수천 가구의 아파트 경비를 수행하는 경우 그 아파트단지 내에서 발생하는 도난, 강도, 화재사고는 현실적으로 매우 빈번하게 발생하므로 이를 보험으로 담보하기는 어려우므로 보험기술상 면책으로 한 것이다. 그러나 단독주택의 경우 도난, 강도, 화재사고의 위험에 대하여 경비업자가 주의의무를 다할 경우 방지할 수 있으므로 보상한다.
- 불특정 다수인의 출입이 허용되는 사업장의 근무중의 사고로 생긴 손해에 대한 배상책임
  - ☞ 백화점이나 오피스빌딩과 같이 사업장 특성상 경비업자가 불특정다수인의 출입을 통제할 수 없는 경우 도난, 강도, 화재사고를 현실적으로 막기 어려우므로 보상하지 아니한다. 그러나 그 사업장의 업무시간이 끝난 후 출입자를 통제할 수 있는 경우에는 보상한다. 이 면책조항은 출입통제권을 행사할 수 없는 근무시간 중의 사고에 대해서만 보상되지 않는다.

특약(II)는 동 위험을 면책으로 규정하지 않고 있으나 실제 불특정 다수인의 출입이 허용되는 사업장에 있어서 도난이나 강도사고에 대하여 극히 제한적으로 보상해주고 있다. 설사 경비계약으로 경비업자가 책임을 부담하는 것으로 계약을 하였더라도 이는 계약상의 가중책임에 해당하므로 보험으로는 보상하지 않는다. 이 경우 경비업자가 자기 돈으로 별도 보상해야 한다.

전기적 사고로 생긴 화재, 폭발 손해에 대한 배상책임

☞사업장 전기설비의 유지, 보수행위는 경비업자의 업무범위에 해당되지 않으므로 보상되지 않는다. 전기설비관리의무는 경비계약 상대방에게 있다. 그러나 경비업무를 충분히 수행하였더라면 전기적 사고를 초기에 진압할 수 있었을 경우에는 경비업자에게 책임을 물을 수 있을 것이다.

특약(II)에서는 동 위험을 면책으로 규정하고 있지 않지만 실제 있어서는 경비업자의 경비업무의 범위와 주의의무 위반으로 인정되는 한도 내에서 제한적 책임을 부담한다. 즉 전기적 시설이 경비계약대상이고 경비업무 중에 충분히 주의의무를 했다면 막을 수 있는 경우에는 책임을 부담한다.

· 경보 · 기계장비에 있어서 경보 · 기계설비의 고장으로 생긴 손해에 대한 배상책임

☞경보경비는 당해 경보기나 기계설비가 항상 본래의 기능을 유지하고 있을 때에만 본인의 업무를 수행할 수 있으므로 경보기가 고장 났을 경우에는 보상하지 않는다. 그러나 도범이나 제3자에 의하여 경보기가 고장 난 경우에는 보상을 한다.

특약(II)에서는 동 위험을 면책으로 규정하고 있지 않다. 이는 경비업자의 최소한의 업무 즉 경보기가 항상 정상기능을 유지하도록 하는 업무까지 보상함으로써 결과적으로 경비계약상대방의 고의까지도 보상받을 수 있다.

· 수송경비를 제외하고 화폐, 수표, 유가증권, 인지, 금은 등 보석류, 시계, 모피류, 글 · 그림, 골동품, 설계도, 장부, 원고에 입힌 손해에 대한 배상책임

☞ 고가품에 대한 손해는 보험회사에 경비대상으로 고지된 경우에 한하여 경비 중 사고발생시 보상된다. 물론 고가품을 수송하는 경비업무인 경우에는 고가품에 대한 손해는 보상이 된다.

· 타인의 불법적인 체포, 구금, 구류, 유치, 무고, 명예훼손, 사생활침해, 불법침해, 기타 다른 사적점유권의 침해로 생긴 손해에 대한 배상책임

☞ 경비업자 배상책임보험은 신체의 자유와 같은 인격권의 침해는 담보되지 않는다. 경비업무 수행과 관련된 재물손해와 신체장해를 담보하는 보험이기 때문이다.

· 총포류, 도·검류, 경비견의 사용으로 생긴 손해에 대한 배상책임

☞ 경비업무를 수행하는 과정에서 총, 칼 등 위험한 도구를 사용함으로써 생긴 사고는 보상하지 않는다.

· 피보험자 또는 피보험자의 지시에 의한 폭행, 구타로 생긴 손해에 대한 배상책임

☞ 이러한 사고는 우연한 사고가 아닌 고의사고이므로 당연히 면책이다.

· 행사, 경기, 흥행 등 다수대중이 참여 또는 관람하는 시설 및 장소의 경비업무로 생긴 손해에 대한 배상책임

☞ 운동장 경비 중 응원단간의 집단구타행위, 다수대중이 일시에 출입문에 몰림으로써 발생한 다수인의 압사, 부상사고 등은 경비업무에 속하는 지도 문제가 되고 또한 위험이 집중화되어 있기 때문에 면책으로 규정한 것으로 이러한 위험은 운동장의 소유자나 관리자가 이를 담보하는 보험을 별도로 가입하는 것으로 해결해야 한다.

· 결격사유가 있는 경비원의 고용으로 생긴 손해에 대한 배상책임

☞ 용역경비업법의 경비원 자격요건에 미달하는 자를 경비원으로 고용함으로써 발생하는 손해는 면책한다.

· 사실상 경비업무를 폐업 또는 휴업한 후에 생긴 손해에 대한 배상책임
· 피보험자가 경비하는 재물의 간접손해에 대한 배상책임

☞ 보관자 책임보험은 보관물건의 간접손해는 보상하지 않는다.

담보대상이 되는 경비계약

경비업자 배상책임보험 특별약관에서 담보의 대상이 되는 경비계약은 특약(Ⅰ)인 경우 보험증권에 명시된 계약에 한정되나 특약(Ⅱ)인 경우 제반 규정이 없으므로 피보험자가 체결한 모든 보안경비업무를 대상으로 한다고 할 수 있으나 실무적으로는 보험자에게 고지된 업무만을 담보하고 있다.

원 보험계약이 체결된 후 추가로 발생하는 경비계약은 특약(Ⅰ)인 경우 보험증권에 배서되어야 담보되며 특약(Ⅱ)는 배서되지 않더라도 담보될 여지가 있다.

책임법리

경비업자 배상책임보험은 경비대상물건이 입은 손해에 대하여는 계약법상 채무불이행에 따른 손해배상책임과 불법행위책임이 경합하여 적용되며 제3자에게 입힌 손해에 대하여는 불법행위책임이 적용된다.

피보험자가 보호, 관리, 통제하는 재물에 발생하는 손해를 보상하는 보관자 책임은 일반적으로 피보험자 측의 행위로 사고가 발생한다. 그러나 경비업자 배상책임보험에 있어서 보관자 위험은 경비계약 상대방의 행위 또는 제3자의 행위로 발생한다는 점에 특징이 있다.

예컨대 놀이시설 경비계약에서 놀이시설의 파손은 대부분 경비계약 상대방인 놀이시설 소유관리자 또는 그 시설 이용하는 고객의 과실로 발생한다. 이 경우 보험회사는 제3자에 대하여 대위권을 행사할 수 있는가? 사고의 원인이 경비계약상대방에 있는 경우 성질상 보험자 대위권은 성립하지 않는다. 대위권이 성립한다고 가정할 경우 경비업자가 계약상대방에게 손해배상청구를 할 수 있으므로 경비업자가 보험을 가입할 이유가 없기 때문이다.

그러나 사고원인이 경비계약 상대방 측 피용인(고용인)의 과실인 경우 피용자에게 중과실이 있는 경우에만 대위권을 행사할 수 있다. 왜냐하면 사용자는 피용인에게 경과실이 있는 경우 손해배상을 청구할 수 없기 때문이다.

경비업자는 제3자에 대하여 과실책임이 있는 경우에만 손해배상책임을 부담하나 경비대상물건이 경비업자의 책임있는 사유로 폭발, 파괴 되어 제3자에게 피해를 입힌 경우 경비업자는 자신에게 과실이 없더라도 제3자에게 책임을 지는 무과실 책임을 진다.

경비업자가 경비계약 약관을 통해 자신의 책임을 제한하더라도 '약관 규제에 관한 법률'에 의거 경비업자의 중과실로 사고가 난 경우 책임을 진다. 즉 면책으로 규정한 약관의 효력이 부정된다.

도난사고 발생에 경비용역을 사용자측(경비계약 상대방) 과실이 있는 경우 과실상계를 한다. 과실상계 유형을 판례에서 찾아보면 다음과 같다.

① 도난품이 있는 장소에 시건 장치를 하지 않고 방치한 경우
② 귀중품을 금고 내에 보관하지 않은 경우(20% 과실상계)
③ 시설의 개보수로 추가적인 경비장치의 설치가 필요함에도 경비업자에게 통지하지 않은 경우
④ 시설을 출입할 수 있는 열쇠를 예치하지 않은 경우
⑤ 경비 개시 시간 이전에 건물 내 잔류자를 확인하지 않은 경우
⑥ 창고 등에 과다한 적재로 정상적인 감지(感知)를 어렵게 만든 경우

보험료 산정

경비대상 사업장의 경비방법(상주경비, 운송경비 등), 사업종류, 종업원수 등에 의하여 보험료를 산정한다.

건설기계업자 특별약관(건설기계업자 배상책임보험)

보험상품

피보험자(건설기계업자, 실무적으로는 중기업자라고 부른다)가 소유, 사용 또는 관리하는 중장비로 인하여 발생한 또는 그 중장비의 용도에 따른 업무의 수행으로 생긴 우연한 사고로 인하여 타인의 재물에 손해를 입히거나 신체에 장해를 입힘으로써 부담하는 법률상 배상책임을 보상하는 보험이다.

담보위험

건설기계업자 배상책임보험은 제3자 배상책임위험만을 담보한다. 피보험자(중기업자)가 수행하는 중기의 용도에 따른 업무수행 중의 사고로 타인에게 입힌 손해에 대한 배상책임을 보상하되 작업 목적물(공사 자체)에 입힌 손해는 담보하지 않는다.

건설기계의 용도의 범위는 작업순서에 따라 3단계로 분리할 수 있다.

① 차고지에서 작업장소로의 이동
② 작업장소에서의 작업
③ 작업장소에서 차고지로의 이동

위 용도구분에서 ①과 ③의 이동 단계가 용도의 범위에 포함되는가? 작업을 하기 위해서는 이동이라는 과정이 필수적이므로 용도의 범위에 포함된다고 해석함이 타당하다. 따라서 이동 중에 발생하는 사고로 인한 법률상 배상책임도 보상된다고 할 것이다.

가입대상

중기소유자(중기를 직접 소유, 관리, 운영하는 업체 또는 개인) 및 중기임차자(중기를 임차하여 건설, 설비, 토목공사를 수행하는 업체 또는 개인)가 가입을 하며 자동차손해배상보장법 시행령에서 규정하는 6종 건설기계(중기)는 가입대상이 아니다. 6종 중기는 자동차보험으로 담보되기 때문이다.

- 6종 건설기계: 덤프트럭, 타이어식 기중기, 타이어식 굴삭기, 콘크리트 믹서트럭, 트럭적재식 콘크리트 펌프, 트럭적재식 아스팔트 살포기

건설기계 종류
1종 : 기중기(크레인류)
2종 : 굴삭기, 항타기, 천공기 등 주로 굴착 또는 말뚝을 박고 빼는 장비류
3종 : 불도저, 로우더, 지게차, 그레이더, 스크레퍼, 아스팔트 살포기, 로울러 등 장비류

불법행위 책임

영업용 중기를 소유하고 있는 중기임대인(이몽룡)은 건설회사(미래건설)와 1개월간 임대차계약을 체결하였다.

중기 운전은 이몽룡의 고용인(방자)가 운전하기로 하였다. 방자는 미래건설 현장감독자의 지휘, 감독하에 작업을 하다가 과실로 사람을 다치게 하였다. 그 손해는 누가 보상하여야 하는가? 이몽룡인가 아니면 미래건설인가?

피해자가 중기임차인 미래건설의 근로자라면 그 피해자는 논리상 중기운전사 방자를 선임한 중기임대인 이몽룡과 중기임차인 미래건설에게 각각 또는 연대하여 배상하여야 할 책임이 있다. 중기임대인 이몽룡은 건설기계업자 배상책임보험으로 보상을 받을 수 있으나 중기임차인인 미래건설은 근로자재해보장책임보험으로 보상받을 수 있다.

현실적으로 구두 또는 서면으로 중기임대차계약을 체결할 경우 중기사고로 인한 배상책임은 모두 중기임대인 이몽룡이 부담하기로 하는 경우가 대부분이다. 이런 경우 중기임차인 미래건설이 부담하여야 할 손해 부분은 중기임대인 이몽룡의 건설

기계업자 배상책임보험에서는 보상되지 아니한다. 보상하지 아니하는 손해 항목 중 가중된 배상책임에 해당하기 때문이다.

중기기사가 딸린 중기임대차계약에 의한 작업 중 발생한 사고에 중기임차인(건설회사 등)이 임차중기를 지휘, 감독한 경우 중기임대인 이몽룡과 중기임차인 미래건설은 피해자에 대하여 공동불법행위가 성립한다.

중기임차인 미래건설은 작업과정 또는 안전관리에 대한 전반적인 감독의무를 부담하고 중기임대인 이몽룡과 중기기사 방자는 중기작업에 따라 증가된 위험에 비례하는 고도의 주의의무를 부담할 의무가 있으므로 이 경우 통상 중기임대인과 중기임차인은 30 대 70(이몽룡 30%, 미래건설 70%)의 비율로 책임을 부담한다.

보상하지 아니하는 손해(주요 면책손해)
- 피보험자 또는 계약자(중기업자)가 소유, 점유, 임차, 사용하거나 보호, 관리, 통제하는 재물에 대한 손해
- 피보험자(중기업자)와 타인간에 손해배상에 관한 약정이 있는 경우 그 약정에 의하여 가중된 손해배상책임을 부담하는 경우 그 가중 책임은 보상하지 않는다.
  - ☞법률상 배상책임을 벗어난 계약당사자간의 가중 책임부분은 보험으로 담보하지 않는다. 피보험자가 별도 보상하여야 한다
- 피보험자의 근로자가 피보험자의 업무 종사 중에 입은 신체장해에 대한 배상책임(근재보험으로 담보 가능)
- 토지의 내려앉음, 융기, 이동, 진동, 붕괴, 연약화 또는 토사의 유출로 생긴 공작물과 그 수용물 및 식물 또는 토지의 손해, 지하수의 증감으로 생긴 손해
- 폭발로 생긴 손해
- 지하자원에 입힌 손해
- 중기자체의 결함으로 생긴 손해로서 중기제작자에게 배상책임이 있는 손해

· 통상적인 중기의 용도에 따르지 않은 작업이나 중기의 허용된 사용능력을 뚜렷이 초과하여 사용함으로써 발생된 손해. 그러나 피보험자가 손해발생의 원인이 사용능력의 초과와 무관함을 입증할 때는 보상

보험료 산정 및 보험금

건설기계의 종류에 따라 작업내용이 다르며 동시에 작업위험도 다르다. 따라서 건설기계업자 배상책임보험은 가입하고자 하는 건설기계의 종류와 이동방식이 타이어식이냐 무한궤도식이냐에 따라 보험료를 결정하고 있다.

보험금은 증권상의 보상한도 내에서 보험회사, 피보험자, 피해자 3자간의 합의 또는 소송을 통한 판결에서 결정된 배상금액 중에서 자기부담금(공제금액)을 차감한 잔액을 보험금으로 지급한다.

곤도라 특별약관(곤도라 배상책임보험)

보험상품

피보험자(아파트 또는 건물 관리사무소)가 소유, 사용 또는 관리하는 곤도라의 자체 결함이나 관리소홀로 인한 또는 곤도라의 용도에 따른 업무 수행 중 생긴 우연한 사고로 인하여 타인의 재물에 손해를 입히거나 신체에 장해를 입힘으로써 부담하는 법률상 배상책임을 보상하는 보험이다.

담보위험

아파트나 사무용 빌딩에 설치된 곤도라의 소유, 사용 및 관리에 따르는 사고로 제3자에게 신체장해나 재물손해를 입힘으로써 법률상 배상하여야 할 책임 있는 손해를 담보하는 시설소유관리자 배상책임보험의 특수형태이다.

동 보험은 시설소유관리자 본래의 위험(제3자 배상책임위험)을 담보함과 동시에 곤도라로 취급하는 물건에 입힌 손해를 담보이나 후자의 보관자 책임이 주 담보위험이다. 따라서 곤도라 배상책임보험은 보관자 책임보험과 제3자 책임보험의 혼합보험형태로서 보관자 책임보험에 관하여는 보험료의 산출기초가 보관물건의 가액이므로 실손 보상한다.

보상하지 아니하는 손해(주요 면책위험)

면책위험은 시설소유관리자 배상책임보험과 일치한다. 다만, 담보의 목적이 곤도라에 한정되고 취급물건에 대한 손해를 확장 담보한다는 점에서 약간의 차이가 있다.

책임법리

보관자 위험에 대하여는 계약상 채무불이행책임과 불법행위책임이 경합하여 적용되며 제3자 배상책임에 대하여는 불법행위책임만 적용된다.

보험료와 보험금

보험료는 곤도라 용도(아파트용, 일반빌딩용) 및 대수(臺數)에 의하여 산정한다. 보험금은 증권상의 보상한도 내에서 보험회사, 피보험자, 피해자 3자간의 합의 또는 소송을 통한 판결에서 결정된 배상금액 중에서 자기부담금을 차감한 잔액을 보험금으로 지급한다.

곤도라 기사와 이사짐센터의 수신호 불일치로 사고가 발생한 경우 관리사무실(곤도라 기사)이 10~20% 더 많은 책임을 부담하며 곤도라 기사의 조작실수에 의한 사고인 경우 관리사무소가 100% 책임을 부담한다.

적재물 배상책임보험

보험상품

운송사업자가 화주로부터 운송의뢰를 받은 화물을 화물자동차로 운송하는 중 발생하는 사고로 화물이 멸실, 훼손, 인도의 지연 등으로 화주에게 손해를 입힘으로써 화주에 대하여 운송사업자가 부담하는 법률상 배상책임 있는 손해를 보상하는 보험이다.

적재물 배상책임보험은 화주가 운송을 의뢰한 화물만 보상하는 보관자 배상책임보험이며 제3자에 대한 배상책임은 자동차보험에 의하여 보상이 이루어 진다.

도로운송업자의 운송업무과정에 화물의 반출부터 입고까지의 전과정이 될 수 있으나 적재물 배상책임보험은 이 중 화물자동차에 의한 운송중(화물을 차에 적재를 완료한 시점에서 목적지에 도착한 후 화물을 하차하기 직전 시점까지)의 위험을 담보한다. 즉 창고에서 반출하여 상차하기까지의 위험(상차위험) 및 화물을 하차하여 창고로의 반입하기까지의 위험(하차위험)은 담보하지 않는다.

의무가입 대상(화물자동차운수사업법 제8조의 2 및 시행령 제4조의 2)

화물자동차 운송사업자(화물운송사업자)

화물운송사업자란 타인의 수요에 응하여 화물자동차를 사용하여 화물을 유상으로 운송하는 사업을 말한다. 동보험을 의무적으로 가입해야 하는 화물운송사업자는 최대 적재적량이 5톤 이상이거나 총 중량이 10톤 이상인 화물자동차 소유자이며 그 외 사업자는 임의 가입대상자이다.

화물자동차 운송주선사업자

타인의 수요에 응하여 유상으로 화물운송계약을 중개, 대리하거나 화물자동차 운송사업 또는 화물자동차 운송가맹사업을 경영하는 자의 화물운송수단을 이용하여 자기의 명의와 계산으로 화물을 운송하는 자를 말한다.

화물자동차 운송가맹사업자

타인의 수요에 응하여 자기의 화물자동차를 유상으로 운송하거나, 소속 화물자동차 운송가맹점에 의뢰하여 화물을 운송하게 하는 자를 말한다. 화물자동차 가맹점이란 화물자동차 운송가맹사업자의 운송가맹점으로 가입하여 그 영업표지(상호, 상표 등 포함)의 사용권을 부여 받은 자를 말한다.

보상하는 손해

화물자동차 운송위험 담보

운송사업자가 대한민국 내에서 보험기간 중에 운송목적으로 수탁 받은 화물을 증권에 기재된 화물자동차로 운송하는 기간 동안에 생긴 우연한 사고로 파손 등이 발생하여, 수탁화물에 대한 법률상 배상해 주어야 하는 손해를 보상한다.

운송주선위험 담보

주선사업자가 대한민국 내에서 보험기간 중에 자기 명의로 운송계약을 체결하거나 중개 또는 의뢰 받은 수탁 화물에 대하여, 화주로부터 수탁 받은 시점부터 수하인(受荷人)에게 인도하기까지의 운송과정 중에 생긴 우연한 사고로 인하여 수탁화물에 대한 법률상 배상해주어야 하는 손해를 보상한다.

운송위험 또는 운송주선위험으로부터 발생하는 손해 중 보상하는 손해

- 수탁화물 가액 내에서 피보험자가 피해자에게 지급한 법률상 손해배상금
- 잔존물의 수송비용, 피해복구비용
- 소송비용, 변호사비용, 중재, 화해 또는 조정에 관한 비용

수탁화물에서 제외되는 화물

아래와 같이 경제적 가치산정이 객관적으로 어려운 화물이나 특정위험에 노출되어 있는 화물은 이 계약에서의 수탁화물에 포함되지 않는다. 별도의 특별약관을 추가로 가입함으로써 보상 받을 수 있다.

- 원고, 설계서, 모형, 증서, 서류, 사진, 편지 등
- 미술품, 골동품, 귀금속류
- 화폐, 어음, 수표, 채권, 인지, 유가증권류
- 유리제품, 계란류, 살아 있는 동물

보험가입 방법

운송사업자

차량단위로 개별적으로 가입(개별계약)하는 것이 원칙이나 다수의 차량을 소유한 경우 일괄적으로 보험을 가입(포괄계약)할 수 있다. 이 경우 보험료는 화물자동차 톤수, 가입하고자 하는 보상한도액, 자기부담금 등을 감안하여 산정된다. 이 때 톤수는 자동차등록증상의 최대 적재량으로 한다.

운송주선업자

운송주선업자는 운송계약을 중개, 대리하는 부분에서 발생하는 운송주선위험을 담보하는 보험부분과 화물자동차를 이용하여 자기의 명의와 계산으로 화물을 운송하는 운송위험을 담보하는 보험부분으로 분리하여 각각 가입하여야 한다.

운송주선위험과 운송위험의 크기가 서로 다르기 때문이다. 전자는 운송주선 부분에 해당하는 연간 매출액을, 후자는 직접 보유차량 톤수를 기준으로 보험료를 산정한다.

물론 가입하고자 하는 보상한도, 자기부담금을 추가로 감안하여 최종 보험료를 결정한다.

운송가맹업자

운송가맹업자는 자기의 화물자동차를 사용하여 운송하는 운송위험을 담보하는 보험부분과 소속 운송가맹점에 의뢰하여 화물을 운송하는 운송주선위험을 담보하는 보험부분으로 분리하여 각각 가입하여야 한다. 전자는 보유 차량의 톤수를 기준으로, 후자는 운송주선부분 연간매출액을 기준으로 보험료를 산정하는 등 운송주선업자와 동일하다.

보상하지 아니하는 손해(주요 면책손해)

- 수탁화물의 하자, 자연소모 또는 성질로 인한 발화, 폭발, 뜸, 곰팡이, 부패, 변색, 향기의 변질, 녹 등으로 생긴 손해
- 피보험자의 대리인이나 근로자 또는 그의 가족, 친족이 행하거나 가담한 도난이나 강도로 생긴 손해
- 차량의 덮개(차량에 부착된 덮개 포함) 또는 화물의 포장불완전으로 생긴 손해 및 담보차량의 충돌이 수반되지 아니한 경우 수탁화물간 또는 차체의 충돌, 접촉으로 생긴 손해
- 적재중량과 적재중량 기준(도로교통법 시행령 제17조)을 초과하여 적재함으로써 생긴 손해, 단 출발지 관할 경찰서장의 허가를 받은 때와 피보험자가 사고의 원인이 초과적재가 아님을 입증한 때에는 보상한다(단, 적재중량대 실제 적재중량의 비율로 보상한다).
- 담보차량의 충돌이 수반되지 아니한 경우 냉동냉장 장치 또는 설비의 고장이나 전기공급의 중단으로 인한 온도변화로 생긴 손해
- 분실, 감량으로 생긴 손해
- 기계류, 전자기기류 또는 이와 유사한 재물의 해체 또는 설치 중에 생긴 손해
- 수탁물이 수하인(受荷人)에게 인도된 후 14일을 초과하여 발견된 손해
- 운송주선위험 담보의 경우 이사화물과 관련한 손해

- 운송주선위험 담보의 경우 피보험자가 자기소유의 화물자동차로 차량운송 중 생긴 손해
- 운송주선위험 담보의 경우 피보험자가 소유 또는 관리하는 창고 등 모든 보관시설에 보관 중에 발생한 손해

특별약관

구간운송담보 특약

특정기간에 운송 중 발생하는 사고로 인한 화물의 손해에 대하여 부담하는 법률상 배상책임을 보상하는 특약이다. 운송사업자는 화물자동차 운송위험담보와 별도로 이 특약을 가입할 수 있다. 그러나 적재물 배상책임보험을 의무적으로 가입하여야 하는 사업자는 운송위험담보를 가입하여야 이 특약을 가입할 수 있다.

화물운송 부수업무담보 특약

보통약관에서 보상하지 아니하는 화물운송 부수업무를 담보하는 특약이다. 보험기간 중에 대한민국 내에서 운송의 목적으로 송하인(送荷人)에게 화물을 수탁 받아 도착지에서 수하인(受荷人)에게 인도하기까지 화물운송에 관한 부수업무를 수행하는 동안 발생하는 사고로 인하여 수탁화물에 재산손해를 입힘으로써 부담하는 법률상 배상책임을 보상하는 특약이다. 화물운송 부수업무란 수탁화물의 반입, 반출, 환적(換積) 및 기계를 이용한 상하차(上下車) 등 통상의 운송과정에 발생하는 차량운송과 관련된 부수업무를 말한다. 단, 운송 중 화물의 보관업무는 포함 되지 아니한다.

수탁화물 확장담보 특약

보통약관상 보상하지 아니하는 제외 수탁화물을 담보하는 특약이다. 담보확장의 대상이 되는 수탁물은 다음과 같다.
- 특약(Ⅰ) : 시계, 담배, 모피류 및 살아 있는 동물, 유리제품, 계란류

· 특약(II) : 원고, 설계서, 모형, 증서, 서류, 사진, 편지, 미술품, 골동품, 귀금속, 화폐, 어음, 수표 등

☞ 운송보험과 적재물 배상책임보험의 비교

운송인(車主)의 부주의로 인하여 화물에 손해가 발생한 경우 화주(貨主)는 운송인에게 직접 손해배상을 청구할 수 있다. 이 경우 적재물 배상책임보험이 가입되어 있다면 화주는 법적 배상금을 받을 수 있지만 보험이 가입되어 있지 않고 또 변제능력도 없다면 화주는 운송인에게 화물에 대한 손해배상을 청구할 방법이 없다. 또 변제능력이 있더라도 법률적 배상책임을 묻기 위해서는 많은 시간과 복잡한 소송절차를 밟아야 하므로 이것이 불편하다고 느끼는 화주는 운송인의 적재물 배상책임보험에 의존하기 보다 스스로 운송보험을 가입하는 방법을 취하게 될 것이다.

운송보험에 의하여 보험회사는 화주에게 화물 손해를 보상한 후 화주로부터 운송인에 대한 손해배상청구권을 취득하여 운송인에게 구상권을 청구할 수 있으므로 운송인도 이러한 위험을 커버하기 위해 적재물 배상책임보험을 가입하게 된다.

운송인에게 화물사고에 대한 배상책임이 없을 경우 적재물 배상책임보험으로는 보상이 안되나 운송보험으로는 화주에게 보상이 된다. 적재물 배상책임보험은 운송사업자의 법률적 배상책임이 있는 경우에만 보상이 되기 때문이다. 그러나 운송보험은 사고의 책임에 관계없이 우연한 사고로 인한 화물의 손해를 담보하므로 운송인에게 사고책임이 없더라도 보상이 된다.

운송보험은 화주가 보험을 가입하나 적재물 배상책임보험은 운송인(차주)이 보험을 가입하며, 운송보험이 보상범위가 더 넓다. 즉 운송보험은 화물운송 부수업무(화물의 반입 및 반출 도중에 발생하는 사고)를 담보하나 적재물 배상책임보험은 특약을 추가로 가입하여야 담보되며 특약을 가입하지 않는 경우 운송 중의 사고만을 담보한다.

운송보험은 화주 및 운송업자가 임의로 가입하는 보험이나 적재물 배상책임보험

은 화물운송사업자만 가입하는 의무보험이다. 보험가입금액도 전자는 실제 화물의 가액이나 후자는 차량당 한도액을 설정하여 가입한다. 또 전자는 운송용구(運送用具)의 제한이 없으나 후자는 화물자동차만 가입된다. 보험기간은 운송보험이 단기간인 구간운송이 원칙이나 적재물 배상책임보험은 1년이 원칙이다(단, 구간운송담보 특약에 의해 제한적으로 구간운송 담보 가능).

가스사고 배상책임보험

보험상품

 피보험자(가스사용자, 가스사업자 등)가 가스의 소유, 사용 또는 관리 중 발생한 사고로 인하여 타인의 재물손해 또는 신체장해가 발생함으로써 법률상 배상책임을 부담하게 되는 손해를 보상하는 보험이다.
 가스로 인하여 폭발, 파열, 화재 뿐만 아니라 가스의 누출로 타인의 신체에 상해를 입혔을 경우에도 보상을 한다.
 가스의 누출로 사망하거나 유독가스를 우연하게 일시에 흡입, 흡수, 섭취하여 발생한 중독증상을 포함하여 보상한다.

가입대상

 가스사고 배상책임보험의 가입대상자는 가스사용자, 가스사업자, 용기등 제조업자, 가스시설 시공업자 등이 보유하고 있는 가스사고를 보상한다. 가입대상자를 보다 상술하면 다음과 같다.
- 가스사용자 : 도시가스, 액화석유가스(LPG) 등을 사용하는 자
- 용기등 제조업자 : 가스레인지, 배관용 밸브, 안전장치 및 호스, 압력용기, 냉동기, 용기 등을 제조하는 자

- 가스사업자 : 일반도시가스, 고압가스를 제조 또는 도매하거나 LPG를 제조, 충전, 판매 또는 집단 공급하는 자
- 가스시설 시공업자 : 가스시설 시공업자 중 도시가스를 연료로 하는 온수 보일러 및 그 부대시설을 설치하거나 변경공사를 하는 자

담보위험

가스사용자

보험증권에 기재된 시설 내에서 소유, 사용 또는 관리하는 중 발생한 가스에 기인된 가스사고를 담보한다. 담보위험의 형태는 시설소유자위험이다. 가스 사용자에게 있어 가스사고란 가스로 인한 폭발, 파열, 화재 및 가스의 누출로 타인의 신체에 장해를 입히거나 재물을 멸실, 훼손 또는 오손케 하는 것을 말한다.

용기등 제조업자

피보험자가 제조, 판매 또는 대여한 가스용기나 냉동기, 가스용품 또는 그에 부수되는 작업의 결함으로 인하여 피보험자의 점유를 벗어난 이후에 발생한 가스사고를 보상한다. 제조업자의 경우 피보험자의 공장 밖에서 발생한 가스사고만을 담보하므로 공장 내에서 사용하는 가스에 관하여는 가스사용자로서 가스사고 배상책임보험을 별도로 가입하여야 한다. 담보되는 위험 범위가 다르므로 이 경우 가스사용자로서, 용기등 제조업자로서 보험을 각각 가입하여야 한다. 제조업자의 경우 담보형태는 생산물배상책임 또는 완성작업위험이다.

가스사업자

보험증권에 기재된 가스사업소에서 가스취급업무와 관련하여 가스사업소 내나 밖에서 발생한 사고를 담보한다. 가스 사업자는 가스를 제조하거나 판매하므로 담보위험의 형태는 시설소유자, 도급업자, 생산물 및 완성작업 위험이다.

가스시설시공업자

가스시설 시공작업의 수행 또는 시공작업의 수행을 위하여 소유, 사용 또는 관리하는 시설로 인한 사고 및 가스시설이 타인에게 양도된 후 그 가스시설의 시공하자로 인한 사고를 담보한다. 담보위험의 형태는 시설소유자, 도급업자, 완성작업위험이다.

보상범위

보험회사가 보상하는 범위는 피보험자가 피해자에게 지급한 법률상 손해배상금과 사고처리비용이다. 사고처리비용은 영업배상책임보험과 같이 협의의 손해방지비용, 대위권 보전비용, 소송비용 및 피보험자 협력비용 등을 말한다.

보상한도

대인배상

사람에게 손해가 난 경우 매회 사고 때마다 보상을 한다. 총보상한도액이 설정되어 있지 않으며 1사고당 보상 한도액으로만 제한하고 있다. 상해의 형태에 따른 보상한도는 다음과 같다.

사망의 경우

피해자 1인당 6,000만 원 한도 내에서 실손보상한다. 다만 실손해액이 1,500만 원 미만인 경우 1,500만 원 정액을 지급한다. 단 '액화석유가스의 안전관리 및 사업법'에 의거 의무적으로 가스사고배상책임보험을 가입하여야 하는 의무가입대상자는 1인당 8,000만 원 한도 내에서 실손보상하며 실손해액이 2,000만 원 미만인 경우 2,000만 원을 정액 지급한다.

부상의 경우

부상의 정도에 따라 14등급으로 분류하고 등급에 따라 최고 1,500만 원에서 최저 20만 원까지 지급한다. 단, 실 손해액을 초과할 수 없다. 치료 중 사망, 치료 후 장해 등 상황에 따른 보상금은 다음과 같다.

- 치료 중 사망시 : 부상보험금 + 사망보험금
- 치료 후 장애시 : 부상보험금 + 후유장해보험금
- 후유장해보험금 지급 후 사망시 : 사망보험금 - 후유장해보험금

후유장해인 경우

후유장해정도에 따라 14등급으로 분류하고 등급에 따라 6,000만 원에서 240만 원까지 지급한다.

대물배상

타인의 재물 손해인 경우 1사고당 최저 1억 원 이상을 가입하여야 하며 보험증권상 보상한도액 내에서 실손 보상한다.

비용보상

사고처리비용은 1사고당 100만 원을 한도로 실손 보상한다.

책임법리

가스사고로 인한 피해자가 ①피보험자가 계약상대방인 경우 계약상 채무불이행과 불법행위책임이 경합하여 적용되며, ②피해자가 기타 제3자인 경우 불법행위책임만 적용된다.

가스사고 배상책임보험이 의무가입대상자인 경우 가스사고로 제3자가 입은 손해에 대하여 피보험자의 책임여부에 관계없이 법에서 정한 금액 내에서 보상하도록

규정하고 있다. 따라서 가스사고에 대하여 대인배상은 1인당 6,000만 원, 대물사고에 대하여 1사고당 1억 원까지(대물배상은 최저 1억 원 이상 가입해야 하므로) 손해는 피보험자가 절대적으로 책임을 지나 그 이상의 손해는 일반적인 책임법리에 따라 과실책임 또는 무과실책임을 적용한다.

> ☞ '액화석유가스의 안전관리 및 사업법' 상 가스사고 배상책임보험 의무가입대상자
> ① 용기에 충전된 LPG를 공급하는 LPG충전사업자(자동차 연료용, 용기내장형 가스난방기용, 이동식 부탄연소용, 공업용, 선박용 등에 사용되는 용기는 제외)
> ② LPG판매업자
> ③ 가스용품제조사업자
> ④ LPG저장소 설치자
> ⑤ LPG특정 사용자 중 산업자원부령에서 정하는 자

보상하지 아니하는 손해(주요 면책손해)
- 계약자 또는 피보험자가 소유, 점유 또는 사용하거나 보호, 관리, 통제하는 재물에 대한 손해
- 피보험자와 세대를 같이하는 친족에 대한 손해
- 피보험자의 근로자가 피보험자의 업무에 종사 중에 입은 손해장해
- 배출시설에서 통상적으로 배출되는 배수 또는 배기(연기 포함)로 생긴 손해
- 피보험자가 판매, 공급한 재물 또는 피보험자가 수행한 작업상의 결함으로 인한 당해 재물 또는 작업 목적물의 손괴 그 자체에 따른 손해

보험료 산정

가스사고 배상책임보험은 연간 매출액을 기준으로 보험료를 계산하나 일부는 업체의 특성에 따라 가스종류, 업소내용, 면적 등을 감안하여 최종 보험료를 산출한다.

특별약관

임차자 특별약관

피보험자가 임차한 부동산에 가스사고로 손해가 발생한 경우 정당한 권리를 가진 자(임대인 또는 소유권자)에게 피보험자가 부담하는 법률상 배상책임손해를 보상하는 보험이다. 임차 부동산의 시가를 한도로 지급한다.

가스시설 시공자 특별약관

①피보험자가 시공한 가스시설의 시공작업 수행으로 인한 사고 또는 ②시공작업의 수행을 위하여 소유, 사용 또는 관리하는 시설로 인한 사고와 ③피보험자가 시공한 가스시설이 타인에게 양도된 후, 그 가스시설의 시공하자로 인한 사고 등으로 발생한 타인의 신체 또는 재물에 대한 피보험자의 법률상 배상책임손해를 보상하는 특약이다.

'액화석유가스의 안전관리 및 사업법' 상 LPG충전사업자, LPG판매업자 중에서 용기에 충전된 LPG를 공급하는 사업자가 의무적으로 가입해야 하는 특약(2가지 특약을 동시에 가입해야 한다)

액화석유가스판매업자·충전사업자 특별약관

피보험자가 보험증권에 기재된 사업소에서의 가스사고로 타인의 신체 또는 재물에 대한 법률상 손해배상책임을 보상하는 특약이다.

액화석유가스 소비자보장 특약

소비자(타인)의 신체 또는 재물에 대하여 피보험자가 부담하는 법률상 배상책임손해를 보상하는 특약이다. 신체 손해는 소비자 또는 타인의 과실여부를 불문하고 책임을 지는 무과실 책임을 부담한다. 그러나 소비자의 고의로 인한 손해, 판매사업자(또는 충전사업자) 모르게 가스공급설비를 임의로 철거하거나 변경함으로 인한 손해 등은 보상하지 아니한다.

☞ **용어설명**

도시가스

액화천연가스(LNG : 지하에서 뽑아 올린 천연가스를 -162℃에서 액화시켜 부피를 1/600로 압축시킨 무색투명한 액체)를 기화설비에 의하여 기화(氣化)시켜 천연가스 상태로 배관을 통해서 수용가에 공급하는 가스

액화석유가스(LPG)

석유성분 중 프로판, 부탄가스 등 끓는 점이 낮은 탄화수소가 주성분으로 가스를 상온에서 압력을 가하여 액화한 것

고압가스

가연성(可燃性)가스, 독성가스, 액화가스 등을 높은 압력으로 압축한 가스

LPG충전사업

저장시설에 저장된 LPG를 용기에 충전하여 공급하는 사업

LPG집단공급사업

여러 수용가에 LPG를 배관으로 공급하는 사업

LPG판매사업

용기에 충전된 LPG를 판매하는 사업

LPG사용자

학교, 시장, 호텔, 극장 등 일정 규모 이상이고 많은 사람이 이용하는 제1종 보호시설 및 지하 등에서 LPG를 사용하는 상대적으로 위험이 높은 사용자를 LPG특정사용자라 하고 그 외 사용자를 LPG기타사용자로 분류하여 보험가입금액도 차등하여 관리함

가스용품제조사업

LPG 또는 연료용 가스를 사용하기 위한 기기를 제조하는 사업

용기가스 소비자

용기에 충전된 LPG를 연료로 사용하는 자(단, 용기내장형 가스난방기용, 이동식 부탄연소기용, 공업용, 선박용으로 사용하는 자와 LPG를 이동하면서 사용하는 자는 제외)

체육시설업자 배상책임보험

보험상품

피보험자(체육시설업자)가 소유, 사용 또는 관리하는 체육시설로 인한 우연한 사고 또는 그 시설의 용도에 따른 업무 수행 등으로 생긴 우연한 사고로 제3자(시설이용자, 관람객 등)에게 인적 또는 물적 손해를 입힘으로써 법률상 배상책임이 있는 손해를 보상하는 보험이다.

동 보험은 '체육시설 설치, 이용에 관한 법률'에 의한 강제가입대상인 체육시설업자에게는 의무보험이 되며 체육시설의 설치 및 보존상의 결함으로 인한 타인에게 입힌 손해뿐만 아니라 체육시설의 운영활동상 사고로 타인에게 입힌 손해도 보상하는 시설소유관리자 배상책임보험의 특수형태이다. 또한 피해자의 손해배상청구에

따른 소송에 대하여 필요한 경우 소송업무를 대행하여 주며 그로 인하여 발생한 제반 법률비용(소송, 화해, 중재, 조정비용)을 보상한도액 내에서 보상한다.

가입대상

'체육시설 설치, 이용에 관한 법률' 제29조에 의거 의무적으로 가입해야 하는 사업자는 수영장, 골프장, 빙상장, 스키장, 조정장, 카누장, 경륜장, 승마장, 종합체육시설 등이다. 강제가입대상사업자가 가입을 하지 않을 경우 100만 원 이하의 과태료 또는 최고 3개월 이하의 사업정지 등 행정처분을 받는다. 그 외 임의가입대상으로는 체력단련장, 골프연습장, 체육도장, 볼링장, 정구장, 미용체조장, 롤러스케이트장, 탁구장, 당구장 등이 있다.

담보위험

법률에 의거 보험가입을 의무화하는 경우에는 관련법률에서 보험가입자가 배상하여야 할 손해의 원인, 종류 및 범위를 정하고 이에 대한 배상의무이행의 확보수단으로 보험가입을 의무화한다. 그런데 '체육시설 설치, 이용에 관한 법률' 제29조(보험가입)에 따르면 "체육시설업자는 당해 체육시설의 설치, 운영과 관련되거나 그 체육시설 안에서 발생한 피해에 대한 보상을 위하여 문화체육부령이 정하는 바에 따라 보험에 가입하여야 한다. 다만, 문화체육부령이 정하는 소규모의 체육시설업자의 경우에는 그러하지 아니하다."라고 규정함으로써 그 시행규칙에서도 보상한도, 위험범위에 대한 규정을 정하지 아니함으로써 실질적인 의무보험의 성격을 제대로 규정하지 않고 있다.

따라서 의무보험대상사업자는 보상금액을 충분하게 설계하든 부족하게 설계하든 보험만 가입하면 법규정에 어긋나지 않게 되는 것이다. 동 보험이 담보하는 시설과 피해자의 범위를 살펴보면 다음과 같다.

담보시설

체육시설이란 '체육시설 설치, 이용에 관한 법률' 제2조에 따르면 "체육활동에 지속으로 이용되는 시설과 그 부내시설"이라고 규정하고 있다. 부대시설은 주차장, 응급시설 등 필수시설과 식당, 매점, 휴게실, 사무실 등 편의시설 및 관리시설을 포함한다고 규정하고 있다.

피해자의 범위

'체육시설 설치, 이용에 관한 법률'에 의하면 체육시설업자는 피해보상을 위하여 보험에 가입하여야 한다고 규정하고 있다. 피해 보상의 대상자가 체육시설의 이용자에 한정되는지 아니면 이용자 이외의 제3자도 포함되는지 문제가 되나 동 법의 입법취지를 감안할 때 이용자에 한정된다고 할 것이다. 이용자라 함은 직접 참여하여 운동을 하거나 그 운동을 관람하는 자를 말하는 것이다. 그러나 보험약관은 이용자라는 용어를 사용하지 않고 '타인'으로 규정하고 있는 바 이용자 이외의 기타 제3자도 포함하는 넓은 의미의 개념을 적용하여 보상하고 있다.

보상하지 아니하는 손해(주요 면책손해)

- 계약자 또는 피보험자가 소유, 점유, 사용하거나 보호, 관리, 통제하는 재물의 손해
- 각종의 경기단체(협회, 연맹을 포함)에 공식적으로 등록된 운동선수 또는 그의 지도감독을 위하여 등록된 자가 그 운동을 위하여 연습, 경기 또는 지도 중에 생긴 손해
- 시설의 수리, 개조, 신축 또는 철거공사로 생긴 손해. 그러나 통상적인 유지, 보수작업으로 생긴 손해는 보상
- 피보험자가 양도한 시설로 생긴 손해 및 시설자체의 손해
- 의사, 간호사, 약사, 안마사, 침술사, 접골사 등 전문직업인의 직업상 과실로 생

긴 손해
- 체육시설 이용자의 신체장해에 대하여 피보험자 또는 체육지도자가 치료하여 발생한 손해

보험료 산정

동 보험의 보험료는 체육시설의 종류, 그 시설의 면적을 기준으로 산정하며 체육시설 특징에 따라 매출액(골프장), 수용인원(보트장, 조정장 등), 대(臺, 당구장) 등으로도 산정한다.

추가특별약관

구내치료비담보 추가특별약관

체육시설 구내에서 발생한 사고 중 피보험자의 과실이 없는 제3자(특히 고객)의 본인 과실로 발생한 급격하고도 우연한 외래의 사고로 그 시설물의 이용객이 입은 상해손해에 대한 치료비를 보험증권에 기재된 보상한도액내에서 보상하는 특약이다. 피보험자에게 과실이 있는 사고인 경우에는 체육시설업자 배상책임보험으로 보상이 이루어 진다.

주차장담보 추가특별약관

피보험자가 소유, 사용 또는 관리하는 주차시설 및 그 시설의 용도에 따른 주차업무의 수행으로 생긴 우연한 사고로 인하여 타인의 신체 또는 재물에 손해를 입혀 법률상 배상책임을 부담함으로써 입은 손해를 보험증권에 기재된 보상한도액 내에서 보상하는 특약이다.

물적손해 확장담보 추가특별약관

피보험자가 소유, 사용, 관리하는 시설 및 그 시설의 용도에 따른 업무의 수행으

로 생긴 우연한 사고로 피보험자가 보호, 관리, 통제하는 재물이 손해를 입음으로써 그 재물에 대하여 정당한 권리를 가지는 사람에 대하여 배상책임을 부담함으로써 입은 손해를 보상하는 특약이다.

예컨대 고객이 맡긴 볼링장비를 관리하는 회원 사물함에서 특정 회원의 볼링장비를 인출하는 과정에 우연한 사고로 볼링공을 떨어 뜨려 파손한 경우 그 볼링공의 주인에게 배상하여야 하는 손해에 대하여 체육시설업자 배상책임보험에서는 보상되지 아니하는 손해이나 물적손해 확장담보 추가특약을 가입하는 경우 보상이 된다.

생산물 배상책임보험

보험상품

피보험자가 제조, 판매 또는 시공한 생산물이 타인에게 양도된 후 보험기간 중에 생긴 우연한 사고로 인하여 제3자의 신체장해나 재물손해에 대한 법률상 배상책임을 부담하게 되는 손해를 보상하는 보험이다.

생산물의 제조, 공급, 유통, 판매의 일련의 과정에 참여한 자가 그 생산물의 결함에 기인한 사고로 소비자가 피해를 입음으로써 법률상 배상하여야 할 책임 있는 손해를 보상하는 보험이다. 2002년 7월 1일 '제조물책임법' 시행으로 제조업자의 제품사고의 위험성에 대한 인식 제고, 소비자 보호운동의 강화, 일반인의 의식수준의 향상과 더불어 국내 판매제품에 대한 생산물배상책임보험 시장도 현저히 커지고 있다.

제조물책임법의 주요 내용

제3조에 의하면 제조물책임이란 제조업자가 제조물의 결함으로 인하여 생명, 신체 또는 재산에 손해(당해 제조물에 대해서만 발생한 손해는 제외)를 입힌 경우 그 손해

를 배상할 책임을 말한다.

여기서 제조물이란 다른 동산이나 부동산의 일부를 구성하는 경우를 포함한 제조 또는 가공된 동산을 말한다.

제조 또는 가공된 모든 동산이 그 대상이 된다. 부동산의 일부를 구성하더라도 예컨대 건물에 부착된 기계나 건축자재도 제조물에 포함된다. 농산물, 임산물, 수산물 등 1차 상품은 기본적으로 제조물에 해당되지 않으나(가공, 제조 과정을 거치지 않았으므로) 가공된 김치, 통조림은 본 법의 적용을 받는 제조물이다.

결함이란 당해 제조물에 다음 각 한 항목에 해당하는 제조, 설계 또는 표시상이 결함이나 기타 통상적으로 기대할 수 있는 안전성이 결여되어 있는 것을 말한다.

① **제조상의 결함** : 제조업자의 제조물에 대한 제조·가공상의 주의의무의 이행 여부에 불구하고 제조물이 원래 의도한 설계와 다르게 제조·가동됨으로써 안전하지 못하게 된 경우를 말한다.
② **설계상의 결함** : 제조업자가 합리적인 대체설계를 채용하였더라면 피해나 위험을 줄이거나 피할 수 있었음에도 대체설계를 채택하지 아니하여 당해 제조물이 안전하지 못하게 된 경우를 말한다.
③ **표시상의 결함** : 제조업자가 합리적인 설명·지시·경고 기타의 표시를 하였더라면 당해 제조물에 의하여 발생할 수 있는 피해나 위험을 줄이거나 피할 수 있었음에도 이를 하지 아니한 경우를 말한다.

제조업자란 다음 각 항에 해당되는 자를 말한다.
① 제조물의 제조·가공 또는 수입을 업으로 하는 자
② 제조물에 성명, 상호, 상표 기타 식별 가능한 기호 등을 사용하여 자신을 제조물의 제조업자, 가공업자 또는 수입업자로 표시한 자 또는 그렇게 오인시킬 수 있는 표시를 한 자

제조물책임은 제조업자가 1차적으로 책임을 진다. 그러나 제조물의 제조업자를 알 수 없는 경우 제조물을 영리 목적으로(비영리목적인 경우 제외) 판매, 대여 등의 방법에 의하여 공급한 자는 제조물의 제조업자 또는 제조물을 자신에게 공급한 자를 알거나 알 수 있었음에도 불구하고 상당한 기간 내에 그 제조업자 또는 공급업자를 피해자 또는 그 법정대리인에게 고지하지 아니한 때는 손해를 배상하여야 한다.

손해배상책임을 지는 자가 다음의 각 항에 해당하는 사실을 입증한 경우에는 제조물책임법에 의한 배상책임을 면한다.

① 제조업자가 당해 제조물을 공급하지 아니한 사실
② 제조업자가 당해 제조물을 공급한 때의 과학 및 기술수준으로는 결함의 존재를 발견할 수 없었다는 사실
③ 제조물의 결함이 제조업자가 당해 제조물을 공급할 당시의 법령이 정하는 기준을 준수함으로써 발생한 사실
④ 원재료 또는 부품의 경우에는 당해 원재료 또는 부품을 사용한 제조물 제조업자의 설계 또는 제작에 관한 지시로 인하여 결함이 발생하였다는 사실

☞ 책상을 만드는 가구점 사장에게 2년 전 구입한 책상이 갑자기 부서져 내려 앉는 바람에 척추를 다쳤다며 손해배상을 청구한 사건에서 가구점 사장이 그 배상책임을 면하려면 ①책상이 내가 만든 책상이 아니라 k가구점이 만든 것이라는 것을 증명하거나, ②내가 만들었지만 책상에 사용된 첨단 책상다리는 2년 전 그 당시 기술로는 완벽한 것이었다. 물론 지금은 결함이 있는 것으로 밝혀져서 최근 신기술로 치유되었다. 하지만 그 당시 기술수준에서는 그 것이 문제라는 것을 알 수 없었다는 것을 업계 전문기술자를 통해 입증하거나, ③결함의 원인이 된 부속품은 그 당시 국가에서 정한 재료와 제조기법을 준수하여 만든 것이었다는 것을 입증하거나, ④그 책상은 P가구회사가 설계하고 제공한 부품을 사용하여 그 설계도대로 만들어 납품한 것으로 그 회사가 제공한 부품에 문제

가 있었기 때문에 내가 잘 못한 것은 없다는 것을 입증하여야 한다.

손해배상책임을 지는 자가 제조물을 공급한 후에 당해 제조물에 결함이 존재한다는 사실을 알거나 알 수 있었음에도 불구하고 그 결함에 의한 손해의 발생을 방지하기 위한 적절한 조치를 하지 아니한 경우 ②, ③, ④를 입증하더라도 책임을 진다. 최근 제조업자들이 이러한 책임을 면하기 위해 소비자가 문제를 제기하거나 사후서비스를 하는 도중에 결함을 알게 된 경우 과거와 달리 공개적으로 리콜하여 수리하거나 대체해 주고 있다.

동일한 손해에 대하여 배상책임이 있는 자가 2인 이상인 경우 연대하여 책임을 진다. 또한 이 법에 의한 손해배상책임을 배제하거나 제한하는 특약은 무효이다. 예컨대 판매사가 제품의 결함에 의한 사고 책임을 고객이 전적으로 부담한다는 내용의 매매계약을 체결하거나 1천만 원까지만 책임진다거나 일정장소에 설치하는 경우에만 책임을 진다는 조건부 계약 등은 무효이다. 다만, 자신의 영업에 이용하기 위하여 제조물을 공급 받은 자가 자신의 영업용 재산에 대하여 발생한 손해에 관하여 그와 같은 계약 체결은 유효하다.

이 법에 의한 손해배상청구권은 피해자 또는 그 법정대리인이 손해 및 손해배상책임을 부담하는 자를 안 날로부터 3년 이내 이를 행사하지 않으면 시효로 인하여 소멸한다. 또한 제조업자가 손해를 발생시킨 제조물을 공급한 날부터 10년 이내에 이를 행사하여야 한다. 단, 신체에 누적되어 사람의 건강을 해치는 물질에 의한 손해 또는 일정한 잠복기간이 경과한 후에 증상이 나타나는 손해는 그 손해가 발생한 날부터 10년 이내에 행사하면 된다.

가입대상(피보험자 또는 계약자)
- 제조물 책임을 부담할 수 있는 사업자로서 완성품, 원재료 및 부품제조·공급업자

- 제조물에 성명, 상표, 기타 식별 가능한 기호를 부착함으로써 자신을 제조자로 표시한 자(또는 오인시킬 수 있는 표시를 한 자)
- 판매 및 대여 등의 목적으로 제조물을 수입한 자

제조물

제조물이란 피보험자가 제조, 가공 또는 공급한 생산물 및 시공한 작업(완성작업)을 말하며 다음과 같이 분류할 수 있다.

① 일반제조물
② 음식물류 : 일반 음식물, 건강 보조식품
③ 완성작업 : 승강기, 에스컬레이터, 자동보도 및 주차시설의 설치, 해체, 수리, 점검 및 보수작업 광고판, 광고탑 및 전광판 설치, 해체, 수리, 점검 및 보수작업 전기유지, 보수작업

생산물 배상책임보험은 제품(생산물)과 완성작업은 위험의 발생 범위, 장소 및 크기가 다르므로 이를 구분하여 보험료를 계산한다. 즉 가입하는 위험이 제품(생산물) 위험을 담보하는 것인지 완성작업위험을 담보하는 것인지 구분하여 가입하는 데 대부분 제품을 선택하나 작업의 과실로 인한, 설치 후 발생한 위험을 담보하는 경우 완성작업위험을 선택하여 가입하여야 한다.

피보험자가 실질적으로 점유하고 있는 생산물 및 미완성 또는 방치된 작업은 생산물이 아니다. 양도가 이루어 지거나 완성 후 인도되어야 생산물이 된다.

보상하지 아니하는 손해(주요 면책손해)

- 계약자 또는 피보험자의 고의 또는 중대한 과실로 법령(행정규칙 등 하부규정 포함)을 위반하여 제조, 판매, 공급 또는 시공한 생산물로 생긴 손해
- 피보험자의 생산물로 생긴 수질오염, 토지오염, 대기오염 등 일체의 환경오염에 대한 배상청구 및 오염제거비용

- 계약자 또는 피보험자가 소유, 점유, 임차, 사용하거나 보호, 관리, 통제하는 재물에 대한 손해
- 피보험자의 근로자가 피보험자의 업무에 종사하는 중에 입은 신체 장해
- 타인에게 양도된 생산물로 인하여 피보험자의 구내에서 생긴 신체장해나 재물손해. 그러나 타인에게 양도되어 피보험자의 구내에서 소비되는 생산물로 발생한 사고에 대한 배상청구는 보상
- 생산물 및 구성요소의 고유의 흠, 마모, 찢어짐, 점진적 품질하락에 대한 손해
- 생산물의 성질 또는 하자에 의한 생산물자체의 손해
- 결함 있는 생산물의 회수, 검사, 수리 또는 대체비용 및 사용손실
- 피보험자의 생산물 또는 그 일부에 기인한 피보험자의 생산물 그 자체에 끼친 재물손해
- 피보험자의 작업 또는 그 작업의 일부에서 발생한 피보험자의 작업에 끼친 재물손해
- 손상재물 또는 물리적으로 정상인 유체물이 피보험자의 생산물의 결함(불완전, 부적절, 위험한 상태)으로 사용 불능 상태가 되거나 사용가치가 하락함으로써 발생한 손해
- 손상재물 또는 물리적으로 정상인 유체물이 피보험자가 보증한 효능(성능, 기능)의 불발휘, 이행지체, 불이행으로 사용불능 상태가 되거나 사용가치가 하락함으로써 발생한 손해. 그러나 피보험자의 생산물이 본래의 용도에 사용된 후에 급격하고도 우연하게 물리적으로 파손되어 다른 재물이 입은 사용손실은 보상

☞ 손상재물이란?

해당 재물의 일부분을 이루고 있는 피보험자의 생산물(또는 작업)의 결함, 피보험자의 계약조건 불이행 등으로 해당 재물 전체가 사용할 수 없거나 효용성이 감소하

였지만 수리(또는 대체, 조정, 제거, 계약조건 이행)를 함으로써 원래의 용도로 사용이 가능한 유체물로서 피보험자의 생산물(또는 작업)을 제외한 나머지 부분을 말한다.

보험료 산출

생산물 배상책임보험은 생산물(또는 완성작업)의 종류, 그 생산물의 매출액을 기준으로 보험료를 산출한다.

약관의 종류

국문약관

국문약관은 국내에 판매되는 생산물에 적용되며 영업배상책임보험 보통약관과 특별약관으로 구성된다.

보통약관

손해사고기준과 배상청구기준 2가지 종류의 약관으로 구성되어 있다.

생산물 배상책임보험(Ⅰ) - 손해사고기준

보험증권상 담보지역 내에서 피보험자가 제조, 판매, 공급 또는 시공한 보험증권에 기재된 생산물이 타인에게 양도된 후 보험기간 중에 그 생산물로 생긴 우연한 사고로 인하여 제3자의 신체장해나 재물손해에 대한 법률상 배상책임을 부담함으로써 입은 손해를 보상한다.

생산물 배상책임보험(Ⅱ) - 배상청구기준

보험증권상 담보지역 내에서 피보험자가 제조, 판매, 공급 또는 시공한 보험증권에 기재된 생산물이 타인에게 양도된 후 그 생산물로 생긴 우연한 사고로 인하여 제3자의 신체장해나 재물손해로 보험기간 중 피보험자에 대하여 손해배상청구가 제기되어 법률상 배상책임을 부담함으로써 입은 손해를 보상한다. 최초로 제기된 청구에 대하여 보상하며 보험증권상에 소급담보일자가 기재되어 있을 경우 그 일자 이전에 생긴 사고에 대한 손해는 보상하지 않는다.

특별약관

효능불발휘 부담보 특별약관

보험회사는 직접, 간접을 불문하고 생산물이 그 의도된 효능을 발휘하지 못함으로써 발생하는 손해는 보상(담보)하지 아니한다는 특약으로 의약품, 농약, 식품, 화장품, 비료, 사료 등은 이 특약을 첨부하여 생산물 배상책임보험을 가입시키고 있다.

도급업자 특별약관

피보험자가 작업의 수행 또는 작업의 수행을 위하여 소유, 사용 또는 관리하는 시설로 생긴 우연한 사고로 인하여 제3자의 신체장해나 재물손해에 대한 배상책임을 부담함으로써 입은 손해를 보상하는 특약이다.

예를 들어 승강기를 제조, 설치, 유지보수를 하는 업체인 경우 승강기라는 제조물의 제조, 설계의 결함으로 인한 생산물 위험과 승강기를 설치 또는 유지보수 작업의 과실로 인하여 설치한 후 발생한 위험인 완성작업위험 그리고 승강기를 설치하는 공사 도중에 타인에게 입힐 위험을 모두 가지고 있으므로 생산물 배상책임보험과 완성작업 배상책임보험 및 도급업자특약을 세트로 가입하여야 한다. 승강기를 제조하지 않고 단지 설치, 유지보수만 하는 업체인 경우에서 생산물 배상책임 위험은 없으므로 이를 뺀 완성작업 배상책임보험과 도급업자 특약으로 보험을 설계하면 된다.

판매인추가 특별약관

제조업자를 피보험자로 하는 보험계약 중 그 제조물을 판매하는 판매인 등을 피보험자로 추가하는 특약으로 실무적으로 추가하는 경우 제조업자 보험요율의 일정 비율(통상 10%)을 할증하여 보험료를 더 받는다.

판매인 특약은 생산물 배상책임보험에만 있는 특유한 약관으로 본래 제조업자가 피보험자로 되어야 하나 제조업자의 제품을 취급하는 판매업자도 피해자에 대하여 직접적인 매매관계에 있기 때문에 피해자(제품 소비자)는 사실 제조업자 또는 당해 판매인을 상대로 손해배상을 청구하거나 제조업자와 판매인 모두를 상대로 손해배상을 청구할 수 있다. 제조물책임법에 의하면 제조물의 제조, 판매하는 자가 모두 연대하여 책임을 지기 때문이다. 이 경우 생산물 배상책임보험의 보통약관으로는 판매인을 보상받도록 할 수 없으므로 판매인추가 특약을 가입함으로써 판매인을 피보험자로 추가하여야 한다.

제조물 결함이 판매인의 취급과정에서 발생하거나 제조업자가 도산 또는 폐업을 한 경우 당해 판매업자가 최종적인 책임을 지는 상황이 되므로 판매인이 제조업자에게 생산물 배상책임보험에 피보험자로 추가해 줄 것을 요청하게 되는 데 이에 부응하는 상품이 바로 이 특약이다.

판매인이 제조물을 재포장하거나 상표를 임의로 제작하여 부착하거나 판매인이 시공, 수리하는 등 제조물을 출하할 당시에는 결함이 없었으나 판매인의 그와 같은 임의행위로 발생한 결함에 기인된 사고에 대하여서는 본래 제조업자에게 책임이 없기 때문에 판매인추가 특약이 첨부되더라도 담보되지 않는다.

영문약관

영문약관은 해외 수출품 또는 외국법인이 피보험자가 되는 경우에 주로 적용된다. 약관도 국문약관과 같이 보통약관과 특별약관으로 구성되어 있으며 보통약관은 손해사고기준 약관과 배상청구기준 약관으로 구성되어 있다.

선주(船主) 배상책임보험, 유도선(遊渡船)사업자 배상책임보험

보험상품

피보험자(선주, 유도선사업자)가 보험증권상의 보장지역 내에서 보험기간 중에 발생된 사고로 보험증권에 기재된 선박에 탑승한 여객(유람, 관광 및 도하(渡河)목적의 탑승객)의 신체에 장해를 입혀 법률적인 배상책임을 부담함으로써 입은 손해를 보상하는 보험이다.

가입대상

선주 배상책임보험은 약관에 명시된 규정은 없으나 '해운법' 상 해상여객운송사업의 대상인 선박(해상여객선)이며 유도선사업자 배상책임보험은 하천, 호수, 연근해를 운항하는 선박이다.

☞ **용어설명**

해상여객운송사업

해상(海上) 또는 해상과 연접한 내륙수로(內陸水路)에서 여객선(13인 이상의 여객정원을 가진 선박)으로 사람 또는 물건을 운송하거나 이에 수반되는 업무를 처리하는 것으로 해운법의 적용을 받는 사업

유선(遊船)사업

유선 및 유선장(遊船場)을 갖추고 하천, 호소(湖沼) 또는 바다에서 어렵(漁獵), 관광 기타 유락(遊樂)을 위하여 선박을 대여하거나 유락하는 사람을 승선시키는 것을 영업으로 하는 것으로서 해운법의 적용을 받지 아니하는 사업

도선(渡船)사업

도선 및 도선장을 갖추고 하천, 호소 또는 바다목에서 사람 또는 사람과 물건을 운송하는 것을 영업으로 하는 것으로 해운법의 적용을 받지 아니하는 사업

바다목

강과 바다가 접하는 하구(河口) 또는 만(灣)의 형태를 갖춘 곳으로 양해안(兩海岸)의 해상거리가 2마일 이내인 해역과 육지와 도서간 또는 도서간의 거리가 비교적 가까운 해역으로서 '해운법'에 의한 여객선이 운항되지 아니하는 해역

유선장, 도선장

유선 및 도선을 안전하게 매어두고 승객이 승선과 하선을 할 수 있게 한 시설과 승객편의시설

책임법리

선주 배상책임보험

선주의 피해여객 등 제3자에게 입힌 손해배상책임은 기본적으로 민법 750조의 일반불법행위책임이 적용되며 과실책임의 입증책임은 피해여객이 가해자인 선주의 과실을 입증하여야 한다. 또한 해상여객선은 해상법의 적용을 받으므로 상법상 운송업규정이 아닌 상법 5편의 해상규정을 적용 받으므로 상법 제747조에 의거 선박톤수에 의한 유한책임을 진다. 물론 사고가 선주 측의 고의 또는 악의에 기인한 경우 선주는 피해자의 모든 손해를 배상하여야 한다. 그러나 선주배상책임보험은 선주의 고의 또는 악의에 기인한 손해는 보상하지 아니한다. 따라서 선주배상책임보험은 보험증권상 보상한도액 내에서의 책임과 상법상 선박톤수에 의한 한도액 중에서 작은 쪽을 책임지면 된다.

☞ 해상선박소유자는 위험 발생율이 높고 그 손해가 대규모이며 선장에게 광범위한 대리권이 인정되나 선박소유자가 선장과 선원에 대한 지휘, 감독을 하기 어렵기 때문에 무한책임의 예외로 하천, 호소를 운항하는 선박사업자와 달리 해상선박소유자에게 유한 책임을 인정한다.

유도선 배상책임보험

하천, 호소(호수, 못)를 운항하는 선박

하천, 호소를 운항하는 선박은 해상법의 규정을 적용 받지 않으므로 상법 제125조 이하의 운송업규정을 적용 받는다. 따라서 민법상 일반불법행위책임이 적용되며 과실책임의 입증 책임은 상법 제148조에 의거 운송인인 선주에게 있다. 선주는 사실상 무과실책임을 부담하는 것이 된다. 유도선의 선주는 원칙적으로 피해자의 모든 손해를 배상해야 하므로 해상여객선의 선주보다 무거운 책임을 지게 된다. 선박톤수에 따른 유한책임도 적용되지 않는다.

다만 법원이 손해배상책임을 결정할 때 피해자와 그 가족의 정황을 참작하여 손해액을 결정할 수 있다는 조항을 적용 받을 뿐이다.

해상운항을 하는 선박

해상을 운항하는 유도선은 해운법의 적용을 받지는 않지만 상법 제5편의 해상규정을 적용 받게 된다. 따라서 해상을 운항하는 유도선사업자는 하천, 호소를 운항하는 유도선사업자와 달리 선주가 과실의 입증책임을 지지 않으며 배상책임한도액도 선박톤수에 의해 제한되므로 책임이 다소 완화된다.

그러나 '유선 및 도선사업법' 제33조에 의거 승객, 선원 기타 종사자의 피해보상을 위하여 보험 또는 공제를 가입하도록 규정하고 있는 점에서 유도선 사업자는 피해여객에 대하여 상법상 과실책임 대신에 '유선 및 도선사업법' 상의 보상책임을 부담한다. 따라서 유도선사업자 배상책임보험의 경우 선박운항구역이 하천, 호소 또는 해상인가의 여부에 관계없이 피해자의 과실을 고려하지 아니하고 보험약관상 기재금액을 정액 보상하여야 한다.

보상범위와 보상한도

손해배상금과 사고처리 제비용을 보상하되 손해배상금은 보험증권상 보상한도액 내에서 보상하며 사고처리 제비용은 보험증권상 보상한도액에 관계없이 추가 보상되며 비용의 종류에 따라 제한 보상된다. 그러나 손해방지비용은 보험자가 보상할 책임이 없음을 규정하고 있다. 그 이유는 선박의 고장으로 인하여 선박에 탑승한 여객을 구조하기 위해서는 다른 선박을 대체 운항하거나 수색하는 데 막대한 비용이 소요되며 그러한 유형의 사고가 빈번하게 발생하기 때문에 보험기술상 보상하지 아니하는 손해로 규정하고 있다.

보상하지 아니하는 손해(주요 면책손해)

- 계약자, 피보험자, 선장 또는 승무원의 고의로 생긴 손해
- 승선한 여객 이외의 제3자에게 입힌 신체장해에 대한 손해
- 계약자, 피보험자 또는 그 근로자가 고의나 중대한 과실로 법령(주로 행정법규 중 운항 관련이 대부분)을 위반함으로써 생긴 손해
- 선박이 습격, 포획, 나포 또는 억류됨으로써 생긴 손해
- 선박(또는 선박에 승강시키는 연락용 선박)의 뚜렷한 정원초과로 생긴 손해. 그러나 뚜렷한 정원초과로 생긴 손해가 아님을 피보험자가 입증한 때에는 정원을 한도로 보상한다.
  - ☞ 공공정책상 선박의 정원초과로 생긴 손해는 보상하지 않겠다는 것이다. 그러나 정원초과의 정도가 뚜렷하고 동시에 정원초과가 사고의 원인이었을 때 보상하지 않는다는 조항이다. 뚜렷한 정원초과란 당해 선박의 여건에 따라 판단하여야 하되 초과된 정원으로 인하여 선박의 안전운항에 상당한 지장을

준 경우라 할 수 있을 것이다.
- 선박(또는 선박에 승강시키는 연락용 선박)이외의 운송용구로 여객을 운송하는 동안에 생긴 손해
- 손해방지비용
  ☞ 피보험자는 사고발생시 손해방지의무를 부담하지만 그 소요 비용은 보상하지 않는 점이 다른 보험과 다르다.

보험료 산출

선주 배상책임보험은 선령(船齡), 톤, 승선정원, 항해지역, 선박대수 등을 고려하여 보험료를 산정하며 유도선사업자 배상책임보험은 배구조(철선, 목선, 혼합선, 콘크리트선), 동력선 여부, 유선 또는 도선 여부, 항해지역(강, 호수, 연근해, 기타), 행정지역명 등을 추가로 고려하여 보험료를 산정한다.

전문직업인 배상책임보험(Professional Liability)

보험상품

피보험자가 수행하는 해당 전문직업에 따르는 사고나 업무 수행상의 과실·부주의 또는 태만·실수로 타인에게 신체장해 또는 유형, 무형의 재산상의 손해를 입힘으로써 법률상 배상하여야 할 책임 있는 손해를 보상하는 보험이다.

전문직업인

법률, 의학, 교육과 같은 특수한 기술과 기능을 교육과 훈련에 의하여 습득하며 일반인의 요구에 상응하는 구체적 활동을 행함에 따라 사회 전체의 이익에 봉사하는 직업으로 한 특정분야에서 일정 수준의 기술을 가진 사람에게서 기대 되어지는

모든 직업을 전문직업인이라 한다.

전문직업인으로는 의사, 법무사, 변리사, 변호사, 세무사, 공인중개사, 보험중개인, 손해사정인, 감정평가사, 공인회계사, 간병인, 자산관리회사, 언론인 등을 들 수 있다. 이들 전문직업인은 고정적인 것이 아니라 유동적이며 사회적 수요에 따라 새로운 전문직업인이 계속 생겨나고 없어진다.

전문성

전문직업인 배상책임보험에서 말하는 전문직업에 따른 업무 즉 전문성에 대한 통일된 정의나 기준이 약관에 명시되어 있지 않다. 따라서 일반적인 개념에 의하여 전문성 여부를 판단하여야 할 것이다.

동 보험에서 담보하는 위험이 해당 직업의 전문적 업무수행에서 발생한 것이냐의 판단은 구체적인 위험사고를 가지고 판단하고 결정하여야 할 것이다. 전문직업 자체에 의하여 결정되어서는 안 될 것이다. 예컨대 의사, 변호사, 공인회계사라는 직업 자체에 의하여 전문성이 있다고 판단하는 것이 아니라 의료행위인 수술에 따른 과실 또는 재판절차상의 과실, 재고자산의 회계평가상 착오 등 해당 전문직업인만이 할 수 있는 업무수행에 따른 결과이냐를 가지고 판단하여야 한다. 그 특정 전문직업인이 아닌 일반인도 할 수 있는 위험사고는 전문성이 없다고 할 것이다.

먼저 특정 업무에 관한 일반원리가 확립되어 있고 그 기술 습득에 많은 시간이 소요되며, 둘째 면허나 자격증 같은 전문성을 인정하는 제도가 있고, 셋째 업무에 관하여 단체가 설립되어 있고 그 단체가 직업윤리 등에 의하여 자기통제를 할 수 있으며, 넷째 전문직업인으로서 서비스제공에 따른 적정 보수를 목적으로 하며, 마지막으로 전문 지식에 기초한 업무수행의 독립성 및 소신대로 일 처리를 할 수 있는 주체성이 확립되어 있을 경우 일반적으로 전문성이 있다고 판단할 수 있을 것이다.

전문직업인의 의무

전문직업인에게 기대되어 지는 서비스 수준은 동일한 직위와 전공을 통하여 적절한 능력을 가진 그 전문직종사자들이 통상적으로 행사하는 기술과 주의수준을 말한다. 전문직업인의 의무는 통상 계약적 의무와 불법행위관련 의무로 구분된다. 즉 고객과의 계약대로 그 내용을 수행할 의무와 통상적으로 전문인으로부터 기대되는 전문적인 서비스 제공 의무를 가진다.

전문직업인의 위험

전문직업인의 위험은 사람의 신체에 관련된 전문직업인가의 여부에 따라 다음과 같이 분류할 수 있다.

비행(非行, Malpractice) 배상책임보험

전문직업인의 과실에 의한 타인의 피해가 물리적인 손해로 나타나는 경우로 의사배상책임보험, 미용사배상책임 보험 등이 이에 해당된다. 예컨대 암 절제수술 중 과실로 엉뚱한 부분을 절제한 사고, 머리를 자르는 과정에 고객의 귀가 날카로운 가위에 찢기는 사고 등을 보상하는 보험이다.

하자(瑕疵, Errors and Omissions) 배상책임보험

전문직업인의 하자로 인한 무형적 사고로 인한 손해를 보상하는 보험으로 신체 이외의 전문직업위험을 담보하는 보험으로 법무사, 변호사, 건축사, 공인회계사, 세무사, 손해사정인 등 전문인배상책임보험이 이에 해당된다.

담보내용

피보험자의 직무행위와 관련하여 피보험자(또는 피보험자를 위하여 직무활동을 하는 사람)가 소급일자 이후에 그 직무상 제공하였거나 제공하였어야 하는 전문직업서비스에 있어서 부주의, 실수 또는 부작위로 발생된 손해에 대하여 피보험자가 법률상 손해배상책임을 부담할 경우 이를 보상한다.

보상하는 손해의 범위

피보험자의 피해자에 대한 법률상 손해 배상금 : 판결금 또는 합의금

피보험자가 지출한 아래의 방어, 화해, 기타 부대비용
- 피보험자의 행위, 실수 또는 부작위로 인하여 손해가 발생하였다고 주장하는 피보험자에 대한 소송에 대하여 피보험자를 대신하는 방어(변호)비용(그 주장이 근거가 없거나 거짓 또는 사기일지라도 대신 방어해 준다)
- 보상한도액 범위 내에서 차입을 면제받기 위한 보증료, 방어소송에 필요한 항소 보증료, 소송 진행시 피보험자에게 부과되는 비용 및 회사가 발생시킨 비용
- 회사가 판결금의 일부를 지급, 변제하거나 법원에 공탁할 때까지 발생된 지연이자
- 담보되는 법률상 책임을 위하여 지급된 금액을 제외한 보험회사의 요청에 의하여 발생한 상실수익 이외의 모든 타당한 비용

담보기준 – 배상청구기준

전문직업인 배상책임보험은 손해사고일자를 담보의 기준으로 하지 않고 피해자가 피보험자에게 손해배상청구를 제기한 날짜를 담보기준으로 하는 배상청구기준을 사용하는 것을 원칙으로 한다.

손해배상청구조건

제공되었거나 제공되었어야 하는 서비스로부터 발생된 것으로 보험기간 중 최초로 피보험자에게 청구되고 동기간 중 회사에 통지된 손해배상청구에 한하여 보상한다. 단, 동 보험의 책임개시일 이전이면서 고지사항에 명기 된 소급일자 이후에 발

생한 사고는 보상이 된다.

총보상한도액 설정

영업배상책임보험 등은 보상한도액이 1사고당 보상한도액만으로 설정되나 전문직업인 배상책임보험은 전통적으로 보험증권상 총보상한도액을 반드시 설정한다. 사고 규모가 대규모일 확률이 높기 때문이다. 전문배상책임에 따른 판결금(합의금)과 방어비용, 화해비용, 기타 부대비용은 총보상한도액 범위 내에서 보상이 이루어진다.

보험약관의 다양성

각종 전문직업 위험을 담보하는 보통약관은 위험별로 통일된 약관이 존재하지 않는다. 국가별로, 보험회사별로, 전문직업 위험별로 계약인수의 방법에 따라 형식, 내용이 서로 다른 약관을 사용하고 있다. 우리나라에서 사용하는 의사배상책임보험, 변호사배상책임보험 등 업종별 보험약관은 영국이나 미국의 대형 원수보험회사의 약관을 사용하는 데 그 이유는 보험 선진국의 약관을 신뢰하는 것도 있지만 위험을 분산하기 위한 해외 재보험처리가 주된 이유이다.

보상하지 아니하는 손해(주요 면책손해)
- 신체상해, 재물손해 또는 인격침해로부터 발생하는 손해배상청구
- 피보험자의 부정직, 사기, 범죄, 악의적인 행위 또는 부작위에 기인하거나 그로부터 발생하는 손해배상청구 또는 형법(또는 그 법령)의 고의적인 위반으로 인하여 발생하는 손해배상청구
- 상표권, 상호권, 특허권 또는 저작권의 침해로부터 발생하는 손해 지적 재산권 배상책임보험의 영역이므로 면책으로 규정
- 특약이 없는 한, 증권거래법 및 기타 유사 관련법규(또는 그 규칙이나 명령)의 위

반에 기초를 두거나 그로부터 발생하는 손해
- 연령, 피부색, 종족, 성별, 종교, 국적, 결혼여부에 관한 것을 포함한 피보험자의 차별대우로부터 발생하는 손해
- 구두 또는 서면에 의한 계약과 합의에 의한 피보험자가 부담하는 배상책임으로부터 발생한 손해배상청구. 그러나 계약이나 합의가 없었다면 피보험자가 그러한 배상책임을 지지 않았을 경우에 한한다.
- 일정한 보수를 받고 작업을 수행키로 하는 합의와 관련하여 명시적 또는 묵시적 보증이나 계약불이행을 기초로 하는 손해배상청구

전문직업인 배상책임보험의 책임법리

전문직업인의 배상책임은 민법 제750조의 불법행위에 따른 손해배상책임과 민법 제390조 채무불이행에 따른 손해배상책임으로 구성된다. 전문직업인이 고의 또는 과실 있는 업무행위로 의뢰인이나 타인에게 손해를 입힌 경우 그 손해를 배상하여야 하며 또한 전문직업인과 의뢰인 사이에는 전문직 업무에 대한 위탁과 위임의 계약(수술 계약, 소송계약 등)이 존재하기 때문에 이러한 계약상의 채무를 정당한 사유 없이 고의나 과실로 불이행한 경우 의뢰인은 계약상 채무불이행책임을 물을 수 있다.

주요 전문직업배상책임보험

의사 및 병원 배상책임보험

의사 및 병원 배상책임보험은 피보험자가 의료전문서비스 제공으로 인하여 일어

나는 제3자의 신체장해나 사망에 대하여 법률상 배상하여야 할 책임 있는 손해를 보상한다. 미국, 영국 등에서는 동 보험을 병원배상책임보험과 의사배상책임보험으로 구분하고 있다.

병원배상책임보험은 의사의 고유한 전문직업상 과실에 의한 의료사고 외에 병원에서 환자에게 제공되는 음식물이나 의약품 기타 의료기구의 결함에 의한 생산물배상책임위험까지 담보하고 의사배상책임보험은 의사의 과실에 의한 의료사고만 담보한다.

의료전문서비스란 진료, 수술, 치과진료, X-ray, 음식물 제공, 시체해부, 의료기기 서비스 등을 말한다. 입원환자, 외래환자는 물론 진료 받는 직원도 제3자에 포함된다. 피보험자는 의사, 간호사 등 의료관련 종사자이다.

보상하는 손해

보험기간 중 담보하는 사고로 인하여 타인으로부터 손해배상청구가 제기되어 법률상 확정된 배상책임액 및 비용손해에서 자기부담금을 공제한 금액을 보상하다.

담보하는 사고는 크게 의료과실배상책임과 생산물배상책임, 시설소유관리자나 주차장 등 영업배상책임 등 3가지 종류로 구성되어 있다. 상술하면 의료행위와 관련하여 과실에 의한 타인의 신체장해를 입혀 발생하는 의료 사고, 피보험자가 제조, 판매, 공급하는 생산물(예컨대 입원환자 공급용 음식물)이 타인에게 양도된 후 그 생산물로 생긴 우연한 사고, 피보험자가 소유·사용·관리하는 시설 및 그 시설의 용도에 따른 업무의 수행으로 생긴 우연한 사고, 피보험자가 소유·사용·관리하는 주차시설 및 그 시설의 용도에 따란 주차업무 수행 중 생긴 우연한 사고 등을 담보한다.

보상하지 아니하는 손해(주요 면책손해)

· 무면허 또는 무자격자의 의료행위로 생긴 손해

- 의료결과를 보증함으로써 가중된 배상책임
- 피보험자의 친족에 입힌 손해
- 피보험자의 지시에 따르지 않은 피용인이나 의료기사의 행위로 생긴 손해
- 미용 또는 이에 준하는 것을 목적으로 한 의료행위 후 그 결과에 관하여 생긴 손해
- AIDS, 간염에 기인하여 발생한 손해
- 피보험자의 부정, 사기, 범죄행위 또는 피보험자의 음주상태나 약물 복용상태에서의 의료행위로 인한 손해
- 공인되지 아니한 특수의료행위를 함으로써 생긴 손해
- 재물손해에 대한 배상책임

보험료 산정

병상 수, 의료장비, 외래 및 입원환자 수 등 병원의 규모, 의료진 내역(진료과목별 전문의 인원 수 등), 과거 의료사고 내역 등을 고려하여 보험료를 산출한다.

변호사 배상책임보험

피보험자(변호사)가 전문적인 법률서비스 제공 중 과실로 인하여 발생한 의뢰인 또는 제3자에 대한 법률상 배상책임을 보상하는 보험이다. 즉 변호사가 위임 또는 위촉 등에 의하여 소송에 관한 행위 및 행정처분의 청구에 관한 대리행위와 일반 법률사무를 행하는 전문가로서 업무를 수행하는 도중에 발생하는 과실을 담보하는 보험이다.

주요 담보로는 소송수행 상의 과실, 서류준비 상의 과실, 서면자문 상의 과실, 법령 상 등기하도록 되어 있는 부동산 등기부 조사 상의 과실, 증거서류 망실로 인한

배상책임, 서류 재작성 비용 등이 있다.

의뢰인에 대한 손해로는 변론기일 불출석으로 인한 항소기회 상실, 상고시 인지대 누락 등을 들 수 있고 제3자에 대한 손해로는 유언장 작성과 관련한 변호사의 과실로 인한 상속인들에게 입힌 손해, 위조된 등기서류를 확인하지 않고 업무를 수행하여 근저당권을 상실한 근저당설정자의 손해 등이 있다.

피보험자
- 기명피보험자(법무법인)와 고용변호사
- 기명피보험자(합동법률사무소)의 파트너 및 고용변호사
- 기명피보험자(개업변호사)와 고용변호사
- 기명피보험자 및 파트너의 업무범위 내에서 수행한 고용변호사 직원, 임원 및 피용인

보상한도액

보상한도액 내에서 전문직업인으로서 피해자에 대한 법률상 손해배상금(판결금 또는 합의금)과 제반 소송비용을 지급한다. 제3자의 소송에 대한 피보험자 대응하는 중에 보상한도액이 소진된 경우 보험회사는 소송관련 변호인단의 통제권을 이양함으로써 물러난다.

보상하지 아니하는 손해(주요 면책손해)
- 보험개시일 이전에 계류 중인 소송과 관련된 손해배상
- 보험개시일 이전의 원인행위로 인하여 발생한 손해배상
- 변호사(또는 변호사 업무에 관련된 전임자 및 변호사에 의하여 고용된 자)의 고의에 의한 행위 및 범죄행위에 의한 손해배상
- 합법적으로 부여되지 않은 개인적 이익을 얻고자 한 피보험자의 행위로 기인한

손해배상
- 신의성실에 위배되거나 법령의 위반으로 피보험자에 의하여 행해진 중상, 비방 및 명예훼손으로 기인한 손해배상
- 피보험자에게 지급된 법률 수수료 및 비용의 상환을 요구하는 소송
- 타인의 생명·신체상해 등에 대한 배상책임

임원 배상책임보험

　회사 임원이 각자의 자격 내에서 업무를 수행함에 있어 선량한 관리자로서의 주의의무 및 회사에 대한 충실의무를 위반함으로 인하여 발생한 주주 및 제3자에 대한 손해배상책임을 부담함으로써 입은 손해를 보상하는 보험이다.

임원의 책임과 범위
　임원의 책임은 상법 및 회사 정관 등에 따른 법적 책임과 회사 내규에 따른 사내 책임으로 구분된다. 법적 책임은 임원이 의사결정 및 집행과정에서 위법행위를 하였거나 고의 또는 중대한 과실로 회사에 손해를 입혔을 경우 형벌(형사책임), 손해배상(민사책임), 신분 상의 제재(행정책임) 등의 형태로 부과된다. 반면 법적 구속력이 없는 사내 책임은 설사 임원이 사규를 위반했더라도 업무수행 결과, 회사에 이익이 되었다면 크게 문제시될 가능성이 적다. 임원의 위법행위에 대한 소멸시효는 10년이다. 이러한 임원의 책임 중 배상책임보험에서 담보하는 위험은 법적 책임 중 민사책임에 한한다.
　임원은 보험가입 시의 임원 및 보험기간 중 신규 선임된 임원을 포함하며 보험가입 후 퇴사한 임원은 회사가 계속 보험계약을 유지한 경우만 담보된다. 퇴임임원의 사망 시에도 회사가 계속 보험계약을 유지한 경우 법적 상속인이 피보험자의 지위

를 승계한다.

배상책임을 지는 임원은 등기임원뿐만 아니라 비 등기임원 및 최고경영층이 모두 포함된다. 등기임원이 아니나 직간접적으로 회사에 대한 의사결정권을 행사하는 명예회장, 전무, 상무 등의 경우 실질상 임원으로 분류되어 배상 책임을 진다. 또한 업무집행에는 참여하지 않고 등기부상에만 임원으로 기재되어 있는 소위 명의 상 임원과 사외 이사도 배상책임을 진다.

배상책임은 임원의 위법행위 등으로 손해를 입은 주주 등이 해당 임원을 상대로 주주대표소송, 제3자 책임소송을 제기함으로써 발생한다. 법령 또는 정관에 위반하는 행위를 하거나 임무를 게을리한 임원뿐만 아니라 이를 감시, 견제하지 못한 임원까지 배상책임을 져야 한다. 특히 이사회의 잘못된 결의에 따라 업무가 집행된 경우 그 결의에 찬성한 임원뿐만 아니라 비록 이사회 결의에 이의를 제기한 임원이라도 만약 그 이의내용이 의사록에 기재되지 않았다면 책임을 진다.

보상하는 손해

임원의 배상책임 - 임원배상 보통약관

임원이 그들 각자의 자격 내에서 행한 부당행위로 인하여 최초로 제기된 손해배상청구에 따른 임원의 주주 또는 제3자(종업원, 소비자, 경쟁업체)에 대한 손해배상책임을 보상한다. 단 회사가 임원에게 보전하는 금액은 보상하지 아니한다.

임원에 대한 회사의 보상 - 법인보상담보 특약

상기 배상청구에 대하여 회사가 해당 임원에게 보상함으로써 회사에 발생한 손해를 보상한다. 단. 회사가 법률, 강제규정, 계약 또는 회사 임원의 손해배상 권리를 규정한 근거에 의거 보상하는 경우에 한한다.

보상하지 아니하는 손해(주요 면책손해)

- 피보험자가 불법적으로 사적인 이익을 취득함에 기인하는 배상청구
- 피보험자의 범죄행위에 기인하는 배상청구
- 법령에 위반된다는 것을 피보험자가 인식하면서 행한 행위에 기인하는 손해배상청구
- 피보험자가 공표되지 아니한 정보를 불법적으로 이용하여 법인이 발생한 주식, 사채 등을 매매함으로써 발생하는 배상청구(증권거래법 제188조의 2 미공개정보 이용금지 조항)
- 초년도 계약의 보험기간 이전에 행해진 행위에 기인하는 배상청구
- 대주주(지분 15%이상)로부터 제기된 배상청구
- 법인 이외의 타법인 또는 단체의 임원으로 행한 행위에 기인하는 배상청구

공인회계사 배상책임보험

피보험자(공인회계사)가 회계업무를 수행함에 있어 부주의, 오기(誤記), 탈루 등에 의하여 회계용역 의뢰인에게 제공해야 하는 업무나 서비스를 제공하지 않았거나 실수로 누락하여 의뢰인에게 피해를 입힘으로써 법률상 배상하여야 할 책임 있는 손해를 보상하는 보험이다.

동 보험은 피보험자가 회계업무 중 타인에게 입힌 신체장해나 유체물에 입힌 재물손해 등 물리적 손해는 보상하지 않는 하자배상책임보험으로 공인회계사의 업무수행 중 과실로 발생한 회계업무를 의뢰한 의뢰인의 재산 상의 손실에 따른 법률상 배상책임을 보상하는 보험이다.

세무사 배상책임보험

세무사 또는 직무보조자의 나태, 태만 또는 잘못된 행위로 기인한 세금의 추징, 가산세의 부과 또는 과오납 등을 보상하는 보험이다. 나태, 태만 또는 잘못된 행위라 함은 조세에 관한 신고, 신청, 청구의 지연, 잘못된 세금계산, 세무조정 계산서 등 기타 세무관련 서류 작성상의 오류, 조세에 관한 신고를 위한 기장의 대행과 관련된 과실 등을 말한다.

부동산중개업자 배상책임보험

중개대상물 확인서에 준수하여 등기부등본을 확인하지 못함으로 인한 손해배상책임 청구, 잘못 안내된 중개 대상물에 관련된 정보, 잘못 안내된 중개 대상물 주위 환경에 대한 정보, 잘못 안내된 중개 대상물에 관련한 토지법 등의 법령으로 인한 배상책임보험이다.

설계감리전문직업인 배상책임보험

설계감리업자가 전문인으로서의 업무를 수행하는 중에 부주의, 과실, 태만 등으로 발생한 사고로 용역의뢰자에게 손해를 입힘으로써 부담하는 법률상 손해배상을 보상하는 보험이다. 동 보험은 사고재물손해에 대한 배상책임만을 보상하며 신체장해, 인격침해 등을 보상하지 않는 하자배상책임보험이다.

e-Biz@배상책임보험

e-Biz@배상책임보험은 피보험자의 인터넷 및 네트워크 활동과 관련하여 행한 행위(부작위 포함)에 기인하여 보험증권 상의 담보지역 내에서 피보험자에 대하여 손해배상청구가 제기되어 법률적 배상책임을 부담함으로써 입은 아래의 손해를 보상하는 보험이다.

담보내용
인터넷 및 네트워크 업무와 관련한 행위로 인한 피해자에 대한 법률상 손해배상책임과 인터넷 및 네트워크 업무와 관련한 행위로 인한 보험회사의 동의를 받은 방어비용을 담보한다.

가입대상
증권사, 은행, 전자상거래업체, 인터넷 정보통신업체, 인터넷서비스 제공업체, 컨텐츠 제공업체 등 인터넷을 통하여 서비스를 운영하는 업체와 같은 인터넷 환경구축을 위한 인프라를 제공하는 기업이 주 가입대상이다.

보상하는 손해
보험증권에 기재된 피보험자의 인터넷 및 네트워크 활동과 관련하여 행한 행위에 기인하여 보험증권 상의 담보 지역 내에서 피보험자에 대하여 손해배상청구가 제기되어 배상책임을 부담함으로써 입은 손해를 보상한다.

보상하지 아니하는 손해 (주요 면책손해)
· 보험계약자 또는 피보험자의 고의로 생긴 손해
· 신체장해 또는 재물손해에 대한 배상손해

- 보험기간 이전에 피보험자에 대한 손해배상청구가 제기될 우려가 있는 상황을 피보험자가 알고 있었을 경우
- 전력공급중단, 정전, 전압, 전류 불안정에 의하여 인터넷을 지원 또는 구성하는 통신선, 데이터 전송선 또는 여타 시설을 이용할 수 없음에 기인하는 배상청구
- 직·간접을 불문하고 피보험자의 컴퓨터시스템, 네트워크 또는 인터넷사이트에 허가되지 않은 방법으로 사용하거나 접근할 수 없도록 피보험자가 합리적인 예방조치를 강구하지 아니함에 기인하여 제기된 배상청구
- 바이러스 '웜(worm)'으로 인한 사고

근로자 재해보장 책임보험

보험상품

근로자 재해보장 책임보험(근재보험)은 일정한 사업장에 고용된 근로자가 업무수행중에 불의의 재해나 질병에 걸렸을 경우에 사용자가 근로기준법(선원인 경우 선원법)의 재해보상과 이를 초과한 민법상의 손해배상책임을 보상하는 보험으로 전자의 재해보상책임은 재해보상책임담보특약으로 후자의 손해배상책임(즉 재해보상 초과분)은 사용자 배상책임담보특약으로 보상한다.

근재보험의 분류

법률상 책임을 기준으로 한 분류

근로자 재해보상 책임담보특약(Workmen's Compensation : WC)

사용자가 재해근로자에게 부담하게 되는 근로기준법(또는 선원법)상의 재해보상책임을 보상하는 보험이다.

사용자 배상 책임담보특약(Employer's Liability : EL)
사용자가 재해근로자에게 근로기준법(또는 선원법)의 제보상을 초과하여 부담하는 민사상의 손해배상책임액을 보상한다.

적용사업장을 기준으로 한 분류

국내근재보험(국내사업장)
산업재해보상보험(산재보험)의 가입대상업체인 국내소재 사업장의 근로자가 입은 재해를 보상한다.

해외근재보험(해외사업장)
해외소재 사업장의 취업근로자가 입은 재해를 보상한다.

선원근재보험(선원)
원양어선, 연근해어선, 여객선 및 화물선 등에 승선한 선원의 재해를 보상한다.

근재보험과 산재보험의 상관관계

산재보험은 '산업재해보상법' 상 사업주가 재해근로자에게 부담해야 할 보상책임을 담보하는 보험으로 노동부 산하 근로복지공단에서 취급하고 있으며 근로기준법의 적용을 받는 사업장은 반드시 가입해야 하는 강제보험이다. 그리고 사업주의 과실에 관계없이 업무상의 재해를 보상한다.

반면 근재보험[재해보상책임담보특약(WC)과 사용자배상책임담보특약(EL)로 구성] 중 '재해보상책임담보특약(WC)'은 근로기준법(또는 선원법)상 사업주가 재해근로자에게 부담해야 할 보상책임을 담보하는 보험으로 산업재해보험법의 적용을 받지 않는 사업장이 민간보험회사에 임의로 가입하는 보험이다. 실질적으로 현재 거의 모든 사업장이 산재보험 강제 적용대상이므로 국내 근재보험의 재해보상책임담보특약

(WC) 을 가입하는 경우는 극히 드물다.

- ☞ 산재보험과 근재보험의 WC의 비교

    근재보험의 WC와 산재보험은 보상내용이 동일하다. 즉, 요양보상, 휴업보상, 장해보상, 유족보상, 장제비 등을 보상한다. 그러나 근재보험은 '산업재해보상법' 상의 재해보상책임액을 담보하나 WC는 '근로기준법' 상의 재해보상책임액을 담보하므로 산재보험의 보상범위가 WC보다 넓다. 위자료, 향후 치료비, 상실수익금, 방어비용 등은 민사 상의 책임으로 근재보험의 EL에 의하여 보상된다.

- ☞ 근재보험의 WC의 보상범위를 산재보험의 보상범위와 동일한 수준으로 하려면 재해보상확장담보특약을 첨부하여야 한다.

근재보험 중 '사용자 배상책임보험(EL)'은 사용자가 재해근로자에게 산업재해보상법, 근로기준법(또는 선원법)의 제보상을 초과하여 부담하는 민사상의 손해배상책임을 담보하는 보험으로 민간보험회사에서 취급하는 임의보험이다. 산재보험은 사용주에게 과실이 없더라도 재해 정도에 따라 일정액을 보상해주나 EL은 사업주의 과실이 있는 경우에 한하여 사용자가 부담해야할 손해배상책임액(즉 상실수익금, 향후 치료비, 위자료 등)을 보상한다.

- ☞ 근로자가 업무수행중 우연한 사고로 재해를 입은 경우 피해근로자는 먼저 산재보험(산업재해보상법 적용대상업체인 경우)이나 WC(산업재해보상법 적용대상이 아닌 경우)에 의해 재해 정도에 따라 보상을 받는다. 그리고 그 재해가 사업주의 과실로 인한 경우 민사상 손해배상책임이 발생하는데 그 손해배상액이 산재보험금액(또는 WC보험금)을 초과할 경우 EL에 의하여 보상을 받는다. 즉 피해근

로자의 총 손해액에서 산재보험이나 WC에 의한 보상금을 공제한 후 근로자의 과실에 해당하는 부분을 제하고(과실상계) 남은 금액을 EL에서 보험금으로 지급된다.

☞ 산업재해보상법 적용대상 사업장은 반드시 산재보험을 가입한 후 근재보험의 EL에 가입하여야 한다. 마찬가지로 산업재해보상법 적용대상이 아닌 사업장은 반드시 WC를 가입하여야 EL을 가입할 수 있다. EL은 산재보험의 보상금(또는 WC)을 초과하는 부분만 보상한다.

보상하는 손해

재해보상책임담보(근로자 재해보상 책임보험: Workmen's Compensation : WC)
국내 또는 해외사업장에 근무하는 근로자 및 선상에서 근무하는 선원이 불의의 재해를 입었을 때 부담하는 근로기준법(또는 선원법)상의 재해보상책임을 보사하여 주는 보험

보상하는 손해의 종류

요양보상 : 근로자가 업무상 재해로 인하여 부상이나 질병에 대하여 근로기준법(또는 선원법)에 의거 부담하는 요양비

휴업보상 : 근로자가 업무상 부상 또는 질병으로 요양을 받음으로써 취업할 수 없게 되어 임금을 받지 못한 기간 동안 생활곤란을 구제할 목적으로 요양기간 중 평균임금의 일정비율에 상당하는 금액을 보상

장해보상 : 근로자가 업무상 부상 또는 질병에 걸려 치료결과 완치는 되었으나 신체의 일부에 장해가 생긴 때에 그 장해정도에 따른 장해등급을 구분하고 이를 보상

유족보상 : 근로자가 업무상 재해로 인하여 사망한 경우 유족 또는 근로자의 사망

당시 그 수입에 의하여 생계를 유지할 자의 생활을 보장받기 위하여 사망한 근로자의 평균임금의 일정일분을 보상

장제비 : 근로자가 업무상 재해로 인하여 사망한 경우 사망근로자의 유족이나 장제를 실제로 행한 자에게 평균임금의 일정일분을 장제비로 지급

상기 재해보상책임에 관하여 사용자가 회사의 승인을 받아 지급한 소송비용

사용자 배상책임보험(Employer's Liability : EL)

사용자에 의거 고용된 근로자가 업무를 수행하는 중에 우연한 사고로 재해를 입은 경우, 산재보험 또는 근로자 재해보상책임보험(WL)으로 보상 받을 수 있는 금액을 초과하여 사용자가 민법상 손해배상책임을 부담함으로써 입게 되는 손해와 이에 따른 소송비용 및 협력비용을 보상하여 주는 보험

보상하는 손해의 종류

손해배상금

상실수익금 : 근로자가 재해를 입음으로써 발생한 신체상의 결함으로 인하여 장래에 얻을 수 있는 수익을 상실함에 따른 손해

향후 치료비 : 재해근로자가 요양을 한 후 치료종결 후에도 주기적인 진단이나 기타의 요양이 꼭 필요하다고 인정된 경우 이에 소요되는 요양비

☞ 상실수익금, 향후 치료비는 산업재해보험법상의 재해보상책임을 초과하는 금액으로 한다.

위자료 : 근로자가 재해를 입음으로써 입게 되는 본인 및 친족들의 정신적인 손해

방어비용

소송비용 : 재해를 입은 근로자 또는 그 유족이 소송을 제기한 경우 또는 조정을 할

경우에 피보험자가 부담하는 필요비용이나 변호사 보수 및 소송비용

협력비용 : 피보험자가 보험회사의 요청에 의거 보험회사에 협력하기 위하여 지출한 제반 비용 보상

근재보험 약관 구성
근로자 재해보장 책임보험 보통약관
특별약관

① 재해보상책임담보 특별약관(WC)

　추가특별약관

　- 재해보상 확장담보 추가특약

　- 비 업무상 재해확장담보 추가특약(선원 및 해외근로자용)

　- 해외취업선원 재해보상담보 추가특약(선원용)

② 사용자 배상책임담보 특별약관(EL)

③ 산업재해보상보험 초과담보 특별약관

☞ 근재보험 계약은 근로자 재해보장 책임보험 보통약관과 WC 또는 EL을 첨부함으로써 기본계약이 성립되며 국내근재보험의 경우 근재보험 보통약관과 EL(사전에 산재보험을 가입한 후)을, 해외근재의 경우 근재보험 보통약관과 WC 및 EL, 그리고 재해보상 확장담보 추가특약, 비업무상 재해확장담보 추가특약으로 가입한다.

재해보상 확장담보 추가특약
근로기준법의 재해보상 규정이 적용되는 국내·해외근로자에 대하여 동 특약을 첨부함으로써 산업재해보상보험법에 의거 적용되는 수준으로 확장하여 보상하는 특약이다.

비 업무상 재해확장담보 추가특약(선원 및 해외근로자용)

24시간 담보 특별약관이라고도 부르며, 업무상 재해뿐만 아니라 비 업무상 발생하는 재해로 인한 신체의 상해, 질병을 보상하는 특약이다.

산업재해보상보험 초과담보 특별약관

산재보험금이 지급되는 경우에 한하여 산재보험금의 일정비율을 추가로 보상하는 특약이다.

보상하지 아니하는 손해(주요 면책손해)

- 계약자, 피보험자 또는 이들의 법정대리인의 고의나 법령위반으로 인한 손해
- 근로자의 고의 범죄행위에 의한 손해. 단 그 근로자가 입은 손해에 한하여 면책
- 무면허운전 또는 음주운전중에 생긴 손해. 단 그 근로자가 입은 손해에 한하여 면책
- 피보험자의 하도급인 및 그의 근로자에게 생긴 손해. 단 계약시 이에 해당하는 보험료를 받았을 경우에는 보상
- 피보험자가 아닌 다른 자연인 또는 법인에 의하여 사실상 고용되어 있는 동안에 생긴 손해

보험료의 산정

임금총액에 해당 사업장의 업종별 위험을 고려한 보험요율을 곱하여 산정한다.

국내근재보험(또는 사용자배상책임보험 : EL)

보험상품

사용자에 의해 고용된 근로자가 업무(작업)를 수행하는 중에 우연한 사고로 재해를 입은 경우, 산재보험 또는 근로자재해보상책임보험(WC)으로 보상받을 수 있는 금액을 초과하여 사용자가 민법상 손해배상책임을 부담함으로써 입게 되는 손해와 이에 따른 소송비용 및 협력비용을 보상하여 주는 보험이다.

가입대상

사업을 영위하는 사용자는 누구나 가입을 할 수 있다. 단 산재보험 가입사업장에 한하여 가입이 가능하다. 동 보험은 산해보험으로 보상 받을 수 있는 금액을 초과하여 사용자가 민사상 부담하는 손해배상책임을 담보하기 때문이다.
하도급계약의 공사단위계약의 경우, 원청자가 산재보험을 가입한 경우라면 하도급자가 산재보험을 가입하지 않더라도 근재보험 가입이 가능하다.

담보내용

산재보상금 (또는 근로기준법상의 보상금)이나 선원법상의 보상금이 지급된 경우에 한하여 그 금액을 초과한 손해 및 방어비용을 보상한다.

보상한도

1인당 및 1사고당으로 보상한도를 설정하며 보험기간 중에 몇 번의 사고가 발생하여도 사고 횟수에 관계없이 매 사고에 대하여 보상한도액이 적용된다.
보상금은 재해를 입은 근로자의 연령, 사고 당시 임금, 재해 정도 및 과실 등 제반 사항을 고려하여 당사자간의 합의금액 또는 법원의 확정판결금액을 기준으로 증권상에 명기된 보상한도액 범위 내에서 보상이 이루어진다.

방어비용은 손해배상금이 보상한도액 이내이면 전액을 보상하나 손해배상금이 보상한도액을 초과하는 경우에는 방어비용에 보상한도액·손해배상액의 비율을 곱한 금액을 보상한다.

계약형태

근재보험은 회사의 전 사업장에 대하여 연간 단위로 계약하는 연간계약과 회사의 공사장별로 각각 계약을 하는 구간계약 등 2가지 종류가 있다. 연간계약은 보험기간이 1년이나 구간계약은 각 사업장의 공사기간이 보험기간으로 되므로 1년 이상일 수도 있다.

피보험자

도급계약[발주자와 도급업자(원청자)와의 계약]에서 도급업자가 전체공사에 대하여 보험을 가입할 경우 도급업자와 각 하도급업체가 피보험자가 되며, 도급업자 자신의 직영근로자만 보험을 가입하는 경우 도급업자만 피보험자가 된다. 하도급계약[도급업자(원청자)와 하도급업자(하청자) 간의 계약]에서 하도급업자가 보험을 가입하는 경우 도급업자 및 해당 하도급업자를 피보험자로 명기하면 된다.

일상배상책임보험

보험상품

피보험자가 보험기간 중에 우연한 사고로 타인의 신체 장해 및 재물 손해에 대한 법률적 배상책임을 부담할 경우 그 손해를 보상하는 보험이다. 일상배상책임보험에서 우연한 사고의 범위는 다음과 같다.

① 피보험자 본인이 주거용으로 사용하는 보험증권에 기재된 주택(동일구 내의 동

산 및 부동산 포함)의 소유·사용 또는 관리에 기인한 우연한 사고
② 피보험자의 일상생활(주택 이외의 부동산의 소유·사용 또는 관리는 제외)에 기인하는 우연한 사고

일상배상책임보험의 상품성

　일상생활에서 발생하는 위험만을 보상하는 보험상품으로서 현재 국내에서 독립하여 개별상품으로 판매되지 않고 있다. 화재위험이나 상해위험, 기타 손해배상책임보험과 함께 설계되어 판매되고 있다. 일상배상책임위험을 보상하는 조항을 보통약관에서 규정하고 있는 경우에는 그 상품이 보상하는 여러 가지 위험 중에서 한 부분으로 규정되어 있고, 보통약관에 일상배상책임위험을 보상하는 규정이 없는 경우에는 특별약관의 형태로 담보할 수 있도록 설계되어 있다.

　실무적으로 일상배상책임보험을 독립상품으로 판매하기에는 해당 보험사고가 빈번하게 발생하여 고객으로부터 받는 수입보험료에 비하여 보험금으로 지급되는 금액이 너무 많아서, 즉 손해율이 높은 상품이어서 보험회사가 적극적으로 판매하지 않고 있다. 현재 대부분의 보험회사는 화재위험이나 상해위험을 주된 담보로 하는 상품을 만들되 일상배상책임위험을 일부 담보하는 형태로 판매하고 있다. 일부 담보로 끼워서 팔면서도 보상하는 손해의 범위를 제한하거나 보상금액을 100만 원 등으로 소액화하여 판매하고 있다. 따라서 국내에서 일상배상책임위험을 제대로 담보하는 상품을 찾아볼 수 없다.

일상생활의 범위

　일상배상책임보험은 피보험자의 일상생활(주택 이외의 부동산의 소유, 사용 또는 관리는 제외)에 기인하는 우연한 사고로 타인의 신체의 장해 및 재물의 손해에 대하여 배상하여야 할 책임을 보상하는 보험으로 여기서 일상생활에 관하여 아무런 정의를 하고 있지 아니하므로 해석에 의하여 그 개념을 규정할 필요가 있다.

일반적으로 일상생활이라 함은 의식주와 관련된 기본생활과 취미생활을 의미하는 것으로서 반드시 집안에서의 가사활동에만 국한되지 아니하고 직장에서의 평소 업무활동, 출퇴근, 학교 강의의 수강, 친구들과의 유희 등도 포함되는 개념으로 보는 것이 타당하다. 일상생활의 개념을 너무 넓게 해석하면 사람의 생존과정에서 발생하는 모든 사고에 대하여 일상배상책임보험으로 보상해 주어야 한다는 결론이 되므로 적당한 범위까지 일상생활의 개념을 제한적으로 해석할 필요가 있다.

전문지식과 기능을 요구하는 직무수행행위(의사, 변호사, 공인회계사 등), 고도의 기능을 요하는 전문스포츠활동(암벽등반, 스킨스쿠버, 행글라이딩 등), 자동차운전행위 등은 그 위험을 보상하는 보험이 존재하므로 타 보험간의 영역조정상 일상배상책임보험에서 제외된다고 봄이 타당하다.

보상하지 아니하는 손해(주요 면책손해)

- 계약자, 피보험자, 수익자의 고의에 의한 손해
- 전쟁, 혁명, 내란, 폭동, 소요 등에 의한 손해
- 지진, 분화, 해일 등 천재지변에 의한 손해
- 핵, 방사선 등 관련 사고에 의한 손해
- 피보험자의 직무수행에 직접 기인하는 배상손해
- 보험증권에 기재된 주택을 제외하고 피보험자가 소유, 사용 또는 관리하는 부동산에 기인하는 배상책임
- 피보험자의 피용인이 피보험자의 업무에 종사하는 중에 입은 신체의 장해에 기인하는 배상책임
- 피보험자와 세대를 같이하는 친족에 대한 배상책임
- 피보험자가 소유, 사용 또는 관리하는 재물의 파손에 대하여 그 재물 대하여 정당한 권리를 가진 사람에게 부담하는 배상책임. 단, 호텔 등 숙박시설의 객실이나 객실 내의 동산에 끼치는 손해는 보상한다.

- 피보험자의 심신상실에 기인하는 손해배상
- 피보험자 또는 피보험자의 지시에 따른 폭행 또는 구타에 기인하는 배상책임
- 항공기, 선박, 차량, 총기의 소유, 사용, 관리에 기인하는 손해배상
- 주택의 수리, 개조, 신축 또는 철거공사로 생긴 손해에 대한 배상책임. 그러나 통상적인 유지, 보수작업으로 생긴 손해에 대한 배상책임은 보상한다.
- 불법행위 또는 폭력행위에 기인하는 배상책임

부록

◈ 위험설계를 위한 정보수집 자료 양식 작성 예
◈ 보험용어 찾아보기

위험설계를 위한 정보수집 자료 양식 작성 예

〈현금흐름표〉 (단위: 만 원)

현금 유입	예상 금액(예산)	반복적 유입	1회성 유입	계
근로소득		5,500		
임대소득				
배당소득				
이자소득		500		
저축인출				
기타소득				
현금유입 계		6,000		

현금 유출	예상 금액(예산)	필요적 지출	낭비적 지출	예산 초과액
투자성 지출		1,233		
은행 예적금		100		
투자성 자산		339		
공적연금		194		
만기환급형보험료		600		
기타투자				
소비성 지출		2,504		
고정성 지출		1,252		
주택할부금				
자동차할부금				
대출이자		300		
소멸성보장보험료		240		
자녀등록금,학원비		600		
국민건강보험료		112		
변동성 지출		3,045	470	
자녀교육/기타양육비		200		
의복비,장신구		300	100	
식료품비		240		
군것질,사치성고급외식		60	50	
주택수리/유지비		250		
치료비/건강관련비용		100		
통신비		100	20	
교통비		60		
세금,공과금		300		
오락/휴가비/레저비용		200		
가구/가사/비품		475	100	
교양/자기개발		200		
선물/기부금		20		
잡손실		0	100	
직장관련지출		400	100	
기타		20		
카드대금결제		120		
현금지출계		6,782	470	

〈재무상태표〉 (단위: 만원)

현예금		교육자금용	결혼자금용	은퇴자금용	일반자금용	합계
현금						
수시입출금예금					1,000	1,000
MMF						
저축성예금	비과세				320	320
	세금우대					
	일반과세					
보험	본인				1,250	1,250
	배우자				400	400
퇴직금/연금	본인			2,748		2,748
	배우자					
현예금계		0	0	2,748	2,970	5,718
투자자산						
주식						
채권						
펀드	주식형	2,000	3,000		2,148	7,148
	혼합형					
	채권형					
개인연금						
국민연금				2,624		2,624
투자용부동산	투자용주택					
	임대상가					
	투자용토지					
기타						
투자자산계		2,000	3,000	2,624	2,148	9,772
기타자산						
임차보증금						
골동품/고서화등						
기타						
기타자산계						
사용자산						
주거용 주택					20,000	20,000
임차보증금						
자동차					1,500	1,500
전기/전자					300	300
가구/장식품					1,000	1,000
기타						
사용자산계					22,800	22,800
자산총계		2,000	3,000	5,372	27,918	38,290
부채						
신용카드대금						
자동차할부						
주택대출						5,000
기타금융기관대출						
임대보증금						
개인사채						
부채총계						5,000
순자산						33,290
부채및순자산총계						38,290

〈예적금〉

계좌형태	금융기관	예금주	현재잔고	월불입액	이율	가입일	만기	자금용도
저축예금	00은행	홍길동	1,000만 원	-	0.1%	1995.5월	-	일반자금
장기주택	00은행	홍길동	320만 원		4.5%	2005.3월	2012.3월	주택구입

〈주식/펀드 투자〉

종목/펀드명	금융기관	투자소유자	현재잔고	자금용도
000 수익증권	00증권	홍길동	2,000만 원	자녀교육자금
000 수익증권	00증권	홍길동	3,000만 원	자녀결혼자금
000 수익증권	00증권	홍길동	2,148만 원	일반자금

〈소유하고 있는 사업체〉

투자원금	지분	회사명	회사형태	현재가치
없음				

〈기타 투자〉

없음				

〈보험(생명보험, 재물보험, 배상책임보험)〉   (단위 : 만 원)

상품명	보험사	계약자	피보험자	월보험료	담보위험	보험금액	해약금	보장만기일	수익자	대출금액
000 보험	00사	홍길동	홍길동	10만	재해	1억	250만	80세	최은혜	없음
000 보험	00사	홍길동	홍길동	30만	일반	1천만	1천만	2008년	최은혜	없음
000 보험	00사	최은혜	최은혜	10만	재해	1억	400만	80세	홍길동	없음
자동차보험	00사	홍길동	홍길동	년45만	재해	1억	0	1년	홍길동	없음

〈퇴직연금〉

	DB형 ▫ DC ▫ IRA	연소득의 1/12	본인 추가부담분	입사일	추정퇴직금 (근속연수× 연소득의 1/12)
퇴직연금	DB형	458만 원	없음	2000년 3월	2,748만 원
퇴직금	해당 없음				

〈국민연금〉

회 사	본 인	가입년월	현재잔고	60세 이후 예상 연금수령액
월162,000원	월162,000원	2000년 3월	26,244만 원	월130만 원

〈소유부동산〉

		부동산1	부동산2	부동산3	비고
부동산종류		아파트			
주소		서울, 관악구, 신림동 미래아파트 3동 601호			
소유자		홍길동			
매매일자		2005.4.30			
현재시가		2억 원			
지상층/지하		20층/2층			
저당대출		5,000만 원			
설정액		6,000만 원			
면적-대지		24㎡			
건물		85㎡			
건축재료	지붕	철근콘크리트			
	외벽	철근콘크리트			
	기둥,보	철근콘크리트			
신축년도		2003년 4월			
건축단가					
주요부속물					
주요시설					

〈임대차부동산〉

		부동산1	부동산2	부동산3	비고
부동산종류		없음			
주소					
소유자					
현재 용도					
지상층/지하					
면적	대지				
	건물				
건축재료	지붕				
	외벽				
	기둥,보				
신축년도					
건축단가					
임대보증금					
월세					
임대차기간					
임대평수					
임차인시설					
전세권설정액					

〈동산〉 (단위 : 만 원)

	구입가격	현재가격	소유자	보험가입여부/보험명
가재도구		1,000	홍길동	무보험
전자제품		300	홍길동	무보험
귀금속				
골동품				
기타고가품				
자동차1		1,500	홍길동	자동차보험
자동차2				
사무실용품				
사무가구				
전자제품				
고가장비				
기타				

〈부채〉 (단위 : 만 원)

종류	금액	대출일자	만기일	금리	담보여부
주택대출	5,000	2005.4.30일	2008.4.29일	6.0%	APT 담보

〈소득〉 (단위 : 만 원)

	금액	발생주기	수익자
급여	5,300	매월	홍길동
보너스			
이자소득	300	매년	홍길동
배당금	200	매년	홍길동
임대소득			
연금소득			
증여			

보험용어 찾아보기

ㄱ)

가스사고배상책임보험 ---------- 327
간접손해 ---------------- 13, 106
감가공제액 ---------------- 97
강제이행 ---------------- 205
개별할인할증 ------------- 130
갱신할인 ---------------- 127
건설공사보험 ------------- 190
건설기계업자배상책임보험 ------ 316
건물급수 ---------------- 95
건축물 ----------------- 90
경과년수감가율 ----------- 97
경미한 위험 -------------- 29
경비업자배상책임보험 -------- 308
계속사용재 -------------- 113
계약상 가중책임 ----------- 262
고액보험계약할인 ---------- 126
곤도라배상책임보험 --------- 319
공동불법행위자책임 --------- 230
공동피보험자 ------------- 257
공동해손 ---------------- 184
공인회계사배상책임보험 ------- 362
공장인도조건 ------------- 180
공지거리 ---------------- 125
공지할인 ---------------- 125
과실 ---------------- 209, 217
과실상계 ---------------- 208
과실책임의 원칙 ----------- 216
교환재 ----------------- 133

구내운송위험 ------------- 173
구내치료담보 ------------- 278
구내폭발위험 ------------- 145
국내근재보험 ---------- 366, 372
권원보험 ---------------- 196
근로자 재해보장 책임보험 ------ 365
기계보험 ---------------- 185
기계적 사고 -------------- 165
기본요율 ---------------- 124
기본특별약관 ------------- 255
기술보험 ---------------- 184
기업휴지 ---------------- 155
기초배상책임보험 ---------- 254
기평가 보험 -------------- 74

ㄴ)

내화구조 ---------------- 96

ㄷ)

단독해손 ---------------- 184
담보기준 ---------------- 237
담보손해 ---------------- 91
담보지역 ------------ 91, 162, 258
당연물건 ---------------- 113
대면건물 ---------------- 125
대수의 법칙 -------------- 73
도급계약 ---------------- 285
도급업자 배상책임보험 -------- 282
도급인책임 -------------- 212
도난위험 ---------------- 146
도난행위 ---------------- 171

385

동산 ---------------------------- 163

ㅁ)

망실 -------------------- 165, 171
명기물건 ---------------------- 113
명예훼손 ---------------------- 220
물보험 ------------------------ 90
미평가 보험 ------------------- 74

ㅂ)

방화구획 ---------------------- 127
방화구획할인 ------------------ 127
배상책임보험 ------------------ 234
배상책임위험 ------------------- 14
배상청구기준 ------------------ 238
법률상 배상책임 --------------- 262
법률행위 ---------------------- 201
변호사배상책임보험 ----------- 358
병존보험 ---------------------- 142
보고연장담보 ------------------ 289
보관자 배상책임보험 ---------- 250
보상책임주의 ------------------ 224
보상한도액 -------------------- 266
보장성 보험 ------------------- 82
보통약관 ---------------------- 255
보험가액 ------------- 97, 109, 248
보험계약의 목적 --------------- 74
보험계약준비금 ---------------- 79
보험금액 ---------------------- 248
보험기간 ---------------------- 259
보험료 부담조건 -------------- 180

보험 목적 --------------------- 74
보험사고의 수 ---------------- 244
보험요율 ---------------------- 122
보험요율서 ------------------- 122
보험인수기준 ----------------- 150
보험자 대위 ------------------- 77
복합구조 ---------------------- 96
본선인도조건 ----------------- 176
부가보험요율 부보 ----------- 122
부동산중개업자배상책임보험 ------- 363
부보비율 조건부 실손보상 -------- 33, 109
분실 -------------------- 165, 171
불법탈취 --------------------- 171
불법행위 --------------------- 211
불연내장재할인 --------------- 127
불연재료 ---------------------- 96
불특정물건 -------------------- 92
비행배상책임보험 ------------- 252

ㅅ)

사고 ------------------------- 259
사망보험 ---------------------- 78
사용자 배상책임담보 --------- 366, 372
사용자책임 ------------------- 227
상차위험 --------------------- 173
생산물배상책임보험 ----------- 338
상해보험 ---------------------- 87
생존보험 ---------------------- 80
선원근재보험 ----------------- 366
선주배상책임보험 ------------- 347

선택연장담보 ------ 240	언더라이팅 ------ 150
설계감리전문직업인배상책임보험 ----- 363	열거주의 담보(named perils policy) -- 91, 116
소방손해 ------ 106	영업배상책임보험 ------ 264
손해사고기준 ------ 237	옥내담보 ------ 168
소극적 손해 ------ 221	옥외담보 ------ 168
소급담보일자 ------ 239	완성토목공사물보험 ------ 191
소유자책임 ------ 228	우량물건할인 ------ 127
소화설비할인 ------ 125	운송위험 ------ 173
손해율 ------ 151	운임보험료 부담조건 ------ 179
손실보상 ------ 200	운임포함인도조건 ------ 177
손해 ------ 206	위험 ------ 10
손해발견기준 ------ 245	위법성 ------ 218
손해배상 ------ 200	위자료 ------ 221
손해배상자의 대위 ------ 210	위험도지수 ------ 129
순보험요율 ------ 122	위험보유 ------ 23
시가 ------ 92, 104	위험이전 ------ 22
시설소유관리자 ------ 275	위험축소 ------ 21
신체배상책임보험 ------ 128	위험회피 ------ 21
신체장해 ------ 261	원인설 ------ 244
실손보상의 원칙 ------ 104	유도선사업자배상책임보험 ------ 347
실업위험 ------ 13	유전물 ------ 140
CFR ------ 177	의료과실책임 ------ 230
C&F, CIF ------ 179	의무배상책임보험 ------ 254
C& I ------ 180	의사 및 병원 배상책임보험 ------ 356
CSL ------ 267	의제피보험자 ------ 258

아)

아파트화재보험약관 ------ 195	이행불능 ------ 204
안전등급별 할인율 ------ 129	이행지체 ------ 204
양로보험 ------ 80	인보험 ------ 76
	인수금지물건 ------ 151

인수제한물건	151	재조달가액담보	146
인적위험	12	저축성 보험	82
일부보험	32, 111	적극적 손해	221
일괄보상한도	267	적재물배상책임보험	321
일반배상책임보험	249	전기위험	144
일실이익	221	전기적 사고	165
임원배상책임보험	360	전문직업인배상책임보험	249, 252
임의배상책임보험	254	전부보험	32, 110
임차자배상책임보험	288	전손	94
입증책임전환	225	전자기기보험	186
일상배상책임보험	373	절충주의 담보	91
e-Biz@배상책임보험	364	점유자책임	212
A.O.G.	272	정기보험	78
EXW	180	제3보험	87
FOB	176	제3자배상책임보험	251
		제조물책임	232
ㅈ)		조기사망위험	12, 15
자기부담금	24, 268	조립보험	188
자동연장담보기간	239	종신보험	79
자방화	119	종합보험	192
자동차 운행자의 책임	231	주차장배상책임보험	292
자연 보험료	77	주택화재보험약관	105
자연열화	144	중과실	118
잔존물 대위	77	중과실 책임주의	224
잡위험	167	중복보험	142
장기생존위험	12	중요한 위험	29
재고가액통지	147	지연손해	274
재물보험	33	직접손해	13
재물손해	90, 261	질병보험	88
재보험	74		

ㅊ)

차량정비업자배상책임보험 -------- 295
창고업자배상책임보험 ---------- 304
책임능력 ------------------- 218
청구권 대위 ----------------- 77
체육시설업자배상책임보험 ------- 334
초과배상책임보험 ------------- 254
초과보험 ------------------- 110
초손 --------------------- 105
총감가율 ------------------- 97
총보상한도 ------------------ 244
추가특별약관 ----------------- 255
치명적 위험 ----------------- 29
친족 --------------------- 119

ㅋ)

Coinsurance -------------- 33, 109

ㅌ)

타방화 -------------------- 119
통지계약방식 ---------------- 92
통지기간연장담보 ------------- 239
특별약관 ------------------- 112
특별요율 ------------------- 128
특수건물 ------------------- 128
특수불법행위 ---------------- 226
특약요율 ------------------- 123
특정물건 ------------------- 92

ㅍ)

판매인추가 특약 -------------- 345

패키지보험 ------------------ 192
포괄주의 담보 (all risks policy) ------- 91
평준 보험료 ----------------- 77
풍수재위험 ------------------ 145
피난손해 ------------------- 106
피보험자 ------------------- 257
피보험이익 ------------------ 115

ㅎ)

하도급계약 ------------------ 285
하자배상책임보험 ------------- 253
하차위험 ------------------- 173
학교경영자배상책임보험 --------- 298
할증요율 ------------------- 124
해상여객운송사업 ------------- 347
해외근재보험 ---------------- 366
해약환급금 ------------------ 79
현재가액 ------------------- 97
협정가액 ------------------- 92
화재보험약관 ---------------- 105
화재 --------------------- 116
확정계약방식 ---------------- 92
혼합배상책임보험 ------------- 251
효과설 -------------------- 244
효능불발휘 부담보 ------------- 345

공인재무설계사(CFP)가 제안하는
인생의 위험설계 이렇게 하라

초판 1쇄 2006년 12월 5일

지은이 이근혁
펴낸이 김석규 **담당PD** 유철진 **펴낸곳** 매경출판(주)
등 록 2003년 4월 24일(No. 2-3759)
주 소 우)100-728 서울 중구 필동1가 30번지 매경미디어센터 9층
전 화 02)2000-2610(출판팀) 02)2000-2636(영업팀)
팩 스 02)2000-2609 **이메일** publish@mk.co.kr

ISBN 89-7442-424-×
값 17,000원